KB203450

정토불교의 역사와 사상

프라즈냐 총서
22

정토불교의 역사와 사상

| 정토불교의 기원과 전개, 교리와 인물을 중심으로 |

현송賢松 편저

운주사

머리말

불교의 수행문에는 여러 갈래가 있으나 가장 근본적인 수행문은 참선문
參禪門과 염불문念佛門이다. 그런데 양자는 언제나 대립되고 있다.
그 까닭은 서로가 도달하려 하는 목적지는 같지만 그곳을 찾아가는
길이 상반되어 보이기 때문이다. 단적으로 말하자면 '유有와 공空'의
대립이다. 즉 참선은 공관空觀에 입각하여 열반을 증득하려 하고,
염불은 이와 반대로 유有의 입장에서 열반을 증득하려고 한다. 그래서
참선문에서는 오직 마음에 정토가 있음(唯心淨土)을 설하고, 염불문에
서는 타방에 정토가 있다(他方淨土)고 설하며 염불을 통해 그곳에
왕생함을 목적으로 하고 있다.

이와 같은 관념에 입각한 정토사상은 대승불교에 이르러 널리 성행하
였으며, 특히 동아시아 불교에서는 참선수행과 쌍벽을 이루면서 현대
에 이르기까지 실제적인 수행문으로 자리 잡아 왔다. 그러면 왜 염불문
이 현실적으로 요긴한 수행문으로 성행하게 되었을까? 그 까닭은
역대 논사들이 설한 것에 따르면 크게 두 가지로 귀결된다. 첫째는
'염불문이 이행문易行門이기 때문이며, 둘째는 현재의 시기가 말법시
대'이기 때문이다. 즉 이 혼탁한 악세惡世에는 중생의 근기가 하열하여
자력自力을 요하는 수행문으로는 깨달음을 증득하기 어려우므로, 이
시기에 상응하는 쉽고도 빠른 타력他力의 수행문이 필연적으로 요구되

었던 것이다.

그런데 이 타력문에 들기 위해서는 필수적인 조건이 있다. 즉 타력이라는 말은 부처님의 원력을 깊이 믿고 이에 의지한다는 뜻이지만, 그 본원本願을 설한 까닭도 모르면서 무조건 믿고 의지해선 안 된다는 것이다. 왜냐하면, 만약 이치도 모르고 무조건 믿고 의지하기만 하면 자칫 맹신으로 흘러 진리를 바르게 볼 수 없는 전도몽상의 사견邪見에 빠지기 쉽기 때문이다. 따라서 이 믿음에 대한 도리를 이치적으로 분명히 알고 결정신심決定信心을 내어 의지해야 한다는 말이다. 이 진실하고 흔들림 없는 신심으로써 염불삼매를 증득하거나, 그렇지 못하더라도 간절한 믿음과 발원으로 염불하면 왕생이 결정되는 것이다. 이것이 정토사상의 핵심이다. 그리고 이러한 도리를 이론적으로 밝히는 것이 정토교학의 요체이다. 그래서 정토(염불)문은 타력의 문이지만 이러한 조건이 구족되지 않으면 그 가피력은 끝내 기대할 수 없다.

이 책은 필자가 중앙승가대학에서 공부하면서 선학들이 정립한 정토교학의 여러 이론들을 체계적으로 간추려 정리한 것이다. 따라서 이 책은 정토사상을 공부하고자 하는 학인들은 물론, 재가불자들에게도 정토불교의 사상과 그 논리를 전반적으로 이해할 수 있는 '종합 개론서'의 역할을 할 것이라 기대한다. 그러나 아직 부족한 점이 많아 매우 조심스럽다. 좀 더 훌륭한 책이 되도록 삼가 강호제현의 날카로운 지적을 바라면서 본문을 열고자 한다.

불기 2558(2014)년 3월
염불행자 현송 씀

제1장 정토불교란 무엇인가

1. 불교와 정토교학

불교는 문자 그대로 부처님의 가르침이다. 그 가르침을 법(法, dhama)이라고 하고, 또한 이 법은 부처님이 설했으므로 불법佛法이라고 한다. 불법은 곧 부처님이 깨달으신 진리를 말한다. 그런데 부처님은 스스로 깨달으신 진리를 혼자 간직하지 않으시고 미혹한 일체 중생을 위해 설법하셨다. 그리하여 세워진 종교가 불교이다.

부처님께서는 일찍이 '인생은 어디로부터 와서 온갖 고통을 겪으며 살다가, 늙고 병들어 삶을 마치면 또 어디로 가야 하는가'라는, 인생에 대한 크나큰 의심을 품으시고 이를 해결하기 위해 6년의 설산고행을 하셨다. 그리하여 마침내 우주의 진리를 깨달아 그 도리道理를 찾아내셨다. 그 도리란 누구라도 열심히 수행하면 스스로가 깨달은 존재가 되어 그 생사生死의 고苦로부터 벗어나 진정한 자유인이 될 수 있다는 것이다.

12

부처님께서 가르치신 법의 요체는 무엇인가?

부처님께서 49년간[1] 한결같이 말씀하신 법문은 오로지 자성自性을 깨달아 '진실한 자기의 눈을 뜨라'는 것이다. 자성이란 모든 사람이 태어나면서부터 본래 가지고 있는 성품으로 곧 불성佛性을 말한다. 그래서 부처님께서는 『대반열반경』에서 이르시기를 "일체 중생이 모두 불성을 가지고 있지만, 번뇌에 덮여 있으므로 알지 못하고 보지 못할 뿐이다. 그러므로 마땅히 부지런히 방편을 닦아 번뇌를 끊어 없애야 한다"[2]고 하셨다. 이 말씀은 누구라도 부처가 될 수 있는 성품을 지니고 있으므로 열심히 정진하여 스스로 깨달은 존재, 즉 부처가 되어 괴로움을 유발하는 모든 번뇌의 뿌리를 완전히 뽑아 없애고 지겨운 윤회의 고통에서 벗어나 해탈한 '진짜 나'를 찾아가라는 것이다. 이것이 부처님의 궁극적 가르침이요, 본의本意이다.

부처님께서 진실한 자기의 눈을 뜨라고 이르신 것은, 우리가 현재 보고 있는 세상과 보는 나 자신 안에는 보이지 않는 진리의 세계가 있다는 것을 의미한다. 이 세계가 진여眞如의 세계로서 진짜 나의 세계이다. 그래서 부처님께서는 이를 깨닫게 하기 위하여 제일 먼저 근본진리인 삼법인三法印을 설하셨다.

잘 알다시피 이 삼법인(Tri-dharma-lakṣaṇa)설이란, 눈에 보이는

---

1 부처님께서 49년간 설하신 법문은 화엄부 21일, 아함부 12년, 방등부 8년, 반야부 21년, 법화열반부 8년이다. 그런데 1956년 11월 네팔의 수도 카투만두에서 제4차 세계불교도대회에서 45년간 설하신 것으로 통일했다.
2 『大般涅槃經』(대정장 12, p.405중) "一切衆生悉有佛性 煩惱覆故不知不見 是故應當勤修方便斷壞煩惱."

물질로 이루어진 현실의 세계는 언젠가는 부서져 없어지므로 영원성이
없는 무상無常한 세계(제행무상諸行無常)이고, 거기에 속한 물질로 이루
어진 이 몸뚱이 또한 사대四大로 흩어져 없어지므로 결국 '나'라고
내세울 만한 것은 아무것도 없다는 무아無我의 세계(제법무아諸法無我)
라는 것이다. 그러므로 이 허망하고 괴로운 세계로부터 해방된 세계(열
반적정涅槃寂靜)³를 찾아가야 한다는 만고불변의 말씀이다. 이 세 번째
열반적정의 세계가 범부의 눈으로는 볼 수 없는 진리의 세계로서 온갖
번뇌의 괴로움에서 벗어나 항상 즐겁고 자유로운 내가 있는, 이른바
상락아정常樂我淨⁴을 증득한 세계이다. 이 해탈의 세계가 곧 정토이다.
그래서 중국 정토교의 대성자大成者인 선도善導는 『법사찬法事讚』에서
"극락세계는 무위열반의 세계"⁵라고 하였다.

정토교는 이와 같은 세계에 도달하기 위하여 세워진 특수한 방편의
가르침이다. 그래서 정토교는 부처님의 근본 가르침 가운데 제행무상
과 제법무아, 일체개고, 그리고 열반적정을 가슴 깊이 새기면서 출발해

---

3 초기불교에서는 원래 제행무상, 제법무아, 일체개고一切皆苦를 삼법인으로 보았다.
  그러나 대승불교에서는 제행무상, 제법무아 안에 일체개고가 포함된다고 보고,
  그 대신 열반적정을 넣어 삼법인으로 삼았다. 또는 이 네 가지를 모두 포함시켜
  사법인四法印이라 하기도 한다.
4 초기불교에서 常樂我淨은 어떠한 것의 진실된 존재에 반하여 無常을 常으로,
  苦를 樂으로, 無我는 我로 不淨을 淨으로 생각하는 것을 말하며, 이를 四顚倒라
  한다. 그러나 대승불교에 와서는 상대적이고 전도된 상락아정이 아닌, 진정한
  열반의 상태를 가리키는 말로 사용되고 있다. 즉 열반은 영원하며(常), 안락에
  가득차고(樂), 절대이며(我), 청정하기(淨) 때문에 상락아정은 涅槃四德이라 하는
  것이다. 『大方等無想經』(대정장 12, p.1083상, p.1105상) 참조.
5 善導集記, 『法事讚』(대정장 47, p.433중) "極樂無爲涅槃界."

야 한다.

정토교학은 어떤 학문이며 그 요체는 무엇인가?

부처님의 가르침은 크게 성도교聖道教와 정토교淨土教로 나눌 수 있다. 이를 성정이교聖淨二教 또는 성정이문聖淨二門이라고 한다. 성도교란 스스로의 능력에 의지하여 현세에서 깨달음을 여는 수행문을 말하고, 정토교는 이와 달리 아미타불의 본원本願을 믿고, 이에 의지하여 현세에서 부처님의 가호를 입어 장차 그 국토(國土, 정토)에 태어나서 깨달음을 여는 수행문을 말한다. 그래서 성도교를 자력교自力教 또는 자력문自力門이라 하고, 정토교를 타력교他力教 또는 타력문他力門이라 한다. 정토교학은 이 후자의 수행문을 총합적, 조직적으로 연구하는 학문이다.

정토교라고 해서 본래의 불교와 달리 특이한 사상을 가진 가르침은 아니다. 다만 가르치는 방법론에서 차이가 있을 뿐이다. 즉 위에서 말한 대로 자력과 타력의 차이가 있음을 말한다. 예컨대 어떤 사람이 강을 건너는데 '스스로 수영을 하여 건너느냐, 아니면 안전하고 빠른 나룻배를 타고 건너느냐' 하는 방법론의 차이를 말한다. 이 말은 곧 말법중생은 근기가 하열하여 자력으로는 성불할 수 없고 정토에도 왕생할 수 없으므로 오직 타력에 의지해서 정토에 왕생해야만 한다는 논리이다. 그래서 담란曇鸞은 『왕생론주往生論註』의 서두에서 용수龍樹의 『십주비바사론十住毘婆沙論』[6]에 있는 난이이문難易二門을 인용하여

---

6 龍樹造, 『十住毘婆沙論』 「易行品」(대정장 26, p.41중) "如世間道有難有易 陸道步行則苦 水道乘船則樂 菩薩道亦如是 或有勤行精進 或有以信方便易行疾至阿惟越致者."

말하기를 "말하자면 단지 부처님을 믿는(信佛) 인연을 가지고 정토에 태어나기를 원하면 부처님의 원력을 입어 저 청정한 국토에 왕생할 수가 있고, 부처님의 힘이 보호하고 살펴주시어(佛力住持) 곧 대승 정정취正定聚에 들어간다. 정정正定이란 곧 아비발치이다. 비유컨대 물 위에서 배를 타는 즐거움과 같다"[7]라고 하면서, 아미타부처님의 본원本願을 믿고 발심發心하여 왕생을 원하면 부처님의 원력으로 인해 극락세계에 왕생하기가 쉽다고 하였다. 이것이 정토교학의 요체이며 목적이다.

본래 정토사상과 그 신앙은 아미타불과 그 국토에만 국한된 것이 아니다. 제불諸佛의 정토설에 입각하면 우주법계에는 무수한 불국정토 佛國淨土가 존재하고 있다. 그러나 일반적으로 정토라고 하면 아미타불의 극락국토를 가리킨다. 그 까닭은 역대의 정토 논사들이 아미타불의 국토가 여러 정토 가운데 가장 수승한 정토라고 역설하였고, 또 아미타불의 정토가 그만큼 민중들 사이에 뿌리 깊은 신앙으로 신봉되고 있기 때문이라고 할 수 있다. 따라서 이 책에서는 정토학에 관련된 교학적인 여러 이론을 개관하되 아미타불과 그 정토에 대한 것을 중점적으로 살펴보기로 한다.

---

7 曇鸞撰, 『無量壽經優婆提舍願生偈(약칭 『往生論註』)』(대정장 40, p.826중) "謂但 以信佛因緣願生淨土 乘佛願力便得往生彼淸淨土 佛力住持卽大乘正定之聚 正定 卽是阿毘跋致 譬如水路乘船則樂."

2. 정토신앙의 발생과 전개

정토신앙이 인도에서 최초로 발생되었다는 것은 확실하지만 어느 시
대, 어느 지역, 누구에 의해서라는 기원은 확실하지 않다. 다만 문헌기
록으로 보아 그 기원을 추정할 수 있는데, 정토신앙이 최초로 성립된
것은 인도의 대승불교가 흥기한 시대라는 것이 통설이다. 이를 증명하
는 것은 대승불교를 크게 흥기시킨 용수(龍樹, Nāgārjuna, 150~250년
경)로, 그의 저서『십주비바사론』「이행품」[8]에서 자력으로는 왕생하기
어렵고, 오직 아미타불의 본원에 의해 왕생할 수 있음을 강조하면서
그 행도行道를 언급하는 것을 보면, 정토신앙이 이미 대승불교 초기에
출발되었음을 말해주고 있다.

　이와 같이 문헌상 용수로부터 출발하고 있는 정토사상은 무착(無着,
Asaṅga, 310~390년경)으로 이어진다. 무착은 정토사상에 관한 유식학
적 논설이 담긴 대표적인 논서인『섭대승론攝大乘論』[9]을 저술하였다.
무착에 이어 그의 동생 세친(世親, Vasubandhu, 350~450년경)이『섭대
승론석攝大乘論釋』[10]과『무량수경우파제사無量壽經優婆提舍』[11]를 지었
다. 세친은 이 책에서 정토사상을 더욱 고취시켰다. 그런데 이와 같이
인도의 여러 논사들이 염불왕생을 고취하고 수행하였으나, 이때까지

8　龍樹造,『十住毘婆沙論』「易行品」(대정장 26, p.41중) 참조.

9　無着菩薩造 眞諦譯,『攝大乘論』(대정장31, pp.113중~132하)

10　世親菩薩造 眞諦譯,『攝大乘論釋』(대정장31, pp.152상~270중)

11　婆藪槃豆造, 菩提流支譯,『無量壽經優婆提舍』(대정장26, pp.230하~233상).『무
　　량수경우파제사』를 줄여서『往生論』,『淨土論』이라고도 하는데, 주로『왕생론』
　　으로 많이 불린다.

는 한 학파나 교파 등으로 형성되지는 않았다.

이와 같이 출발한 정토신앙과 그 사상이 구체적으로 형태를 갖추어서 드러난 것은 정토 계통의 경전이 성립되고, 나중에 중국에서 번역이 이루어지면서부터이다. 정토경전의 원류는 정토삼부경淨土三部經이라 부르는 『무량수경無量壽經』·『관무량수경觀無量壽經』·『아미타경阿彌陀經』이 대표적이다.

이 정토삼부경의 성립 연대는 학자마다 견해가 조금씩 다르나, 일반적으로는 서력기원 전후로 보고 있다. 이 중 가장 객관적으로 볼 수 있는 것은 중국의 역경사譯經史에 근거하여 연대를 추정하는 것이다. 당시의 상황을 보면, 위의 삼경三經 가운데 가장 일찍 나타난 것은 『무량수경』이다. 이 경은 후한의 안세고安世高(148년)에 의해서 역출되었으나 이 역본은 현존하지 않아 그 진위가 불분명하다. 그러나 분명한 것은 『무량수경』이 이상의 삼경 가운데 가장 일찍 번역되었다고 보는 사실이다. 이는 『무량수경』이 강량야사畺良耶舍에 의해 처음 번역된 『관무량수경』(劉宋 424년 번역)이나 구마라집鳩摩羅什의 『아미타경』(요진 402년 번역)보다 일찍 성립되었다고 추정하기 때문이다.[12]

---

12 이 『無量壽經』은 이미 산실된 것도 많고, 현존하는 것도 번역자나 역출 연대를 추정하는 데 異論이 있다. 예를 들면 두 번째의 번역이라고 하는 지루가참 역(후한 147~186년)을 축법호나 백연白延 등의 번역으로 생각하는 설이 있다. 축법호는 여섯 번째 번역(西晉 308년)의 역자이며 백연은 다섯 번째 번역(曹魏 252년)의 역자로 알려져 왔다. 또한 세 번째 번역이라고 하는 지겸 역(吳 223~228)을 지루가참 역으로 보는 설이 있다. 네 번째 번역인 강승개 역(曹魏 252년)본은 가장 널리 사용되고 있는 것인데, 覺賢과 寶雲의 공동 변역이라는 설, 보운과 축법호 등의 번역이라는 설이 있어 대단히 복잡하며 정설은 아직 발견되지 않고

더구나 『무량수경』은 『법화경法華經』이나 『화엄경華嚴經』보다 더 오래
된 것이며, 또한 『소품반야경小品般若經』이나 『반주삼매경般舟三昧
經』보다도 오래된 것이라고 말하고 있기 때문이다.[13] 이와 같은 상황으
로 미루어 볼 때 『무량수경』은 대승불교 중에서도 최초기에 속하는
경전이라고 할 수 있다.

정토사상은 이와 같이 경전 해석을 중심으로 하여 형태가 드러나게
되었다. 이러한 기반 위에 여러 논사들은 그 교학을 체계화하여 정립시
켜 가면서 훗날 정토교를 성립시키며, 그 가르침을 실천화하고 전파함
으로써 정토신앙이 널리 성행하게 하였다. 그러면 중국불교 초기에
정토신앙이 전개되는 과정을 살펴보자.

동진東晉의 여산 혜원(廬山慧遠, 334~416년)은 백련사白蓮社를 조직
하여 염불결사를 이루면서 정토신앙이 크게 번성하기 시작했으며,
이어지는 남북조시대(420~589)에는 정토경전에 대한 주석이 이루어
지고 서방왕생을 기원하는 신앙도 점점 더 커져 갔다. 북위의 담란(曇鸞,
467~532)은 『무량수경우파제사원생게주無量壽經優婆提舍願生偈註』(약
칭 『往生論註』)[14]를 지어 정토교의 기초를 확립하고 칭명염불을 수립하
였다. 담란의 사상을 계승한 도작(道綽, 562~645)은 날마다 7만 번씩
아미타불을 염불하고 『관경』을 수백 회나 강의하여 널리 염불수행을
권장하였다.[15] 도작에 이어 선도(善導, 613~682)는 스승 도작의 사상을

있다. 다마키코시로·카마타시게오 外, 정순일 옮김, 『중국불교의 사상』(민족사,
1989) pp.218~219 참조.

13 中村元, 『淨土三部經』 下해설(岩波書店, 1964) pp.206~207 참조.

14 曇鸞註解, 『無量壽經優婆提舍願生偈註』(대정장 40, pp.826상~844중)

계승하여 정토왕생을 기원하면서 민중들에게 염불왕생을 가르치며
『아미타경』을 수만 권 서사하고 극락정토의 변상도(300백 폭)를 그려
널리 보급하고 칭명염불을 대성시켰다.[16]

선도 이후 중국의 정토신앙은 가장 보편적인 신앙이 되어 널리 전파되
었다. 그러나 뚜렷한 하나의 종파교단으로 형성되지는 않았다. 다만
삼론교학三論敎學, 천태교학天台敎學, 그 외 선禪 등에 부수된 신앙으로
신봉되었고, 특히 10세기 이후로는 선정병수禪淨倂修, 율정겸수律淨兼
修의 정토교로 발전되었다. 이와 같이 중국에 전파되고 성행된 미타정
토신앙은 일찍부터 한국으로 전래되었다.[17]

한국의 미타정토신앙은 중국으로부터 전래된 것이 사실이나 우리
민족이 언제 처음으로 받아들였는지는 문헌이 남아 있지 않아 분명한
시기를 알 수는 없다.[18] 미타신앙에 대한 신앙 사례는 삼국통일 이후에
들어 나타나지만 통일 이전에도 이미 미타신앙이 수용되었음이 문헌상
에 보이고 있다. 특히 선덕왕(善德王, 632~647) 때 대국통을 지낸
자장율사(632~646)가 『아미타경의기阿彌陀經義記』와 『아미타경소阿

---

15 『續高僧傳』 纔有餘暇口誦佛名 日以七萬爲限(대정장 50, p.594상)

16 이와 같은 내용은 『續高僧傳』(대정장 50, p.684상); 『廬山蓮宗寶鑑』(대정장 47,
   p.323상); 『龍舒增廣淨土門』(대정장 47, p.267상); 『樂邦文類』(대정장 47, p.193
   상); 『佛祖統紀』(대정장 49, p.263상) 등에 실려 있다.

17 坪井俊映 著, 韓普光 譯, 『淨土敎槪論』(如來藏, 2000) p.14 참조.

18 김영태는 "우리 민족이 언제 비로소 받아들이게 되었는지에 관한 분명한 기록을
   現存 史料上에서는 볼 수가 없으나, 다만 신라의 미타신앙 관계 자료만이 적지
   않게 보이고 있을 뿐이므로 이를 근거로 삼아서 고구려와 백제의 미타신앙을
   미루어 살펴볼 수 있다"고 하였다. 김영태, 『삼국시대 불교신앙 연구』(불광출판사,
   1990) p.82 참조.

彌陀經疏』를 지었다는 기록을 보면 미루어 짐작할 수 있다.[19] 이 기록이
통일 이전의 문헌기록으로써는 전부이다. 이와 같은 미타신앙은 통일
기에 들어서면서 신앙 사례들이 많이 등장하는데, 이를 기록한 대표적
사료가 『삼국유사三國遺事』이다. 『삼국유사』의 여러 설화와 향가에는
신라화된 미타신앙이 잘 나타나고 있음을 볼 수 있다. 이 시기에 자장,
원측, 원효, 경흥, 의적, 태현 등의 스님들은 미타삼부경彌陀三部經
등에 주석을 달고 해설함으로써 민중들로 하여금 미타정토교학에 입각
한 실천수행이 이루어지도록 홍포하였다. 따라서 한국도 나름대로
정토교학이 성립되어 성행하면서 민중의 신앙으로서 자리매김하였음
을 알 수 있다. 이러한 미타신앙은 한국불교의 모든 종단에 신앙적
모태가 되어 그 신앙과 사상의 맥이 오늘에까지 이르고 있다. 이러한
사상적 뿌리에 의거하여 현재 '한국불교정토종韓國佛敎淨土宗'이라는
종단이 나름대로 정토교의 법맥을 이어간다고 주장하고 있지만,[20]
아직까지 한국적 상황에서는 뚜렷한 명분이나 종파교단이 형성되었다
고는 볼 수 없는 실정이다. 그러나 정토신앙은 일본으로 전파되어
독특한 미타정토의 종파교단이 형성되었다.[21] 그러면 정토교의 소의경

---

19 자장의 주석서는 모두 산실되었다. 『韓國佛敎撰述文獻目錄』(東國大學校出版部,
   1976) p.8.
20 佛敎文化硏究院編, 『韓國淨土思想硏究』(東國大學校出版部, 불기 2545)
21 현재 일본에서는 아미타불 신앙을 설하는 교단으로 淨土宗, 眞宗, 西山淨土宗,
   時宗, 融通念佛宗, 天台眞盛宗 등의 종파교단이 있으며, 또 이 종파교단이 분파해
   서 현재는 20여 종파가 있다. 이러한 아미타불 신앙에 의한 종파교단의 형성은
   일본만의 독특한 것이고, 중국과 한국에 있어서는 종파교단은 형성되지 않고
   있다. 坪井俊映 著, 韓普光 譯, 앞의 책, pp.13~14 참조.

전所衣經典과 그 핵심 내용을 보자.

3. 정토교의 소의경전과 내용 분석

대승경전 가운데 아미타불과 극락을 언급한 것은 무려 200여 종이나
된다. 그 가운데 미타신앙의 근본을 이루는 경전은 전술한『무량수
경』·『아미타경』·『관무량수경』이다. 이를 '정토삼부경'이라고 하며 정
토교의 소의경전으로 삼고 있다. 이 경전들의 구체적인 내용을 자세히
살피는 것은 장황하므로, 여기서는 각 경의 핵심 내용만 간략히 간추려
보고자 한다.

1) 무량수경

『무량수경(無量壽經, Sukhāvati-vyūha)』은 정토삼부경 가운데 극락정
토의 모습을 가장 상세하게 설한 경으로서 그 핵심 주제는 아미타불의
본원本願이라고 할 수 있다. 이 경은 후한後漢의 안세고安世高에 의해서
역출되었다고는 하지만(147년), 안세고의 역은 현존하지 않으므로
진위가 분명치 않고, 그 외의 한역본에는 12가지가 있다고 하였다.
그러나 7책은 산실되고 5책만이 현존하므로 이를 오존칠결五存七缺이
라 한다.[22] 남아 있는 다섯 가지 경들은 다음과 같다.

　①지루가참支婁迦讖 역(後漢 147~186),『무량청정평등각경無量淸

---

22 坪井俊映 著, 韓普光 譯, 앞의 책, pp.53~54 ; 坪井俊映 著, 李太元 譯,『淨土三部經
　　槪說』(寶國寺, 1988) p.33 참조.

淨平等覺經』 4권[23]

② 지겸支謙 역(吳 223~228), 『대아미타경大阿彌陀經』 2권[24]

③ 법현法賢 역(趙宋 980), 『대승무량수장엄경大乘無量壽莊嚴經』 3권[25]

④ 강승개康僧鎧 역(曹魏 252), 『불설무량수경佛說無量壽經』[26]

⑤ 보리유지菩提流支 역(唐 706~713년), 『대보적경大寶積經』 2권[27]

이상이 현존하는 다섯 가지의 경전이다. 그런데 이 경들의 번역자나 성립 연대에 대해서는 이설이 많다.[28] 그러나 가장 객관적인 설은 각 경전에서 설한 본원의 수를 가지고 그 성립 시기를 추정해보는 것이다. 그러면 그 시기를 대략 짐작할 수 있다. 즉 위의 경설을 보면 ①지루가참 역과 ②지겸 역은 본원의 수가 24가지이므로 원본의 형태를 취한 것이라고 할 수 있으며, 이것이 36가지로 설한 ③법현 역으로 이어졌으므로 그 다음이라 할 수 있으며, 또 이것이 48원을 밝힌 ④강승개 역과 ⑤보리유지 역으로 이어졌으므로 그 다음으로 볼 수 있다는 것이다.[29] 이렇게 본원의 숫자로써 성립 연대를 추정한다면 ①과 ②는

---

23 『無量淸淨平等覺經』(대정장12, pp.279중~299하)

24 『大阿彌陀經』(대정장12, pp.300상~317하)은 약칭이고 원명은 『阿彌陀三耶三佛薩樓佛壇過度人道經』이다.

25 『大乘無量壽莊嚴經』(대정장12, pp.318상~326하)

26 『佛說無量壽經』(대정장12, pp.265하~279상) 이 경이 대표적으로 널리 사용되고 있다.

27 『大寶積經(「無量壽如來會」)』(대정장1, pp.91하~101하)

28 坪井俊映 著, 李太元 譯, 앞의 책, pp.33~47 참조.

29 智冠 編著, 『伽山佛敎大辭林』 6권(伽山佛敎文化硏究院, 2004) p.821 참조.

초기, ③은 중기, ④와 ⑤는 후기로 발전하며 성립되었다고 할 수 있다.

이 경은 교리사적으로 볼 때 『반야경』과 『법화경』에 이어지는 시기로, 적어도 기원후 200년 이전에 간다라 지방에서 세력을 떨친 화지부化地部 교단에서 작성한 것으로 추정하고 있다. 이 외에 티베트어 역, 위그르어 역, 코탄어 역, 서하西夏어 역이 있으며 그 주석서가 다수 있다.[30] 『무량수경』의 중심 내용은 크게 법장보살의 48원願에 대한 설[31]과 극락세계의 아름다운 장엄에 대한 설,[32] 삼배왕생三輩往生에 대한 설[33]이 골격을 이루고 있다.

---

30 대표적인 주석서로는 世親의 『無量壽經優婆提舍願生偈』(대정장 26)와 이를 주석한 北魏 曇鸞의 『往生論註』 2권(대정장 40), 隋나라 慧遠의 『無量壽經義疏』 2권(대정장 37), 수나라 吉藏의 『無量壽經義疏』 1권(대정장 37), 신라 元曉의 『無量壽經宗要』 1권(대정장 37), 신라 義寂의 『無量壽經述義記』 2권(한불전 2), 신라 玄一의 『無量壽經記』 3권(卍속장 32, 상권은 失), 신라 憬興의 『無量壽經連義述文讚』 3권(대정장 37) 등이 있다. 坪井俊映 著, 李太元 譯, 앞의 책, pp.60~63 참조. 智冠 編著, 『辭林』(6권) p.822 참조.

31 48원의 내용은 크게 그 불국토에 왕생한 사람에 대한 것, 그 불국토의 부처님에 대한 것, 그 불국토의 아름다운 장엄에 대한 것, 그 불국토에 왕생하려는 사람에 대해서 서원한 것인데, 법장보살은 각 원마다 "만약 이 서원이 성취되지 않으면 결코 성불하지 않겠다"고 다짐하고 있다.

32 극락세계는 모든 자연환경이 화려하고 아름다워 거주하기에 쾌적한 조건을 갖추었으며, 그곳에 거주하는 인간 모두는 평등하여 차별이 없고, 아름다운 얼굴과 뛰어난 능력을 갖추고 있다. 따라서 이 세계는 어떠한 고통도 존재하지 않으며, 바라는 것은 무엇이든지 얻을 수가 있다는 것이다.

33 삼배왕생이란 극락세계에 왕생할 수 있는 사람을 그들 자신의 功德에 따라 상중하의 삼배로 구분한 것인데, 강승개가 번역한 『불설무량수경』 권하(대정장12, p.272

24

이와 같은 내용을 중심으로 하는 『무량수경』은 상하 두 권으로 되어 있어 이를 『쌍권경雙卷經』 또는 『양권무량수경兩卷無量壽經』이라고도 부르며, 『아미타경』을 『소경小經』이라고 부르는 것에 대해 본경을 『대경大經』이라고 한다. 이 경의 핵심 요지는 위에서 세 가지로 구분했지만, 그중에서 법장보살이 세운 48가지 서원이 가장 핵심 설이라 하겠다.

2) 아미타경

『아미타경(阿彌陀經, Sukhāvati-vyūha)』은 『소경』 또는 『미타경彌陀經』이라고도 한다. 이 경은 중국에서 3회에 걸쳐서 번역되었으나 구나발타라求那跋陀羅의 번역(劉宋 약 455년)은 산실[34]되고 현재는 2본만 남아 있다.

중하)에는 다음과 같이 나온다. "上輩者는 욕심을 버리고 출가하여 스님이 되고, 菩提心을 일으켜 한결같은 마음으로 아미타불을 생각하며, 여러 가지 공덕을 쌓아 저 국토에 태어나고자 원하는 사람들로서 이들은 임종 시에 아미타불의 인도로 극락에 태어나 부처님 곁으로 가서 불퇴전의 보살이 된다. 中輩者는 출가한 사문이 되어 큰 공덕을 닦지는 못하더라도 재가자로서 菩提心을 내어 한결같은 마음으로 아미타불을 생각하며, 다소의 착한 일을 하고 계율을 지키며 공양하거나 탑과 불상을 조성하는 등의 선행을 하는 사람들로서 이들은 임종 시에 아미타불의 화신을 보고 극락세계에 태어나 불퇴전의 자리에 머문다. 下輩者는 출가도 선행을 쌓는 일도 할 수 없지만, 애욕을 끊고 정진하여 오로지 한결같은 마음으로 왕생하려는 마음을 열흘 낮 열흘 밤 동안 끊이지 않는 사람들로서 이들은 임종 시에 꿈속에서 아미타불을 보고 극락세계에 태어난다."

34 求那跋陀羅 譯, 『小無量壽經』 1권.

① 구마라집鳩摩羅什 역(姚秦 420년), 『불설아미타경佛說阿彌陀經』 1권[35]

② 현장玄奘 역(唐 650), 『칭찬정토불섭수경稱讚淨土佛攝受經』 1권[36]

이와 같이 2본이 현존하는데, 그중 ① 구마라집 역이 중국, 한국, 일본 등에 널리 유포되었다. 『아미타경』은 간결 유려한 문장과 더불어 경전 독송의 첫째로 꼽힌다. 경의 구성과 내용을 보면 『사지경四紙經』이라는 별명이 있을 만큼 그 분량이 매우 적다. 그러면서도 매우 쉽게 정토신앙을 밝혀놓고 있다. 또한 『아미타경』이 특이한 것은, 대부분의 경전은 제자들의 간청에 의해 설법을 하는 데 대하여 이 경은 석존께서 자진하여 설한 이른바 '무문자설경無問自說經'의 하나라는 점이다. 이 경에 대한 주석서는 다수 있다.[37]

이 경의 중심 내용은, 극락세계는 누구라도 가보고 싶은 화려한 장엄으로 이루어진 세계이며, 그곳에는 광명이 한량이 없고(無量光)

---

35 『佛說阿彌陀經』(대정장 12, pp.346중~348상)

36 『稱讚淨土佛攝受經』(대정장 12, pp.348중~351중)

37 『아미타경』의 범본은 네팔·인도 등에 여러 사본이 전해지고 있는데, 이것을 최초로 소개한 것은 영국의 막스 뮐러와 일본의 南條文雄이 여러 견본을 대조하여 낸 『무량수경』과 『아미타경』의 합본(1883)이 있다. 이 경에 관한 주석서는 270여 부에 이르고 있는데, 대표적인 주석서로는 중국 智顗의 『阿彌陀經義記』 1권(대정장 37), 窺基의 『阿彌陀經通贊疏』 3권(대정장 37), 元照의 『阿彌陀經義疏』(대정장 37), 智旭의 『阿彌陀經要解』 1권(대정장 37) 등이 유명하다. 한국의 경우는 자장·원측·원효·경흥·현일·도륜·대현스님 등의 주소가 있었으나 거의 소실되고, 다행히 元曉의 『阿彌陀經疏』 1권(대정장 37)만은 현존한다. 최종남 감수, 藏本대조 梵·漢本 『아미타경 역주해』(중앙승가대학교 불전국역연구원, 2007) pp.37~39 참조. 坪井俊映 著, 李太元 譯, 앞의 책, pp.499~502 참조.

수명이 한량이 없는(無量壽) 아미타불이 상주 설법하고 있으며, 그곳에
왕생하기 위해서는 깊은 선근과 많은 복덕이 되는 염불에 전념專念하라
는 것이 핵심 설이다. 즉 극락세계는 삼악도三惡道가 없는 세계로서
누구라도 아미타불의 이름을 듣고 일심一心으로 염불하면 왕생한다'[38]
는 내용으로 구성되어 있는데, 이 가운데 핵심은 칭명에 의한 염불왕생
설이라고 하겠다. 여기서 바로 아미타불의 본의를 보여주고 있으며,
정토신앙이 순수한 타력신앙임을 말해주고 있다. 이와 같은 사상을
담은 『아미타경』은 『무량수경』과 『관무량수경』을 하나로 합하여 요약
한 것처럼 느끼게 하는 경전이다. 그래서 이 경은 내용은 짧지만 지극한
신앙심을 자아내게 하는 경전으로서 우리나라에서는 49재 등에 필독서
로 활용하고 있다.

3) 관무량수경

이 『관무량수경(觀無量壽經, Amitāyurbuddhānusmṛti-sūtra)』은 『무량수
불관경無量壽佛觀經』·『무량수관경無量壽觀經』·『십육관경十六觀
經』·『관경』·『관극락국무량수불관세음보살대세지보살경觀極樂國無量
壽佛觀世音菩薩大勢至菩薩經』·『정제업장생제불전경淨除業障生諸佛前

---

38 이를 『阿彌陀經』(대정장 12, p.347중)에서는 다음과 같이 설한다. "사리불이여,
만일 선남자 선여인이 아미타불의 이름을 듣고 그 이름을 마음속으로 간직하고
외우기를 하루나 이틀, 사흘, 나흘, 닷새, 엿새, 이레 동안 한결같은 마음으로
염불하여 마음이 조금도 흐트러지지 아니하면, 그 사람이 목숨을 마치려 할
때에 아미타불께서 여러 거룩한 제자들과 그 앞에 영접하러 오실 것이다. 이
사람의 마음이 뒤바뀌지 아니하면 아미타불의 마중을 받아 극락세계에 가서
태어날 것이다."

經』이라고도 하는데,[39] 현존하는 범어 원전은 없다. 이 경은 담마밀다 역(劉宋) 1권이 있었으나 산실되고, 강량야사의 번역본만이 현존한다.[40]

① 강량야사畺良耶舍 역(劉宋 元嘉年〔423-453〕中), 『관무량수경觀無量壽經』 1권[41]

이 경의 핵심은 관법觀法을 설한 것인데, 문체가 설화형식으로 되어 있어 불교문학적 가치가 돋보이는 경전이다. 경의 내용은, 인도 마갈다국 빈비사라왕의 왕비 위제희 부인이 아들 아사세의 반역으로 괴로움을 당하고 있을 때, 부처님이 신통으로써 시방의 정토를 보여주고 아미타 부처님과 그의 좌우 보처인 관음·세지 두 보살과 극락정토의 장엄莊嚴을 보여주면서, 이 형상들을 마음의 대상으로 관하게 하여 위제희 부인으로 하여금 그 괴로움으로부터 벗어나게 하는 가르침을 설하고 있다. 그 관법이 이 경의 중심 요체인 십육관법十六觀法[42]이다.

이 16관에 대하여 여러 논사들의 설이 많은데, 그중에 선도의 설이

---

39 智冠 編著, 『辭林』(2권) pp.43~44 참조.

40 불광교학부, 『經典의 世界』(불광출판사, 1990) pp.529~531 참조.

41 『觀無量壽經』(대정장 12, pp.340하~366중)

42 아미타불의 정토에 태어나기 위한 16가지 觀法으로 ① 日想 ② 水想 ③ 地上 ④ 寶樹 ⑤ 寶池 ⑥ 寶樓 ⑦ 華座 ⑧ 像想 ⑨ 眞身 ⑩ 觀音 ⑪ 勢至 ⑫ 普觀 ⑬ 雜想 ⑭ 上輩 ⑮ 中輩 ⑯ 下輩의 觀을 말한다. 이 열여섯 가지 관법 가운데 끝의 세 가지 관법은 중생을 상·중·하의 3품으로 나누고 이 3품을 다시 상생·중생·하생으로 세분하여 이를 9종류의 중생들이 극락세계에 왕생하는 방법(九品往生)을 설명한 것이다. 이 16관법은 『관무량수경』의 가장 핵심적인 부분이다. 13관의 내용은 본서 제3장 2절 '관무량수경의 설' 참조.

특히 주목할 만하다. 정영사淨影寺 혜원慧遠이나 가상사嘉祥寺 길장吉藏 등의 논사들은 16관 전부가 정선定善이라 보는 데 대하여, 선도는 앞의 13관을 정선, 뒤의 3관을 산선散善이라고 보는 독특한 견해를 가지고 있기 때문이다. 선도는 『관무량수경』의 종체宗體에 대하여 "즉 관불삼매觀佛三昧로써 종宗을 삼고 또 염불삼매念佛三昧로써 종을 삼으며, 일심一心으로 회향하여 정토에 왕생하기를 원하는 것을 체로 삼는다"[43]고 하여 관불삼매와 염불삼매를 종지宗旨로 한다고 하였다. 좀 더 설명하면, 선도는 부처님께서 제1의 일상관日想觀부터 제13의 잡상관雜像觀까지의 관법을 설한 것은 특별히 위제희 부인을 위해 설한 것으로 정선관(定善觀: 마음을 한곳에 집중하여 잡념을 제거하는 것)이라 하였고, 나머지 3관은 미래세의 말법중생을 위해 설한 것으로 이들 죄악범부중생은 칭명염불에 의해서도 정토왕생을 할 수 있다고 하여 이를 산선관(散善觀: 산란한 마음으로라도 악을 버리고 선을 닦는 것)이라고 하였다.[44] 이 경에 대한 주석서[45]는 다수 있으나 그중 선도의

---

43 善導集記, 『觀無量壽佛經疏』(대정장 37, p.247상) "卽以觀佛三昧爲宗 亦以念佛三昧爲宗 一心迴願往生淨土爲體."

44 태원스님은 『念佛의 源流와 展開史』(운주사, 1998) p.470에서 善導의 念佛往生觀에 대하여 자세히 논하였다. 즉 선도는 관법을 폐하고 칭명염불을 세운 廢觀立稱의 法義를 명확히 하여 淨土門의 본질인 本願念佛을 확실히 정립하였다. 즉 선도의 염불이란 아미타불 한 부처님만의 본원력을 깊이 믿고 의지한 念佛一行이고, 그 염불은 관념하고 사유하는 염불이 아니고 아미타불의 명호를 부르는, 오로지 稱名一行만을 닦는 데로 귀결시킨 염불이다. 선도는 이를 罪惡凡夫, 下劣한 凡夫들을 易行門으로 인도하기 위한 방법이라고 하였다.

45 『觀無量壽佛經』의 대표적인 주석서로는 중국 善導의 『관경사첩소』(대정장 37), 天台智者의 『無量壽佛經疏』1권(대정장 37), 慧遠의 『觀無量壽經義疏』2권(대정

『관무량수불경소觀無量壽佛經疏』4권이 가장 권위 있는 주석서로 알려져 있다.[46]

　이와 같이 대략 살펴본 정토삼부경의 구성 요체를 정리하면,『무량수경』에서는 아미타불의 48대원에 대한 것,『아미타경』에서는 오로지 염불중생을 호념하는 것,『관무량수경』에서는 16관법에 대한 것을 중심으로 하여 설해진 것임을 알 수 있다. 결론적으로 이 삼부경의 사상은 오로지 아미타불의 본원으로 이루어진 극락세계에 일체 중생이 왕생하는 방법을 설한 것이라고 하겠다.

　앞으로 고찰하겠지만, 이 경들에서는 극락세계에 왕생하고자 하는 자는 아미타불의 본원에 의지하여 보리심을 발하여(發菩提心)[47] 그곳에 태어나기를 일심으로 칭명하며 발원하라고 설하고 있다. 일반적으로 알려진 제불보살의 공통서원은 사홍서원이지만,『무량수경』에서 설한 법장보살의 서원은 48대원으로서 그 본질이 특이하다.[48] 앞으로도 정토삼부경의 사상과 내용은 장을 달리하면서 계속 언급될 것이다.

장 37), 吉藏의『觀無量壽經義疏』1권(대정장 37), 智禮의『觀無量壽佛經疏妙宗鈔』6권(대정장 37), 元照의『觀無量壽經義疏』3권(대정장 37) 등이 있다. 坪井俊映 著, 李太元 譯, 앞의 책, pp.343~345 참조. 智冠 編著,『辭林』(2권) pp.42~45 참조.

46 坪井俊映 著, 李太元 譯,『淨土三部經槪說』(寶國寺, 1988) 참조.
47 보리심에 대해서는 본서 제8장 2절 '보리심을 발하라' 참조.
48 坪井俊映 著, 韓普光 譯, 앞의 책, pp.53~77 참조.

제2장 정토의 의의

1. 국토와 정토의 의의

국토(國土, kṣetra)라는 말은 일반적으로 한 나라의 토지나 영역을 말하지만, 불교적으로 해석하면 유정有情이 거주하는 곳으로서 음역으로는 '찰다라刹多羅'이고 의역으로는 '토土'이다. 그래서 음역의 축약형인 '찰'과 의역의 '토'를 합하여 '찰토刹土'라고도 한다.[49] 그러나 이 국토에서의 '토土'는 조건에 따라 달라진다. 즉 깨달은 불보살이 거주하는 세계이면 정토(淨土, Sukhāvatī) 또는 불토(佛土, Buddha-kṣetra)가 되고, 반대로 어리석은 범부들이 거주하는 세계이면 예토穢土가 된다. 정토는 이러한 국토에서 구분된 용어이다.

이와 같이 정토란 삼독三毒의 번뇌를 여읜 깨달음의 경지에 든 제불보살諸佛菩薩이 머무는 청정淸淨한 세계를 이르는 말이다. 그래서 이

---

49 智冠 編著, 『辭林』(2권) p.605 참조.

세계를 불토佛土·불국토佛國土·불국佛國·불과佛果·불계佛界·불찰佛刹이라고 해석한다. 그러므로 정토라는 말은 불토에서 비롯된 것이며 정토와 불토는 그 의미가 같다. 그런데 불토를 정토라는 말로 통용하는 것은, 중국의 구마라집을 비롯한 여러 역경가가 일반적으로 불토를 '정토淨土'라고 한역하면서부터 공통적인 용어가 되었기 때문이라고 하겠다.[50] 이와 같은 의의를 지닌 국토를 삼론종의 대성자인 길장(吉藏, 549~623)은 『대승현론大乘玄論』에서 다음과 같이 다섯 가지로 분류하였다.

정토란 모든 부처님과 보살이 머무는 곳이고, 중생이 돌아갈 곳이다. 불토를 통틀어서 말하자면 모두 다섯 가지가 있다. 첫째 청정한 국토(淨土), 둘째 청정하지 않은 국토(不淨土), 셋째 처음엔 청정하지 않았지만 나중에 청정해진 국토(不淨淨土), 넷째 처음엔 청정했지만 나중에 청정하지 않게 된 국토(淨不淨土), 다섯째 청정함과 더러움이 섞여 있는 국토(雜土) 등이다.[51]

---

50 강동균에 따르면, '정토'의 개념은 '정불국토'를 상정하여 언급되며, 또는 직접 '정불국토' '청정불국토' 등으로 표현되기도 하는데, 구마라집이 번역한 『유마경』「불국품」에서는 '정토'라는 용어가 20회나 등장하며, 이 중 3회는 '정불국토(buddhakṣetra-pariśuddhi)란 원어에 대한 번역이고, 나머지 17회는 단순히 불국토라는 말을 '정토'라고 한역한 것이라고 설명한다. 강동균, 『安心과 平安으로 가는 길』(釋曉鏡 康東均 華甲記念論文集, 2007) p.40 참조.

51 吉藏撰, 『大乘玄論』 권제5(대정장 45, p.67상) "淨土者 蓋是諸佛菩薩之所栖域 衆生之所歸總談佛土凡有五種 一淨 二不淨 三不淨淨 四淨不淨 五者雜土."

이어서 이 다섯 가지를 다음과 같이 설명한다.

①정토란 보살이 선법으로 중생을 교화하고, 중생이 그 선법을 받아 지녀 선연을 맺음으로써 순수한 정토를 감득하는 것을 말한다. ②부정 토란 중생이 악연을 만나 예토를 감득하는 것을 말한다. ③부정정토란 처음에는 부정토였는데 이 중생이 부정토의 연이 다하고 나서, 그 후에 정토의 연이 있는 중생이 오면 부정토가 변하여 정토가 되는 것을 말한다. 미륵보살이 세상에 출현할 때 사바세계가 변하여 정토가 되는 것, 석가모니부처님께서 처음 사바세계에 출현하였으나 후에 영산회상이 정토가 된 것 등과 같은 예가 여기에 해당한다. ④정부정토 란 처음에는 정토였는데 이 중생이 정토의 연을 다하고 나서, 그 후에 악한 행위를 한 중생이 오면 정토가 변하여 부정토가 되는 것을 말한다. ⑤잡토란 중생이 선업과 악업의 두 가지 연을 모두 일으켜 정토와 예토를 모두 감득하는 것을 말한다.[52]

그리고는 불토를 다음과 같이 결론짓는다.

이 다섯 가지 국토는 모두 중생이 스스로 지은 업에 의하여 일어난 것이어서 마땅히 중생토라 해야 하지만, 다만 부처님께서 세속의 왕이 백성을 교화하는 것처럼 그곳에서 중생을 교화하기 때문에 불토라

---

[52] 위의 책(대정장 45, p.67상) "所言淨者 菩薩以善法化衆生 衆生具受善法 同搆善緣 得純淨土言不淨者 若衆生造惡緣感穢土也 淨不淨者 初是淨土 此衆生緣盡 後惡 衆生來 則土變成不淨也 不淨淨者 不淨緣盡 後淨衆生來 則土變成淨 如彌勒與之 釋迦也 言雜土者 衆生具起善惡二業 故感淨穢雜土."

한다."[53]

이와 같이 길장은 다섯 가지 국토는 각자가 지은 업에 의해 일어난 것이라고 하였다. 즉 어떤 행위로 하여금 정토가 예토가 되고, 예토가 정토로 변현變現되는 것이라고 하였다. 길장에 의하면 이것이 곧 국토에서의 '토'의 개념이다.

2. 국토 변현의 조건

앞서 말한 국토는 어떤 행위에 따라 정토 또는 예토로 변현된다고 하였다. 그러면 그 행위는 무엇일까? 이 물음에 대해 부처님께서는 『방광반야경』「건립품建立品」에서 다음과 같이 설명하신다.

수보리가 부처님께 아뢰었다. "세존이시여, 보살은 어떻게 잘 불토를 맑힐 수 있습니까?" 부처님께서 말씀하셨다. "보살은 처음 발심한 이후로 항상 자신의 몸과 입과 뜻을 깨끗이 하고 아울러 타인을 감화시켜 몸과 입과 뜻을 깨끗하게 하여야 한다." 수보리가 아뢰었다. "세존이시여, 어떤 것이 보살이 몸으로 악을 행하는 것이며, 입으로 악을 말하는 것이며, 뜻으로 악을 생각하는 것입니까?" 부처님께서 말씀하셨다. "보살이 몸과 입과 뜻으로 열 가지 악을 범하는 것이다. 질투로 계를 범하고, 성냄으로 뜻을 어지럽게 하며, 게으름으로 지혜를 혐오하

---

53 위의 책(대정장 45, p.67상) "此五皆是衆生自業所起 應名衆生土 但佛有王化之功 故名佛土."

면 수보리야, 이것이 보살이 뜻으로 악을 생각하는 것이다. …… 그러므
로 보살은 여러 악을 버리고 나서 스스로 육바라밀을 행한다. 또한
사람에게 권하여 나아가게 하고 육바라밀을 행하게 한다. 이 공덕을
가지고 중생과 함께 불국을 구하여 청정하게 하느니라.[54]

이와 같이 보살이 불토를 청정하게 하려면 먼저 자기 자신의 신구의身
口意 삼업三業을 청정히 하고 더불어 다른 사람에게도 가르쳐 삼업을
청정하게 해야 한다고 이르신다. 그리고 그 실천덕목으로써 스스로
육바라밀을 행하고 또한 다른 사람으로 하여금 권하여 행하게 해야
한다고 하셨다. 이는 곧 대승불교의 수행자가 반드시 닦아야 할 보살행
을 말하는 것으로서, 이 조건이 바로 국토를 맑히는 의의이다.

육바라밀은 대승불교의 가르침을 받드는 보살(수행자)이 열반에
이르기 위해 반드시 실천해야 하는 여섯 가지 덕목으로 육도六度라고도
한다. 바라밀은 산스크리트어 빠라미따Pāramitā의 음역으로 '피안에
이르는 것'으로 해석되고, 중국에서는 이를 도피안到彼岸 또는 도무극度
無極이라고 번역한다. 이는 이상理想을 달성하는 것으로, 곧 완성을
의미한다.

육바라밀은 보시(布施, dāna)·지계(持戒, śīla)·인욕(忍辱, kṣānti)·

---

54 『放光般若經』(대정장 8, p.136상) "世尊 菩薩云何能淨佛土 佛言 菩薩從初發意已
來常淨身口意 幷化餘人淨身口意 須菩提言 世尊 何等爲菩薩身行惡口言惡意念惡
佛言 菩薩身口意犯十惡 嫉妬犯戒瞋恚亂意懈怠惡智 須菩提 是爲菩薩意念惡
…… 是故菩薩捨衆惡已 自行六波羅蜜 亦勸進人使行六度 持是功德 與衆生共求
佛國淨."

정진(精進, vīrya)·선정(禪定, dhyāna)·지혜(智慧, prajñā)이다.[55] ①보
시바라밀은 의복·음식 등의 재물과 교법을 기쁜 마음으로 부처님과
스님(승가)을 비롯하여 가난한 사람에게 베푸는 것이고, ②지계바라밀
은 부처님이 설한 계율과 교단의 율의律儀 등을 잘 지키는 것이고,
③인욕바라밀은 타인으로부터 온갖 모욕과 박해를 받아도 조금도
동요됨이 없이 깊이 참는 것이고, ④정진바라밀은 불도수행의 완성을
위하여 쉼 없이 선행에 힘쓰는 일이고, ⑤선정바라밀은 마음을 하나의
대상에 집중하여 사물의 도리를 깊이 사유하는 것이고, ⑥지혜바라밀
은 사물과 대상의 바르고 삿됨(正邪)을 잘 결정하여 일체의 번뇌를
끊는 것이다. 이것이 여섯 가지의 바라밀행이다. 또한『십주경十住
經』에서는 여기에 방편方便·원원願·역력力·지智 네 가지를 추가하여 십바
라밀[56]을 설하고 있다.

결국 육바라밀은 대승불교를 신봉하는 보살이 깨달음을 얻기 위해
수행하는 것을 말한다.[57] 이러한 이념은 소승불교에는 없었다. 대체로

---

55 육바라밀은 대승경전 여러 곳에서 설하고 있다. 그 가운데『大乘理趣六波羅蜜多經』
(대정장 8, pp.886하~890하)에서는 육바라밀을 매우 신심을 자아내게 설명하고
있다. 이 경은 8세기경 반야(般若, Prajna)가 번역하였는데,『六波羅蜜經』또는
『理趣六道經』이라고도 한다. 불멸후 400~500년경에 일어난 대승보살사상에 입
각한 육바라밀다를 설한 경이다. 전체 10권 10품으로 구성되어 있으며,『대반야경』
의 제10會에 해당한다. 내용은 자씨보살이 중심이 되어 부처님께 질문하는 내용으
로 되어 있다.

56 『十住經』(대정장 10, pp.517하~518상)

57 육바라밀을 문학적으로 표현한 춘원 이광수의 시를 감상해 보자.
    애인 (육바라밀)
    임에게는 아까운 것이 없이 무엇이나 바치고 싶은 이 마음,

소승불교의 실천덕목들은 보수적인 교리 해석과 오직 개인의 이익을 위한 고고한 수행만을 요구하는 가르침이었다. 그 결과 소승불교의 이념은 결국 중생들의 삶과는 동떨어진 관념의 논리체계로 변질하게 되었다. 이때에 부처님의 본래 가르침으로 돌아가자는 신앙회복운동을 일으킨 것이 바로 대승불교인 것이다.

대승불교의 이념은 '상구보리上求菩提 하화중생下化衆生'이다. 이 이념의 실현을 위한 대표적인 실천이 곧 육바라밀이다. 위에서 말했듯이 이러한 실천덕목을 행하여 자기 자신의 신구의 삼업을 청정하게 하고, 또한 남에게 이를 가르쳐 모든 이들로 하여금 삼업을 청정하게 하여 그 세계를 청정한 국토로 만들고자 하는 것이다. 이러한 정토의 존재는 스리랑카, 미얀마(버마) 등에 전해진 남방불교, 즉 신심心身이 모두 공空·무아無我로 돌아가는 회신멸지灰身滅智[58]를 최종 목적으로 하는

거기서 나는 보시를 배웠노라.
임께 보이고자 애써 깨끗이 단장하는 이 마음,
거기서 나는 지계를 배웠노라.
임이 주시는 것이면 때림이나 꾸지람이나 기쁘게 받는 이 마음,
거기서 나는 인욕을 배웠노라.
천하 하고많은 사람에 오직 임만을 사모하는 이 마음,
거기서 나는 선정을 배웠노라.
자나 깨나 쉴 새 없이 임을 그리워하고 임 곁으로만 도는 이 마음,
거기서 나는 정진을 배웠노라.
내가 임의 품에 안길 때에 기쁨도 슬픔도 임과 나와의 존재도 잊을 때에
거기서 나는 지혜 배웠노라.
아, 인제 알았노라.
임은 이 몸께 바라밀을 가르치라고 짐짓 애인의 몸을 나툰 부처시라고.

58 회신멸지는 몸을 재로 하고 마음(지혜)을 완전히 없앤다는 뜻으로 심신이 모두

소승불교에서는 찾아볼 수 없고, 다만 북방으로 전해진 대승불교 가운데서 싹 터 발전되었다.[59] 이상과 같이 국토를 맑히는 의의를 간략히 새겨보았다.

이러한 이상적인 이념으로 출발한 대승불교에서는 온 세계에는 많은 불도 수행자(보살)가 있고, 또 수행(보살도)을 완성하고 깨달음을 연 부처님이 무수히 있으며, 이에 따른 무수한 정토가 존재한다고 설해지게 되었다. 이것이 이른바 '제불諸佛의 정토설淨土說'이다. 이러한 제불의 정토설에는 국토를 맑혀야 하는 까닭이 잘 나타나고 있다.

3. 제불의 정토설

1) 왜 제불의 정토인가?

대승불교의 최종 목적은 인간이 불타가 되는 것이다. 이 불타가 되는 원리는, 일체 중생은 본래부터 불성을 지니고 있으므로 누구나 그 불성을 깨달으면 곧 부처가 될 수 있다는(一切衆生 悉有佛性)[60] 진리에

완전히 무로 돌아가고, 번뇌를 없앤 경지로서 소승의 최종 목적인 무여열반을 가리킨다. 대승불교에서는 이를 일종의 허무주의라고 비판한다. 諦觀은 『天台四教儀』(대정장 46, p.777상)에서 회신멸지를 다음과 같이 설명한다. "만약 몸이 재가 되고 생각도 사라지면 무여열반이라 하며, 또 '홀로 선 해탈(孤調解脫)'이라고 한다." 여기서 '홀로 선 해탈'이라 한 것은 '자기 혼자만의 깨달음'이란 뜻을 말하는 것으로 남의 깨달음에는 상관하지 않는 소승의 자리적인 해탈을 경시한 말이다.

59 坪井俊映 著, 韓普光 譯, 앞의 책, pp.16~21 참조.

60 이 말은 살아 있는 모든 것은 모두 태어나면서부터 부처가 될 수 있는 가능성, 즉 佛性이 있다는 설이다. 이에 대해 부처님께서는 『열반경』에서 다음과 같이 설하신다. "선남자야, 나는 또다시 말하기를, 네 가지 중대한 계율을 범한 이,

의한 것이다. 그러므로 부처님의 가르침을 깊이 믿고 일심으로 육바라
밀 등의 보살도를 수행한다면 일체의 번뇌와 망상을 여의고 불성이
비추어져 이윽고 불타가 되는 것이다. 이것을 성불成佛이라 한다.
성불은 곧 불교수행의 완료를 뜻한다.

　그러면 과연 부처님은 그 수가 얼마나 될까. 『아미타경』[61]에서는
동·남·서·북·상·하 여섯 방위(六方)에 각각 많은 부처님이 계시고
제각기 정토를 만들어 계심을 설하고 있고, 『십주비바사론』「이행품」[62]
에서는 선덕불善德佛 이하 103불佛의 존재를 설하고 있다. 이러한 불타
관념은 이미 초기 대승불교에서부터 시간과 공간에 따라 무수한 부처님
이 계시는 것으로 인식되었다. 즉 시간적으로는 과거칠불過去七佛과
이십사불二十四佛, 공간적으로는 무수한 세계마다 그 세계를 교화하는
무수한 부처님이 계신다고 설하고 있다.[63] 아울러 대승경전의 곳곳에서
는 과거·현재·미래에 걸쳐 무수한 부처님이 출현하며 그에 따른 정토가
존재한다고 설하고 있다. 이러한 불타 관념으로 인하여 시방삼세를
통한 무량무변의 다불설多佛說이 전개되고 수많은 현재타방불설現在他
方佛說이 대두되면서 이 제불이 머무는 국토가 설정되게 되었다.

　이와 같이 인격의 완성자인 대성大聖, 곧 부처님이 나타나면 그러한

일천제, 방등경을 비방한 이, 다섯 가지 거역하는 죄를 지은 이에게도 모두 부처님
성품이 있으니, 이러한 중생에게는 도무지 선한 법이 없지만, 부처님 성품은
선한 것이니라." 『大般涅槃經』「迦葉菩薩品」(대정장 12, p.568하)

61 『阿彌陀經』(대정장 12, pp.347중~348상)

62 龍樹造, 『十住毘婆沙論』「易行品」(대정장 26, pp40하~45상)

63 過去七佛, 二十四佛에 대해서는 본서 제7장 1절 '대승불교의 불타관'의 삼신설
　　주석 참조.

성자가 머무는 세계는 자연히 훌륭한 세계와 국토가 된다. 그런데 이러한 불타 관념은 소승불교에서는 볼 수 없다. 왜냐하면 소승불교는 현재의 다불설을 부인하고 미래의 부처님인 미륵불을 제외하고는 모두가 성문聲聞으로서, 그들은 부처님의 설법을 듣고 그 가르침을 실천 수행하여 아라한이 되는 것을 최종 목적으로 발원할 뿐, 장차 불타가 된다는 것은 생각하지도 않기 때문이다. 그러나 대승불교는 다르다. 대승불교의 최종 목적은 일심으로 보살도를 닦아 하루빨리 성불하여 '일체 중생을 성취成就하고 정불국토淨佛國土를 완성'[64]하는 데 있기 때문이다. 그래서 보살은 그 목적을 이루기 위해서 처음부터 서원誓願을 세우고 있다.

보살의 불토엄정佛土嚴淨과 성취중생成就衆生의 서원과 행업行業은 『반야경』을 비롯한 대승경전의 여러 곳에 나온다. 그 가운데 『문수사리

---

[64] 『維摩詰所說經』「佛國品」(대정장 14, p.538중하)에서 성취중생과 정불국토에 대해 부처님께서 다음과 같이 설하신다. "보적寶積아, 이와 같이 보살이 그 곧은 마음(直心)을 따르면 능히 바른 행을 곧 일으키고, 그 행에 의하여 깊은 마음(深心)을 얻느니라. 그리고 그 깊은 마음을 따라 뜻이 조복되고, 뜻이 조복되므로 설한 대로 행하게 되므로, 능히 지은바 공덕을 남에게 돌려주게(廻向)되며, 공덕을 남에게 돌려주게 되면 방편을 얻게 되고, 그 뛰어난 방편에 따르면 곧 중생을 성취하게 되며(成就衆生), 중생을 성취하게 되면 그에 따라서 부처님의 나라가 맑아지고(佛土淨), 부처님의 나라가 맑아짐에 따라서 설하는 법도 맑아지며, 설하는 법이 맑아짐에 따라서 지혜도 맑아지며, 지혜가 맑아짐에 따라서 그 마음이 맑아지고, 그 마음이 맑아짐에 따라서 모든 마음의 공덕이 맑아지느니라. 보적아, 이러한 까닭으로 보살이 만약 정토를 얻고자 한다면 마땅히 그 마음을 맑혀야 하느니라. 그 마음의 맑음에 따라서 부처님의 나라도 곧 맑아지느니라(若菩薩欲得淨土 當淨其心 隨其心淨 則佛土淨)."

불토엄정경文殊師利佛土嚴淨經』을 보면, 보살이 불국토를 청정하게 장엄(嚴淨)할 때는 신구의 삼업을 청정히 하여 악행을 멸하여야 그 결과로 단정한 몸을 받고, 그러면 자연히 그 국토가 정화되어 불국토를 이룬다고 하면서 아홉 가지 수행법을 설하고 있다.[65] 그리고 또한 선한 마음으로 열 가지 법을 닦아야 불토를 청정하게 장엄하는 것이라고 다음과 같이 설하고 있다.

첫째는 지옥의 고통을 듣고 마음에 두려움을 가져 슬퍼하는 마음을 닦고, 둘째는 축생의 고통을 듣고 또한 두려워하여 도에 따르겠다는 생각을 일으키며, 셋째는 아귀의 고통을 듣고 두려워하여 큰 사랑을 일으키고, 넷째는 천상의 안락함을 듣고도 기뻐하지 않고 항상 큰 사랑을 일으키며, 다섯째는 인간에 미곡이 귀하고 비싸 인심이 악해져 서로 해친다는 말을 듣고 인자함을 일으키고, 여섯째는 스스로 결심하고 더욱 정진하여 모든 고통을 참으면 곧 불토를 한량없이 청정하게 장엄하며, 일곱째는 세 가지 고통과 모든 고뇌의 근심을 없애고, 여덟째는 그 불토를 풍요하고 평천平賤하게 하며, 아홉째는 인민이 안화安和하고 수명이 무한하며, 열째는 모두가 자연히 나서

65 『文殊師利佛土嚴淨經』 권상(대정장 11, pp.894하~895상)에서 "첫째는 항상 몸의 행을 단속하여 실수가 없게 하고, 둘째는 말을 삼가서 실수가 없게 하고, 셋째는 그 뜻을 단속하여 삿된 생각이 없게 하고, 넷째는 탐욕을 버려 마음에 집착이 없으며, 다섯째는 분노를 제거하여 마음에 원한이 없고, 여섯째는 우치의 업을 멸하여 마음에 어두움이 없으며, 일곱째는 항상 지성을 행하여 속임이 없고, 여덟째는 인자한 행이 견고하여 마음에 변함이 없으며, 아홉째는 선한 벗을 의지하여 버리는 일이 없나니 이것이 九法으로써 불토를 엄정히 하는 것이다"라고 설하고 있다.

이름과 매임이 없이 무상정진의 도를 이루게 되는 것이니, 이것이
열 가지 법(十法)으로써 소원을 잃지 않고 불토를 청정하게 장엄하는
것이니라.[66]

이와 같이 삼업을 청정히 하여 지옥·아귀·축생의 고통을 두려워하여
크게 슬픈 생각을 일으키어, 이들을 모두 다 제도하겠다는 소원을
잃지 않고 정진하면 무상정진의 도를 이루게 되어 엄정한 국토를 이루게
된다고 설하고 있다. 이러한 말씀들은, 엄정한 불국토는 저절로 생겨난
것도 아니며, 생각만으로 이루어지는 것이 아니라 무한한 노력에 의하
여 건설된다는 것을 강조한 것이다. 그 대표적인 수행법이 바로 앞에서
말한 육바라밀을 닦는 것이라 하겠다. 그러면 이 경의 하권에 나오는
문수사리보살의 서원을 들어보자.

세존이시여, 저는 이런 서원으로 부처가 되겠습니다. …… '시방의
부처님과 성문과 연각과 가난하고 고생하는 거지와 비천한 중생들에게
먼저 공양하지 아니하고 내가 먼저 먹으면 옳지 못하다.' 그러므로
일체를 배부르게 한 다음이라야 먹도록 하겠습니다. 그리고 생각대로
되는 신통을 갖추어서 머물거나 다니거나 걸림이 없으며, 걸음이
빠르기가 바람과 같아 생각대로 시방에 이르러 부처님을 공양하며,

---

66 위의 책(대정장 11, p.895상) "一曰聞地獄苦心懷恐懼 奉修哀心 二曰聞畜生苦亦復
怵惕興隨道哀 三曰聞餓鬼苦亦復畏難發起大慈 四曰聞天上安亦復不喜常興大哀
五曰聞於人間米穀踊貴 弊惡加害而興慈仁 六曰心自念言加勤精進悉忍衆苦 乃使
佛土嚴淨無量 七曰令無三苦衆惱之患 八曰使其佛土豐饒平賤 九曰人民安和壽命
無限 十曰皆自然生無所名屬 至成無上正眞之道 是爲十法所願不失嚴淨佛土."

아래로 중생에게 두루하고, 보배 옷과 법복에 있어서도 또한 그와 같아서 먼저 부처님께 공양하고 다음에 존귀한 이에게 미치며, 빈궁하고 하천한 이들을 다 먼저 평안하게 하며, 팔난 등 온갖 고뇌와 우환이 없게 하고, 말을 하면 마음에 들게 하고 나쁜 말을 듣지 않으며, 계율에 대한 시비가 없는 음성을 배워 높고 낮음이 없고 가난하고 부함이 없을 것입니다.[67]

이와 같이 보살이 부처가 되고자 할 때는 일체 중생을 가엾이 여기는 대비심을 일으켜 그들을 모두 구제하겠다는 서원을 세운다고 하였다. 이것이 보살수행의 목적이며 대승불교의 이념이다. 여기에 대하여 용수는 『대지도론』권제7 '불토원佛土願'을 풀이하는 「초품初品」에서 다음과 같이 서원을 강조하고 있다. 해석과 문답을 보자.

(논) 보살들은 여러 부처님의 세계가 한량없이 장엄하고 깨끗함을 보고 갖가지 서원을 세우나니, 어떤 세계에는 뭇 고통이 아주 없고, 나아가서는 삼악도의 이름조차도 없는 것을 보고는 서원하기를 "내가 부처를 이루거든 그 세계에도 온갖 고통이 없고, 나아가서는 삼악도라는 이름조차도 없어서 꼭 이렇게 되어지이다"라고 한다. 또 어떤 세계에는 칠보의 장엄이 있어 밤낮으로 항상 청정한 광명을 뿜어 낮과 밤의

---

67 위의 책(대정장 11, p.899상중) "世尊 我所誓願得成佛 …… 不先供養十方諸佛 聲聞緣覺及諸貧實 危厄乞丐下劣衆生 先自食者則爲不宜 先飽一切然後乃食 尋如 所念神通備足 在所至湊無有罣礙 行疾如所念 卽到十方供養諸佛下遍衆生 寶衣法 服俱亦復然 先供養諸佛 次及所尊窮賤下劣皆先使安 無有八難衆苦惱患 語則可意 不見惡言 學無禁戒是非之音 無尊無卑無富無貧."

차이가 없으며 해와 달이 없는 것을 보고는 서원하기를 "내가 부처를 이루거든 그 세계에도 장엄하고 깨끗한 광명이 항상 있어 이와 꼭 같아 지이다"라고 한다. ……

(문) 보살들의 행行과 업業은 청정하여 저절로 깨끗한 보報를 얻거늘, 어찌하여 서원을 세운 뒤에야 얻어지는가? 마치 농장에서 (저절로) 곡식을 얻는데 다시 서원을 세울 필요가 없는 것과 같지 않은가? (답) 복을 짓되 서원이 없으면 표방해 세울 바가 없나니, 서원이 인도자가 되어야 이루어 질 바가 있다. …… 마치 소의 힘이 수레를 끌기에 족하지만 마부가 있어야 목적한 곳에 이를 수 있는 것과 같이, 세계를 깨끗이 하는 서원도 그러하여서 복덕은 소와 같고 서원은 마부와 같다.[68]

이와 같이 보살은 불국토를 장엄하고자 할 때에 공덕의 행만으로는 이룰 수가 없고 반드시 서원을 세워야 한다고 하였다. 제불의 정토설은 바로 이렇게 보살이 지극한 서원을 세우고 이를 수행하여 성불한 후에 스스로 깨끗한 국토를 건설하여 그 국토에다 중생을 왕생하게 하여 모두가 부처를 이루게 하고자 하는 데서 생겨난 설이다. 그러므로

---

68 龍樹撰, 『大智度論』(대정장 25, p.108상중하) "論 諸菩薩見諸佛世界無量嚴淨 發種種願 有佛世界都無衆苦 乃至無三惡之名者 菩薩見已 自發願言 我作佛時 世界無衆苦 乃至無三惡之名 亦當如是. 有佛世界七寶莊嚴 晝夜常有淸淨光明 無 有日月 便發願言 我作佛時 世界常有嚴淨光明 亦當如是. …… 問曰 諸菩薩行業淸 淨 自得淨報 何以要須立願然後得之 譬如田家得穀 豈復待願 答曰 作福無願 無所 摽立 願爲導御 能有所成 …… 譬如牛力雖能挽車 要須御者能有所至 淨世界願 亦復如是 福德如牛 願如御者."

그 정토에는 보살의 수가 한량없고, 그 세계 또한 한량없는 것이다. 그러면 이제 어떠한 보살이 부처를 이루어 어떠한 서원과 이름으로 정토가 건설된 것인가를 살펴보자.

2) 제불정토의 유형

제불의 정토는 그 수가 한량없지만 일반적으로 그 유형을 타방정토설他 方淨土說, 영장정토설靈場淨土說, 시방정토설十方淨土說, 범신론적汎神 論的 정토설, 유심정토설唯心淨土說로 분류하고 있다.[69] 각각의 설을 보자.

가. 타방정토설

타방정토설他方淨土說은 객관적인 정토설로서, 이 세계로부터 멀리 떨어진 곳에 부처님이 머무시는 정토가 있다는 것과 시방十方에 정토가 있다고 하는 설이다. 여기서는 대표적 타방정토인 미륵보살彌勒菩薩의 정토, 보현보살普賢菩薩의 정토, 아촉불阿閦佛의 정토, 약사여래藥師如 來의 정토, 아미타불의 정토에 대해 살펴보고자 한다.

① 미륵보살의 정토

미륵보살은 중생 구제의 대원을 세운 미래의 부처님으로, 앞으로 56억 7천만 년 후인 아주 먼 미래에 이 땅에 내려와 성불하여 세 차례에 걸쳐 설법(龍華三會)함으로써 수많은 중생을 구제할 것이 예정된 미래

---

69 제불의 정토설에 대한 유형별 고찰은 坪井俊映 著, 韓普光 譯, 앞의 책, pp.22~42 참조.

불이다. 현재는 보살이기 때문에 미륵보살이라고도 하고, 미래에 성불할 것이 예정된 보살이기 때문에 미륵불이라고도 하며, 현재 도솔천에 머물며 법을 설하고 있다. 『미륵상생경』에서는 미륵보살이 도솔천에 태어나는 인연과 그 수승한 모습을 다음과 같이 설하고 있다.

"미륵이 전생 때 파라내국의 겁파리촌 파바리波婆利라는 큰 바라문 집에 태어났으니, 지금으로부터 12년 뒤 2월 15일에는 그 본래 태어났던 곳에 돌아가서 가부좌하고 앉아 생각 끊는 선정에 들어가서 몸의 자금빛 광명이 마치 백천의 햇빛과 같이 되어 그대로 도솔천에 올라가면 …… 낱낱 상호로부터 팔만 사천 광명의 구름을 곱게 내고는 여러 천자들과 더불어 각각 꽃자리에 앉아 낮밤 여섯 때로 항상 퇴전하지 않는 법 바퀴의 행을 설하므로, 한 때를 지나는 동안 오백억 천자들을 성취시켜 그들로 하여금 아뇩다라삼먁삼보리에 퇴전하지 않게 하리라. 이와 같이 도솔타천에 있으면서 낮밤으로 항상 이 법을 설하여 여러 천자들을 제도하고 이 남섬부주의 세수로는 56억만 세를 지낸 뒤에라야 다시 남섬부주에 하생하리니, 『미륵하생경』에서 설한 그대로이니라." 부처님께서 우파리에게 말씀하셨다. "이것을 일러 미륵보살이 남섬부주에서 사라져 저 도솔타천에 태어나는 인연이라 하느니라."[70]

---

70 『觀彌勒菩薩上生兜率天經』(대정장 14, pp.419하~420상) "彌勒先於波羅捺國劫波利村波婆利大婆羅門家生 劫後十二年二月十五日 還本生處結加趺坐如人滅定 身紫金色光明豔赫如百千日 上至兜率陀天 …… 一一相好艶出八萬四千光明雲 與諸天子各坐花座 晝夜六時常說鎭退轉地法輪之行 經一時中成就五百億象子 令不退轉於阿耨多羅三藐三菩提 如是處兜率陀天晝夜恆說此法 度諸天子 閻色探歲數 五十六億萬歲 爾乃下生於閻色提 如彌勒下生經說 佛告優波離 是名彌勒菩薩於閻

② 보현보살의 정토

보현보살은 『비화경悲華經』 「제보살본수기품諸菩薩本授記品」에 의하면, 10대원을 세워 여기에서 북쪽으로 60에 달하는 항하의 모래알처럼 많은 불토를 지나 '지수선정공덕知水善淨功德'이라는 세계에서 아녹다라삼먁삼보리를 이룬다고 하였다.

그때 세존께서 아미구阿彌具를 칭찬하여 말씀하셨다. "착하다 선남자여, 네가 이제 세계의 둘레 사면으로 1만 불토를 청정하게 장엄하고, 다시 미래세에 무량중생을 교화하여 그 마음을 청정하게 하고, 또 무량무변 제불 세존께 공양할 것이므로 이제 네 이름을 고쳐서 보현이라 하노라. 미래세에 제2 항하사 같은 아승기겁의 말후분末後分에 들어가서 여기에서 북방으로 60항하사 같은 불토를 지나면 지수선정공덕이라는 세계가 있으리니, 네가 거기서 아녹다라삼먁삼보리를 이루어서 명호를 지강후자재상왕여래智剛吼自在相王如來·응공·정변지·명행족·선서·세간해·무상사·조어장부·천인사·불세존이라 하리라."[71]

色提沒生兜率陀天因緣."

71 『悲華經』「諸菩薩本授記品」(대정장 3, p.192중) "爾時世尊讚阿彌具言 善哉善哉 善男子 汝今世界周匝四面一萬佛土猗淨莊嚴 於未來世復當敎化無量衆生令心淸 淨 復當供養無量無邊諸佛世尊 善男子 以是緣故今改汝字名爲普賢 於未來世過一 恆河沙等阿僧祇劫 入第二恆河沙等阿僧祇劫 末後分中於北方界 去此世界過六十 恆河沙等佛土 有世界名知水善淨功德 汝當於中成阿耨多羅三藐三菩提 號智剛吼 自在相王如來應正遍知明行足善逝世間解無上士調御丈夫天人師佛世尊."

③ 아촉불의 정토

아촉불은 『아촉불국경阿閦佛國經』「발의수혜품發意受慧品」에 의하면, 대원을 성취하여 동방으로 1천 세계를 지난 곳에 있는 '아비라제(阿比羅提, Abhirati)'라는 세계에서 성불한다고 하였다. 아비라제는 한역하면 묘희妙喜·선쾌善快·묘락妙樂이란 뜻이다. 이 세계에는 처음에 대목여래大目如來라는 부처님이 출현하셔서 많은 보살들을 위해 불도수행을 설하셨다. 그때 한 비구가 있어 그곳에서 대목여래로부터 앞으로 언젠가는 성불하여 아촉여래가 될 것을 수기 받는다. 아촉이란 무진에無瞋恚라는 뜻으로 성내지 않는다는 말이다. 그래서 이름하여 아촉 또는 부동여래不動如來라고 불린다.

여기서 동방으로 천 개의 부처님 국토를 지나가면 한 세계가 있으니, 아비라제라고 이름한다. 그 부처님의 명호는 대목여래·무소착·등정각이라고 이름하며, 여러 보살들을 위해 법과 육도무극의 행을 설하고 계신다.[72]

그리고 부처님께서는 아촉이라는 이름의 지위에 머물게 된 연유를 다음과 같이 설명하신다.

보살마하살이 처음에 그러한 뜻을 일으키면, 곧 일체의 인민 및 곤충과 꿈틀거리는 벌레의 무리에 대하여 뜻으로 화내고 분노하지 않으므로

---

72 『阿閦佛國經』 권상 「發意受慧品」(대정장 11, p.751하) "東方去是千佛刹有世界名 阿比羅提 其佛名大目如來無所著等正覺 爲諸菩薩說法及六度無極之行者乎."

원망하는 마음도 없다. 사리불이여, 그때 그 보살마하살은 화내거나 분노하는 일이 없었던 까닭에 아촉의 지위에 머물렀다.[73]

④ 약사여래의 정토

약사여래는『약사여래본원경藥師如來本願經』에 의하면, 12대원大願을 세워 동방으로 10항하사의 불토를 지나 '정유리세계淨琉璃世界'를 이룩하였다. 약사유리광여래는 대의왕불大醫王佛, 또는 의왕醫王, 선서善逝라고도 한다. 약사여래는 12가지의 대원을 세워 모든 중생의 질병을 치료해주고 무명無明의 고통에서 벗어나게 해주기 때문에 마치 의사와도 같다는 뜻에서 붙여진 이름이다.

부처님께서 만수실리(문수사리)에게 말씀하셨다. "이 불국토에서 동방으로 10항하사의 불국토를 지나면 그 불토의 바깥에 정유리라는 세계가 있는데, 그 국토에는 약사유리광여래·응공·정변지·명행족·선서·세간해·무상사·조어장부·천인사·불세존이라고 하는 부처님이 계시느니라. 만수실리야, 저 세존 약사유리광여래께서 본행(本行, 부처가 되기 전의 보살행)을 행하실 때 12가지 대원을 발하셨느니라. …… 또 만수실리야, 약사유리광여래의 모든 원과 저 불국토의 공덕장엄은 겁이 다하도록 설명하여도 이루 다 할 수 없느니라. 저 불국토는 한결같이 청정하고, 여인의 모습이 없고, 모든 욕락이 없으며, 또한

---

73 위의 책(대정장 11, p.752중) "菩薩摩訶薩初發是意 乃於一切人民蜎飛蠕動之類 意無瞋怒 亦無恚恨也 舍利弗 爾時其菩薩摩訶薩 用無瞋恚故 名之爲阿閦 用無瞋 恚故住阿閦地."

악도에서 괴로워하는 소리가 전혀 없느니라. 땅은 유리로 되어 있고,
성과 대궐의 담장과 문과 창과 당과 각의 기둥과 들보와 지붕받침(斗拱)
이 그물에 둘러싸이고 모두 칠보로 이루어져 있어 극락국과 같으니,
정유리세계가 이와 같이 장엄되었느니라."[74]

⑤ 아미타불의 정토
아미타불은 48대원을 세워 이 사바세계로부터 10만억 불토를 지난
서방에다 '극락세계極樂世界'를 이룩하였다. 『아미타경』을 보면 다음과
같이 말씀하신다.

사리불이여, 여기서부터 서쪽으로 십만 억 불토를 지난 곳에 한 세계가
있는데 극락이라고 하느니라. 거기에 아미타부처님이라고 하는 분이
계시는데, 지금도 그곳에서 설법하고 계시느니라. 사리불이여, 그
땅을 왜 극락이라고 하는지 아느냐? 그 나라에 있는 중생들은 온갖
고통에 시달리지 아니하고 다만 여러 가지의 즐거운 것들만 누리므로
극락이라고 하느니라.[75]

---

74 『藥師如來本願經』(대정장 14, pp.401중~402상) "佛告曼殊室利 東方過此佛土十
恒河沙等佛土之外 有世界名淨琉璃 彼土有佛 名藥師琉璃光如來應正遍知明行足
善逝世間解無上士調御丈夫天人師佛世尊 曼殊室利 彼世尊藥師琉璃光如來本行
菩薩行時 發十二大願 …… 復次曼殊室利 藥師琉璃光如來所有諸願及彼佛土功德莊
嚴 乃至窮劫說不可盡 彼佛國土一向淸淨 無女人形離諸欲惡 亦無一切惡道苦聲
琉璃爲地 城闕垣墻門 窓堂閣柱 樑斗拱周匝羅網 皆七寶成 如極樂國 琉璃界莊嚴
如是."

75 『佛說阿彌陀經』(대정장 12, p.346하) "舍利弗 從是西方過十萬億佛土 有世界名曰
極樂 其土有佛號阿彌陀 今現在說法 舍利弗 彼土何故名爲極樂 其國衆生無有衆

　　이상과 같이 타방정토의 존재에 대해 대략 살펴보았다. 이 외에도 여러 경전에서 현재와 미래의 여러 부처님이 출현하여 각자의 정토를 성취한다고 하였는데, 그 수는 한량이 없고 실로 필설로는 다할 수 없다고 하였다. 그러나 이와 같이 많은 부처님의 정토세계 가운데 그 성립이 가장 빠르고, 가장 많이 신앙되어 왔으며, 오늘날까지도 우리 민중들에게 가장 깊숙이 자리 잡아 우리의 가슴속에 스며 있는 정토신앙은 바로 법장보살이 48대원을 성취하여 건설한 서방정토 극락세계이다. 그래서 '정토'라고 하면 아미타불의 '극락정토'를 가리키고 있다.

나. 영장정토설

영장정토설靈場淨土說이란 생신生身[76]의 불보살이 이전에도 거주하고 또 현재에도 계신다고 믿어지는 영지영장靈地靈場을 가지고 정토라고 하는 신앙이다. 영지영장이란 영험이 있는 땅, 영험이 신효한 절(도량)이 있는 곳을 말한다. 영장의 정토로는 석가여래의 영산정토, 관세음보살의 정토, 문수보살의 정토 등이 있다. 관음의 영장은 인도 남해의 보타락산補陀落山, 중국의 보타산補陀山, 티베트의 라싸(Lhasa, 拉薩), 한국의 낙산사, 일본의 나지산那智山이나 일광산日光山을 들고, 문수보살의 영장은 중국의 오대산(청량산), 한국의 강원도 오대산 상원사, 일본의 갈성산葛城山을 들고 있다.

苦 但受諸樂故名極樂."
76 生身은 부처나 보살이 중생 제도를 위해 임시로 나타내 보인 육신을 말한다.

52

① 석가모니불의 정토

사바세계의 교주이신 석가모니불은 『대승비분타리경大乘悲分陀利
經』77에 의하면, 과거 '보혜범지'이던 때에 보장불寶藏佛 처소에서 500대
원을 세우고, 32항하사를 지난 곳에 무승국無勝國을 이룩한다고 하였다.

> 선남자야, 그때에 나라의 대사인 해제바라문海濟婆羅門이 보장여래寶
> 藏如來와 건달바와 세간 사람들의 앞에 머물러 서서 이와 같은 대비심을
> 갖춘 500의 원을 세우고 부처님께 아뢰었다. …… "세존이시여, 만약
> 제가 이러한 불사와 세운 원을 구족하게 성취하지 못한다면 저는
> 마땅히 보리의 원을 버리되, 그 밖의 다른 세계에 선근공덕을 회향하지
> 않겠습니다.78

위에서 말한 무승국은 석가모니불의 보신報身이 계신 정토를 말한다.
또한 『대반열반경』에서는 다음과 같이 설한다.

> 선남자야, 이 사바세계에서 서쪽으로 32항하의 모래 수 같은 여러
> 부처님의 국토를 지나가면, 거기에 한 세계가 있는데 '수승함이 없다(無
> 勝)'고 이름하느니라. 그 세계를 어찌하여 수승함이 없다고 이름하는
> 가? 그 세계에 존재하는 장엄한 일이 모두 다 평등하여 차별이 없는

---

77 본경은 『悲華經』의 다른 한역이다.
78 『大乘悲分陀利經』「歎品」(대정장 3, p.271상) "善男子 爾時國大師海濟婆羅門
住寶藏如來前 乾闥婆世人前 立如是具大悲五百願 而白佛言 …… 若我不能具成
如是佛事如我立願者 我當還捨菩提願 非餘刹中善根迴向."

것이 마치 서방의 극락세계와 같고, 또한 동방의 만월세계와 같기 때문이니라.[79]

② 관세음보살의 정토

관세음보살은 『관세음보살수기경觀世音菩薩授記經』에 의하면, 십대홍원十大弘願과 육향원六向願을 세워 아미타불을 모시고 있다가, 아미타불이 열반하신 뒤에 '중보衆寶'라는 세계를 이룩한다고 하였다.

"선남자야, 아미타불의 정법이 멸한 뒤에 한밤중이 지나고 새벽이 밝아올 때에 관세음보살이 저 칠보로 이루어진 보리수 밑에서 결가부좌를 하고 앉아서 등정각을 이룰 것이니, 그 이름을 보광공덕산왕여래普光功德山王如來·응공·정변지·명행족·선서·세간해·무상사·조어장부·천인사·불세존이라고 할 것이다. 그 국토는 자연 칠보로 이루어지고 온갖 미묘한 것들이 합쳐져서 그 장엄함을 이룰 것이다." ······ 화덕장보살華德藏菩薩이 부처님께 여쭈었다. "세존이시여, 그 부처님 나라의 이름이 안락安樂입니까?" 부처님께서 말씀하셨다. "선남자야, 그 부처님의 국토는 이름을 중보衆寶라고 하는데, 그것은 모든 장엄함을 두루 모아 갖추고 있기 때문이니라."[80]

---

79 『大般涅槃經』(대정장 12, p.508하) "善男子 西方去此娑婆世界度三十二恆河沙等諸佛國士 彼有世界名曰無勝 彼士何故名曰無勝 其士所有嚴麗之 皆悉平等無有差別 猶如西方安樂世界 亦如東方滿月世界."

80 『觀世音菩薩授記經』(대정장 12, p.357상) "善男子 阿彌陀佛正法滅後 過中夜分明相出時 觀世音菩薩 於七寶菩提樹下 結加趺坐成等正覺 號普光功德山王如來應供正遍知明行足善逝世間解無上士調御丈夫天人師佛世尊 其佛國士自然七寶 衆妙

54

③ 문수보살의 정토

문수보살은 『문수사리불사엄정경文殊師利佛士嚴淨經』에 따르면, 18원願
을 세워 남방 정토에다 '이진구심離塵垢心'의 세계를 이룩한다고 하였다.

　그때 사자보뇌음보살師子步雷音菩薩이 부처님 앞에 나아가 사뢰었다.
"그때의 그 국토는 이름이 없습니까?" 부처님은 말씀하셨다. "본래의
서원과 같이 뜻한 바를 원만히 갖추게 되면 그 세계의 이름을 이진구심
이라 하느니라." 다시 부처님께 사뢰었다. "그것은 어느 방위에 있습니
까?" 부처님께서 말씀하셨다. "남방에 있는데 이 인계忍界의 맨 끝에
있다. 온갖 묘한 보배와 마니와 명주가 합해져 불토를 이루어 시방의
모든 것이 다 일찍이 보거나 들은 것이 아니며, 온갖 보배가 두루
퍼지고 두루 나타나 썩어 없어지거나 줄어드는 일이 없다. 보살이
그 땅이 온갖 보배로 되기를 바라면 생각대로 곧 이루어지고, 어떤
보배가 있기를 바라면 온갖 묘한 꽃과 향이 생각대로 다 갖추어진다.
또 해와 달의 밝음과 어두움과 밤과 낮이 없다. 보살의 생각대로 그
몸의 광명이 빛나고 꽃이 피고 지는 것으로 낮과 밤이 구별되며 춥고,
덥고, 늙고, 앓고, 죽는 일이 없느니라."[81]

合成莊嚴之事 …… 華德藏菩薩白佛言 世尊 彼佛國士名安樂耶 佛言 善男子 其佛
國士號曰衆寶普集莊嚴.'

81 『文殊師利佛士嚴淨經』권하(대정장 11, p.899중) "於時師子步雷音菩薩 前白佛言
爾時彼土無名號字 佛言 如本誓願所志具足 世界名曰離塵垢心 復白佛言 在於何
方 佛言 在於南方 去是忍界極在其邊 衆妙寶摩尼明珠合成佛土 十方一切未曾見
聞 奇珍衆寶流布遍現 未曾朽敗而有減損 菩薩所作欲令其地化成衆寶 如念卽成在
作何寶 衆妙香華所欲備有 亦無日月明冥晝夜 若菩薩身光所照隨意 唯華開合別晝

다. 시방정토설

시방十方에 정토가 있다고 하는 설은 『도사경兜沙經』과 『수원시방왕생
경隨願十方往生經』 등에서 설한 동서남북과 사유四維와 상하에 정토가
있다는 정토설을 말한다. 『도사경』에서는 그 정토를 다음과 같이 설명
하고 있다. 경설을 모두 살피자면 장황하므로 여기서는 부처님의 명호
와 정토의 이름만을 보기로 하자.

① 동방 아서타불, 헐련환국(東方 阿逝墮 訖連桓)

② 남방 아니라타라불, 누기원국(南方 阿泥羅墮羅 樓耆洹)

③ 서방 아사타타불, 파두원국(西方 阿斯墮陀 其刹名波頭洹)

④ 북방 아사타불, 점배원국(北方 阿闍墮 占倍洹)

⑤ 동북방 아(륜)유나타국타불, 우파원국(東北方 阿〔輪〕輪那墮國陀 優
彼洹)

⑥ 동남방 아전타타타불, 건사원국(東南方 阿旃陀墮陀 犍闍洹)

⑦ 서남방 울침타대불, 나련원국(西南方 鬱沈墮大 羅憐洹)

⑧ 서북방 아파라타불, 활일원국(西北方 阿波羅墮 活逸洹)

⑨ 하방 풍마타라불, 반지원국(下方 楓摩墮羅 潘利洹)

⑩ 상방 타색불, 질제습원(上方 墮色 質提拾洹)[82]

다음으로 『수원시방왕생경』에서는 "동방-향림찰香林刹, 동남방-금
림찰金林刹, 남방-낙림찰樂林刹, 서남방-보림찰寶林刹, 서방-화림찰華

異夜 無有寒暑老病死事."

82 『佛說兜沙經』(대정장 10, p.445중하) 참조.

林刹, 서북방-금강찰金剛刹, 북방-도림찰道林刹, 동북방-청련찰靑蓮

刹, 하방-정찰精刹, 상방-욕림찰欲林刹"[83]이라고 시방정토를 설하고

있다. 이 경에 의하면 시방정토는 모두 우열의 차별이 없고, 원에

따라 각각의 정토에 왕생할 수 있다고 하였다.[84]

라. 범신론적 정토설

범신론적汎神論的 정토란『화엄경』등에서 설하는 연화장세계蓮華藏世

界를 말한다. 연화장세계는 비로자나불의 정토라고 하며, 전 우주가

연화에 쌓여 있는 정토라고 생각하는 설이다. 이는 결국 생각하기에

따라서 우리가 사는 세계를 연화에 비유한 것으로도 볼 수 있다. 청정법

계淸淨法界 두두물물頭頭物物이 부처님 아닌 것이 없다는 화엄의 가르침

을 깨달으면 이 사바세계가 곧 연화장 세계가 되는 것이다. 이 세계를

달리 '연화장장엄세계해蓮華藏莊嚴世界海'라고 하고 '화장세계華藏世界'

라고도 하는데, 『화엄경』이 설하는 바에 의하면 노사나불盧舍那佛의

서원과 수행에 의해 출현한 세계로서 이상적으로 생각되어진 깨끗한

경계이다. 이를 80권『화엄경』「화장세계품華藏世界品」에서는 다음과

같이 설한다.

  그때에 보현보살이 다시 대중에게 말하였다. "여러 불자들이여, 이

  화장장엄세계해는 비로자나 부처님이 지난 옛적 세계해의 티끌 수

  겁 동안 보살행을 닦을 때에 낱낱 겁마다 세계해의 티끌 수 같은

---

83 『灌頂隨願往生十方淨土經』(대정장 21, p.529상중) 참조.
84 坪井俊映 著, 韓普光 譯, 앞의 책, pp.29~30 참조.

부처님을 친근하였고, 낱낱 부처님 계신 데서 세계해의 티끌 수 같은
큰 서원을 닦아서 깨끗하게 장엄한 것이니라.[85]

또 60권 『화엄경』 「노사나불품盧舍那佛品」에서도 다음과 같이 설하
고 있다.

불자들아, 마땅히 알아야 한다. 일체세계바다(一切世界海)는 세계바
다 티끌 수 같은 인연이 갖추어지기 때문에 그것은 이미 이루어졌고,
지금 이루어지고, 장차 이루어질 것이다. 이른바 그것은 부처님의
신력 때문이요, 법이 응당 그러하기 때문이며, 중생들의 행업 때문이
며, 일체 보살이 무상의 도를 얻기 때문이며, 보현보살의 선근 때문이
며, 보살이 정불토를 장엄하려는 원행과 해탈이 자재하기 때문이며,
부처님의 위없는 선근이 그 과를 의지하기 때문이요, 보현보살의
자재한 원력 때문이니 이와 같이 세계바다 티끌 수 같은 인연이 갖추어
지기 때문에 일체 세계바다가 이루어지는 것이다.[86]

이와 같이 연화장세계는 노사나불이 서원을 세워 보살도를 닦아 장엄

---

85 80권 『大方廣佛華嚴經』(대정장 10, p.39상) "爾時普賢菩薩 復告大衆言諸佛子此
　華藏莊嚴世界海 是毘盧遮那如來 往昔於世界海微塵數劫修菩薩行時 一一劫中
　親近世界海微塵數佛 一一佛所 淨修世界海微塵數 大願之所嚴淨."

86 60권 『大方廣佛華嚴經』(대정장 9, p.409하) "諸佛子當知 一切世界海 有世界海塵
　數因緣具故成 已成今成當成 所謂如來神力故 法應如是故 衆生行業故 一切菩薩
　應得無上道故 普賢菩薩善根故 菩薩嚴淨佛土願行解脫自在故 如來無上善根依果
　故 普賢菩薩自在願力故 如是等世界海塵數因緣具故 一切世界海成."

58

한 세계라고 하였다. 이러한 화엄의 정토설이 범신론적 정토설이다.

마. 유심정토설

유심정토설은 심정토설心淨土說로서 이것은 인간의 마음에 따라서
현세를 정토라고 하는 설이다. 이는 선가禪家의 이론에 따른 것이다.
유심정토설에는 경전 및 여러 논사의 설이 있는데 대표적으로『유마경
維摩經』의 심성본정설心性本淨說, 영명 연수永明延壽의 유심설唯心說,
육조 혜능六祖慧能의 심성정토설心性淨土說, 회감懷感의 유식소변설唯
識所變說, 천태 지자天台智者의 상적광토설常寂光土說 등을 들 수 있다.

먼저『유마경』의 심성본정설을 보면, 이 설은 "그 마음의 청정에
따라 곧 불토가 청정해진다"[87]는 대표적인 유심정토설이다. 즉 주관적
인 정토설로서 번뇌에 물든 어리석은 범부(愚癡凡夫)의 마음으로는
이 세계를 부정不淨하다고 하지만, 부처님의 지견으로 본다면 이 세계
는 청정장엄淸淨莊嚴의 세계라는 설이다. 경설은 다음과 같다.

마땅히 알라. 곧은 마음(直心)은 바로 보살의 정토이니, 보살이 성불할
때에 아첨하지 않는 중생은 그 나라에 가서 태어난다. 깊은 마음(深心)
은 바로 보살의 정토이니, 보살이 성불할 때에 공덕을 구족한 중생은
그 나라에 가서 태어난다.[88]

87『維摩詰所說經』(대정장 14, p.538하) "隨其心淨則佛土淨."
88 위의 책(대정장 14, p.538중) "知直心是菩薩淨土 菩薩成佛時不諂衆生來生其國
深心是菩薩淨土 菩薩成佛時具足功德衆生來生其國."

이렇게 말씀하시고 또,

사리불아, 나의 불국토가 항상 이와 같이 깨끗하건만 근기가 하열한
사람들을 제도하기 위하여 일부러 여러 가지 나쁜 것으로 가득한
부정한 국토를 나타내 보인 것이니, 마치 여러 천상 사람들이 한 그릇에
밥을 먹더라도 제각기 그 복덕을 따라서 밥의 빛이 다른 것과 같으니라.
그러므로 사리불아, 만일 사람의 마음이 깨끗하여지면 이 국토의
공덕장엄을 보게 되느니라.[89]

라고 하셨다. 이 말씀은 인간의 본성은 본래 청정한 것인데 근기에
따라 달라 보인다는 뜻이다. 즉 본래 부처나 보살은 불생불멸의 법신이
므로 정토와 예토가 둘이 아닌데, 중생들이 근기가 하열하여 이를
깨닫지 못하고 있기 때문에 이들을 구제하기 위하여 새삼 정토를 말한다
는 것이다. 다시 말해 정토는 중생들 때문에 생겨난 것이라는 말이다.
그러므로 마음이 깨끗해지면 곧 불국토를 보게 된다는 논리이다. 여기
에 대한 역대 논사들의 설을 보자. 영명 연수(904~975)는 『만선동귀
집』에서 다음과 같이 설명한다.

유심의 정토는 마음을 요달하면 그곳에 난다. 『여래불사의경계경』에
서 말씀하시기를 "삼세 일체의 제불은 모두 가진 바 없이 오직 자심에

---

89 위의 책(대정장 14, p.538하) "舍利弗 我佛國土常淨若此 爲欲度斯下劣人故 示是衆
惡不淨土耳 譬如諸天共寶器食隨其福德飯有異 如是舍利弗 若人心淨便見此土功
德莊嚴."

의하며, 보살이 만약 능히 제불 및 일체법이 모두 오직 심량(心量: 마음의 크기, 마음의 현상)이라고 요달하여 알면 수순인隨順忍을 얻고, 혹은 초지에 들어 몸을 버리고 속히 묘희세계에 나며, 혹은 극락정토 가운데 난다"[90]고 하였다. 그러므로 알라. 마음을 알면, 바로 유심의 정토에 나며 경계에 집착하면 오로지 소연의 경계 가운데 떨어진다.[91]

이와 같이 일체법이 모두 심량心量이라고 깨달으면 유심정토에 난다고 하였다. 육조 혜능조사는 『단경』에서 다음과 같이 설한다.

부처님이 말씀하시기를 "그 마음의 청정을 따라 곧 불토가 깨끗하다"고 하셨느니라. 사군아, 동방사람이라도 다만 마음이 깨끗하면 곧 죄가 없는 것이고, 비록 서방사람이라도 마음이 깨끗하지 못하면 또한 허물이 있음이니 동방사람이 죄가 있다면 염불해서 서방에 나기를 바란다고 하겠지만 서방사람이 죄를 지었을 때는 염불해서 어느 나라에 나기를 원하겠는가. 어리석은 사람은 자성을 요달하지 못하기 때문에 자기 몸속의 정토를 알지 못하고 동쪽을 원하고 서쪽을 원하지만, 깨달은 사람은 있는 곳마다 일반이니라. 그러므로 부처님께서 말씀하

---

90 『大方廣如來不思議境界經』(대정장 10, p.911하) "三世一切諸佛 亦復如是 皆無所有 唯依自心 菩薩 若能了知諸佛及一切法皆唯心量 得隨順忍. 或入初地 捨身速生妙喜世界 或生極樂淨佛土中."

91 延壽撰, 『萬善同歸集』(대정장 48, p.966중하) "唯心佛土者 了心方生 如來不思議境界經云 三世一切諸佛 皆無所有 唯依自心 菩薩若能了知諸佛及一切皆唯心量 得隨順忍. 或入初地 捨身速生妙喜世界 或生極樂淨佛土中 故知識心方生唯心淨土著境祇墮所緣境中."

시기를 "머무는바 곳에 따라 안락하다"고 하셨느니라.[92]

이와 같이 육조대사는 자성미타관自性彌陀觀에 의한 철저한 유심정토설을 주장하였다. 역대 선종에서는 이 마음이 곧 정토인데 마음 밖에서 무슨 정토를 따로 찾으며, 성품이 미타인데 성품 밖에 따로 무슨 아미타불이 있겠느냐고 주장하고 있다. 한편 선도善導의 제자인 회감懷感은 『석정토군의론』에서 유식소변唯識所變의 정토를 설하고 있다.

해석하여 말한다. 여래소변如來所變의 토는 불심佛心이 무루無漏이기에 국토도 무루이다. 범부의 마음은 아직 무루를 얻지 못한다. 저 여래의 무루토 위에서 자심을 변현하여 유루토를 만들고 그 가운데 난다. 만약 …… 유루라고 말해도 여래의 무루토에 의하여 변현하는 까닭에 궁극에는 부처님의 무루와 같으며, 또한 여러 악의 허물도 없다.[93]

이와 같이 회감은 부처의 측면에서 본다면 여래의 무루심無漏心의 소변所變에 의한 무루의 정토이지만, 범부의 측면에서 본다면 범부의

---

92 『檀經』(대정장 48, p.352상) "隨其心淨卽佛土淨 使君東方人 但心淨卽無罪 雖西方人 心不淨亦有愆 東方人造罪 念佛心生西方 西方人造罪 念佛心生何國 凡愚不了自性 不識身中淨土 願東願西 悟人在處一般 所以佛言 隨所住處恆安樂."

93 懷感撰, 『釋淨土群疑論』(대정장 47, p.32상중) "釋曰 如來所變土 佛心無漏 土還無漏 凡夫之心未得無漏 依彼如來無漏土上 自心變現作有漏土 而生其中 若約 …… 雖有漏以託如來無漏之土 而變現故 極似佛無漏亦無衆惡過患."

유루심有漏心의 소변에 의한 유루의 정토라고 하면서 유식소변의 도리를 설하고 있다.

한편, 천태 지자는 『법화현의』에서 상적광토설常寂光土說을 주장하고 있다.

만약 능히 마음이 깨끗해지면 모든 업이 곧 깨끗해진다. 마음이 깨끗해지는 것을 관하는 것이란 모든 마음이 실로 인연으로 생겨난 법이라서 즉공卽空·즉가卽假·즉중卽中으로 관하는 일심삼관一心三觀을 말하는 것이다.[94]

이처럼 "마음이 깨끗해지면 모든 업이 곧 깨끗해진다"는 『유마경』의 설을 인용하여 사바가 곧 정토라는 상적광토설을 주장하고 있다. 또한 지자는 진여실상의 진리관에 입각한 상적광토설을 주장하고 있다.

만약 10인연으로 이루어진 중생이 설할 수 없는 국토와 설할 수 없는 5온·12처·18계(陰界入)가 모두 진여실상인 것을 듣고 즐거워하면, 곧바로 일체 국토의 의보와 정보는 곧 상적광토이다. 일체의 5온과 12처는 보리이다. 이것을 떠나서 보리는 없다. 한 색, 한 향기도 중도가 아님이 없고, 이것을 떠나서 다른 적정문寂靜門은 없다. 안·이·비·설도 모두 적정문이고, 이것을 떠나서 다른 적정문은 없다.[95]

---

[94] 天台智者說, 『法華玄義』(대정장 33, p.763중) "若能淨心諸業卽淨 淨心觀者 謂觀諸心悉是因緣生法 卽空卽假卽中 一心三觀."

[95] 위의 책(대정장 33, p.688하) "若十因緣所成衆生 樂聞不可說國土 不可說陰界入

이처럼 지자대사는 일체의 5온과 12처는 보리菩提이고, 이것을 떠나서는 보리가 없고, 안이비설眼耳鼻舌 또한 적정문寂靜門이고, 이것을 떠나서는 적정문도 없다는 진여실상眞如實相의 중도적 진리관에 입각한 상적광토설을 주장하고 있다.[96]

이와 같이 유심정토의 각설을 살펴보았다. 유심정토설은 한마디로 마음밖에는 어떤 것도 존재하지 않는다는 논리이다. 즉 정토는 심정토心淨土로서 마음이 짓는 것이므로 가고 오는 것도 없고, 동서의 방향도 없다는 선가의 주장과도 상통한다. 즉 현세정토설을 주장하는 것이다.

이상과 같이 살펴본 것과 같이 제불의 정토설은 매우 이상적인 것이다. 이러한 관념은 소승불교에서는 찾아볼 수 없고 대승불교에 이르러 성립되었다. 따라서 제불의 정토설은 대승불교 수행자에게 매우 큰 희망을 주는 설이다. 왜냐하면 누구라도 열심히 수행하면 부처를 이룰 수 있는 무한한 가능성을 제시하고 있기 때문이다. 그러나 이 성불을 이루고자 하는 데는 조건이 있다. 그 조건이란 일체 중생을 청정한 국토에 왕생하게 하여 해탈케 하겠다는 대원을 세워 오직 보살도를 닦는 일이다. 위에서 보았듯이 모든 제불보살은 하나의 정토를 만들기 위해 대원을 세워 보살도를 닦아 각자 정토를 건립하였다. 그리고 그 실천덕목으로 육바라밀을 닦고 온갖 선업을 쌓았다. 이와 같이

皆是眞如實相 卽直說一切國土依正卽是常寂光 一切陰入卽是菩提離是無菩提 一色一香無非中道 離是無別中道 眼耳鼻舌皆是寂靜門 離此無別寂靜門."

96 天台智者는 4토설을 정리하였는데 常寂光土는 그 가운데 하나이다. 4토는 凡聖同居土, 方便有餘土, 實報無障碍土, 常寂光土이다. 『觀無量壽佛經疏』(대정장 37, p.188중)

제불의 정토는 각각 그 특성이 있는데, 그 가운데 특히 아미타불의 서방정토는 마음이 산란한 무지의 사람을 위해 설하고 있다. 그래서 중국의 도작과 선도는 아미타불의 서방정토가 마음이 산란한(散心) 범부를 위한 정토라고 하였다. 그러면 이제 장을 달리하여 극락정토와 그곳에 계시는 아미타불에 대해 고찰해 보기로 하자.

제3장 정토와 아미타불의 실상

1. 정토의 본질

앞에서 정토의 의의를 대략 살펴보았다. 그런데 정토라는 개념에는
몇 가지 공통적인 의문이 제기된다. 그것은 정토라는 이름을 왜 극락이
라고 했으며, 정토는 왜 서쪽에 있으며, 정토는 왜 멀리 떨어져 있는가
하는 의문이다. 여기서는 이 세 가지 의문을 풀어나가는 과정을 통해
정토의 본질을 이해하고자 한다. 먼저 이 문제들을 논하기 전에 정토라
는 명의名義에 대해서 살펴보자.

정토는 산스크리트어로 수크하바티(Sukhāvatī)라고 하며, 이를 직
역하여 '낙유樂有'라고 한다. 곧 '즐거움이 있는 곳'이라는 의미이다.
이를 정토삼부경에서는 안락安樂·극락極樂·안양安養·낙방樂邦이라
고 번역(의역)하고 있다. 그중 『아미타경』에서는 다음과 같이 설하고
있다.

사리불이여 그 땅을 왜 극락이라고 하는가? 그 나라에 있는 중생들은
온갖 고통에 시달리지 아니하고 다만 여러 가지의 즐거운 것들만
누리므로 극락이라고 하느니라.[97]

또한 『관무량수불경』에서는 다음과 같이 설한다.

부처님이시여, 여러 가지의 불국토가 비록 모두 청정하여 광명으로
빛난다 하더라도, 저는 이제 극락세계에 있는 아미타불의 세계에
왕생하기를 원하나이다.[98]

한편, 『무량수경』에서는 다음과 같이 설하고 있다.

법장보살은 이미 성불하여 서방에 계시는데, 이 땅에서 10만억 국토를
지난 곳에 있고 그 이름은 안락이라고 하느니라.[99]

이와 같이 『무량수경』에서는 '안락安樂'이라 칭하고, 『관무량수
경』과 『아미타경』에서는 '극락極樂'이라고 칭하고 있다. 그런데 여기서
주목할 것은 위의 정토삼부경에서는 '정토'라는 용어를 볼 수 없다는

---

97 鳩摩羅什譯, 『佛說阿彌陀經』(대정장 12, p.346하) "舍利弗 彼土何故名爲極樂
其國衆生無有衆苦 但受諸樂故名極樂."

98 畺良耶舍譯, 『觀無量壽佛經』(대정장 12, p.341중) "世尊 是諸佛土 雖復淸淨皆有
光明 我今樂生極樂世界阿彌陀佛所."

99 康僧鎧譯, 『佛說無量壽經』(대정장 12, p.270상) "法藏菩薩 今已成佛現在西方
去此十萬億刹 其佛世界名曰安樂."

점이다. 다만 '정토'라고 표현한 것은 『아미타경』의 이역으로 현장玄奘이 번역한 『칭찬정토불섭수경』[100]에서 '정불토淨佛土'라고 칭하고 있음을 볼 수 있다. 그러나 여기서도 분명하게 '정토'라고 하지는 않았다. '정토'라는 단어가 분명하게 나타난 곳은 구마라집鳩摩羅什 번역의 『유마경』「불국품」이다. 이 경에서는 "마땅히 알라. 바른 마음(直心)은 바로 보살의 정토이니 보살이 성불할 때에 아첨하지 않는 중생은 그 나라에 가서 태어난다. 깊은 마음(深心)은 바로 보살의 정토이니……"[101]라고 칭하고 있다.

『유마경』에서는 '정토'라는 용어가 20회나 등장한다. 이와 같이 정토에 대한 술어와 묘사는 반야계통의 경전을 비롯하여 대승경전에서 많이 보이고 있다. 이러한 근거로 볼 때 '정토'라는 술어가 공통적 용어로 표현된 것은 구마라집과 그 이후 대승경전 역경논사들에 의하여 사용된 용어임을 알 수 있다.[102]

이와 같이 정토라는 용어는 아미타불의 극락정토에 국한해서 쓰이는 용어가 아니고, 정토경전 이외의 대승불교에서 일반적으로 사용되는 용어라고 할 수 있다. 그러면 이제 앞에서 제기한 세 가지 의문에 답해 보자.

---

100 玄奘譯, 『稱讚淨土佛攝受經』(대정장 12, p.348하) "又舍利子 極樂世界淨佛土中."

101 『維摩詰所說經』「佛國品」(대정장 14, p.538중) "當知直心是菩薩淨土 菩薩成佛時不諂衆生來生其國 深心是菩薩淨土."

102 강동균 앞의 책, p.40 참조.

68

1) 왜 정토를 극락이라고 했는가?

극락極樂이란 뜻은 위의 『아미타경』에서 설한 바와 같이 중생들이 온갖 고통에 시달리지 아니하고 다만 여러 가지의 즐거운 것들만 누리므로 극락이라고 하였다. 그러나 극락이라는 한역은 범본과 비교할 때 몇 가지 문제점을 지니고 있다.

범본 『아미타경』·『무량수경』·『법화경』 등에 나타나는 극락이라고 하는 용어는 위에서 언급한 바와 같이 '수크하바티(Sukhāvatī)'이고, 이것을 직역하면 '즐거움이 있다(樂有)' 또는 '편안하고 즐겁다(安樂)'라는 뜻으로서 여기에는 극락이라는 뜻은 포함되어 있지 않다. 그런데 구마라집이 한역한 『아미타경』과 불타발타라(佛馱跋陀羅, 賢覺)가 한역한 『관불삼매해경』[103]과 현장이 한역한 『칭찬정토경』[104]과 불공不空이 한역한 『무량수여래수관행공양의궤』[105] 등 60여 부의 경전에서는 모두 극락이라는 한역어가 등장한다. 그러면 왜 모든 번역자가 극락이라고 표현했을까? 특히 역경의 대가인 현장이 이러한 번역어를 사용한 것은 원전의 용어상 어떤 변화가 있었다고 추정할 수 있다. 그 근거는 비교적 오래된 원전인 지루가참支婁迦讖이 번역한 『반주삼매경』[106]과 번역자를 알 수 없는 『발피보살경』[107]과 축법호竺法護가 번역한 『방등

---

103 『觀佛三昧海經』(대정장 15, p.689상)
104 『稱讚淨土經』(대정장 12, p.348하)
105 『無量壽如來修觀行供養儀軌』(대정장 19, p.67하)
106 『般舟三昧經』(대정장 13, p.899상)
107 失譯, 『拔陂菩薩經』(대정장 13, p.922상) 이 경의 역자에 대해서는 "『승우록』에 安公古가 지었다고 기록되어 있으며, 본경은 『般舟三昧經』의 처음 한역한 이본이다(僧祐錄云安公古典 是般舟三昧經初異譯)"라고 하였다.

반니원경』[108]에서 '수마제須摩提'라는 용어를 사용하고 있기 때문이다.
여기서 수마제는 수하마제須訶摩提의 '하訶'를 생략한 말이라고 할 수
있고, 이 수하마제는 속어인 수하마티(suhāmatī)를 음사한 것으로서
이 말은 범어의 Sukhāvatī(樂有: 安樂), sukāmatī(樂無量: 極樂),
sudhāmatī(有甘露: 安養) 등에서 전환된 용어라고 할 수 있다. 이와
같은 근거로써 구마라집, 불타발타라, 현장, 불공 등이 극락으로 한역
하였다고 추정할 수 있다.[109]

2) 극락세계는 왜 서쪽에 있는가?

앞에서 고찰한 바와 같이 부처님께서는 "극락은 이 사바로부터 서쪽으
로 십만 억 불토를 지난 곳에 있다"고 하셨다. 그러면 부처님께서는
왜 여러 방위 중에 하필이면 서쪽이라 하셨을까? 이에 대한 도작,
선도, 원효의 설을 보자. 도작은 『안락집』 권하에서 다음과 같이 설명하
고 있다.

염부제에는 해가 뜨는 곳을 태어남이라 하고 해가 지는 곳을 죽음이라
고 하며 죽음의 땅에서부터 신명이 (다른 세계로) 들어가는 것이라
생각하였다. 그것은 서로 돕는 방편이 되는 까닭에 법장보살은 성불하
여 서쪽에 머물면서 중생을 자비로 영접하기를 원한 것이다.[110]

---

108 『方等般泥洹經』(대정장 12, p.925하)

109 智冠 編著, 『辭林』(2권) pp.748~749 참조.

110 道綽撰, 『安樂集』 권하(대정장 47, p.18상) "以閻色提云 日出處名生 沒處名死
藉於死地 神明趣入 其相助便 是故法藏菩薩願成佛在西 悲接衆生."

이와 같이 도작은 염부제의 사람들은 서쪽은 죽은 사람이 사후에 가게 되는 곳으로 생각한다고 하였다. 그러면 이러한 생각이 나게 된 이유는 무엇일까. 그것은 고대 인도인의 사고방식에서 그 관념을 볼 수가 있다. 즉 인도에서는 방향과 방위를 나타낼 때 해가 뜨는 동쪽을 바라보고 서서 앞을 동방이라 하고 뒤를 서방이라고 하는데, 이러한 생각들이 시간적으로 볼 때 앞쪽의 동방은 과거(atita)가 되고 뒤쪽의 서방은 미래(anāgata)가 된다는 생각을 낳게 하였다는 것이다.[111] 즉 서방(pāscima)은 미래의 세계로서 장차 오는 세상이라는 관념을 가지게 된 것이다. 여기서 장차 오는 세상이란 곧 내세를 의미한다. 좀 더 설명하자면, 이 세상의 모든 사람들은 어느 누구를 막론하고 죽음을 싫어하고 고통 없이 오래 살면서 그 삶이 행복하기를 바라고 있다. 특히 죽은 후에는 더 좋은 세상에 태어나 그 행복이 이어지기를 바라고 있다. 즉 평화롭고 안락한 이상향을 바라는 것이다. 여기서 어렴풋이 그 방향을 서쪽이라고 상상할 수 있다. 왜냐하면 동쪽에서 해가 솟아오르면 모든 생명들은 잠에서 깨어나 삶을 시작하고, 서쪽으로 해가 넘어가면 다음 날을 위하여 고단한 삶을 쉬면서 잠을 잔다. 그래서 해가 넘어가는 서쪽은 자연히 쉬고 싶은 곳, 곧 안락함이 있는 곳으로 생각하게 된다. 따라서 이러한 생각들이 막연히 서쪽 어디엔가는 영원히 안락하고 평화로운 세계가 있을 것이라는 생각을 낳게 되었다고 여겨지며, 이러한 중생심을 부처님은 다 아시고 태양이 넘어가는 서방에 중생들이 원하는 평화롭고 안락한 극락세계를 상징적으로 설정

---

111 김만권, 『아미타경강의』(三榮出版社, 1990) p.33 참조.

한 것이라고 본다. 그래서 부처님께서는『관무량수경』에서 위제희 부인이 죽음의 공포에 괴로워하면서 이 고뇌와 근심이 없는 세계를 가르쳐달라는 소원에 답하여 "그대가 정녕 괴로움이 없는 세계를 보고 싶으면 우선 마음을 진정하고, 서쪽하늘로 넘어가는 태양의 모습을 생각하라"고 가르치신 것이다. 다음으로 선도의 설을 보자. 선도는 『관무량수불경소』「정선의定善義」에서 서방에 정토를 세우는 이유를 다음과 같이 설명하고 있다.

지금 관하는 이 문들은 오로지 방향(서방)을 가리키며 모양(정토)을 세워서 거기 마음을 머물게 하고 경계를 취하게 했으며, 모습이 없고 생각을 떠난 것은 전부 밝히지 않았다. 여래께서는 말법시대의 죄악범 부를 잘 아시나니, 모양을 세워 마음을 머물게 하시는데도 오히려 얻지 못할 것인데, 어찌 몸으로 모양을 떠나고서 마음으로 일을 구하는 자이겠는가! 이는 마치 신통이 없는 사람이 하늘에 머물며 집을 세우는 것과 같다.[112]

이 말은 말법시대의 미혹한 범부중생은 방향을 가르쳐주어도 의심하여 찾아가지 못하는데, 만약 방향을 세우지 않는다면 어떻게 찾아갈 수 있겠느냐는 설명이다. 이를 일본의 저명한 정토종 학자인 평정준영 (坪井俊映, 쓰보이 순에이)은 "미혹한 중생의 눈으로는 모든 법이 모양

---

112 善導集記,『觀無量壽佛經疏』(대정장 37, p.267중) "今此觀門等唯指方立相 住心 而取境 總不明無相離念也 如來懸知末代罪濁凡夫 立相住心尙不能得 何內離相 而心事者 如似無術通人居空立舍也."

없음(諸法無相)과 부처님의 몸이 한량없고 끝이 없는 것을 볼 수가
없으므로, 모양에 집착하는 범부중생의 관념을 성취시키기 위하여
특히 서방정토를 말씀하신 것"이라고 해설하였다.[113]

다음은 이에 대한 원효(617~686)의 설을 보자. 원효는『유심안락
도』[114]에서 다음과 같이 설명한다.

부처님의 나라는 원융하여 본래 동서가 없으나 중생들의 근기가 다양하
기에 이곳과 저곳을 나타낸 것이다.[115]

이 말은 부처님의 나라는 원융하여 어느 특정한 방향이 없지만,
중생들이 근기가 다양하기에 동방과 서방 등의 방위를 정하여 정토의
소재를 나타낸 것이라는 의미이다. 이 설명도 결국은 위의 선도가
설한 바와 같이 부처님께서 범부중생의 관념을 하나로 성취시키기
위하여 부득이 극락을 서방으로 정하게 되었음을 말하고자 한 것이라고
본다. 결론을 지어보면, 모든 중생들은 태어나서 누구나 죽는다는

---

113 坪井俊映 著, 李太元 譯,『淨土三部經槪說』(寶國寺, 1988) p.510 참조.
114 『遊心安樂道』는 일찍부터 원효의 저술로 알려져 오고 있지만, 저자에 대한
의문이 제기되고 있다. 문제가 되는 것은『遊心安樂道』에는 보리유지가 唐
神龍 2년(706)에서 先天 2년(713) 사이에 번역한『大寶積經』「發勝志樂會」와
神龍 3년(707)에 번역한『不空羂索神變眞言經』이 인용되어 있는 점이다. 고익진
은『遊心安樂道』가『無量壽經宗要』의 增補改編이라고 평하고 있다. 고익진,
「遊心安樂道의 成立과 그 背景」(『불교학보』 10, 1973) p.153.
115 元曉述,『遊心安樂道』(대정장 47, p.111상) "佛土圓滿融 本無東西 扣機多端
方現此彼."

현실이 괴롭고 허무하다. 그래서 죽은 후에도 생명이 영원히 연장되는 안락한 세계를 막연히 동경한다. 그러나 안타깝게도 그 세계를 볼 수가 없다. 왜냐하면 그 세계는 깨달음의 세계이기에 미혹한 범부중생의 눈으로는 도저히 볼 수가 없기 때문이다. 그래서 중생들은 그 세계를 찾아가기 위하여 동서로 헤맬 수밖에 없다. 부처님께서는 이를 가엾이 여기시어 그 세계의 위치를 분명하게 가르쳐주신 것이다. 그런데 왜 하필 서방일까? 앞서 말했듯 서쪽은 해가 지는 곳이다. 이 일몰日沒이 주는 감정은 마음속 깊은 곳의 고요함이며 평온함이다. 그래서 태양이 넘어간 저 하늘 어디에는 안락한 세계가 있으리라는 상상을 할 수가 있다. 부처님께서는 이를 다 아시고 부득이 서방을 택하여 우리들의 마음의 고향을 정하여 주신 것이라고 생각한다.

3) 극락세계는 왜 멀리 떨어져 있는가?

이것은 사바세계와 극락세계와의 거리에 대한 문제이다. 위에서 살펴본 바와 같이 부처님께서 말씀하시기를 "여기서 서쪽으로 십만 억 국토를 지나면 한 세계가 있으니 그 세계를 이름하여 극락이라고 한다"[116]고 하셨다. 그런데 이 말씀은 물리적인 산수의 셈법으로는 도저히 도달할 수 없는 불가능한 거리이다. 그러면 부처님께서는 무엇 때문에 측량할 수도 없는 그토록 먼 곳에 극락을 건설하셨을까? 이제 그 의의를 새겨보자.

극락정토는 부처님이 오직 깨달음에 의해 건립하신 지혜와 자비의

---

116 『阿彌陀經』(대정장 12, p.346하)

광명으로 빛나는 맑고 깨끗한 세계이다. 이와 반대로 사바세계는 탐진치貪嗔癡 삼독심三毒心으로 인하여 신구의身口意 삼업三業이 청정치 못한 중생들이 사는, 완전무결하지 못하고 더러움이 가득 찬 세계(穢土)이다. 그래서 사바세계는 허망하고 괴로운 세계이다. 그런데도 범부중생은 미혹에 쌓여 그 허망한 애욕을 버리지 못하고 집착한다. 『아미타경』에서 '십만 억 국토를 지나야 한다(過十萬億佛土)'는 것은 이 집착에 의한 번뇌의 길이라고 할 수 있다. 말하자면 미혹과 깨달음과의 거리이자 범부와 부처와의 거리를 말하는 것이다. 범부와 부처는 근본이 다르다. 만약 범부가 깨달아 부처의 마음이 된다면 즉시에 극락국토에 도달하여 부처님의 자비광명을 눈앞에 볼 수 있겠지만, 깨닫지 못한 미혹한 범부에게 있어서는 영원히 갈 수도 없고 볼 수도 없는 십만 억 국토를 지난 머나먼 저쪽에 있을 수밖에 없다. 그래서 『관무량수경』에서 부처님께서는 위제희 부인에게 다음과 같이 말씀하신다.

그대는 지금 아는가, 모르는가? 아미타불은 이곳에서 멀지 않은 곳에 계신다. 그대는 마땅히 생각을 집중(繫念)하여 자세히 관찰하여라. 저 국토는 청정한 업으로써 갈 수 있느니라. 내가 지금 그대를 위하여 많은 비유로써 자세히 말해 주리라. 또한 청정한 업을 닦으려 하는 미래세의 모든 범부로 하여금 서방의 극락국토에 태어날 수 있도록 하겠다. 저 국토에 태어나고 싶으면 마땅히 세 가지 복을 닦아야 한다. 첫째는 효도하여 부모를 공경하고 스승을 받들어 모시며 자애의 마음으로 살생하지 않고 십선업을 닦는 것이며, 둘째는 삼귀를 받아 지녀 갖가지 계를 다 갖추고 위의를 범하지 않는 것이며, 셋째는 보리심을 내어 인과를 깊이 믿고 대승(경)을 독송하며 나아가 행하도록 권하는 것이다. 이와 같은 세 가지를 이름하여 정업淨業이라고 한다.[117]

이와 같이 "아미타불은 이곳에서 멀지 않은 곳에 계신다"라고 하시어 극락세계는 멀지 않은 곳에 있다고 하셨다. 그러면 왜 멀지 않다고 하셨을까? 그것은 바로 극락세계는 깨달음의 세계이기 때문이다. 이는 신앙적인 거리를 말씀한 것이다. 즉 정토는 비록 십만 억의 머나먼 거리를 둔 저쪽의 세계이지만, 삼복三福을 닦아 청정해진 마음으로 부처님의 자비광명을 우러러보는 자에게는 바로 눈앞에서 볼 수 있는 세계라는 것이다. 그래서 "저 국토는 청정한 업으로써 갈 수가 있다"고 하신 것이다. 위의 경설에 대해 천태 지자(538~597)는 그의 저서 『관무량수경소』에서 다음과 같이 해석하였다.

'여기서 거리가 멀지 않다'고 하셨는데, 안락한 국토인 극락세계는 이 사바세계에서 그 거리가 십만 억 부처님의 국토이며, 그 낱낱의 부처님 국토마다 또 항하의 모래알처럼 수많은 세계가 있는데 어찌 '멀지 않다'고 말씀하신 것일까? 해석하여 말한다. 부처님의 힘으로 보고자 하면 곧 볼 수 있고, 또한 부처님의 광명 가운데 그 국토가 나타나 그것이 부처님의 정수리 위에 뚜렷이 보이게 된다. 이렇게

---

117 『觀無量壽佛經』(대정장 12, p.341하) "汝今知不 阿彌陀佛去此不遠 汝當繫念諦觀彼國淨業成者 我今爲汝廣說衆譬 亦令未來世一切凡夫欲修淨業者得生西方極樂國土 欲生彼國者 當修三福 一者孝養父母 奉事師長 慈心不殺 修十善業 二者受持三歸 具足衆戒 不犯威儀 三者發菩提心 深信因果讀誦大乘 勸進行者 如此三事名爲淨業."

한 생각으로 능히 반연할 수 있으므로 '멀지 않다'고 말씀하신 것이다.[118]

이와 같이 지자대사는 한 생각을 모아 저 국토를 관하면 부처님의 광명 가운데 그 국토가 부처님의 정수리 위에 뚜렷이 보이게 된다고 하였다. 또한 이 거리에 대해서 선종에서는 정토는 오직 마음 짓는 데 있다고 하는 유심정토唯心淨土를 주장한다. 중국 선종의 6대 조사인 혜능대사(638~713)는 『법보단경』에서 다음과 같이 설한다.

'멀다'고 말씀하신 것은 그 근기가 낮은 사람(下根)을 위함이요, '가깝다'고 말씀하신 것은 그 지혜가 높은 사람(上智)을 위하심이다. 사람에게는 두 종류가 있으나 법에는 두 가지가 없으며, 미혹함과 깨달음에는 다름이 있고 보는 것(見)에는 더디고 빠름이 있다. 미혹한 사람은 염불하여 저곳에 태어나기를 구하고 깨달은 사람은 스스로 그 마음을 깨끗이 하나니, 그러므로 부처님께서 말씀하시되 "그 마음이 깨끗함을 따라 곧 불토가 깨끗해진다"라고 하셨느니라. …… 사군이여, 다만 마음 땅(心地)에 선하지 않음만 없으면(악한 마음을 품지 않으면) 서방이 여기서 가기가 멀지 않거니와, 만약 선하지 않은 마음을 품으면(악한 마음을 품으면) 염불하여도 왕생하여 이르기 어려우니라. 이제 선지식에게 권하건대 먼저 십악十惡을 없애면 곧 십만을 가는 것(行)이요, 뒤에 팔사八邪를 없애면 이에 팔천을 지나가는 것이니, 염념念念으로

118 天台智者說, 『觀無量壽佛經疏』(대정장 37, p.191중) "去此不遠者 安樂國土去此十萬億佛刹 一一刹恆沙世界 何言不遠 解云 以佛力故欲見卽見 又光中現土顯於佛頂 一念能緣言不遠也."

성품을 보아 항상 평등하고 곧게(平直) 행하면 그 도달하는 것이 손가락

퉁김과 같아서 문득 아미타불을 볼 것이니라. 사군이여, …… 만약

무생의 돈법을 깨달으면 서방을 보는 것이 다만 찰나에 있으려니와,

깨닫지 못하고 염불하여 왕생하기를 구한다면 길은 머나니 어떻게

도달할 수 있겠느냐.[119]

이와 같이 혜능은 유심의 입장에서 마음 밖에서의 부처님을 인정하지

않았다. 그러나 혜능도 무조건 아무나 오직 마음 하나만으로는 정토에

갈 수 있다는 것은 아니라고 하였다. 위에서 설한 바와 같이 그 마음이

청정해져야만 갈 수 있다고 하였다. 그러기 위해서는 십악과 팔사를

버려야만 한다고 하였다. 그리하면 그 마음이 청정하여져서 손가락

한 번 퉁길 사이에 미타를 본다고 하였다. 이와 반대로 이 십악의

마음을 끊지 못하면 어느 부처님이 오셔서 그대를 맞이하겠냐는 것이

다. 여기서 십악十惡이란 살생殺生·투도偸盜·사음邪淫·망어妄語·기어

綺語·양설兩舌·악구惡口·탐애貪愛·진에瞋恚·치암痴暗으로 우리가 매

일 독송하는 『천수경』에 나오는 열 가지 악을 말한다. 이 열 가지

악을 없애버리면 십만 억 국토를 지나간다는 말이다.

팔사八邪는 팔정도八正道의 반대말이다. 팔정도는 정견正見·정사正

119 『六祖大師法寶壇經』(대정장 48, p.352상중) "說遠爲其下根 說近爲其上智 人有兩
種法無兩般 迷悟有殊見有遲疾 迷人念佛求生於彼 悟人自淨其心 所以佛言 隨其
心淨卽佛土淨 …… 使君心地但無不善 西方去此不遙 若懷不善之心 念佛往生難
到 今勸善知識先除十惡卽行十萬 後除八邪乃過八千 念念見性常行平直 到如彈
指便睹彌陀 …… 若悟無生頓法 見西方只在刹那 不悟念佛求生 路遙如何得達."

78

思·정어正語·정업正業·정명正命·정정진正精進·정념正念·정정正定을 말한다. 이 여덟 가지를 반대로 하면 삿된 견해, 삿된 사유, 삿된 말, 삿된 업, 삿된 생활, 삿된 정진, 삿된 생각, 삿된 명상이 된다. 이 여덟 가지를 없애버리면 곧 십만 억 국토를 지나간다는 말이다. 원효도 『열반경종요』의 대의를 서술하는 첫머리에서 다음과 같이 설명한다.

지극히 멀기 때문에 가르침을 따라가면서 천겁을 지나되 이르지 못하고, 지극히 가깝기 때문에 말을 잊고 찾되 한 찰나를 지나지 않아서 스스로 만난다.[120]

중국 정토종의 대성자 선도대사도 『반주찬般舟讚』에서 "한 생각에 불국토에 들어간다"[121]고 하여 정토종의 입장을 유심적 관점으로 밝히기도 하였다.

이상과 같이 사바세계와 극락과의 거리를 경설과 조사들의 해석을 통하여 새겨보았는데, 결론은 부처님께서 사바와 극락의 거리를 십만 억이라는 수학적인 거리로 표현하였지만 이는 극락에 가고자 하는 사람의 마음가짐으로 도달할 수 있는 거리를 말한 것이다. 즉 '신앙심의 거리'를 설한 것이라 하겠다. 즉 십선 등 선업을 닦아 마음이 청정해진

---

120 元曉述, 『涅槃經宗要』(대정장 38, p.239상) "由至遠故隨敎逝之綿歷千劫而不臻 由至近故忘言尋之不過 一念而自會也."

121 善導撰, 『依觀經等明般舟三昧行道往生讚』(대정장 47, p.455상) "一念之間入寶國."

수행자에게는 그곳에 도달하는 데 조금도 시간이 필요 없다는 말이다.

지금까지는 왜 극락인가? 극락은 어디에 있는가? 극락은 왜 그리 멀리 떨어져 있는가에 대한 의문을 풀어보았다. 그러면 이제부터 극락의 아름다운 장엄에 대하여 살펴보기로 하자.

2. 극락세계의 실상

정토의 장엄莊嚴에 대해서는 여러 경전에서 설하고 있다.[122] 그러나 여기서는 정토교의 소의경전인 삼경일론三經一論[123]이라고 하는 정토삼부경과 세친世親의 『왕생론往生論』과 무착無着이 『섭대승론攝大乘論』에서 설한 '십팔원정十八圓淨'(세친이 해석)과 한국불교에서 천도재 등을 지낼 때 통례적으로 염송하는 대표적인 장엄염불인 '극락세계 십종장엄極樂世界十種莊嚴'의 내용을 통해 극락세계의 모습을 살펴보고자 한다.

---

122 아미타불의 극락정토에 대한 이야기는 여러 경전에서 설하고 있는데, 소승경전과 대승경전을 합친 940여 부의 경전 가운데 4분의 1인 270여 부, 대승경전 600여 부 가운데 3분의 1인 200여 부가 여기에 해당된다. 이 가운데 중국, 한국, 일본 등에서 주로 많이 이용하고 주석을 한 경전은 정토삼부경이다. 이태원 저, 『淨土의 本質과 敎學發展』(운주사, 2006) p.102 참조.

123 일본 정토종의 시조인 法然은 『選擇本願念佛集』(대정장 83, p.2상)에서 "처음으로 정토왕생을 밝힌 교는 三經一論이다. 3경이란 첫째 『무량수경』, 둘째 『관무량수경』, 셋째 『아미타경』이다. 그리고 1론이란 천친의 『왕생론』이다. 혹은 이 3경을 가리켜서 정토삼부경이라고도 한다(初正明往生淨土之敎者 謂三經一論 是也 三經者 無量壽經 二觀無量壽經 三阿彌陀經也 一論者 天親往生論是也 或指 此三經號 淨土三部經)"라고 하였다.

1) 정토삼부경의 설

가. 무량수경의 설

『무량수경』은 범본의 제목을 직역하면 '극락의 장엄(Sukhāvatī)'이라는 뜻으로, 정토삼부경 가운데 극락정토의 모습을 가장 상세하게 설명한 경전이다. 『무량수경』에는 불신佛身의 광명, 불신의 수명, 중생의 공덕, 보배 나무의 장엄, 보배 나무의 신령한 덕, 음악의 미묘하고 훌륭한 소리, 당사堂舍의 훌륭한 장관, 보배 연못의 신기한 덕(奇德), 성자의 과보果報 등이 극락정토의 장엄으로 표현되어 설하고 있다. 여기서는 『무량수경』권상에 나오는 공덕장엄을 보기로 하자. 다음 대목은 법장보살께서 48팔원을 성취하여 아미타불이 되셨을 때 그 세계의 광경을 부처님께서 아난에게 말씀하신 정보正報의 장엄이다.

그 부처님의 국토는 자연적으로 금·은·유리·산호·호박·자거·마노의 일곱 가지 보배를 합성하여 국토를 이루었으며, 넓고 광대하여 한계와 끝이 없으며, 모든 것이 서로 조화를 이루고 사람들도 서로 화합하느니라. 광명이 찬란하게 빛나고 밝고 환하며 미묘하고 기이하고 수려하니라. 그 청정하게 장엄함이 시방의 모든 세계를 널리 뛰어넘었느니라. 온갖 보배들 가운데 정수精髓가 있으니, 이 보배는 마치 제6천의 보배와 같으니라. 또한 그 국토에는 수미산 및 금강철위산 등 일체의 모든 산이 없고 또한 큰 바다·작은 바다·계곡·하천·우물·웅덩이 등도 없느니라. 부처님의 위신력으로 말미암아 보고자 하면 즉시 나타날 뿐이니라. 또한 지옥과 축생과 아귀 등의 여러 곤란한 거취도 없고 또한 봄·여름·가을·겨울 등의 사계절도 없어서 춥지도

않고 덥지도 않으니 항상 조화롭고 적절하니라.[124]

다음은 의보依報의 장엄 가운데 보배 나무의 장엄에 대하여 다음과 같이 설하신다.

또한 그 국토에는 일곱 가지 보배로 된 갖가지의 나무가 주위에 충만해 있다. 금으로 된 나무, 은으로 된 나무, 유리로 된 나무, 파려로 된 나무, 산호로 된 나무, 마노로 된 나무, 자거로 된 나무 등이다. 때로는 두 가지 보배, 세 가지 보배 내지 일곱 가지 보배가 서로 합쳐 이루어진 것도 있느니라. 혹은 금으로 된 나무에 은으로 된 잎과 꽃과 열매가 달린 것이 있고, 혹은 은으로 된 나무에 금으로 된 잎과 꽃과 열매가 달린 것도 있느니라. …… 이러한 보배 나무들이 열을 지어 조화롭게 심어져 있는데 줄기와 줄기들도 조화롭게 바라보고, 가지와 가지들도 조화롭게 정돈되고, 잎과 잎들도 조화롭게 방향을 잡고, 꽃과 꽃들도 서로 순조롭고, 열매와 열매들도 서로 마땅한 자리에 위치하여 있느니라. 그리고 색깔이 화려하고 광채가 휘황하여 보는데 권태로움이 있을 수가 없느니라. 맑은 바람이 때때로 불어오면 다섯 가지 소리가 미묘하게 울려 퍼져 궁상宮商[125]의 음으로 서로 자연히 조화를 이루느니라.[126]

---

124 『佛說無量壽經』(대정장 12, p.270상)

125 宮商은 중국과 한국의 전통음악에서 나눈 五音調(宮·商·角·徵·羽)에 속한 소리 음을 말함.

126 『佛說無量壽經』(대정장 12, pp.270상~271상)

82

또 도량의 보리수와 그 나무에서 울려나오는 법음法音을 다음과 같이 말씀하신다.

또한 무량수부처님의 국토에 있는 도량의 보리수는 높이가 사백만 리이고, 그 근간의 둘레가 오십 유순이고, 가지와 잎은 사방으로 이십만 리나 펼쳐져 있는데, 일체의 온갖 보배들이 합쳐져 이루어진 것이니라. (이 보리수는) 온갖 보배 가운데 으뜸인 월광마니月光摩尼와 지해윤보持海輪寶로 이것을 장엄하였느니라. 그리고 작은 가지 사이에는 빙 둘러 보배로 된 영락을 드리웠느니라. 백천만 가지의 색으로 이리저리 달라지고 변화하며 한량없는 광채의 불꽃이 휘황찬란하게 끝없이 비추느니라. 진기하고 미묘한 보배 그물이 그 위에 펼쳐져 덮여 있으면서 일체의 장엄들은 마땅한 바에 따라 나타나느니라. 가벼운 바람이 서서히 스치면 한량없이 미묘한 법음이 울려 퍼지는데 그 소리는 시방의 모든 부처님의 국토에 두루 울려 퍼져, 그 소리를 듣는 자는 모두 심오한 법인(甚深法忍)을 얻어 불퇴전의 지위에 머물게 되느니라.[127]

또 훌륭하고 미묘한 연주와 음악소리를 다음과 같이 말씀하신다.

세간 제왕에게 백천 가지의 음악이 있느니라. 그리고 전륜성왕으로부터 제6천상에 이르기까지 연주와 음악의 소리가 있으나, 뒤의 것이 앞의 것에 비하면 그 수승함이 천억만 배가 되느니라. 그런데 제6천상의 만 가지 음악소리는 무량수부처님 국토의 칠보로 된 나무들이

---

[127] 『佛說無量壽經』(대정장 12, p.271상)

일으키는 한 종류의 소리에도 미치지 못하니 그 소리는 천상의 소리의 천억만 배이니라. 또한 자연스러운 만 가지의 연주와 음악이 있느니라. 그런데 그 음악의 소리는 법음이 아닌 것이 없으며, 청정하고 호탕하고, 애절하고 너그러우며, 미묘하고 온화하고 아름다우니 시방 세계의 음성 가운데 최고이며 제일인 것이니라.[128]

또 강당과 보배 연못에 대하여 다음과 같이 말씀하신다.

또한 그 국토에는 강당·정사·궁전·누각들은 모두 칠보로 장엄되었고 저절로 변하여 이루어진 것이니라. 다시 진주와 명월마니明月摩尼와 갖가지 보배로 엮은 그물로 그 위를 덮었는데 안팎과 좌우에는 여기저기 목욕하는 못이 있느니라. 그 못은 혹은 십 유순 혹은 이십, 삼십 내지 백천 유순도 되며 세로와 가로로 그 깊고 얕음이 모두 같고 여덟 가지 공덕을 갖춘 물(八功德水)이 고요하면서도 충만해 있으니, 청정하고 향기롭고 정결한 그 맛은 감로수와 같으니라. …… 잔잔한 물결은 돌아서 흐르며 서로에게 물을 붓는데, 안정되고 경사스럽게 천천히 나아가니 더디지도 않고 빠르지도 않느니라. 그 물결은 한량없는 자연의 오묘한 음성을 떨쳐 일으키니 그 상응하는 바에 따라서 들리지 않는 것이 없느니라. 혹은 부처님의 음성을 듣고, 혹은 법의 소리를 듣고, 혹은 승단의 소리를 듣느니라. 혹은 적정한 소리, 공성과 무아의 소리, 대자대비의 소리, 바라밀다의 소리를 듣느니라.[129]

---

128 『佛說無量壽經』(대정장 12, p.271상)

129 『佛說無量壽經』(대정장 12, p.271상중)

또 극락세계에 왕생한 사람의 공덕의 모습을 다음과 같이 말씀하
신다.

아난이여, 그 부처님 국토에 왕생하는 자는 누구나 그와 같은 청정한
색신과 온갖 미묘한 음성과 신통과 공덕을 갖추게 되느니라. 거처하는
궁전과 의복과 음식, 여러 가지의 오묘한 꽃과 향, 장엄하는 도구들은
마치 제6천에 있는 물건들과 같으니라. 만일 음식이 먹고 싶을 때에는
칠보로 된 그릇이 저절로 앞에 나타나고 금·은·유리·자거·마노·산호
·호박·명월주로 이루어진 여러 가지 발우그릇이 뜻에 따라 나타나느
니라. 그리고 백 가지 맛을 지닌 음식이 자연히 가득 차게 되느니라.
그러나 이러한 음식이 있다고 말해도 실로 먹는 자는 없느니라. 단지
색을 보고, 향기를 맡고, 뜻으로 음식을 삼으면 자연히 배부르고 만족하
게 되느니라. 몸과 마음이 유연하고 경쾌하여 그 맛에 탐착하지 않으며
식사를 마치면 사라지고 다시 바라면 나타나느니라. 이처럼 저 부처님
의 국토는 청정하고 안온하며 미묘하고 유쾌하고 즐거우니, 무위열반
의 도에 버금가느니라.[130]

나. 관무량수경의 설

『관무량수』은 정선定善 13관觀의 관법觀法과 산선散善 3관의 행법行
法을 합하여 총 16관법이 설해지고 있는 것이 특징이다. 정선 13관은
아들 아사세에 의해 감옥에 감금된 위제희 부인이 부처님께 정토를
보여 달라고 간절한 청을 하여 부처님께서 13가지로 극락정토의 모습을

관하는 법을 가르치신 것인데, 이 13가지의 관법에서 극락세계의 실상
과 아름다운 장엄을 상상할 수가 있다. 제1관부터 제7관까지가 의보관
依報觀이고, 제8관부터 제13관까지가 정보관正報觀이다.[131] 아래에서
는 정선 13관 전체의 내용을 이해할 수 있도록 해당하는 경문을 가능한
한 그대로 인용했으니, 본문을 함께 음미해보기로 한다.

제1관 해가 지는 것을 생각하는 관법(日想觀)

그대와 중생들은 마땅히 마음을 오로지하고(傳心) 생각을 한곳에 모아
서방을 생각하여라. 어떻게 생각하는가 하면, 모든 중생들은 태어나면
서부터 장님이 아니므로 눈이 있는 사람들은 모두 해가 지는 것을
볼 것이다. 마땅히 생각을 일으켜서 서쪽을 향하여 바르게 앉아 해를
자세히 관하여라. 마음을 굳게 머물게 하여 오로지 생각을 옮기지
말고 해가 지려고 하는 모습이 마치 매달려 있는 북의 모습과 같음을
보라. 해를 보고 나서는 눈을 감거나 뜨거나 명료하게 되도록 하여라.
이것이 해를 관상하는 것이며 초관이라 이름하느니라.[132]

제2관 물을 생각하는 관법(水想觀)

다음에는 물을 생각하여라. (서방 전체가 큰물이라 생각하고) 물이 맑고

---

131 이 13관까지의 해설은 坪井俊映 著, 李太元 譯, 『淨土三部經槪說』(寶國寺, 1988)
　　　 pp.361~367 참조.

132 『觀無量壽佛經』(대정장 12, pp.341하~342상)

깨끗한 것을 보고, 또한 명료하게 하여 뜻을 분산시키는 일이 없도록
하여라. 이미 물을 보았으면 얼음을 생각하여라. 얼음이 투명하게
비치는 것을 보고 유리라는 생각을 하여라. 이러한 생각을 이루고
나서는 유리로 된 땅의 안팎으로 투명하게 비치는 모습을 보아라.
밑에는 금강과 칠보와 금으로 된 당번(幢幡: 깃대와 깃발)이 있어 유리로
된 땅을 받치고 있는데, 그 당번은 팔방과 팔각을 다 갖추고 있고
각각의 면은 백 가지 보배로 이루어져 있느니라. 그리고 낱낱의 보배
구슬에서는 천의 광명이 나오고 그러한 광명마다 팔만 사천 개의
색이 있어 유리로 된 땅을 비추는 것이 억천의 해와 같아서 다 볼
수가 없느니라. 유리로 된 땅 위에는 황금 줄을 간간히 섞은 칠보로써
경계의 구분을 분명히 하고 있으며, 낱낱의 보배 속에서는 오백 가지
색의 광명이 나오고, 그 광명이 꽃처럼 또 별과 달처럼 허공에 걸려
광명대光明臺를 이루느니라. 누각은 천만의 온갖 보배가 합하여 이루어
졌고, (광명)대의 양쪽은 각각 백억의 꽃으로 된 깃대(華幢)와 한량없이
많은 악기로써 장엄하였느니라. 여덟 가지 청량한 바람이 광명으로부
터 나와 이 악기를 연주하면 고苦와 공空과 무상無常과 무아無我의
음을 연설하느니라. 이것이 물을 생각하는 것이며, 제2관이라고 이름
하느니라.[133]

제3관 보배 땅을 생각하는 관법(地想觀)

물을 생각하는 것을 이루고 난 다음에는 극락국토를 대강 살펴보아라.

---

[133] 『觀無量壽佛經』(대정장 12, p.342상)

만일 삼매를 얻으면 그 나라의 땅을 똑똑하고 분명하게 볼 수 있을 것이니, 이루 다 갖추어 말할 수가 없느니라. 이것이 땅을 생각하는 것이며 제3관이라 이름하느니라.[134]

제4관 보배 나무를 생각하는 관법(寶樹觀)

땅을 생각하는 것을 이루고 나면 다음에는 보배 나무를 관하여라. 하나하나 관하되 일곱 겹으로 나무가 줄지어 있다고 생각하여라. 나무 하나하나의 높이가 팔천 유순이며, 그 보배 나무들은 모두 칠보로 된 꽃과 잎으로 되어 있고, 낱낱의 꽃과 잎에서는 다른 보배의 색이 나오느니라. 유리색에서는 금색 광명이 비추고, 파려색에서는 홍색 광명이 비추고, 마노색에서는 자거 광명이 비추고, 자거색에서는 녹진 주 광명이 비추나니 산호·호박과 일체의 숱한 보배가 이렇게 비추어 장식하느니라. 묘한 진주그물이 나무 위를 모두 덮고 있고, 한 그루 한 그루의 나무 위마다 일곱 겹의 그물이 있느니라. 낱낱의 그물 사이에 는 오백억의 묘한 꽃 궁전(妙華宮殿)이 있는데 마치 범천왕의 궁과 같으니라. 온갖 하늘의 동자들이 자연히 그 안에 있으며, 각 동자들은 오백억이나 되는 석가비릉가마니보(釋迦毗楞伽摩尼寶: 여러 가지로 변하여 나타날 수 있는 여의주)로써 영락을 만들고, 그 마니의 광명이 백 유순을 비추나니 마치 백억의 달과 해를 합한 것과 같으니라. 이루 다 이름을 말할 수 없이 많은 보배들이 섞이어 색 중에서 가장 훌륭한 색이 되어 이 모든 보배 나무의 행렬과 조화되느니라. 잎과 잎이 서로

---

[134] 『觀無量壽佛經』(대정장 12, p.342상)

차례로 이어져 있고, 여러 잎 사이에서 갖가지 묘한 꽃이 생기며, 꽃 위에는 자연히 칠보의 열매가 생기느니라. 낱낱의 나뭇잎은 길이와 너비가 꼭 이십오 유순이며, 그 잎에는 천 가지 색에 백 가지 그림이 있으니 마치 하늘의 영락과 같으니라. 많은 묘한 꽃들이 염부단 금색을 띠고 불 바퀴처럼 돌며, 잎 사이에서는 온갖 과일이 솟아나오니 마치 제석의 병과 같으니라. 커다란 광명이 변화하여 당번이 되고, 한량없는 보개가 되며, 이 보개 가운데 삼천대천세계의 모든 불사가 비추어 나타나니 시방의 불국도 그 가운데 나타나느니라. 이 나무를 보고 난 뒤에 또 차례대로 하나하나 관하여라. 나무의 줄기·가지·잎·꽃·열매를 관하여 보되 모두 분명히 하라. 이것이 나무를 생각 하는 것이며, 제4관이라고 이름하느니라.[135]

제5관 보배 연못을 생각하는 관법(寶池觀)

나무를 생각하는 것을 이루고 나면 다음에는 보배 연못을 생각하여라. (연못) 물을 생각 하고자 하면 다음과 같이 하여라. 극락국토에 여덟 개의 못물이 있는데, 각각의 못물은 모두 칠보로 이루어졌느니라. 그 보배는 부드러우며 여의주 왕으로부터 생겨 열네 갈래로 나뉘었으며, 낱낱의 갈래마다 칠보의 색을 띠고 있느니라. 개울(渠)은 황금으로 되어 있고 개울 밑은 모두 잡색 금강으로 밑바닥 모래를 깔았느니라. 각각의 못물 안에는 육십억 개의 칠보로 된 연꽃이 있고, 하나하나의 연꽃마다 둥근 지름이 십이 유순이니라. 그 마니수가 꽃 사이로 흘러들

---

135 『觀無量壽佛經』(대정장 12, p.342상)

어 위아래의 나무로 이어지며, 그 소리가 미묘하게 고와 공과 무상과 무아와 모든 바라밀을 연설하고, 또 모든 부처님의 훌륭하신 모습을 찬탄하느니라. 여의주 왕으로부터 금색의 미묘한 광명이 솟아나오고 그 빛이 변화하여 백 가지 보배색의 새가 되어 애절하고 우아하게 지저귀며, 항상 부처님을 염하고 법을 염하고 승을 염하는 것을 찬탄하느니라. 이것이 팔공덕수를 생각하는 것이며, 제5관이라고 이름하느니라.[136]

제6관 보배 누각을 생각하는 관법(寶樓觀)

많은 보배 국토의 하나하나의 경계 위마다 오백억 개의 누각이 있어 그 누각 안에서 한량없이 많은 온갖 천이(하늘 사람들이) 하늘의 음악을 연주하고, 또 어떤 악기는 허공에 매달려 마치 천상의 보배 깃발(天寶幢)처럼 연주하지 않아도 스스로 울리느니라. 이 많은 소리가 모두 부처님을 염하고 법을 염하고 승을 염하는 것을 말하느니라. 이러한 생각이 이루어지고 나면 극락세계의 보배 나무와 보배 땅과 보배 연못을 대강 보았다고 이름하느니라. 이것이 총체적으로 관하여 생각하는 것이며, 제6관이라고 이름하느니라.[137]

제7관 연화대를 생각하는 관법(華座觀)

---

136 『觀無量壽佛經』(대정장 12, p.342중하)

137 『觀無量壽佛經』(대정장 12, p.342하)

저 부처님을 뵙고 싶으면 마땅히 생각을 일으켜 칠보로 된 땅 위에 연꽃이 있다는 생각을 하고 그 연꽃의 하나하나의 잎마다 백 가지 보배의 색이 되게 하여라. 그리고 마치 천상의 그림(天畵)처럼 팔만 사천 개의 줄기가 있게 하고 낱낱의 줄기마다 팔만 사천의 광명이 있게 하되, 똑똑하고 분명하게 하여 모두 볼 수 있게 하여라. 꽃잎이 작은 것은 길이와 너비가 이백오십 유순이며 이러한 연꽃이 팔만 사천 개가 있고, 큰 잎의 낱낱의 줄기 사이에는 백억의 마니주 왕이 있어 비추어 장식을 하고 있고, 낱낱의 마니주가 천의 광명을 내고, 그 광명이 일산처럼 칠보와 합하여 땅 위를 덮으며, 연화대는 석가비릉가마니보로 되어 있다. 이 연화대에 팔만의 금강견숙가보金剛甄叔迦寶와 범마니보梵摩尼寶와 묘한 진주로 된 그물을 교차시켜 장식을 하였느니라. 그 연화대의 위에는 자연히 네 개의 기둥인 보당寶幢이 있는데, 하나하나의 보당이 마치 백천만억 개의 수미산과 같고, 당의 위에 있는 보만(寶幔: 보배 휘장)은 마치 야마천궁과 같으니라. 또 오백억의 미묘한 보배 구슬로 비추어 장식을 하였는데, 낱낱의 보배 구슬마다 팔만 사천 개의 광명이 있고, 낱낱의 광명마다 팔만 사천 개의 다른 종류의 금색을 내며, 하나하나의 금색이 두루 그 보배 국토를 비추어 곳곳마다 변화시켜 각각 다른 모습이 되게 하느니라. 혹은 금강대가 되기도 하고, 혹은 진주그물이 되기도 하고, 혹은 여러 가지 꽃구름(雜華雲)이 되기도 하여 시방의 각각에서 뜻하는 대로 변하여 나타나 불사를 이루어주느니라. 이것이 연꽃으로 된 자리(蓮花臺)를 생각하는 것이며, 제7관이라고 이름하느니라.[138]

---

[138] 『觀無量壽佛經』(대정장 12, pp.342하~343상)

제8관 불상을 생각하는 관법(像想觀)

이러한 것을 보고 나면 다음에는 부처님을 생각하여라. 왜냐하면
모든 부처님 여래께서는 바로 법계신法界身이므로 두루 모든 중생의
마음 가운데 들어가시기 때문이니라. 그러므로 그대들이 마음으로
부처님을 생각할 때 그 마음이 곧 32상과 80수형호이니라. 이 마음으로
부처님을 이루고 이 마음이 바로 부처님이니라. 모든 부처님의 바르고
두루한 지혜 바다(正徧知海)는 마음으로부터 생기나니, 그러므로 마땅
히 일심으로 마음을 집중하여(繫念)하여 저 부처님, 다타아가도아라하
삼먁삼불타(여래·응공·정변지)를 관하여라. 저 부처님을 생각하는
것은 다음과 같이 하여라. 우선 모습을 생각하라. 눈을 감거나 눈을
뜨거나 염부단 금색과 같은 하나의 보배상이 저 꽃 위에 앉은 모습을
보아라. 형상이 앉으신 (모습을 보고 난) 후에는 마음의 눈이 열리게
될 것이니 똑똑하고 분명하게 극락국의 칠보로 장엄한 보배 땅과
보배 연못과 죽 늘어선 보배 나무들과 나무 위를 가득 덮은 모든
하늘 보내 휘장(天寶幢)들과 허공에 가득한 수많은 보배 그물들을
보아라. 이와 같은 모습을 보되, 마치 손바닥을 보듯이 극히 명료하게
하여라. 이러한 것을 보고 나서 다시 부처님의 왼쪽에 앞서 말한 연꽃과
다름이 없는 커다란 연꽃을 하나 짓고(作), 또 부처님 오른쪽에도
커다란 연꽃을 하나 지어라. 그리고 한 분의 관세음보살상이 연화대의
왼쪽에 앉아서 먼젓번처럼 금색광명을 놓는 것을 생각하고(想), 한
분의 대세지보살상이 화좌의 오른쪽에 앉은 모습을 생각하여라. 이
생각이 이루어질 때면 부처님과 보살의 형상이 모두 묘한 광명을

놓아 그 광명이 금색으로 모든 보배 나무를 비추느니라. 하나하나의 나무마다 아래에 세 개의 연꽃이 있으며, 모든 연꽃 위에는 각각 한 분의 부처님상과 두 분의 보살상이 있어 그 국토에 가득 차느니라. 이러한 생각이 이루어질 때, 행자는 마땅히 흐르는 물과 광명과 모든 보배 나무와 물오리와 기러기와 원앙이 모두 묘한 법을 말하는 것을 들을 것이니, 정定에서 나올 때나 정에 들 때나 항상 묘한 법을 듣는다. 행자는 정에서 나왔을 때에도 들은 것을 기억하고 지녀 놓지 않고, 수다라와 합치되게 할 것이니라. 만일 합치되지 않는다면 망상이라 하며, 합치된다면 거친 생각(麤想)으로 극락세계를 보았다고 하느니라. 이것이 불상을 생각하는 것이며, 제8관이라고 이름하느니라.[139]

제9관 부처님의 진실한 몸을 관하는 관법(眞身觀)

이러한 상상이 이루어졌으면 다음에는 다시 무량수불의 몸의 상호(身相)와 광명을 생각하여라. 아난아, 마땅히 알라. 무량수불의 몸은 백천만억 야마천의 염부단 금색과 같고, 부처님 몸의 키는 육십만억 나유타 항하사 유순이니라. 미간에서 백호(白毫, 흰 터럭)가 오른쪽으로 둥글게 돌아 있는데 마치 다섯 개의 수미산과 같고, 부처님의 눈(佛眼)은 사대해四大海의 물처럼 청정하여 청백이 분명하며, 몸의 모든 털구멍에서는 수미산 같은 광명이 흘러나오느니라. 저 부처님의 원광(佛圓光)은 마치 백억의 삼천대천세계와 같고 원광 속에는 백만억 나유타 항하사만큼의 화불이 계시느니라. 낱낱의 화불에는 또한 무수

139 『觀無量壽佛經』(대정장 12, p.343상)

히 많은 화보살이 있어 시위하고 있느니라. 무량수불에는 팔만 사천 종류의 모습이 있으며, 하나하나의 모습마다 각기 팔만 사천 개의 수형호가 있느니라. 그리고 낱낱의 훌륭한 모습 가운데는 다시 팔만 사천 개의 광명이 있고, 낱낱의 광명이 시방 세계를 두루 비추어 염불하는 중생을 버리지 않고 거두시느니라. 그 광명과 훌륭하신 모습과 화불 등은 이루 다 말할 수가 없으니, 오로지 생각하고 기억하여 마음으로 밝게 볼 수 있도록 하여라. 이러한 것을 보는 것은 곧 시방의 모든 부처님을 보는 것이며, 모든 부처님을 보는 것이므로 염불삼매念佛三昧라 이름하느니라. 이렇게 관하는 것을 모든 부처님을 관한다고 하며, 부처님의 몸을 관하므로 또한 부처님의 마음도 보게 되느니라. 모든 부처님의 마음이란 대자비가 곧 그것이니, 무연無緣의 자비로써 모든 중생을 거두시기 때문이니라. 이 관을 하면 몸을 버리고 다른 세상에 태어날 때 모든 부처님 앞에서 무생인無生忍을 얻게 될 것이니, 그러므로 지혜로운 사람은 마땅히 마음을 한곳으로 묶어 무량수불을 자세히 관하여야 하느니라. 무량수불을 관하는 것은 하나의 훌륭하신 모습으로부터 들어가게 되니, 단지 미간의 백호만을 관하되 극히 명료하게 하여라. 미간의 백호상을 보면 팔만 사천 가지의 훌륭하신 모습을 자연히 보게 되느니라. 무량수불을 보는 것은 곧 시방의 모든 부처님을 보는 것이니, 무량수불을 보는 까닭에 모든 부처님 앞에서 수기를 받게 되느니라. 이것이 모든 색신色身을 두루 관하여 생각하는 것이며, 제9관이라고 이름하느니라.[140]

---

140 『觀無量壽佛經』(대정장 12, p.343중하)

제10관 관세음보살을 생각하는 관법(觀音觀)

무량수불을 똑똑하고 분명하게 보았으면 다음에는 관세음보살을 관하
여라. 이 보살은 신장이 팔십억 나유타 유순이고 몸은 자금색이며
정수리에는 육계가 있느니라. 정수리에 원광이 있는데 면이 각각
백천 유순이고, 그 원광 속에 석가모니와 같은 오백 분의 화불이 계시며,
각각의 화불마다 오백의 보살과 한량없이 많은 온갖 하늘이 시위하고
있느니라. 온몸의 광명 가운데는 오도五道의 중생이 있으며 모든 색상
이 모두 그 가운데 나타나느니라. 정수리 위에는 비릉가마니 보배로
된 천관天冠을 쓰고 있으며, 그 천관 속에 키가 이십오 유순 되는
화불이 한 분 서 계시느니라. 관세음보살의 얼굴은 염부단 금색 같고
미간 백호의 모습(毫相)은 칠보의 색을 갖추었으며, 그곳에서 팔만
사천 종류의 광명이 흘러나와 하나하나의 광명마다 한량없이 많은
백천의 화불이 계시며, 각각의 화불마다 무수히 많은 화보살이 시위하
고 있어 자재하게 변화하여 나타나 시방 세계를 꽉 채우니, 비유하면
마치 홍련화의 색과 같으니라. 팔십억의 미묘한 광명이 영락이 되고,
그 영락 가운데에 모든 장엄된 것들이 두루 나타나느니라. 손바닥은
오백억 연꽃의 색이고, 열 손가락에는 각 손가락 끝마다 도장 문양(印
文)과 같은 팔만 사천 그림이 있고, 하나하나 그림에는 팔만 사천
종류의 색이 있으며, 낱낱의 색에는 팔만 사천 종류의 광명이 있어
그 광명이 부드럽게 모든 것을 두루 비치면 그 보배 손으로 중생을
서방정토로 인도하느니라. 발을 들 때에는 발바닥에 천 개의 바퀴
모양의 무늬(千輻輪相)가 있는데, 자연히 변화하여 오백억 개의 광명대

가 되고, 발을 디딜 때에는 금강마니 꽃으로 모든 곳에 뿌려져 가득 차지 않는 곳이 없느니라. 그 밖의 신상은 많은 훌륭한 모습을 다 갖추어 부처님과 다름이 없으나, 오직 정수리 위에 육계가 있어 정수리 모습을 볼 수가 없는(無見頂相) 점이 세존께 미치지 못하느니라. 이것 이 관세음보살의 진실한 색신을 관하여 생각하는 것이며, 제10관이라 고 이름하느니라.[141]

제11관 대세지보살을 생각하는 관법(勢至觀)

다음에는 대세지보살을 관하여라. 이 보살의 몸의 크기 또한 관세음과 같으니라. 원광의 넓이는 각기 백이십오 유순이며 이백오십 유순을 비추느니라. 온몸의 광명으로 시방 국토를 비추어 자금색이 되게 하니, 인연이 있는 중생은 모두 볼 수 있느니라. 이 보살의 털구멍 하나에서 나오는 광명만 보아도 곧 한량없이 많은 시방의 모든 부처님 의 청정하고 묘한 광명을 보는 것이 되므로 이 보살을 일컬어 무변광無邊 光이라고 하며, 지혜의 광명으로 모두를 비추어 삼도를 여의고 위없는 힘을 얻게 하므로 대세지라고 이름하느니라. 이 보살의 천관에는 오백 개의 보배 연꽃이 있고, 하나하나의 보배 연꽃마다 각각 오백 개씩의 보배 꽃받침대가 있으며, 낱낱의 받침대 가운데에 시방의 모든 부처님의 청정하고 미묘한(淨妙) 국토의 넓고 넓은 모습이 나타느 니라. 정수리 위의 육계는 마치 발두마화(파드마, 붉은 연꽃) 같고, 육계 위에는 보배 병이 하나 있는데 온갖 광명이 가득하여 두루 불사佛事

---

141 『觀無量壽佛經』(대정장 12, pp.343하~344상)

를 나타나며, 그 밖의 모든 신상은 관세음 등과 다름이 없느니라.

이 보살이 다닐 때에는 시방 세계가 모두 진동하며 땅이 움직이는 곳마다 각각 오백억의 보화가 있어 낱낱의 보화가 높이 드러나 장엄하니 마치 극락세계와 같으니라. 이 보살이 앉을 때에는 칠보로 된 국토가 일시에 동요하고, 아래쪽의 금강불 국토(金剛佛刹)로부터 위쪽의 광명왕불光明王佛 국토에 이르기까지 그 중간에 있는 한량없는 미진수 같은 무량수불의 분신과 관세음보살의 분신과 대세지보살의 분신이 모두 다 극락국토에 운집하여 허공을 메우며 연화좌에 앉아 묘법을 연설하여 고통받는 중생을 구제하느니라. 이렇게 관하는 것을 이름하여 대세지보살을 관하여 본다고 하고, 이것이 대세지의 색신을 관하여 생각하는 것이며, 이 보살을 관하는 것을 제11관이라고 하느니라.[142]

제12관 자기 왕생을 생각하는 관법(普觀)

이러한 일을 생각하여 관할 때는 마땅히 자기 마음을 일으켜서 자기가 스스로 서방의 극락세계에 태어나 연꽃 속에 결가부좌하고 있다고 생각해야 하느니라. 연꽃이 닫혀 있다고 생각하고 연꽃이 열린다고 생각하는데, 연꽃이 열릴 때는 오백 가지 색의 광명이 몸을 비춘다고 생각하고 눈을 뜨게 한다고 생각하여라. 그러면 부처님과 보살들이 허공에 가득한 것을 보느니라. 물과 새와 숲과 그 밖의 모든 부처님에게서 나는 소리가 미묘한 법문을 연설하여 12부경과 합치되느니, 정定에서 나왔을 때에도 기억하고 지녀 잊지 말아야 하느니라. 이미 이러한

---

[142] 『觀無量壽佛經』(대정장 12, p.344상중)

일을 보면 무량수불의 극락세계를 보았다고 하는데, 이것이 두루 관하여 생각하는 것이며, 제12관이라고 이름하느니라.[143]

제13관 정토의 잡상을 생각하는 관법(雜想觀)

만일 지극한 마음(至心)으로 서방에 태어나고자 한다면, 우선 1장 6척 되는 불상이 연못 위에 있는 모습을 관하여라. 앞에서 말한 것처럼 무량수불의 몸은 한량없고 끝이 없으므로 범부의 심력으로 미칠 바가 아니니라. 그러나 저 여래께서 숙세에 세우신 본원력(宿願力)으로 인하여 생각하고 기억하는 사람이 있으면 반드시 성취하게 되느니라. 단지 불상을 생각하기만 하여도 무량한 복을 얻게 되거늘, 하물며 다시 부처님의 구족한 신상을 관하는 것이겠느냐! 아미타불께서는 마음대로 신통을 부리시어 시방의 국토에 자재하게 변화하여 나타나시느니라. 혹은 허공을 가득 채우는 커다란 몸으로 나타나시기도 하고, 1장 6척이나 8척 되는 작은 몸으로 나타나시기도 하느니라. 나타내시는 형상이 모두 진금색眞金色이며 원광과 화불과 보배 연꽃도 앞에서 말한 것과 같으니라. 관세음보살과 대세지보살도 모든 곳에서 전에 말한 것과 같은 동일한 모습이므로, 중생이 단지 머리 모습만 보고도 그가 관세음인지 알고 대세지인줄 아느니라. 이 두 보살이 아미타불을 도와 모든 중생을 두루 교화하느니라. 이것이 잡상관이며, 제13관이라고 이름하느니라.[144]

---

143 『觀無量壽佛經』(대정장 12, p.344중)

144 『觀無量壽佛經』(대정장 12, p.344중하)

다. 아미타경의 설

『아미타경』은 부처님께서 사리불을 비롯하여 문수 등 열여섯 제자들에게 서방 극락정토의 아름다운 장엄을 설하고 있으며, 육방六方의 제불이 이것을 증명하는 내용으로 이루어져 있다.

사리불아, 극락국토에는 칠보로 된 연못이 있는데 팔공덕수八功德水가 그 안에 가득 차 있느니라. 연못 바닥에는 금모래가 깔려 있고, 사방에는 금·은·유리·파리가 합해져서 만들어진 계단이 있으며, 위에는 역시 금·은·유리·파리·자거·붉은 구슬·마노로 장식한 누각이 있고, 연못 속에는 연꽃이 있어 크기가 수레바퀴만 한데 푸른색에서는 푸른빛이 나고, 누런색에서는 누런빛이 나고, 붉은색에서는 붉은빛이 나고, 흰색에서는 흰빛이 나는데 미묘하고 향기로우니라. 사리불아, 극락국토는 이와 같은 공덕과 장엄으로 이루어져 있느니라.
또 사리불아, 저 불국토에서는 항상 하늘의 음악소리가 나고, 땅은 황금으로 되어 있으며, 밤과 낮의 여섯때에 하늘에서 만다라 꽃비가 내리느니라. 그 국토의 중생은 항상 새벽에 각각 옷소매에 온갖 묘한 꽃을 넣어 다른 곳에 계신 십만 억 부처님께 공양하고서 밥 먹을 때가 되면 곧 본국으로 돌아와 밥을 먹고 경행하느니라. 사리불아, 극락국토는 이와 같은 공덕과 장엄으로 이루어져 있느니라. 또 사리불아, 저 국토에는 항상 온갖 기묘한 여러 가지 색의 새들이 있느니라. 흰 학과 공작과 앵무와 사리와 가릉빙가와 공명조와 같은 여러 새들이 밤낮으로 여섯때에 아름답게 온화한 소리를 내느니라. 그 소리는 오근·오력·칠보리분·팔성도분과 같은 법들을 즐겁게 연설하므로,

그 국토의 중생들이 이 소리를 듣고 나서 모두 부처님을 염하고 법을 염하고 승을 염하느니라. 사리불아, 너는 이 새들이 실로 죄보로 태어났다고 생각하지 말라. 왜냐하면 저 불국토에는 삼악도(道, 聚)가 없기 때문이니라. 사리불아, 저 불국토에는 삼악도라는 이름조차 없는데 하물며 실제로 있을 수가 있겠느냐. 이 새들은 모두 아미타불께서 법음을 널리 펴기 위하여 변화하여 이루어진 것이니라. 사리불아, 저 불국토에 미풍이 불어 늘어선 모든 보배 나무들과 보배 그물을 흔들면 미묘한 소리가 나는데, 마치 백천 가지 음악소리가 동시에 함께 나는 것과 같으니라. 이 소리를 들으면 모두가 부처님을 염하고 법을 염하고 승을 염하려는 마음을 자연히 내게 되느니라. 사리불아, 저 불국토는 이와 같은 공덕과 장엄이 성취되었느니라.[145]

이상이 정토삼부경에서 설한 극락세계의 장엄한 모습이다. 다음은 세친의 『왕생론』을 살펴보자.

2) 왕생론의 설

『왕생론往生論』은 『무량수경우파제사원생게無量壽經優波提舍願生偈』의 약칭으로 세친이 지은 것이다. 본 논의 내용은 정토삼부경의 가르침 중에서 특히 장엄공덕莊嚴功德을 총망라하여 함축성 있게 표현한 것으로 극락정토의 모습을 총29종의 장엄공덕으로 설명하였다.

이 논에서는 장엄공덕을 크게 국토장엄國土莊嚴, 불장엄佛莊嚴, 보살장엄菩薩莊嚴의 세 가지로 구분하였고, 이 세 가지를 다시 17종의 국토장

---

145 『佛說阿彌陀經』(대정장 12, pp.346하~347상)

엄, 8종의 불장엄, 4종의 보살장엄으로 나누어 관찰하는 법을 설하였다. 즉 비유정세계인 기세간器世間을 관찰하는 법과 유정세계인 부처님이나 보살의 중생세간衆生世間을 관찰하는 법을 자세히 설하였다.[146] 그러면 이 세 가지를 차례대로 간추려 살펴보기로 하자. 아울러 세친의 설명을 좀 더 이해하고자 『왕생론』을 해석한 담란의 『왕생론주往生論註』의 핵심 내용을 정리하여 각주에 부가하였다.

가. 17종의 국토장엄[147]

① 청정장엄공덕清淨莊嚴功德: 극락정토는 인간계를 포함한 삼계의 더

---

146 이태원 저, 『淨土의 本質과 教學發展』(운주사, 2006) pp.111~112 참조.

147 婆藪槃豆菩薩造, 『無量壽經優波提舍願生偈』(대정장 26, p.231중하) "어떻게 저 불국토의 장엄공덕을 관찰하는가? 저 불국토의 장엄공덕은 불가사의한 힘을 성취한 까닭에, 마치 마니여의보의 성질과 같아 서로 비슷하고 서로 상대할 수 있는 법이기 때문이다. 저 불국토의 장엄공덕을 관찰하는 데에는 17가지가 있음을 마땅히 알아야 한다. 무엇이 17가지인가? ① 청정공덕성취 ② 양量공덕성취 ③ 성性공덕성취 ④ 형상공덕성취 ⑤ 종종사種種事공덕성취 ⑥ 묘색공덕성취 ⑦ 촉觸공덕성취 ⑧ 장엄공덕성취 ⑨ 우雨공덕성취 ⑩ 광명공덕성취 ⑪ 성聲공덕성취 ⑫ 주主공덕성취 ⑬ 권속공덕성취 ⑭ 수용공덕성취 ⑮ 무제난無諸難공덕성취 ⑯ 대의문大義門공덕성취 ⑰ 일체소심一切所心공덕성취이다(云何觀察彼佛國土功德莊嚴 彼佛國土功德莊嚴者成就不可思議力故 如彼摩尼如意寶性 相似相對治故 觀察彼佛國土功德莊嚴者 有十七種事應知 何者十七 一者清淨功德成就 二者量功德成就 三者性功德成就 四者形相功德成就 五者種種事功德成就 六者妙色功德成就 七者觸功德成就 八者莊嚴功德成就 九者雨功德成就 十者光明功德成就 十一者聲功德成就 十二者主功德成就 十三者眷屬功德成就 十四者受用功德成就 十五者無諸難功德成就 十六者大義門功德成就 十七者一切所心功德成就)."

럽고 흐린 것이 없고 불완전함이 없는 맑고 깨끗하고 만족한 세계이므로, 번뇌가 가득한 범부가 번뇌를 끊지 않고도 그대로 열반의 경지에 도달할 수 있다. 또한 여기서 청정이란 말에는 29종의 장엄의 내용이 모두 포함되어 있다.[148]

②장엄량공덕莊嚴量功德: 삼계는 협소하고, 지면은 높고 낮은 곳이 있으며, 머무는 곳이 좁고, 산과 내가 있어 장애를 이루고 한계가 있으나 정토는 허공과 같이 광대무변하다.[149]

③장엄성공덕莊嚴性功德: 삼계는 애욕으로써 형성되었으나 정토는 법성法性에 따라 형성된 청정한 국토이다. 그러므로 정토에서는 누구를 막론하고 청정평등무위법신淸淨平等無爲法身을 얻는다.[150]

---

[148] 曇鸞註解, 『往生論註』(대정장 40, p.828상) "이 청정은 모든 것이 가지고 있는 모습이다. 부처님이 因行時에 이 장엄청정공덕을 일으키신 이유는, 삼계를 보니 거짓된 모습이고, 변하는 모습이며, 끝없이 미혹한 모습이기 때문이다. 마치 자벌레가 순환하는 것과 같고, 누에고치가 스스로 속박되어 있는 것과 같다. 중생들이 이 삼계에 속박되어 있고, 전도되어 깨끗하지 못한 것이 슬프다. 중생이 거짓되지 않는 곳, 윤회하지 않는 곳, 끝없는 미혹이 없는 곳에 있어 필경에는 안락과 크게 청정한 곳을 얻게 하고자 하기 때문에 청정장엄을 일으킨 것이다." 본 주석부터 이하 29종에 대한 각주는 세친의 『往生論』에 대한 담란의 해석이다.

[149] 『往生論註』(대정장 40, p.828상) "부처님께서 인행시에 이 장엄량공덕을 일으키신 까닭은, 삼계를 보시니 삼계가 협소하고 비탈진 곳이 많아 완전하지 않다. 혹은 궁궐이 빽빽하게 서 있고, 혹은 땅과 밭이 비좁으며, 혹은 뜻을 세우려고 해도 구하는 길이 협소하고, 혹은 산과 강으로 막혀 장애가 되며, 혹은 국가가 국경선으로 나누어져 있다. 이와 같은 등의 여러 가지 곤란한 일들이 일어나는 까닭에 법장보살이 '장엄량공덕'을 일으키기를 '원컨대 나의 국토는 허공과 같이 광대해서 끝이 없게 하겠습니다'라고 하신 것이다."

[150] 『往生論註』(대정장 40, p.828하) "또 性이란 필연의 뜻이며, 변화시킬 수 없다는

④장엄형상공덕莊嚴形相功德: 우리들이 살고 있는 현상세계는 광명이 두루하지 못하지만 정토는 광명이 가득하다.[151]

⑤장엄종종사공덕莊嚴種種事功德: 정토에는 갖가지 생각하는 대로 있어서 매우 아름답다. 가령 비수갈마[152]의 기술이 아무리 절묘하다 하여도 자연히 나타난 정토의 것에 따를 수가 없다.[153]

뜻이다. 바다의 본질은 한 맛으로서 여러 가지 물이 유입되더라도 반드시 맛은 한 가지 맛이다. 바다의 맛이 강물에 의해 변화될 수 없는 것과 같다. 또 사람 몸의 본질은 깨끗하지 못하기 때문에 여러 가지 기묘한 색과 좋은 향기와 아름다운 것을 마셔 몸에 들어가도 모두 부정하게 되는 것과 같다. (그러나) 안락정토에 태어나는 모든 사람은 깨끗하지 못한 몸이 없고 깨끗하지 않은 마음이 없어 결국은 모두 청정하고 평등한 무위법신을 얻는다. 그렇기 때문에 '안락국토는 청정한 성을 성취하였다'고 한다."

151 『往生論註』(대정장 40, p.828하) "부처님께서 인행시에 이 장엄공덕을 일으키신 이유는, 해가 네 지역을 도는데 광명이 세 방향을 두루 밝히지 못하고, 가정의 화롯불이 있어도 십(24미터)을 넘지 못하는 것을 보시고 깨끗한 광명이 가득차기를 바라는 원을 일으키셨다. 해와 달의 光輪이 그 자체에 충만한 것처럼 저 안락정토가 비록 넓고 커서 끝이 없지만 깨끗한 광명이 가득차지 않는 곳이 없기 때문에 '깨끗한 광명이 가득한 것이 마치 거울과 해, 달과 같네'라고 하였다."

152 비수갈마毘首羯磨는 種種工作이라고 번역하며, 제석천의 신하로서 공작을 맡은 神이다. 『摩詞止觀』(대장장46, p.52중)

153 『往生論註』(대정장 40, p.829상) "장엄하는 일, 가령 비수갈마의 기술이 아무리 절묘하다고 하지만 거듭 생각하고 상상을 다해도 어찌 능히 그림대로 할 수 있겠는가? 성이란 진리의 근본이란 뜻이다. 能生이 이미 깨끗하면 所生이 어찌 깨끗하지 않겠는가. 그래서 경에서 말씀하시기를 '그 마음이 깨끗함을 따라 곧 부처님 국토가 깨끗하다'고 하셨다. 이 때문에 '온갖 진귀한 보배의 성품을 갖추어 미묘한 장엄으로 구족된 것'이라고 한다." 이 인용문 가운데 위의 밑줄 친 '능생'이란 주관인 아미타불의 願心이고, '소생'이란 아미타불의 마음에서 생긴 정토의 莊嚴이다. 즉 아미타불의 원심이 깨끗하기 때문에 이 원심에서

⑥ 장엄묘색공덕莊嚴妙色功德: 정토의 때 없는 지혜광명은 어떠한 광명보다 뛰어나 일체의 무명을 없앤다.[154]

⑦ 장엄촉공덕莊嚴觸功德: 보배스런 성품의 공덕으로부터 생긴 극락세계의 풀은 부드러워 접촉한 사람은 수승한 즐거움이 생긴다.[155]

⑧ 장엄삼종공덕莊嚴三種功德: 정토에는 세 가지의 장엄공덕으로 이루어져 있다.

(첫째) 장엄수공덕莊嚴水功德: 정토에는 여러 가지 보배스런 꽃이 연못과 샘물, 흐르는 시냇물 위를 장식하여 미풍이 불면 꽃과 잎이 움직이면서 아름답게 빛나 사람들의 몸과 마음을 기쁘게 해준다.[156]

생긴 정토의 장엄도 자연히 깨끗하다는 것이다. 또 '경에서 말씀하시기'이라고 한 것은 『유마힐소설경』(대정장 14, p.538하)에서 설한 것을 말한다.

[154] 『往生論註』(대정장 40, p.829상) "저 국토의 금빛 광명은 더러운 업으로 생긴 것을 끊었기 때문에 청정으로 되지 않는 것이 없다. 그러기에 안락정토는 이 무생법인 보살의 깨끗한 업으로 생긴 것이고, 법왕이신 아미타부처님이 통솔하는 지역이다. 아미타여래는 증상연이시기 때문에 '때 없이 불꽃처럼 눈부시게 빛나 밝고 깨끗하게 세간을 비추네'라고 한 것이다. '세간을 비춘다'는 것은 두 가지 세간(기세간과 중생세간)을 비추는 것이다."

[155] 『往生論註』(대정장 40, p.829중) "수승한 즐거움이 생긴다는 것은 가전린다(깃털이 부드러운 물새)와 접촉하면 그릇되게 집착하는 즐거움이 생기지만 극락세계의 부드러운 보배와 접촉하면 법의 즐거움이 생긴다. 이 두 가지 일은 현격한 차이가 있다. 그래서 수승하다고 하지 않을 수 없다. 그러기에 '보배스런 본질의 공덕으로 된 풀은 부드럽게 좌우로 흔들리며 접촉하는 사람에게 수승한 즐거움이 생기는 것이 가전린다를 초월하네'라고 말한 것이다. 위에서 말한 촉은 우리 몸의 인식인 6근 가운데 몸으로 인식하는 촉감을 말하고 있다. 그런데 이 감촉이 극락세계의 풀과 접촉하면 묘한 즐거움으로 변하여 몸과 마음이 끊임없이 즐거움을 받는다는 것이다."

(둘째) 장엄지공덕莊嚴地功德: 정토에는 대지가 손바닥처럼 평평하여 그 위에 세운 궁전들은 거울처럼 시방 세계가 보이고 또 칠보로 장식된 나무와 난간이 빛난다.[157]

(셋째) 장엄허공공덕莊嚴虛空功德: 정토에는 보배스러운 그물이 허공에 드리워져 있고 크고 작은 방울이 매달려 있는데, 여기에서 진리의

---

[156] 『往生論註』(대정장 40, p.829중) "부처님께서 인행시에 이 장엄을 일으키신 까닭은, 어느 국토를 보시니, 혹 큰 강의 물결이 크게 일어나고, 큰 바다의 물결이 일어나 파도가 덮쳐 사람들이 두려워하고, 혹은 얼음이 깨져서 흘러 내려오고, 얼음이 얼어붙어 있거나, 칼날같이 날카로워 걱정하는 마음이 있다. 앞을 보아도 편안하고 기쁜 생각이 없고, 뒤돌아서도 두려움이 닥칠까 걱정하는 마음만 있다. 보살(법장보살)이 이것을 보시고 대자비심으로 '원컨대 내가 성불할 때는 샘과 연못이 있는데 궁전과 더불어 서로 조화를 이루고, 여러 가지 보배스런 꽃이 연못 위를 덮어서 물을 장식하고, 미풍이 서서히 불면 서로 어울려 나오는데 차례가 있어서 몸과 마음을 기쁘게 해주고 한 가지도 가능하지 않은 것이 없게 하겠다'는 원을 세웠다. 이렇기 때문에 '천 가지 만 가지 보배스런 꽃들이 흐르는 연못 위 가득히 덮고, 부드러운 바람이 불면 꽃잎이 휘날리어 교착되는 광명 찬란하도다'라고 말한 것이다."

[157] 『往生論註』(대정장 40, p.829중하) "부처님께서 인행시에 이 장엄을 일으키신 까닭은, 어느 국토를 보시니 산이 높고 험하며, 능선에 고목이 옆으로 누워 있고, 산 계곡은 깊고, 억센 풀과 덤불이 어우러져 가득 차 있어 망망한 푸른 바다의 수평선처럼 끝없이 넓으며, 또 바람에 나부끼어 흔들리는 초원의 넓은 습지는 사람의 자취가 끊어진 곳도 있다. 보살이 이것을 보시고 대자비심을 일으켜 '원컨대 나의 국토는 땅이 손바닥처럼 평탄하고 궁전과 누각을 거울 안에 시방 세계를 거두어들이며, 더욱이 소유한다는 집착을 여의고, 보배 나무와 보배 난간이 서로 찬란하게 꾸며지도록 하겠습니다'라고 하셨다. 이 때문에 '궁전과 모든 누각에서 시방을 걸림 없이 관찰할 수 있고, 여러 나무들의 서로 다른 빛과 색이 보배스런 난간 두루 둘러싸고 있네'라고 말한다."

소리를 내어 사람들을 깨닫게 한다.[158]

⑨ 장엄우공덕莊嚴雨功德: 정토에는 향화와 의복이 비가 내리듯이 장엄하고 한량없는 향기가 널리 퍼진다.[159]

⑩ 장엄광명공덕莊嚴光明功德: 정토에는 부처님의 지혜광명이 태양처럼 깨끗하여 세상의 어두움을 제거한다. 즉 한량없는 중생을 부처님의 바른 진리에 안립安立시키고자 무명을 없애준다.[160]

---

[158] 『往生論註』(대정장 40, p.829하) "부처님께서 인행시에 이 장엄을 일으키신 까닭은, 어느 국토를 보시니 연기가 가득 차 있거나, 구름이 가득 차 있고, 티끌과 같은 안개로 가득 차 허공을 가로막아 장애를 주고, 천둥 번개가 쳐서 땅이 무너져 흔들리는 것 같으며, 비가 퍼붓고 불길한 무지개가 매일 허공에 떠서 여러 가지 걱정거리로 무서워한다. 보살이 이를 보시고 대자비심을 일으켜 '원컨대 나의 국토는 보배의 그물이 서로 어우러져 펼친 그물이 허공에 가득하고, 큰 방울, 작은 방울이 다섯 가지 소리를 연출하여 진리를 설한다. 이것을 보는 사람이 싫어함이 없고 도를 생각하며, 덕을 쌓도록 하겠다'고 하셨다. 이 때문에 '한량없이 많은 보배의 영락으로 된 나망은 허공에 두루하여 여러 가지 방울에서 나는 소리 묘한 법을 연설하네'라고 말한다."

[159] 『往生論註』(대정장 40, p.829하) "무엇 때문에 '내린다'는 말을 사용했는가? 아마 이 말을 택한 것은 만약 항상 꽃과 의복을 내리면 마땅히 허공에 가득 찰 것인데 어떻게 방해가 되지 않겠는가라고 오해할 수 있기 때문에 비를 비유로 든 것이다. 비가 때에 따라 적당히 내리면 홍수를 걱정할 것 없다. 안락세계의 과보인 물건에 어찌 걱정거리가 있겠는가. 경에서는 '하루 여섯때에 보배스런 옷을 내리고 꽃을 내리시는데 보배의 성질이 유연하여 그 위를 밟으면 곧 네 치 정도 내려가고 다리를 떼면 본래대로 되돌아가 처음과 같이 된다. 사용하고 나면 보배는 땅으로 들어가는 것이 물이 땅속으로 스며드는 것과 같다'고 말하였다. 이 때문에 '화려한 옷 비 내리듯 장엄하고, 한량없는 향기 두루 퍼지네'라고 말한다." 위의 밑줄 친 경은 『아미타경』(대정장 12, p.347상)과 『무량수경』(대정장 12, p.272상)의 내용을 인용한 것이다.

106

⑪ 장엄묘성공덕莊嚴妙聲功德: 정토에는 부처님의 맑고 깨끗한 음성(梵音)이 유정들로 하여금 깨닫게 하고, 깊고 그윽한 메아리가 시방 세계에 퍼진다.¹⁶¹

⑫ 장엄주공덕莊嚴主功德: 정토에는 항상 진리를 설하시는 부처님, 즉 법왕이 계신다. 이 법왕은 공덕의 힘에 의해 주지住持하고 있다.¹⁶²

---

160 『往生論註』(대정장 40, p.830상) "부처님께서 인행시에 이 장엄을 일으키신 까닭은, 어느 국토를 보시니 비록 등 뒤에 태양의 광명이 있지만 어리석은 어둠에 처해 있다. 그렇기 때문에 원하여 말하기를 '나의 국토에 있는 광명은 능히 어리석은 어둠을 제거하고 부처님의 지혜에 들어가 마음속으로 그릇된 생각을 하지 않도록 하겠다'고 하시었고, 또 '안락 국토의 광명은 여래의 지혜로부터 일어나기 때문에 능히 세간의 어둠을 제거한다'고 하였다. 경에 말씀하시기를 '혹 어떤 부처님 국토는 광명으로 불사를 짓는다'고 한 것이 곧 그것이다. 그렇기 때문에 '부처님의 지혜는 밝고 깨끗한 태양과 같아 세상의 어리석은 어둠을 제거하네'라고 말한다."

161 『往生論註』(대정장 40, p.830) "경에서 '만약에 사람이 단 안락정토라는 이름만 듣고 왕생을 바라면 원하는 바와 같이 된다'고 말씀하셨다. 이 명호가 중생들에게 깨닫게 하는 증거이다. 『석론』에서 '이와 같은 정토는 삼계에 포함된 것이 아니다. 무엇 때문에 이렇게 말하는가? 욕심이 없기 때문에 욕계가 아니고, 땅에 거주하시기 때문에 색계가 아니며, 형상이 있기 때문에 무색계가 아니다. 모두 보살의 청정한 업으로 이루어진 것이다'라고 말하였다. 유를 벗어나 있기 때문에 미微이고, 이름 자체가 능히 깨닫게 해 주기 때문에 묘妙라 한다. 그렇기 때문에 '청정한 소리는 심원한 진리를 깨닫고, 미묘하게 시방 세계에 들리네'라고 말한다." 위의 밑줄 친 『석론釋論』은 용수보살의 『대지도론』(대정장 25, p.340상)의 내용을 말한다.

162 『往生論註』(대정장 40, p.830상중) "부처님께서 인행시에 이 원을 일으키신 까닭은, 어느 국토를 보시니 나찰이 임금이 되면 병사들이 서로 잡아먹고, 전륜성왕의 보륜을 어전에 주차하면 곧 전 국토가 근심이 없다. 이것을 바람이 불면 흔들리는 것에 비유하니 어찌 근본이 없겠는가? 이 때문에 원을 일으키기를

⑬ 장엄권속공덕莊嚴眷屬功德: 정토의 아미타불 주위에 있는 성중은 모두 정각의 꽃으로부터 화생한다.[163]

⑭ 장엄수용공덕莊嚴受用功德: 정토에는 불법, 선정, 삼매로 밥을 삼는다. 그래서 정토의 중생들은 식생활에 조금의 걱정도 없다.[164]

'나의 국토는 항상 법왕이 계시면서 법왕의 선의 힘으로 머무르는(住持) 곳이 되어지이다'라고 원했다. 주지住持란, 예컨대 황곡(黃鵠, 전설상의 큰 새)이 子安(고대의 신선)을 지키니(持) 천년 수명이 다시 일어나고, 어미 물고기가 알을 지키는데(持) 괸 물에서 죽지 않도록 지키는 것과 같다. 안락국은 正覺을 위해서(正覺께서) 그 국토를 잘 유지하시는데 어찌 정각의 일이 아닌 것이 있겠는가. 이 때문에 '바른 진리 깨달은 아미타불 법의 왕으로 잘 주지하시네'라고 말한다."

163 『往生論註』(대정장 40, p.830중) "부처님께서 인행시에 이 원을 일으키신 까닭은, 어느 국토를 보시니 혹은 핏덩어리 포대가 몸을 싸는 그릇이 되고, 혹은 분노로부터 태어나는 것을 근본을 삼고, 혹은 높은 지위와 가문이 좋은 사람이 성품이 열등한 자식을 낳고, 혹은 천한 사람이 탁월하고 재능 있는 사람을 출산하기도 한다. 화를 내면 열을 품고, 치욕으로 인해 차가움을 품게 된다. 그러기 때문에 원하시기를 '나의 국토는 전부 여래의 깨끗한 꽃 가운데서 태어나며, 권속들이 평등하여 주고 빼앗는 일이 없게 하겠습니다'라고 말하였다. 이 때문에 '여래와 같이 있는 깨끗한 대중, 정각의 꽃으로부터 화생하고'라고 말한다."

164 『往生論註』(대정장 40, p.830중) "부처님께서 인행시에 이 원을 일으키신 까닭은, 어느 국토를 보시니 혹은 새집을 찾아 알을 꺼내서 반찬으로 해먹고, 혹은 모래주머니를 걸어놓고 가리키며 서로 배고픔을 위로하는 방법으로 삼는다. 이는 실로 슬픈 일이고, 모든 사람들의 가슴 아픈 일이기 때문에 큰 자비의 원을 일으켜 '원컨대 나의 국토는 불법과 선정과 삼매로써 밥을 삼아 영원히 다른 밥을 취하는 수고로움을 끊겠습니다'라고 하였다. '부처님 법의 맛을 좋아하고 원하여'라고 한 것은 日月燈明佛이 『법화경』에서 설하신 '(부처님이) 60소겁 앉아 계시는데, 그 회상의 듣는 사람 또한 한 자리에 60소겁 앉아 있는 것이 밥 먹는 사이와 같다'고 한 것을 말한다. 한 사람도 몸과 마음에 게으른 생각을

⑮ 장엄무제난공덕莊嚴無諸難功德: 정토에는 영원히 몸과 마음의 고통과 번거로움을 여의고 항상 끊임없이 즐거움을 받는다.[165]

⑯ 장엄대의문공덕莊嚴大義門功德: 정토는 대승에 들어가는 문으로 신체장애자, 성문, 연각 등이 태어나지 않고 그런 이름조차 없는 평등한 세계이다.[166]

내지 않았다. '선정으로써 밥을 삼는다'는 것은 모든 대보살은 항상 삼매에 있기에 다른 밥이 필요 없다. '삼매'란 저 모든 사람과 하늘 사람이 만약 밥을 필요로 할 때는 백 가지 맛있는 음식이 눈앞에 진열되어 있는 것을 눈으로 보고, 코로 냄새를 맡으면 몸으로 쾌적한 기쁨을 느끼고, 자연히 배가 불러 만족한다. 식사를 마치면 자연히 변해 없어지고, 또 필요하다면 다시 나타난다. 이러한 일은 경에서 말씀하셨다. 그렇기 때문에 '부처님 법의 맛을 좋아하고 원하여 선삼매로 밥을 삼으며'라고 말한다."

165 『往生論註』(대정장 40, p.830중하) "부처님께서 인행시에 이 원을 일으키신 까닭은, 어느 국토를 보시니 혹 아침에는 임금이 하사한 예복을 입고 있다가 저녁에는 칼을 받을까 두려워하고, 혹 어렸을 때는 풀밭에 던져져 있다가 성인이 되어서는 훌륭한 식사를 할 수 있는 사람이 되기도 한다. 또 어려서는 악기를 불면서 길에 다니다가 성인이 되어서는 집에 돌아가기를 재촉하기도 한다. 이와 같은 여러 상반되는 일들이 많기 때문에 원하여 말하기를 '나의 국토는 안락이 계속되는 것이 끝이 없게 하겠습니다'라고 하시었다. '몸의 번거로움'이란 목마르고, 춥고, 덥고, 죽이는 것이다. '마음의 번거로움'이란 시비, 득실, 삼독 등이다. 그렇기 때문에 '영원히 몸과 마음의 번뇌 여의고, 즐거움 누리는 것 항상 하여 끊임없고'라고 말한다."

166 『往生論註』(대정장 40, p.830하) "부처님께서 인행시에 이 원을 일으키신 까닭은, 어느 국토를 보시니 비록 부처님과 賢聖(三賢十聖)들이 있지만 국토가 탁하기 때문에 하나(一佛乘)를 나누어 셋(三乘)으로 설하셨고, 혹은 눈짓 잘못하여 꾸지람을 불러들이고, 혹은 말 잘못하여 싫어함을 불러들인다. 이 때문에 원하여 말하기를 '나의 국토는 모두 이 대승의 한 맛이고, 평등한 한 맛이 되게 하며, 육근에 결함이 있는 종자는 끝내 태어나지 못하고, 여인이나 불구자라는 이름

⑰ 장엄일체소구만족공덕莊嚴一切所求滿足功德: 정토는 중생의 본원이 성취된 곳으로 유정들이 원하는 것은 모두 다 만족시켜 주므로 완전한 행복을 누리게 된다.[167]

나. 8종의 불장엄佛莊嚴[168]

① 장엄좌공덕莊嚴座功德: 부처님의 좌대는 무량한 보배로 정교하게 장식된 연화대이다.[169]

자체도 없도록 하겠다'라고 하시었다. 이 때문에 '대승 선근의 세계 평등하여 싫어한다는 이름조차 없네. 여인과 불구자, 성문과 연각은 태어나지 못하고'라고 말한다."

167 『往生論註』(대정장 40, p.831중) "부처님께서 인행시에 이 원을 일으키신 까닭은, 어느 국토를 보시니 명예가 높고 자리가 중요한 위치에 있더라도 이를 감출 수가 없고, 사람이 평범하고 성품이 비열하고 옹졸하지만 여기에서 벗어날 길이 없다. 또 수명이 짧고 업에 얽혀있어 마음대로 되지 않는 것이 마치 아사타선인과 같다. 이와 같이 업의 바람이 부는 곳에는 자재할 수 없다. 그렇기 때문에 원하여 말하기를 '나의 국토는 각각 구하는 바에 맞게 마음속으로 원하는 것을 만족하게 하겠습니다'라고 하셨다. 그러기에 '중생들이 원하는 것 일체 능히 만족시켜 주네'라고 말한다."

168 婆藪槃豆菩薩造, 『無量壽經優波提舍願生偈』(대정장 26, p.232상) "어떻게 부처님의 장엄성취공덕을 관하는가? 부처님의 장엄성취공덕을 관하는 것에는 8가지가 있음을 마땅히 알아야 한다. 무엇이 8가지인가? ①좌座장엄 ②신身장엄 ③구口장엄 ④심心장엄 ⑤중衆장엄 ⑥상수上首장엄 ⑦주主장엄 ⑧부허작주지不虛作住持장엄이다(云何觀佛功德莊嚴成就 觀佛功德莊嚴成就者 有八種應知 何等八種 一者座莊嚴 二者身莊嚴 三者口莊嚴 四者心莊嚴 五者衆莊嚴 六者上首莊嚴 七者主莊嚴 八者不虛作住持莊嚴)."

169 『往生論註』(대정장 40, p.831하) "무량이란 『관무량수경』에서 '칠보로 된 땅 위에 크고 가장 좋은 연화의 좌대가 있는데, 연잎 하나하나에 백 가지 보배스런

②장엄신업공덕莊嚴身業功德: 부처님의 몸은 육십만 억 나유타 항하사 유순이며, 부처님의 광명은 백억 삼천대천세계와 같다.[170]

③장엄구업공덕莊嚴口業功德: 부처님의 미묘한 음성은 시방 세계에

색이 있고 8만 4천 가지 줄기가 있는데 마치 천상의 그림과 같으며, 줄기에는 8만 4천의 광명이 있다. 꽃잎이 적은 것은 가로 세로 250유순이나 되는데 이와 같은 연꽃에 8만 4천의 잎이 있고, 하나하나 잎 사이에는 각각 백억 개의 마니주 보석으로 빛나게 장식되어 있다. 하나하나 마니주 보석으로부터 천 가지 광명을 발하는데, 그 광명은 일산과 같으며, 칠보로 이루어져 두루 땅 위를 덮고 있느니라. 석가비릉가 보배로 된 좌대가 되어 있고, 이 연화대는 8만 가지의 금강석과 견숙가보, 범마니보, 묘한 진주의 그물로 장엄되어 있으며, 그 좌대 위에는 자연히 네 기둥의 보당이 있는데, 하나하나의 보당은 8만 4천억의 수미산과 같고, 그 보당 위의 휘장은 야마천의 궁전과 같은데 5백억 개의 미묘한 보배 구슬로 장식되어 있느니라. 하나하나의 보배 구슬에는 8만 4천 가지 광명이 있고, 하나하나의 광명에는 8만 4천 가지 색다른 금색을 지니고 있으며, 하나하나의 금색은 안락국토에 두루하여 곳곳마다 변화해서 각각 여러 가지 모습을 지었는데 혹은 금강대가 되고, 혹은 진주 그물이 되며, 혹은 여러 가지 꽃구름이 되기도 하여 시방의 곳곳에서 뜻에 따라 변화하여 여러 가지 불사를 짓느니라'라고 말씀한 것과 같다. 이와 같은 일은 헤아릴 수가 없기 때문에 '한량없이 크고 좋은 보배로 미묘하고 깨끗한 연화대가 있네'라고 말한다."

170 『往生論註』(대정장 40, pp.831하~832상) "『관무량수경』에서 '아미타여래의 몸의 높이는 60만억 나유타 항하사 유순이고, 부처님의 둥근 광명은 백억 삼천대천세계와 같다'고 말씀하신 것과 같다. 번역하는 사람이 '심尋'이라고 말하는 것이 어찌 우매한 생각이 아니겠는가! 일반 사람들은 가로와 세로, 길고 짧은 것을 가리지 아니하고 모두 가로로 두 팔을 펴는 것을 '심'이라 한다. 만약 번역하는 사람이 혹 이와 같은 것을 취해서 아미타여래가 두 팔을 펴는 것을 표준으로 사용하여 '일심一尋'이라고 부른다면 광명 역시 직경이 60만억 나유타 항하사 유순일 것이다. 그렇기 때문에 '상호의 광명 일심一尋으로 비추는데 색상이 모든 중생을 초월하고'라고 말씀하셨다."

전파되어 이 음성을 듣는 자는 모두 해탈을 얻는다.[171]

④ 장엄심업공덕莊嚴心業功德: 아미타불은 지·수·화·풍·공 등이 차별 없이 작용하듯이 평등한 마음에 머무른다.[172]

⑤ 장엄대중공덕莊嚴大衆功德: 불퇴전의 지위에 있는 성중聖衆은 다 아미타불의 청정한 지혜로부터 태어난다. 즉 부처님의 일체 만법의 별상別相을 낱낱이 아는 지혜(一切種智)는 깊고 넓고 끝이 없어 성문, 연각들의 바른 생각 속에 일어나는 어지러운 선행善行을 닦는 이들을 생사에 머물지 않게 한다.[173]

---

171 『往生論註』(대정장 40, p.832상) "부처님께서 인행시에 이 원을 일으키신 까닭은, 어느 부처님을 보시니, 이름 자체가 존귀하지 않은 것처럼 보여 외도가 '구담'이라는 성으로 부르는 것과 같다. 성도하신 날에 소리가 오직 범천까지만 들렸다. 이 때문에 원하시기를 '내가 성불할 때 멀리 미묘한 소리가 메아리쳐서 듣는 이로 하여금 무생법인을 깨닫게 하겠다'고 말씀하셨다. 그러기에 '여래의 미묘한 소리인 깨끗한 소리가 시방에 들리네'라고 말한다."

172 『往生論註』(대정장 40, p.832중) "부처님께서 이 원을 일으키신 까닭은, 어느 부처님을 보시니 법을 설하는데 이것은 검고, 이것은 희고, 이것은 검은 것도 아니고 흰 것도 아니며, 이것은 하법, 중법, 상법이고 상상법이라고 말했다. 이와 같이 무량한 차별이 있을 뿐만 아니라 분별을 가지고 있다. 그러기 때문에 원하시기를 '내가 부처님이 될 때 대지가 무겁다든지 가볍다든지 하는 분별이 없이 만물을 짊어지고 있듯이, 물이 나쁜 풀, 좋은 풀을 가리지 않고 윤택하게 키우듯이, 불이 냄새가 향기롭거나 고약하거나 구별하지 않고 익히듯이, 바람이 잠자고 있든 깨어 있든 간에 분별없이 불듯이, 허공이 열려 있고 닫혀 있다는 생각 없이 포용하듯이 하겠습니다'고 하였다. 이러한 것은 안으로 얻어 중생들을 밖으로 편안하게 하며, 비워서 진실에 돌아가게 하며, 이것에 의해 그치게 한다. 그렇기 때문에 '흙과 물, 그리고 불과 바람, 허공은 평등하여 분별이 없고'라고 말한다."

173 『往生論註』(대정장 40, p.832중) "부처님께서 인행시에 이 원을 일으키신 까닭은,

⑥장엄상수공덕莊嚴上首功德: 정토에 있는 성중 가운데 아미타불이
상수가 되어 수승하고 묘한 것이 다른 것에 도저히 비할 수 없다.
즉 그 뛰어남이 여래 십호 가운데 무상사無上士, 천인사天人師, 세존世尊
의 뜻과 같다.[174]

⑦장엄주공덕莊嚴主功德: 부처님은 정토에 있는 성스러운 대중 가운

어느 부처님을 보시니 법륜을 설하시는데 밑에 있는 대중이 모두 능력이나
소질, 그리고 바라는 것이 각각 여러 가지로 같지 않다(不同). 부처님 지혜에서
혹은 물러나고, 혹은 빠지기도 하여 균일하지 않기 때문에 대중들은 순수하지도
깨끗하지도 않다. 그렇기 때문에 '내가 성불할 때 천인들은 다 여래의 지혜의
청정한 바다로부터 태어나기를' 하고 원하였다. '바다'란 부처님의 一切種智가
깊고 넓어 끝이 없어서 2승의 雜善, 그리고 중하의 시체를 잠재우지 않는다.
이것을 비유하여 바다와 같다고 말했다. 그렇기 때문에 '물러나지 않는 천인들
청정한 지혜의 바다로부터 태어나네'라고 말한다. '같지 않다(不同)'란, 저 천인들
이 대승의 근기를 성취하여 기울어지고 움직이지 않는 것을 말한다." 위의 인용문
에서 밑줄 친 잡선은 성문, 연각승들이 짓는 선근은 무명주지無明住地의 미혹과
상相이 섞인 선근이기 때문에 2승의 잡선이라고 한다. 다음 밑줄 친 시체는
보살이 성문과 연각의 지위에 떨어지는 것을 보살이 죽었다고 하여 시체라
한다.

174 『往生論註』(대정장 40, p.832중하) "부처님께서 인행시에 이 원을 일으키신
까닭은, 어느 부처님을 보시니 대중 가운데 제바달다와 같이 힘이 센 사람이
있고, 혹은 국왕이 부처님과 더불어 나란히 나라를 다스리지만 심히 부처님을
존경할 줄 모르며, 혹은 부처님을 청하여 놓고도 다른 사정에 의해서 공양을
청하는 것을 잊어버리는 수도 있다. 이와 같은 것은 上首의 힘을 성취하지
못한 것처럼 보였기 때문이다. 그렇기 때문에 원하시길 '내가 부처님이 될 때
일체 모든 대중이 능히 마음을 내어 감히 나와 더불어 동등하다는 생각을 갖지
않게 하고, 오직 하나의 법왕으로서 다시는 세속의 왕처럼 되지 않겠습니다'고
말하였다. 그렇기 때문에 '수미산의 왕과 같아 수승하고 묘하여 초월할 자 없고'라
고 말한다."

데 주인으로서 모든 성중과 하늘 사람들이 우러러 존경하고 예경하고 찬탄하여 모신다.[175]

⑧ 장엄불허작주지공덕莊嚴不虛作住持功德: 부처님의 위신력이 너무나도 위대하여 아미타불을 친견하는 사람은 누구나 헛되이 지나치지 않고 위없는 공덕을 성취하게 한다.[176]

---

[175] 『往生論註』(대정장 40, p.832하) "부처님께서 인행시에 이 원을 일으키신 까닭은, 어느 부처님을 보시니 승려들이 있는데 그들 가운데는 크게 공경하지 않는 자가 있었다. 마치 한 비구가 '석가모니부처님이시여, 만약 나를 위해 열네 가지 어려움을 설명해주지 않으면 나는 마땅히 다른 도를 다시 배우겠습니다'라고 말한 것과 같고, 또 거거리가 사리불을 비방하자 부처님이 세 번에 걸쳐 나무랐지만 세 번 다 받아들이지 않은 것과 같다. 또 저 외도의 무리가 거짓으로 부처님의 대중 가운데 들어와 항상 부처님의 단점을 찾는 것과 같으며, 또 제6천(타화자재천)의 마왕(파순)이 항상 부처님이 계신 곳에서 모든 일을 어렵게 만드는 것과 같다. 이와 같이 여러 가지 공경하지 않는 모습이 있었다. 그렇기 때문에 원하여 말씀하시기를 '내가 성불할 때 天人의 대중들이 게으름을 피우지 않고 공경하게 하겠습니다'고 하였다. 단 '天人'이라고 말하는 이유는 정토에는 여자가 없고 팔부귀신이 없기 때문이다. 그렇기 때문에 '하늘 사람과 장부들은 둘러 앉아 우러러보며 공경하네'라고 말한다." 위의 밑줄 친 팔부귀신은 천·용·야차·건달바·아수라·가루라·긴나라·마후라가 등을 말한다.

[176] 『往生論註』(대정장 40, p.832하) "부처님께서 인행시에 이 원을 일으키신 까닭은, 어느 부처님을 보시니 다만 성문들로 승단을 이루어 불도를 구하는 사람이 없고, 혹은 부처님을 만나서도 삼도(三途: 지옥, 아귀, 축생)를 면하지 못한 사람들이 있는데, 善星, 제바달다, 거거리 등이다. 또 사람들이 부처님 명호를 듣고 無上道의 마음을 내지만 나쁜 인연을 만나 물러나 성문이나 벽지불의 지위에 들어가고 만다. 이와 같이 헛되게 지나는 사람, 뒤로 물러나는 사람이 있기 때문에 원하여 말씀하시기를 '내가 성불할 때 나를 만나는 사람은 모두 無上大寶를 빨리 만족하게 하겠다'고 하였다. 그렇기 때문에 '부처님의 본원력을 관하니 만나는 사람마다 헛되게 지나지 않고, 능히 빠르게 공덕의 큰 보배

114

다. 4종의 보살장엄菩薩莊嚴[177]

① 장엄부동응화공덕莊嚴不動應化功德: 정토의 보살들은 항상 청정하고 진실한 법을 설한다. 이들이 응화신으로 시방 세계에 나타나시지만 몸은 극락세계에서 수미산처럼 움직이지 않고 교화한다. 즉 공간적인 자재함을 말한다.[178]

바다를 만족시켜 주네'라고 말한다. 여기서 '住持'라는 뜻은 위에서 설명한 바와 같다."

177 婆藪槃豆菩薩造, 『無量壽經優波提舍願生偈』(대정장 26, p.232상) "어떻게 보살의 장엄성취 공덕을 관하는가? 보살의 장엄성취 공덕을 관한다는 것은, 저 보살의 성취 공덕을 관하는 데 4가지 바른 수행이 있음을 마땅히 알아야 한다. 무엇이 4가지인가?……(云何觀菩薩功德莊嚴成就 觀菩薩功德莊嚴成就者 觀彼菩薩 有四種正修行功德成就應知 何等爲四……)."

178 『往生論註』(대정장 40, p.833상중) "부처님께서 인행시에 이 원을 일으키신 까닭은, 어느 국토를 보시니 적은 보살들만 있어 널리 시방 세계에서 불사를 지을 수가 없고, 혹 단지 성문과 인천만이 있어 이익을 주는 것이 매우 적다. 그러기 때문에 원을 일으켜 '나의 국토 가운데는 한량없는 대보살들이 있어 극락세계에서 본래 자리를 움직이지 않고 두루 시방 세계에 다니면서 여러 가지로 화현하여 여실하게 수행해서 항상 불사를 짓게 하겠습니다'고 하였다. 비유하면 태양이 하늘 위에 있지만 그림자가 백이나 되는 강에 나타나는 것과 같다. 태양이 어찌 온 것이며, 어찌 태양이 오지 않는 것이겠는가. 『대집경』에서 말씀하시기를 '예를 들면 어떤 사람이 제방을 잘 다스려 필요한 바를 헤아려 물을 방류하면 가히 마음 쓸 필요가 없듯이 보살도 또한 이와 같다. 먼저 공양해야 할 일체 모든 부처님과 교화해야 할 일체 중생을 여러 가지로 제방을 다스리듯이 하면 삼매에 들어가 몸과 마음을 움직이지 않고 如實히 修行하여 항상 불사를 짓는다'고 하였다. '如實修行'이란 비록 항상 수행하지만 실제로는 수행한 바가 없는 것이다. 그렇기 때문에 '안락세계는 청정하여 항상 때가 없는 법륜을 굴리네. 화현하신 부처님과 보살들의 광명 수미산이 머무는 것과 같다'고 말한다."

② 장엄일념변지공덕莊嚴一念遍至功德: 때가 없는 청정한 장엄의 광명은 일념, 일시에 널리 부처님 회상을 비추어 모든 중생을 이익케 한다. 즉 시간적인 자재함을 말한다.[179]

③ 장엄무여공양공덕莊嚴無餘供養功德: 안락국토의 보살들은 시방세계에 계신 부처님 회상에 가서 공중으로부터 음악, 연화, 의복, 묘향을 가지고 공양하고 부처님 공덕을 찬탄한다.[180]

---

[179] 『往生論註』(대정장 40, p.833상) "부처님께서 인행시에 이 원을 일으키신 까닭은, 어느 국토의 권속들을 보니 다른 세계에 계신 한량없는 모든 부처님에게 공양하고 싶고, 혹은 한량없는 중생들을 교화하고자 하나 여기서 없어졌다가 저기에 나타나야만 하고, 먼저 남쪽에서 한 뒤에 북쪽에서 해야만 한다. 이는 한 순간 한시에 광명을 놓아 널리 비추고, 두루 시방 세계에 다니면서 중생들을 교화할 수가 없는 것이다. 이것은 나타났다가 없어져야만 하고, 앞에서 한 후 뒤에 해야만 하기 때문이다. 그렇기 때문에 원을 세워 '나의 불국토의 모든 보살들은 한 순간 한시에 두루 시방 세계에 이르러 여러 가지 불사를 짓게 하겠습니다'고 하였다. 그렇기 때문에 '때 없이 장엄된 광명 한순간 한시에 널리 모든 부처님 회상에 비추어 모든 중생들을 이익 되게 하네'라고 말한다."

[180] 『往生論註』(대정장 40, p.833중하) "부처님께서 인행시에 이 원을 일으키신 까닭은, 어느 국토를 보시니 보살이나 사람, 그리고 천인들이 생각하는 것이 넓지 못해 두루 시방의 무궁한 세계를 다니면서 모든 부처님과 대중들에게 공양할 수가 없다. 혹은 자기 국토가 더럽고 혼탁하여도 감히 깨끗한 국토를 바라지 못하며, 혹은 거처하는 곳이 청정하여 예토를 멸시한다. 이와 같이 여러 가지로 나누는 차별된 마음을 가지고 있기 때문에 모든 부처님이 계신 곳에 두루 공양하여 넓고 큰 선근을 심을 수가 없다. 그러기에 원하여 말씀하시기를 '내가 성불할 때 나의 국토의 모든 보살과 성문, 그리고 천인들이 두루 시방의 모든 부처님 큰 회상에 다니면서 하늘의 음악·하늘의 꽃·하늘의 옷·하늘의 향기를 비 내리듯 공양하고, 교묘하고 변재 있는 말로 부처님의 공덕을 찬양하겠다'고 하였다. 비록 예토의 부처님의 대비와 겸손과 인욕을 찬탄하지만 부처님

④ 장엄시법여불공덕莊嚴示法如佛功德: 불법이 없는 어떤 세계든지 극락세계의 보살은 가서 불법을 설하기를 부처님과 같이 한다.[181]

이상이 세친이 『왕생론』에서 설한 29종의 공덕장엄이다. 이와 같이 정토는 현실의 부족함을 충분히 만족시켜 줄 수 있는 세계이다. 여기서 더 이상의 아름다움과 행복을 어떤 언어로 표현할 수 있을까? 이러한 이상의 세계는 불교가 발생한 인도뿐만 아니라 온 인류가 바라는 이상국 토일 것이다. 그러나 이러한 아름다운 이상국토의 모습은 저절로 이루 어진 것이 아니라 모든 불보살의 끝없는 원력에 의해 이루어진 모습이라

국토에 더러운 모습이 있는 것을 보지 않고, 비록 정토의 부처님의 무량한 장엄을 찬탄하지만, 불토에 청정한 모습이 있는 것을 보지 않는다. 왜냐하면 모든 법이 평등하기 때문이다. 모든 부처님이 평등하기 때문에 모든 부처나 여래를 '등각'이라고 부른다. 만약 부처님 나라에서 우열의 마음을 일으켜 여래에 게 공양한다면 이것은 법다운 공양이 아니다. 그렇기 때문에 '하늘에서 음악·꽃· 옷·묘한 향기 비 내리듯 내려 공양하며, 모든 부처님 공덕을 찬탄하지만 분별하는 마음이 없네'라고 말한다."

181 『往生論註』(대정장 40, p.833하) "부처님께서 인행시에 이 원을 일으키신 까닭은, 어떤 軟心菩薩(마음이 연약한 보살)을 보니 다만 부처님이 계신 국토에서 수행하 기를 원하나 견고한 자비의 마음이 없다. 그러기에 원을 일으켜 '원컨대 내가 성불할 때 나의 국토의 보살들은 모두 자비와 용맹, 그리고 견고한 원이 있어서 능히 청정한 국토를 버리고 불법승이 없는 다른 세계에 다니면서 불법승의 보배를 머물게 하고 장엄하여 보이기를 부처님이 계신 것과 같이 하며, 부처님의 종자를 처처에서 끊어지지 않게 하겠습니다'고 하였다. 그렇기 때문에 '어떠한 세계라도 공덕의 보배인 부처님 법이 없다면, 원컨대 나는 다 가서 불법을 부처님과 같이 보이겠습니다'라고 말한다." 이상의 29종의 장엄과 담란의 해석 등은 이태원 스님의 저서인 『淨土의 本質과 敎學發展』(운주사, 2006) pp.111~ 118과 『왕생론주 강설』(운주사, 2003) pp.89~228을 참조하였다.

는 것을 알 수 있다. 또한 29종의 장엄과 모든 활동들은 깊은 깨달음의 원리에 입각하여 있다는 것을 나타낸 것이다. 즉 이러한 장엄설은 중생들로 하여금 장엄의 모습을 깊이 관찰하여 그 원리를 깨닫게 하는 데 그 의미를 두었다고 하겠다. 이『왕생론』은 무착의 저서『섭대승론攝大乘論』에서 설한 십팔원정十八圓淨 사상의 영향을 받아 이를 구체적으로 29종으로 논했다고 할 수 있다.[182]

3) 십팔원정의 설

18원정圓淨[183]은 무착이『섭대승론』에서 모든 부처님의 원만하고 깨끗한 정토의 모습을 밝힌 데서 비롯되었는데, 정토의 수승한 공덕을 18가지로 분류한 것이다. 원정이란 장엄되어 있는 모든 것이 원만하고 구족하게 깨끗하다는 뜻이다. 이 학설은 수용신受用身, 즉 보신報身의 정토에 대한 설이다. 이를 세친이『섭대승론석攝大乘論釋』권제15에서 해석하였고, 진제(眞諦, 499~569)가 세친의 해석을 번역하였다. 18원정의 제목과 대강의 뜻은 다음과 같다.

---

182 이태원 저,『淨土의 本質과 敎學發展』(운주사, 2006) pp.118~120 참조.

183 18원정에 대해 무착은 "이와 같은 정토의 청정은 色相이 원만하고 깨끗함·형모·量·處·인·과·주체·도움(助)·권속·지님(持)·업·이익·두려움이 없음·머무는 곳(住處)·길(路)·탈것·문·依止의 원만하고 깨끗함을 드러낸다. 앞의 문구로 말미암아 이것들과 같이 원만하고 깨끗함이 모두 현현한다. 또한 다시 이와 같이 정토의 청정함을 받아들여 쓰므로 한결같이 깨끗하고, 한결같이 즐겁고, 한결같이 상실함이 없고, 한결같이 자재하다"라고 설명한다. 無着菩薩造, 眞諦譯,『攝大乘論』권하「入因果修差別勝相」(대정장 31, p.131하)

① 색상원정色相圓淨: 모든 부처님의 수용토受用土는 칠보로 장엄되어 있으며 그 하나하나의 보배는 큰 광명을 놓아 널리 한량없는 세계를 두루 비춘다.

② 형모원정形貌圓淨: 모든 장소와 머무는 곳이 각각 수없이 훌륭한 장식으로 장엄되어 있다.

③ 양원정量圓淨: 정토의 땅은 한없이 광대하기에 사바세계의 양으로는 헤아릴 수 없다.

④ 처원정處圓淨: 정토는 삼계의 행처行處를 벗어난 곳으로 고제苦諦와 집제集諦를 섭수하지 않는다.

⑤ 인원정因圓淨: 정토는 출출세간出出世間의 선법善法의 공덕으로 건립된 것으로 세간의 집제로써 원인을 삼지 않는다.

⑥ 과원정果圓淨: 정토는 보살과 여래의 가장 청정하고 자유자재한 유식지唯識智를 근본바탕(體性)으로 삼으며 고제를 근본바탕으로 삼지 않는다.

⑦ 주원정主圓淨: 정토에는 항상 부처님이 주인으로 정토의 한가운데 머무신다.

⑧ 조원정助圓淨: 정토는 큰 보살이 평안하고 즐겁게 머무는 곳으로서 그 보살들은 부처님을 보좌하고 정법을 도와 스스로 바른 가르침을 받아 행할 뿐만 아니라, 다른 사람들에게도 바른 가르침을 받들어 행하도록 하는 곳이다.

⑨ 권속원정眷屬圓淨: 정토에는 여래의 권속으로 천·용·야차·아수라·가루라·긴나라·마후라가 등 헤아릴 수 없는 신장들이 불법을 수호하고 있다.

⑩ 지원정持圓淨: 극락정토의 중생과 보살은 모두 대승의 진여, 해탈 등의 법미法味를 먹고 즐거움과 기쁨을 내며, 이로써 오분법신五分法身을 길러 보호하고 유지한다.

⑪ 업원정業圓淨: 정토의 보살은 범부와 성문, 연각을 위해 그 지혜와 능력에 따라 바른 가르침을 설하는데, 그들로 하여금 여법하게 수행하여 지옥·아귀·축생·아수라 등 사악도四惡道를 떠나고 생사를 떠나고 스스로 이승에 애착하는 행을 떠나게 하여 일체를 이롭게 한다.

⑫ 이익원정利益圓淨: 정토는 삼계의 고제와 집제의 모든 번뇌 망상과 재난을 멀리 떠나 있다.

⑬ 무포외원정無怖畏圓淨: 정토에는 음마陰魔, 번뇌마煩惱魔, 사마死魔, 천마天魔 등의 모든 공포와 두려움이 없다.

⑭ 주처원정住處圓淨: 정토에는 비교할 수 없이 아주 훌륭하게 수용할 여러 가지 장엄이 있다.

⑮ 노원정路圓淨: 정토는 대승의 정법 가운데 문사수(聞思修, 念慧行) 삼혜로써 왕환(往還: 往生廻向과 還相廻向)의 도로 삼아 미망의 세계를 벗어난다.

⑯ 승원정乘圓淨: 정토에 갈 때에는 사마타(śamatha 奢摩他)와 비파사나(vipaśyna 毘婆沙那)를 타고(乘) 정토에 들어간다.

⑰ 문원정門圓淨: 정토에는 대승 가운데 공空·무상無相·무원無願의 세 가지 해탈문을 통해서 들어갈 수 있다.

⑱ 의지원정依止圓淨: 정토는 한량없는 공덕을 쌓아 장엄된 큰 연꽃의 왕(大蓮華王)에 의지하여 머무는 법계진여法界眞如의 연화장세계이다.[184]

---

184 世親釋, 眞諦譯, 『攝大乘論釋』(대정장 31, pp.263상~264상)

120

이상이 열여덟 가지의 원만하고 깨끗한 정토의 모습이다. 위에서 제7원정은 부처장엄을 밝힌 것이고, 제8, 제11, 제12의 세 가지 원정은 보살장엄을 밝힌 것이고, 제15, 제16, 제17의 세 가지 원정은 부처님, 보살, 국토의 세 가지로 장엄된 정토에 들어가는 길과 문과 방법을 밝힌 것이다. 그리고 나머지 제1, 제2, 제3, 제4, 제5, 제6, 제9, 제10, 제13, 제14, 제18의 열한 가지 원정은 국토장엄을 논한 것이다.

무착은 이『섭대승론』에서 정토가 건립된 동기는 제5 인원정因圓淨에서 설명한 출출세선법出出世善法의 공덕으로 생겼으므로 정토세계의 체상體相은 청정하고 자재한 유식唯識이라고 하였다. 또한 정토는 보살이 수행할 때 각자마다 서원이 독특하므로 보살마다 정토의 모습이 각각 다르다. 그러나 부처님의 세계는 평등하므로 제불의 정토에도 평등하고 일정한 공통적인 범주가 세워져야 한다는 생각에서 무착은 18원정을 세웠다고 본다. 이 18원정은 수용신受用身, 즉 보신報身의 정토에 대한 설이다. 세친은 이러한 사상에 영향을 받아『왕생론』에서 29종의 장엄공덕으로 정토의 모습을 구체화하였다고 할 수 있다. 끝으로 '극락세계 십종장엄極樂世界十種莊嚴'을 보자.

4) 극락세계 십종장엄[185]

이 십종장엄十種莊嚴은 우리불교에서 천도재 등을 지낼 때 통례적으로

---

[185] 태원스님에 의하면 십종장엄을 처음 열거한 사람은 원나라 시대의 王子成인데, 그가 편찬한『禮念彌陀道場懺法』중 제5 極樂莊嚴에서 열 가지로 분류하여 자세히 설명을 했다고 한다. 그런데 여기서는 극락세계 십종장엄이란 말은 없는 것으로 보아『석문의범』「송주편」에서 안진호가 이 말을 붙인 것 같다고

염송하는 대표적인 장엄염불 가운데 하나이다. 십종장엄은 극락세계의 훌륭한 모습을 열 가지로 나타낸 것으로 극락세계의 여러 장엄을 모두 요약하였다고 하겠다. 제목과 뜻은 다음과 같다.[186]

①법장서원 수인장엄法藏誓願修因莊嚴: 아미타불께서 부처를 이루기 전 법장비구였을 때 세자재왕부처님 전에서 210억의 불국토를 보고 5겁 동안 생각하여 원을 세워 장엄함을 찬탄하는 것이다.

②사십팔원 원력장엄四十八願願力莊嚴:『무량수경』에 나오는 마흔여덟 가지 원력인데 이 서원으로써 극락세계가 이룩된 것이다. 곧 위의 법장서원 수인장엄을 구체적으로 강조하여 찬탄하는 것이다.

③미타명호 수광장엄彌陀名號壽光莊嚴: 아미타불은 시간적으로 무량한 수명(無量壽佛)을 지니신 분이요, 공간적으로 무량한 광명(無量光佛)을 지니신 분으로서 이 두 가지 수승한 장엄을 찬탄하는 것이다.

④삼대사관 보상장엄三大士觀寶像莊嚴:『관무량수경』에 나오는 정선 13관의 제9관(眞身觀), 제10관(觀音觀), 제11관(勢至觀)의 실상관實像觀을 나타낸 것으로서 아미타불과 관세음보살, 대세지보살, 이 세 분의 큰 성인이 보배상호를 갖추시고 극락세계에 장엄함을 찬탄하는 것이다.

⑤미타국토 안락장엄彌陀國土安樂莊嚴: 이것은 정토삼부경에서 설한 바와 같이 극락국토는 편안하고 안락한 장엄으로 건설된 세계로서 이 국토는 칠보로 되어 있고 크고 작은 바다와 산림, 계곡 등이 없으며, 또한 춘하추동 사계절이 없어 춥고 더움이 없고, 백 가지 맛있는 음식이

하였다. 이태원 저,『淨土의 本質과 敎學發展』(운주사, 2006) pp.149~150 참조.
186 安震湖 編,『석문의범』「송주편」(法輪社, 1984) p.85 원문 참조.

생각만으로도 저절로 앞에 나타나고, 또 칠보로 된 연못, 땅, 정사, 나무, 꽃 등으로 장엄되어 있고, 또한 하늘 사람들이 음악을 연주하면 이 소리를 듣고 열반을 성취한다. 이와 같이 극락국토는 즐거움만으로 가득 차 있음을 찬탄하는 것이다.

⑥ 보하청정 덕수장엄寶河淸淨德水莊嚴: 흐르는 물소리는 미묘한 소리로 묘한 법을 설한다. 이 물소리는 듣는 이로 하여금 진리를 깨닫게 하는 소리이며, 이 물은 여덟 가지 공덕으로 가득 차 있음을 찬탄하는 것이다.

⑦ 보전여의 누각장엄寶殿如意樓閣莊嚴: 궁전과 누각의 크기와 넓이 모양 등은 모든 유정들의 뜻에 따라 이루어져 이 여러 가지가 자연이 출현하여 아름답게 장엄함을 찬탄하는 것이다.

⑧ 주야장원 시분장엄晝夜長遠時分莊嚴: 사바세계의 일대겁一大劫이 극락세계의 시분으로는 하루란 것으로 그만큼 극락세계는 긴 시간으로 장엄하였음을 찬탄하는 것이다.

⑨ 이십사락 정토장엄二十四樂淨土莊嚴: 극락정토는 스물네 가지의 즐거움으로 장엄되어 있음을 찬탄하는 것이다.[187]

---

187 永明延壽는 『萬善同歸集』 권상(대정장 48, p.967중하)에서 지금은 전해지지 않는 『安國鈔』를 인용하여 24가지의 즐거움에 대해서 설하였다. ① 난간으로 둘러막은 즐거움 ② 보배 그물이 허공에 덮인 즐거움 ③ 길거리마다 나무 그늘이 있는 즐거움 ④ 칠보로 된 목욕탕의 즐거움 ⑤ 팔공덕수가 맑고 잔잔한 즐거움 ⑥ 아래에 금모래가 있는 즐거움 ⑦ 층층대가 빛나는 즐거움 ⑧ 누각이 허공에 솟아 있는 즐거움 ⑨ 네 가지 연꽃이 향기 뿜는 즐거움 ⑩ 황금으로 땅이 된 즐거움 ⑪ 여덟 가지 음악이 항상 연주 되는 즐거움 ⑫ 밤낮으로 꽃비가 내리는 즐거움 ⑬ 이른 아침에 경책하여 주는 즐거움 ⑭ 아름다운 꽃을 장엄하게 가지는

⑩ 삼십종익 공덕장엄三十種益功德莊嚴: 극락정토는 서른 가지의 이익이 있는 공덕으로 장엄되어 있음을 찬탄하는 것이다.[188]

이상이 극락세계 십종장엄이다. 위의 십종장엄 가운데 ①에서 ④장엄까지는 유정장엄有情莊嚴으로 법장보살이 원을 세워 수행하여 무량한 광명과 수명을 가지신 아미타불의 장엄을 밝힌 것이고, ⑤에서

즐거움 ⑮다른 세계에 공양하는 즐거움 ⑯본국에 다니는 즐거움 ⑰여러 새가 화답하여 우는 즐거움 ⑱육시에 법문을 듣는 즐거움 ⑲삼보에 생각을 두는 즐거움 ⑳삼악도가 없는 즐거움 ㉑부처님이 변화시키는 즐거움 ㉒나무에서 보배 그물을 흔드는 즐거움 ㉓천 나라에서 동시에 소리를 듣는 즐거움 ㉔성문들이 발심하는 즐거움이 그것이다.

188 永明延壽는『群疑論』을 인용하여 30가지의 이익이 있는 공덕장엄에 대해서도 다음과 같이 설하고 있다. ①가지가지의 공덕으로 청정한 부처님 국토에서 사는 이익 ②대승법의 즐거움을 받는 이익 ③무량수부처님께 친근하여 공양하는 이익 ④시방 세계로 다니면서 부처님들께 공양하는 이익 ⑤여러 부처님들께 법을 듣고 수기를 받는 이익 ⑥복과 지혜의 양식이 빨리 원만해지는 이익 ⑦아뇩다라삼먁삼보리를 빨리 증득하는 이익 ⑧여러 보살들과 함께 모이는 이익 ⑨언제나 물러가지 않는 이익 ⑩한량없는 수행과 원이 생각 생각마다 늘어나는 이익 ⑪앵무 사리들이 법문을 말하는 이익 ⑫바람에 나무가 흔들려 천상의 풍류와 같은 이익 ⑬마니보배의 물이 흐르면서 괴로움과 공한 것을 말하는 이익 ⑭여러 가지 음악이 법문을 연주하는 이익 ⑮사십팔원의 큰 서원에는 세 가지 나쁜 갈래가 영원히 없어지는 이익 ⑯진금 빛의 몸이 되는 이익 ⑰얼굴이 곱지도 밉지도 않은 이익 ⑱다섯 가지 신통을 갖추는 이익 ⑲바로 결정된 무리에 머무는 이익 ⑳모든 不善을 여의는 이익 ㉑목숨이 한없이 긴 이익 ㉒옷과 밥이 저절로 오는 이익 ㉓모든 즐거움만 받는 이익 ㉔삼십이상의 아름다운 모습을 갖는 이익 ㉕실제로 여인이 없는 이익 ㉖소승이 없는 이익 ㉗여덟 가지 어려움을 여의는 이익 ㉘세 가지 법인을 얻는 이익 ㉙몸에 있는 광명이 밤낮으로 빛나는 이익 ㉚나라연천과 같은 힘을 얻는 이익. 영명 연수,『만선동귀집』(대정장 48, p.967하)

⑧장엄까지는 비유정장엄非有情莊嚴으로 극락국토의 장엄이며, ⑨와 ⑩장엄은 유정, 비유정장엄을 총망라한 것으로 ⑨장엄의 이십사락二十四樂은 극락국토에 있는 외형적인 장엄에 중심을 두었고, ⑩장엄의 삼십종익三十種益은 법에 대해 역점을 두었다고 하겠다.[189]

이상으로 극락세계의 모습을 살펴보았는데 대체로 같은 내용도 있어 중복되는 점도 있지만, 이것은 여러 논사들이 극락정토의 모습에 대하여 일정한 공통적인 범주가 세워져야 한다는 관념의 결과라고 할 수 있다. 그러면 극락정토를 장엄하는 목적은 무엇일까? 이것은 오탁악세의 죄악범부중생들이 한 생각 미혹한 무명에 덮이어 괴로운 육도윤회를 되풀이하기 때문에 이를 구제하기 위하여 선방편善方便으로써 깨달음의 세계를 설정하여 본래 청정한 마음의 고향을 되찾아 주기 위해서이다. 그래서 모든 보살은 이를 가엾이 여겨 대서원大誓願을 세워 그 청정한 깨달음의 세계를 건설하는 것이다. 따라서 그 원심願心에 의한 국토의 장엄은 자연히 공덕장엄으로 이루어질 수밖에 없다. 그래서 법장보살은 48대원을 성취하여 깨끗한 극락정토를 건설하여 그곳에서 부처님이 되시어 우리 중생들을 기다리고 계시는 것이다.

3. 아미타불과 그 신앙의 기원

1) 아미타불의 의미

아미타불의 명칭은 아미타유스Amitāyus와 아미타브하Amitābha라는

---

189 이태원 저, 『淨土의 本質과 敎學發展』(운주사, 2006) p.154 참조.

산스크리트어의 원어를 그대로 한자에 맞추어 음역한 말이다. 아미타유스는 헤아릴 수 없는 무량無量을 뜻하는 아미타와 수명을 뜻하는 아유스가 합쳐진 말이며, 아미타브하는 헤아릴 수 없는 무량을 뜻하는 아미타와 광명을 뜻하는 아브하가 합쳐진 말이다. 그래서 이를 일반적으로 무량수불無量壽佛 또는 무량광불無量光佛이라고 한역하였다. 아미타불이라는 명칭은 이 두 가지의 어원을 근거로 하여 탄생된 용어라고 할 수 있다.[190] 구마라집이 번역한 『아미타경』을 보면,

> 저 부처님을 어떤 연유로 아미타라고 부르느냐? 사리불아, 저 부처님의 광명이 무량하여 시방의 국토를 아무런 장애 없이 비추므로 아미타라고 부르느니라. 또 사리불아, 저 부처님의 수명과 그 인민들의 수명이 한량없고 끝없는 아승기겁이므로 아미타라고 이름하느니라.[191]

라고 하였다. 무량의 광명과 무량의 수명이라는 덕성을 지닌 부처님이기 때문에 '아미타'라고 이름한다고 하였다. 그러면 여기서 왜 광명과 수명의 두 덕성을 가진 부처님을 아미타라고 부르며 산스크리트어를 그대로 음사하여 사용했을까? 그것은 경전의 번역을 보면 이해할 수 있다.

---

190 金英培 외, 『阿彌陀經諺解의 國語學的 硏究』(法寶新聞社, 1979) pp.130~131 참조.

191 鳩摩羅什譯, 『佛說阿彌陀經』(대정장 12, p.347상) "彼佛何故號阿彌陀舍利弗 彼佛光明無量 照十方國無所障礙 是故號爲阿彌陀 又舍利弗 彼佛壽命 及其人民 無量無邊阿僧祇劫 故名阿彌陀."

126

원래 아미타불이라는 명칭이 중국 번역에서 처음으로 사용된 경전은
지겸(支謙, 223~282)이 번역한 『대아미타경大阿彌陀經』[192]으로 보고
있다. 또 지루가참支婁迦讖이 번역한 『반주삼매경般舟三昧經』[193]에서
아미타라는 명칭을 사용하고 있다. 또 불타발타라佛馱跋陀羅(賢覺)는
『화엄경』[194]에서 아미타불, 무량수불, 무량광불이라는 용어를 사용하
고 있다. 이와 같은 용례를 볼 때 아미타불의 고유의 원어原語가 있다고
생각할 수 있지만, 현존 산스크리트어본의 『아미타경』에는 '아미타불'
이라는 명칭은 볼 수가 없고, 무량수를 뜻하는 '아미타유스Amitāyus'와
무량광을 뜻하는 '아미타브하Amitābha'라고만 되어 있다. 결론적으로
아미타불이라는 명칭은 이 두 가지 어원을 근거로 하여 중국 역경가들에
의해 생겨난 용어라고 할 수 있다.[195] 한편 장휘옥은 아미타불의 두
개의 원어인 아미타유스와 아미타브하의 유래를 불타관의 변천에서
찾는 견해라고 주장하는 설이 있다고 하면서, 이것이 현재 가장 타당한
설이라고 말한다.[196] 그러면 이제 아미타불의 유래를 보자.

---

192 『佛說阿彌陀三耶三佛薩樓佛檀過度人道經』(대정장 12, p.302중) 本經은 一名
　　『大阿彌陀經』이라고도 한다. 이 경은 한역본으로 꼽는 12역 중에서도 가장
　　뛰어난 것으로 평가받고 있다.
193 『般舟三昧經』(대정장 13, p.905상)
194 60권 『華嚴經』(대정장 9)
195 이에 대해 坪井俊映은 설명하기를, 아마도 아미타불이라는 佛名은 번역자가
　　경전을 譯出할 때 만든 단어로서 아미타가 무량한 광명과 수명, 무량한 권속과
　　청정 등의 많은 덕성을 가진 부처님이기 때문에 이러한 덕성을 모두 포함한
　　부처님을 나타내기 위해 아미타불타(Amita-buddha)인 단어를 창작하여 이것을
　　그대로 音寫한 것이라고 생각된다고 하였다. 坪井俊映 著, 韓普光 譯, 앞의
　　책, p.47 참조.

대승경전의 곳곳에는 아미타불에 대해 설하고 있다. 『무량수경』에 나오는 이 부처님의 역사를 보면, 오랜 옛적 과거세에 세자재왕불世自在 王佛의 감화를 받은 법장비구法藏比丘가 2백 10억의 많은 국토 중에서 훌륭한 나라를 택하여 이상국토를 건설하기로 기원하였다. 또 48원을 세워 자기와 남들이 함께 성불하기를 소원하면서 수행한 결과, 지금부 터 10겁 전에 그 원행願行이 성취되어 아미타불이 되셨다고 하였다. 그런데 아미타불은 석가모니불과 같이 인생으로서 이 세상에 출현하신 역사적인 인물이 아니다. 아미타불을 '무량수불' 또는 '무량광불'이라고 이름하는 것은 그 수명이 무량하고 그 광명이 무량하다는 뜻으로, 시간과 공간을 초월한 절대적인 인격성을 상징적으로 표현하여 이름한 것이다. 이와 같은 아미타불과 그 정토에 대해서는 무려 200여 부에 달하는 경전 곳곳에 나타나 있다. 여기서 아미타불의 유래가 두드러지

---

196 장휘옥에 따르면, 원시불교에서 부파불교, 특히 대중부 계통으로 변천해가는 과정에서 나타나는 불타관을 검토해 보면 아미타유스와 아미타브하의 원어에 대응하는 설이 발견되는데, 그것은 원시불교 경전 속에 이미 석가모니의 수명의 영원성에 대한 관심이 드러나고 있고, 부처님과 광명의 결합에 대한 자료도 여러 가지 발견되고 있다. 또한 『異部宗輪論』에서도 대중부 계통의 불타관 가운데 아미타유스와 아미타브하의 관념에 상당하는 설을 발견할 수 있으며, 더구나 아미타유스와 아미타브하가 동일시되는 계기도 나타나 있다. 이러한 점에서 아미타불은 원시불교에서 부파불교에 걸쳐 전개된 불타관을 배경으로 성립하였음을 추정할 수 있다고 보고 있다. 이와 같이 본다면 아미타유스와 아미타브하는 원래 석가모니와 다른 부처님을 가리키는 것이 아니라 석가모니를 다른 말로 표현한 것이 된다. 이런 이유로 정토경전에서 두 개의 다른 부처님의 명호가 결합하고 동일시되었음을 알 수 있다는 것이다. 장휘옥, 『淨土佛敎의 世界』(불교시대사, 1996) pp.204~205 참조.

게 나타난 설을 두 가지만 소개해 보면 다음과 같다.

먼저『비화경』「제보살본수기품」에 보면, 보장여래寶藏如來 때에 아미타불이 전륜성왕으로 수행하면서 여러 가지 서원을 발하고 나니, 여러 부처님이 전륜성왕에게 수기하면서 다음과 같이 말씀하신다.

산제람 세계의 선지겁 중에 사람의 수명은 8만이며, 출현하신 부처님은 보장여래이다. 무량정無量淨이라는 전륜성왕이 4천하의 주인으로서 석 달 동안을 보장여래와 스님들에게 공양한 선근으로, 제1 항하사 같은 아승기겁을 지나 제2 항하사 같은 아승기겁에 들어가는 시초에 부처를 이룰 것이니, 호는 무량수無量壽이며, 세계의 이름은 안락安樂 이라 하리라. 항상 그 몸의 광명은 시방의 항하사 같은 모든 불세계를 두루 비추리라.[197]

다음으로『법화경』「화성유품」에서는, 대통지승여래大通智勝如來 때에 열여섯의 왕자가 출가하여 지금 모두 아뇩다라삼먁삼보리를 얻어 시방의 국토에서 현재 설법을 한다고 하였는데, 아홉 번째 부처님이 아미타불이고, 열여섯째 부처님이 석가모니불이라고 하였다.

그 가운데 두 사미는 동방에서 성불하니 첫째 이름은 아촉으로 환희국

---

197 『悲華經』(대정장 3, p.185중) "刪提嵐界善持劫中人壽八萬歲 有佛出世號曰寶藏 有轉輪聖王名無量淨 主四天下三月供養寶藏如來及比丘僧 以是善根故 過一恆 河沙等阿僧祇劫已 始入第二恆河沙阿僧祇劫 當得作佛號無量壽 世界名安樂 常 身光照縱廣周匝十方 各如恆河沙等諸佛世界."

에 계시고, 둘째 이름은 수미정이니라. 동남방의 두 부처님은 그 첫째 이름이 사자음이고, 둘째 이름은 사자상이니라. 남방에 계시는 두 부처님은 첫째 이름이 허공주요, 둘째 이름은 상멸이니라. 서남방의 두 부처님은 첫째 이름이 제상이요, 둘째 이름은 범상이니라. 서방의 두 부처님은 첫째 이름이 아미타요, 둘째 이름은 도일체세간고뇌이니라. 서북방의 두 부처님은 첫째 이름이 다마라발전단향신통이요, 둘째 이름은 수미상이니라. 북방의 두 부처님은 그 첫째 이름이 운자재요, 둘째 이름은 운자재왕이니라. 동북방의 두 부처님의 이름은 괴일체세간포외이며, 열여섯째 부처는 나 석가모니불이니, 이 사바세계에서 아뇩다라삼먁삼보리를 성취하였느니라.[198]

이와 같이 아미타불의 유래에 관한 설화를 살펴보았다. 그러나 직접적으로 인간성을 나타내는 성불 인연 설화는 『무량수경』이라 할 수 있다. 이 경에서는 과거에 어떤 수행을 거쳐 성불하였는지를 자세하게 설하고 있다.

부처님께서 아난에게 말씀하셨다. "일찍이 멀고 먼 과거에 한량없고 불가사의하고 헤아릴 수 없는 겁 이전에 정광여래錠光如來께서 세상에

---

198 『妙法蓮華經』(대정장 9, p.25중하) "其二沙彌東方作佛 一名阿閦在 歡喜國 二名須彌頂 東南方二佛 一名師子音 二名師子相 南方二佛 一名虛空住 二名常滅 西南方二佛 一名帝相 二名梵相 西方二佛 一名阿彌陀 二名度一切世間苦惱 西北方二佛 一名多摩羅跋栴檀香神通 二名須彌相 北方二佛 一名雲自在 二名雲自在王 東北方佛名壞一切世間怖畏 第十六我釋迦牟尼佛 於娑婆國土 成阿耨多羅三藐三菩提."

출현하셨다. 한량없는 중생들을 교화하시고 제도하시고 해탈시켜 모두 부처님의 도를 얻게 하거나 멸도를 취하게 하셨다. 그 다음 이어서 여래가 계셨으니, 명호가 광원이라고 하였다. 그 다음은 월광이라 하였고, 그 다음은 전단향이라고 하였다. …… 그리고 그 다음에 부처님이 계셨으니, 명호가 세자재왕여래世自在王如來·응공·정등각·명행족·선서·세간해·무상사·조어장부·천인사·불세존이라고 하였다. 이때 한 국왕이 있었으니, 부처님의 설법을 듣고는 기쁜 마음을 품고 위없이 바르고 진실한 도의 마음을 일으켰다. 그는 나라를 버리고 왕위를 물리친 다음 출가하여 사문이 되어 이름을 법장法藏이라 하였다. 그는 재주가 뛰어나고 용감하고 슬기로워 세상을 초월하였다. 그는 세자재왕여래가 계신 곳에 나아가 부처님의 발에 머리를 조아리고 오른쪽으로 세 번 돌고 나서, 무릎을 꿇고 합장한 채 게송으로 찬탄하며 아뢰었다.

……

제가 부처를 이루는 국토는 으뜸이 되고
그곳의 중생들은 기이하고 오묘하며
그곳의 도량은 초월적이고 절대적이며
국토가 마치 열반과 같아서
동등하고 짝할 만한 것이 없으니
저는 마땅히 불쌍하게 여겨
일체를 제도하고 해탈케 할 것입니다.

……

이에 세자재왕불께서 법장비구에게 말씀하셨다. "지금이 바로 그대가

설할 수 있는 때이니, 이로 하여금 일체의 대중들이 기쁜 마음을 일으키
도록 하라. 보살은 이미 들은 대로 이 법을 수행하여 한량없이 큰
원을 만족시키는 데 이를 것이다." 이에 법장비구가 부처님께 말씀드렸
다. "오직 원하옵건대, 제 말을 들으시고 살펴주십시오. 저의 서원한
것을 마땅히 자세히 말씀드리겠습니다."[199]

이와 같이 경전을 통하여 아미타불의 인행시의 수행과 유래를 살펴보
았다. 위의 경문을 보면, 무량겁의 오랜 옛날 정광여래가 세상에 출현하
여 무량한 중생을 교화해서 도탈케 하여 모두 도를 얻게 하시고서
차례차례 열반에 드시고 마지막 53번째 부처님이 출현하셨는데, 그
이름이 세자재왕여래라고 하였다. 그때 국왕의 이름이 법장이다. 법장
은 왕위를 버리고 출가하여 세자재왕여래의 제자가 되어 48대원을
성취하여 성불을 이룬 것이다. 이 본원本願에 대해서는 장을 달리하여
구체적으로 논하고자 한다.

2) 아미타불 신앙의 기원

아미타불과 그 신앙이 인도에서 발생한 것은 사실이지만 언제, 어디서,
어떻게 일어났는가는 아직 확실하게 밝혀지지 않고 있다. 그것은 이것
을 증명할 만한 고대 인도의 문헌자료가 희박하기 때문이다. 평정준영
은 논하기를, 아미타불 신앙이 인도 본토, 스리랑카, 미얀마, 태국
등 남방의 여러 지역에도 찾아 볼 수가 없으며, 또한 중국으로부터
인도로 구법 여행을 다녀온 법현法顯, 현장玄奘, 의정義淨 등의 여행

---

[199] 『佛說無量壽經』 권상(대정장 12, pp.266하~267하)

기록에서도 아미타불에 대한 언급은 없다고 한다. 다만 추측할 수 있는 것은, 아미타불 신앙이 중국에 전래된 불교 가운데 대승불교 경전에서 많이 설해졌는데, 그 대승불교 경전은 주로 카시미르 및 네팔 지방으로부터 전래된 것이 많기 때문에, 이 지방에서 아미타불 신앙이 발생했을 것이라는 설을 근거로 그 전래를 추측할 수 있다고 한다.

이 기원에 대해서 유럽의 동양 연구 학자들은 원래 카시미르Kashmir 와 간다라gandhāra 등의 서북인도 지방은 일찍이 이란의 종교 영향을 많이 받은 곳이기 때문에, 아미타불의 신앙의 기원을 이란의 고대 신앙에서 찾아볼 수 있다고 한다. 즉 아미타불의 일명인 '아미타브하 Amitābha'는 무량한 광명을 가진 부처님이라는 뜻으로, 이러한 관념은 이란의 태양 숭배의 영향에 의해 성립된 것으로 보고 있다. 즉 원시 대승불교의 보호자인 스기샤족 및 이란인은 모두 태양 숭배의 종족이었기 때문에 아미타불 신앙은 태양 신화에서 유래된 말이라는 주장이다.

또한 아미타불의 불격佛格은 석존으로부터 연상된 불佛이지만, 이란의 오르마쯔인 신神은 무한한 광명을 가진 신이기 때문에, 이 신의 관념이 불교 가운데 들어와 발전하고 변천해서 아미타불과 그 신앙이 생기게 하였다고 말하고 있다.

다음은 아미타불과 그 신앙의 기원을 인도 내부의 사상에서 찾으려는 시각도 있다. 이것은 주로 일본 불교학자들에 견해이다. 그것은 베다성 전에서 설하는 야마(耶摩, yama)천은 위없이 행복(無上幸福)한 곳이며, 또 안온불사安穩不死의 세계라고 되어 있고, 야마의 본체는 태양으로 무한의 광명을 가졌다고 하기 때문이다. 이를 근거로 아미타불 신앙의 기원을 찾으려고 하는 설이다.

다음은 범천梵天의 신화에서 기원을 찾으려는 설이 있다. 그것은 범천의 세계에서 서술하고 있는 범천왕의 옥좌의 관념이 무량광無量光의 관념으로 계속되며, 또 옥좌를 프라나(生氣, prāna)라고 부르는 점이 무량수無量壽의 관념에 결합된다고 보는 것이다.

또 어떤 학자는 인도의 비슈누viśnu 신화에서 기원을 찾기도 하는데, 이 신의 신앙이 아미타불인 불佛을 만들었다고 추정하고 있다. 이 외에 서방의 수호신인 바루나varuna와의 연관성에서 찾는 설과 아그니 Agni 신의 호칭과 그 관계를 찾는 설 등이 있다.[200]

이상과 같이 아미타불의 신앙과 기원에 대하여 유럽학자는 주로 이란의 고대종교에서 기원을 찾고, 일본의 학자는 인도의 고대종교에서 찾고 있지만, 이는 다 추정일 뿐 여기서 어느 설이 정설인지는 밝힐 수가 없다. 그러나 아미타불 신앙이 인도문화권 가운데에서 흥기했다는 것은 사실이다. 특히 서북인도는 고대 인도문화의 발생지이며, 이란문화와의 접촉지대였기 때문에 인도사상과 이란사상, 그 밖의 외래사상이 첨가되어 아미타불이란 불격佛格이 생겼을 것이라고 학자들은 논하고 있다.

---

200 坪井俊映 著, 韓普光 譯, 앞의 책, pp.48~49 참조.

제4장 교상판석과 정토교학의 계보

1. 교상판석의 의의와 전개

교상판석教相判釋이란 부처님께서 일대에 걸쳐 개시하였던 다양한 방법의 가르침을 형식·방법·순서·내용·의의에 따라서 분류하고 이를 체계적으로 정리하여, 그것의 궁극적인 의미를 밝히는 경전 연구방식이다. 이를 교상教相·교판教判·교섭教攝이라고도 한다. 처음의 의도는 그 다양한 교설을 체계적으로 이해하기 위한 것이 목적이었다. 그런데 무엇이 궁극적인 가르침인가에 대하여 서로 견해를 달리하게 되었다. 그 결과, 각 종파가 성립되면서 자기가 신봉하는 교설의 지위地位를 밝히는 것이 필요하게 되었는데 이를 교상판석이라고 부르고 있다. 예를 들자면 천태종은 『법화경』을 가장 우위에 두는 교판론을 창출해 냈고, 열반종은 『열반경』을 우위에 두는 교판론을 주창한 것이 그러한 예이다.

그런데 부처님은 처음부터 중생의 근기에 따라 법을 설하셨을 뿐

136

어떤 특정한 교리를 고집하지는 않았다. 다만 근기 등에 따르다 보니 교설 내용은 자연히 다양해질 수밖에 없었고, 훗날 그 교설들이 그대로 문자화되었을 때 일반인의 입장에서 그 다양한 교리를 접한다는 것은 매우 복잡하고 혼동되는 일이었을 것이다. 이에 논사들은 그 방법론을 체계적으로 연구하여 경전마다 그것을 설한 인연을 밝히고, 모든 경전의 성립 근거를 부여하고 상호 모순점 등을 해결하는 방향을 제시해주게 된 것이다.

예를 들자면 용수의 저술인 『대지도론』에서는 불교를 현교와 밀교, 대승과 소승으로 분류하여 보는 사고방식이 나타났고, 또 『십주비바사론』에는 난행도難行道와 이행도易行道의 이도설二道說이 나타났다. 이와 같이 인도에서 보이는 교판이론은 바로 이러한 문제에 대한 해결방향을 모색한 것이었다고 할 수 있다.

이와 같이 시작된 교판사상은 중국에서 그 체계를 갖추었다. 초기 중국불교에서는 인도불교의 다양한 교설들이 한꺼번에 전래되어 그것을 정리할 필요성을 실감하게 되었다. 그리하여 어느 하나의 경, 또는 논에 근거를 두고 다른 경론을 그에 종속시켜 다양한 교설들을 정리하고, 그들과의 관계를 명백히 하여 많은 교설들을 각각 논리적으로 규정짓는 노력이 이루어졌다. 이때에 한국과 일본의 학자들도 많은 노력을 하였다. 그 교판 방법이란 앞에서 말한 것처럼 그것들이 설해진 형식·방법·순서와 설해진 내용의 교리적 의미 등에 의해 모든 경전을 분류하고 체계를 구성하거나 가치를 결정하고 되도록 부처님의 참된 교설을 명확히 하려고 한 것이다. 이러한 의도로 이루어진 교판론은 매우 진취적이고 체계적인 학습 방법론으로 오늘날 우리가 공부하는

데 그 방향을 제시해주는 훌륭한 교과서가 되게 하였다. 그런데 문제는 자기 교학의 의지처가 된 경전이나 교의 내용의 우위를 주장하는 경향이 강해짐으로 인하여 그것이 결국 각 종파가 성립되는 요건이 되게 하였다는 것이다. 그러나 이러한 교판사상은 부정적인 평가보다 긍정적인 평가가 크다고 볼 수 있다. 그것은 공부하는 이들에게 경전을 체계적으로 이해하는 시각을 길러 주었다는 점에서 긍정적인 면이 더욱 크다고 하겠다. 즉 인도에서의 소승과 대승, 난행과 이행 등의 원시적 교판론은 교판의 원류이기는 하지만, 중국의 교판론은 이미 성립된 불교를 보다 면밀히 이해하고자 하는 관점에서 인도에서의 원시적 교판론과는 달리 불교라는 학문 자체를 성립시키기 위한 기초 작업으로써의 의미가 크다는 것이다.

중국에서의 교판론은 대략 5세기에서 9세기에 걸쳐 성립되었다. 이는 중국에 불교가 전해지고 여러 논사들에 의해 각종의 경전이 연속적으로 번역되는 오랜 과정 속에서 교판론이 제창되고 정립되었던 것이다. 여기서 모든 논사들의 교판설을 살펴보는 것은 무리이므로, 각 논사의 대표적인 교판을 총괄하여 천태 지자(天台智者, 538~597)가 정리한 남삼북칠南三北七의 교판설과 그 외에 일반적으로 알려진 교판설을 대략 살펴보고자 한다. 남삼북칠이란 강남의 세 논사(三師)와 강북의 일곱 논사(七師)가 설한 교판을 말한다. 천태 지자는 이를 『법화현의法華玄義』 권제10에서 다음과 같이 정리하였다.

● **강남 삼사三師의 교판**

① 호구산虎丘山의 급법사岌法師: 불설은 크게 돈교頓教·점교漸教·부

정교不定教의 세 가지로 나뉜다. 다시 점교에는 3시時가 있으니, 12년까지는 유有를 보고 도리를 증득하는 유상교有相教를 설하였고, 12년 이후에는 『법화경』에 이르기까지 공空을 보아 도리를 증득하는 무상교無相教를 설하였으며, 열반에 들기 직전에는 일체 중생이 모두 불성이 있고 일천제도 마침내 성불할 수 있다는 상주교常住教를 설하였다.

②종애법사宗愛法師 및 장엄사莊嚴寺 승민僧旻: 점교에 4시가 있다. 앞의 3시에서 무상교와 상주교 사이에 동귀교同歸教가 설해졌는데, 『법화경』의 회삼귀일설會三歸一說이 이에 해당한다.

③정림사定林寺의 승유僧柔와 혜차惠次, 도양사道揚寺의 혜관慧觀, 개선사開善寺의 광택光宅: 점교에 오시가 있다. 앞의 4시설에서 무상교와 동귀교 사이에 포폄억양교襃貶抑揚敎가 설해졌는데, 『정명경淨名經』·『사익경思益經』 등의 여러 대승경전이 이에 해당한다.

● 강북 칠사七師의 교판

①북지사北地師: 오시교를 세웠다. 부처님께서 성도하신 지 49일이 되었을 때 그 옆을 지나가던 제위提謂와 파리波利라는 두 사람의 상인商人 형제에게 인천人天을 위한 오계와 십선법을 설해주어 부처님의 제자가 되게 하였는데, 이때의 가르침을 인천교人天教라 한다. 다음으로 『유마경』과 『반야경』을 설한 것은 무상교다. 나머지 3시는 남방의 설과 같다고 하고 자세한 설명을 하지 않았는데, 이 설은 무도산武都山의 유구의 설이라고 보는 경우가 많다.

②보리유지菩提流支: 반교半教와 만교滿教로 분류하여 12년 전에 교설한 것은 모두 반자교半字教이고, 12년 후에 교설한 것은 모두

만자교滿字敎라고 하였다.

③불타발타라(佛馱跋陀羅, 覺賢)와 광통율사光統律師: 4종으로 분류
하여『비담毘曇』의 육인사연六因四緣은 인연종因緣宗이고,『성실론成
實論』의 3가假는 가명종假名宗이며,『대품반야경』과『삼론三論』의 일
체개공一切皆空은 광상종誑相宗이고,『열반경』·『화엄경』의 불성상주
佛性常住와 불성본유佛性本有는 상종常宗이라고 하였다. 이 교판은 지론
종地論宗 남도파南道派의 교판으로 널리 이용되었다.

④호신사護身寺의 자궤自軌: 광통율사의 4종설에서『화엄경』을 따
로 시설하여 법계종法界宗이라고 하여 오종설五宗說을 주창하였다.

⑤기도사耆闍寺의 안름安凜: 광통율사의 4종설에 부처님께서 오랜
세월이 지난 후에 비로소 진실을 설한『법화경』을 진종眞宗이라 하고,
염정染淨이 모두 융화되고 법계가 두루 원만함을 교설한『대집경大集
經』을 원종圓宗이라고 하여 2종을 합한 6종설을 세웠다.

⑥강북의 어떤 선사禪師:『화엄경』·『영락본업경瓔珞本業經』·『대품
반야경』 등은 계위별로 나누어지는 십지十地의 공덕행상功德行相을
교설한 것이므로 유상대승有相大乘이고,『능가경楞伽經』·『사익경思益
經』 등은 진실한 법으로 일체 중생이 곧 열반의 상이라고 하여 차이를
두지 않으므로 무상대승無相大乘이라고 하였다.

⑦ 강북의 다른 선사: 앞의 모든 설을 옳지 못한 것이라 하고,
부처님께서는 오직 일음一音으로 교설하였으나, 중생들이 이를 자신의
입장에 따라 다르게 해석하여 셋으로 나누어 보기도 하고, 둘로 나누어
보기도 하는 것이라고 하여 일음교一音敎를 주창하였다.[201]

이상이 남삼북칠의 설이다.[202] 이 외에도 지자는 삼종교상三種教相[203]
과 오시팔교판五時八教判을 조직하였고, 화엄종華嚴宗의 법장(法藏,
643~712)은 오교십종판五教十宗判, 삼론종三論宗의 길장(吉藏, 549~
623)은 이장삼론二藏三論[204]의 교판, 법상종法相宗의 규기(窺基, 632~
682)는 삼교팔종三教八宗[205]의 교판을 세우는 등 많은 교판이 이루어졌

---

201 天台智者說, 『妙法蓮華經玄義』 권제10 상(대정장 33, p.801상중)
202 坪井俊映 著, 韓普光 譯, 앞의 책, pp.79~82 참조.
203 三種教相이란 『法華經』과 그 외 경전과의 관계를 ①根性融佛融相 ②化道始終不
　始終相 ③師弟遠近不遠近相의 세 가지로 구분하여 『법화경』이 수승한 경전임을
　밝힌 것으로, 智者가 석가세존의 일대의 가르침을 판단하기 위해 입각해야
　할 기준으로 한 것이다. 『法華玄義』(대정장 33, p.683중)
204 三論宗의 집대성자인 수나라 吉藏은 『法華遊意』(대정장 34, pp.634하~635중)에
　서 그 시대에 이르기 까지 가치의 우열을 비교하려는 의도에서 이루어진 교상판석
　가운데 대표적이었던 五時四宗說을 비판하고 二藏三輪說을 세웠다. 二藏은
　대승장과 소승장이고, 三輪은 根本法輪·枝末法輪·攝末歸本法輪이다. 그는 부
　처님께서 『법화경』을 교설한 것은 이 세 가지를 가르치기 위함이라고 하였다.
　근본법륜은 부처님께서 처음 깨달음을 성취한 후에 『화엄경』을 설하는 법회에서
　순수하게 보살을 위해서 一因一果의 법문을 열어 보인 것을 말한다. 여기서
　다만 그다지 복이 없는 둔한 근기들은 일인일과의 법문을 들어도 감당할 수
　없었으므로, 일불승을 분별하여 삼승을 교설한 것을 지말법륜이라고 하였다.
　이렇게 40여 년 동안 삼승의 가르침을 설하여 중생의 마음을 단련시키고 이제
　『법화경』에 이르러서 비로소 삼승을 모아 일승으로 돌아가게 한 것을 섭말귀본법
　륜이라고 하였다. 『화엄경』은 근본법륜에 속하고. 그 이후부터 『법화경』 이전까
　지의 모든 경전은 지말법륜에 해당하며, 『법화경』은 섭말귀본법륜에 속한다고
　하였다.
205 삼교팔종에 대하여 규기는 『妙法蓮華經玄贊』(대정장 34, p.657상중)에서 다음과
　같이 말한다(의역). "『해심밀경』과 『유가사지론』에 의하여 三教八宗의 교판을

다. 위에 소개한 것들이 여러 교판 중에서 대표적인 교판들이다. 그러니 이 중 가장 완벽한 것이라고 평가받는 것은 천태 지자가 조직한 오시팔교판과 현수 법장이 설한 오교십종판이다. 그러면 두 논사의 교판설을 살펴보기로 하자.

* **지자의 오시팔교**

먼저 천태 지자의 교판을 보면, 지자의 교판이 오시팔교五時八敎라는 이름으로 정립된 것은 사실상 고려 때 제관諦觀이 지은 『천태사교의天台四敎儀』[206]라는 책에 힘입은 바가 크다고 하겠다. 이 책은 지자의 교판론을 실천적인 관법과 병행하여 정리하여 교판론을 일목요연하게 볼

세웠다. 3교란 ①아가 실재한다고 여겨 집착하는 것을 없애기 위한 유교(有宗), 『아함경』 등이 여기에 속한다. ②법이 실재한다고 여겨 집착하는 것을 없애기 위한 공교(空宗), 『반야경』 등이 여기에 해당한다. ③공과 유에 대한 집착을 모두 여의게 하는 中道敎. 『화엄경』・『해심밀경』・『법화경』 등이 여기에 포함된다. 8종이란 ①法我俱有宗: 법도 我도 모두 실재한다고 하는 독자부 등의 주장. ②法有我無宗: 법은 과거・현재・미래의 삼세에 걸쳐 실재하지만 我는 無我로서 실재하지 않는다고 하는 설일체유부 등의 주장. ③法無去來宗: 법은 현재에만 실재하고 과거와 미래에는 실재하지 않는다고 하는 대중부 등의 주장. ④現通假實宗: 과거와 미래에는 법이 실재하지 않고 현재의 법 중에서도 五蘊은 실재하지만 12처・18계는 실재하지 않는다고 하는 설가부 등의 주장. ⑤俗妄眞實宗: 세속의 법은 假이며, 출세간의 법이 진실이라고 하는 설출세부 등의 주장. ⑥諸法但名宗: 我도 법도 모두 가명이고 실체가 없다고 하는 일설부의 주장. ⑦勝義皆空宗: 『반야경』・『중론』・『백론』 등의 주장. ⑧應理圓實宗: 『법화경』 등의 경전과 무착 등이 설한 中道의 가르침을 말한다." 이상에서 규기는 유무의 2변을 떠난 中道를 주장하는 유식사상을 궁극적인 교설로 삼았다는 것을 알 수 있다.

206 諦觀述 『天台四敎儀』(한불전4, pp.518하~527하, 대정장 46, p774하)

142

수 있도록 한 것이 특징이다. 이 책에 의하면[207] 오시팔교는 다음과
같다.

오시五時란 부처님께서 성도한 후 여러 가지 근기에 대하여 교설한
것을 시간상으로 분류한 것으로 ① 화엄시華嚴時, ② 녹원시鹿苑時, ③
방등시方等時, ④ 반야시般若時, ⑤ 법화열반시法華涅槃時가 그것이다.
또한 팔교八教에는 화의化義의 사교四教와 화법化法의 사교가 있다.
화의사교化義四教는 ① 즉각 부처님의 깨달음을 배우는 돈교頓教, ② 내
용이 얕은 것으로부터 점차 깊은 것으로 나아가 교화하는 점교漸教,
③ 서로 알리지 않은 채 각각에 적당한 설교방법을 하는 비밀교秘密教,
④ 설법해 가르치는 것은 일정하지 않지만 듣는 사람의 능력에 따라
체득시키는 것과 같은 부정교不定教를 말한다.

화법사교化法四教는 ① 그 내용이 소승교인 삼장교三藏教, ② 방등·
반야·법화열반시를 통해 성문·연각·보살의 삼승三乘으로 통하는 대
승교인 통교通教, ③ 성문·연각과는 다른 보살만을 위한 가르침으로
다른 삼교三教와는 다르고, 또한 모든 것을 차별의 면에서 바라본
별교別教, ④ 깨달음의 미혹도 본질적으로 구별이 없고 부처님의 깨달
음 그대로를 설법한 가르침으로, 모든 것이 서로 융합해 완전히 갖추어
졌다고 설법하는 원교圓教를 말한다.

● 법장의 오교십종
다음으로 법장은 『화엄경탐현기華嚴經探玄記』에서 오교십종五教十宗
의 교판을 세웠는데, 오교는 교상教相에 입각하여 분류한 것이고,

207 諦觀錄, 『天台四教儀』(대정장 46, p774하)

십종은 경전에 담긴 종의宗義를 중심으로 분류한 것인데, 내용은 다음과 같다.

오교五敎

① 소승교小乘敎: 『아함경』 등의 설을 가리킨다.

② 대승시교大乘始敎: 공시교空始敎와 상시교相始敎가 있다. 공시교는 『반야경』, 상시교는 『해심밀경解深密經』 등이 이에 해당하며, 대승 초문初門의 가르침이므로 시교始敎라고 한다.

③ 대승종교大乘終敎: 대승 종국의 교설이라는 뜻으로 『열반경』·『능가경』 등이 이에 해당한다.

④ 돈교頓敎: 시교와 종교는 모두 단계적인 수행에 대해 설한 점교인데 반해, 돈교는 한 생각도 내지 않는 경지가 그대로 부처님의 경지라고 하는 돈성頓性·돈증頓證 등의 교설로 『유마경』 등이 이에 해당한다.

⑤ 원교圓敎: 일위一位가 곧 일체위一切位이고, 일체위가 곧 일위이므로 십신十信이 가득해지면 오위五位를 포섭하여 정각을 이루어 구족하게 된다고 하는 원융무애圓融無碍한 교설로 『법화경』·『화엄경』 등이 이에 해당한다.

십종十宗

6종까지는 규기의 8종(앞의 주석) 중 앞의 6종과 같으므로 이름만 보고, 뒤의 4종을 보면 다음과 같다.

① 법아구유종法我具有宗

② 법유아무종法有我無宗

③ 법무거래종法無去來宗

④ 현통가실종現通假實宗

⑤ 속망진실종俗妄眞實宗

⑥ 제법단명종諸法但名宗

⑦ 일체개공종一切皆空宗: 일체의 법은 모두 본래 공이라고 하는 대승초교大乘初敎.

⑧ 진덕불공종眞德不空宗: 일체법은 진여여래장眞如如來藏의 진실한 법에 포섭되고 진여의 체는 성덕性德을 갖추고 있다고 하는 종교終敎.

⑨ 상상구절종相想俱絶宗: 언어를 여의고 이사理事가 모두 사라져 평등한 경지를 나타내는 돈교頓敎.

⑩ 원명구덕종圓明具德宗: 일체의 사법事法은 다 일체의 공덕을 원만하게 구족하고 있다고 하는 궁극의 자재로운 법문을 말한다.[208]

이상이 오교십종의 교판으로, 이 가운데 법장 자신이 의지한『화엄경』의 가르침은 오교의 원교圓敎와 십종의 원명구덕종에 해당한다. 이 교판에 의하여 법장은 종래 불교학에서 이루어낸 여러 가지의 성과를 통합하면서『화엄경』을 정점으로 하는 교판체계를 수립함으로써 자신이 속한 화엄종의 절대적인 우위를 주장하였다.

● **그 외 중국, 한국, 일본의 교상판석**

이상과 같이 살펴보았는데, 이 외에 중국과 한국, 일본에서는 오랜 기간에 걸쳐 상호 영향을 교류하며 정립되었던 교판론이 여러 가지

208 法藏撰,『華嚴經探玄記』(대정장 35, pp.115하~116중)

있으므로 간략히 살펴보자.

현장玄奘은『해심밀경解深密經』·『금강명경金剛明經』등에 의해 ①
전법륜轉法輪 ②조법륜照法輪 ③지법륜持法輪의 삼법륜설을 내세웠
다. 전법륜은『아함경』, 조법륜은『반야경』, 지법륜은『해심밀경』
등에서 설한 삼성설三性說과 진여불공眞如不空의 이치를 설한 경전을
가리킨다.

종밀宗密은 ①인천교人天敎 ②소승교小乘敎 ③대승법상교大乘法相
敎 ④대승파상교大乘波相敎 ⑤일승현성교一乘顯性敎의 오교五敎를 세
웠다.

한편, 송나라 때 연수延壽는 ①상종相宗 ②공종空宗 ③성종性宗의
삼종三宗을 밝혔고, 명나라 때 지욱智旭은 선禪·교敎·율律의 삼학이
모두 동일한 근원(三學一源)을 지니고 있으며, 모든 종파가 다 정토로
귀결됨(諸宗導歸淨土)을 밝혔다.

이 밖에도 여러 설이 있지만 중국불교 교판사상에서 가장 대표적인
것은 위에서 검토한 지자·길장·규기·법장 등의 교판론이라 하겠다.

우리나라에는 앞서 언급된 제관의『천태사교의』와 원효의『법화종
요法華宗要』,[209] 지눌(1158~1210)의『화엄론절요華嚴論節要』권1[210] 등
이 있다. 이러한 대표적인 교판론이 있지만, 특히 원효가『화엄경소華嚴
經疏』[211]에서 설하였다는 4교판설四敎判說은 독자적인 특성을 보여주

209『法華宗要』(한불전1, p.493중하)

210『華嚴論節要』(한불전4, p.785상)

211『三國遺事』권제4「원효불기」(대정장 49, p.1006중)에 의하면, 원효는 일찍이

는 것으로 주목되고 있다. 원효의 4교판설은 불교 전체를 우선 삼승과 일승으로 나누고, 다시 삼승은 삼승별교와 삼승통교로, 일승은 일승분교一乘分教와 일승만교一乘滿教로 나누었다. 그러나 원효의 『화엄경소』는 대부분 산실되고 현재는 서序와 권3만이 전해지고 있어 4교판론에 관한 것은 중국 화엄종 학자들에 의해서만 겨우 알 수 있다.[212] 원효의 4교판을 최초로 인용한 논사는 법장이다. 법장은 『화엄경탐현기』 권제1에서 원효의 4교판에 대해 다음과 같이 설명한다.[213]

①삼승별교三乘別教: 아직 법공의 이치를 깨닫지 못한 상태의 중생을 대상으로 사제와 연기의 가르침을 설한 것.

②삼승통교三乘通教: 법공을 두루 밝히고 있는 상태의 중생을 대상으로 『반야경』과 『해심밀경』 등을 설한 것.

③일승분교一乘分教: 아직 보법普法[214]을 나타내지는 못하고 있는

분황사에 있을 때 『華嚴經疏』를 저술하다가 『華嚴經』 권제14 「十廻向品」에서 절필하였다고 한다(曾住芬皇寺 纂華嚴疏至第四十廻向品 終乃絶筆). 따라서 『화엄경소』는 완성을 보지 못한 채로 후대에 전해진 것이라고 본다. 분량은 8권이었는데, 고려 숙종 때 의천이 원효의 『화엄종요』와 합본하여 『화엄경소』 10권으로 삼았다. 『화엄경소』 권제3은 대정장 85, p.234하~236상에 수록되어 있다. 『韓國佛教撰述文獻目錄』(동국대학교출판부, 1976), p.19 참조.

212 이에 대해서는 南東信, 「元曉의 教判論과 그 佛教史的 位置」(『한국사론』20 서울대학교, 1988) pp.26~56 참조.

213 法藏述, 『華嚴經探玄記』(대정장 35, p.111상) "唐朝海東新羅國元曉法師造此經疏 亦立四教 一三乘別教 謂如四諦教緣起經等 二三乘通教 謂如般若經深密經等 三一乘分教 如瓔珞經及梵網等 四一乘滿教 謂華嚴經普賢教."

214 普法이란 別法에 대칭되는 말로 보편타당하고 원융한 법문이라는 뜻이다. 이는 원래 隋代에 信行이 창도한 三階教 중에서 1~2단계의 교법은 별법이라

가르침으로 『보살영락본업경』과 『범망경』을 설한 것.

④ 일승만교一乘滿敎: 보법을 충분히 밝힌 가르침으로 『화엄경』과 보현교普賢敎를 설한 것.

이와 같은 원효의 4교판론의 특징은 첫째로 『해심밀경』과 『반야경』을 같은 영역에 놓고, 대승보살의 윤리적인 지침서라고 할 수 있는 『영락경』과 『범망경』 등을 그 우위에다 놓았다는 점이다. 이는 실천적인 불교를 중시하였던 그의 사상적 경향을 반영한 것으로 매우 특이한 견해라고 볼 수 있다. 둘째는 분만이교分滿二敎를 나누는 기준으로 제시한 보법이란 일체법이 시공간적으로 아무런 걸림이 없이 상즉상입하는 『화엄경』의 세계를 말하는 것으로, 이른바 보법화엄으로 일승사상을 완성시켰다는 점이다.

일본에서는 진언종의 공해空海가 세운 현교·밀교의 교판과 십주심十住心의 교판이 있고, 태밀太密의 안연安然이 세운 오시오교설五時五敎說이 있으며, 친란親鸞의 이쌍사중설二雙四重說과 일련日蓮의 오강설五綱說 등이 있다.

이상과 같이 대표적으로 알려진 여러 교판론들을 살펴보았다. 그러면 이제 정토교의 교판론을 살펴보기로 하자.

하고 마지막 3단계의 교법을 보법이라 한 데서 비롯되었다. 신행은 末法衆生은 반드시 이 보법을 통해서 구제된다고 주장하였다. 『불광대사전』 p.4986上 참조.

148

2. 정토교 교상판석의 의의

교상판석은 앞에서 언급했듯이 다양한 교설에 대한 체계적인 이해를 도모하기 위한 목적으로 시작되었다. 그런데 무엇이 궁극적인 가르침인가에 대한 견해를 달리하게 되어 결국 각 종파가 성립되는 요건이 되었다. 그 결과 자기가 신봉하는 교설의 지위를 밝히는 것이 필요하게 되었는데, 정토교도 이 요건에서 벗어난 것은 아니다. 다만 정토교는 그 입장을 달리한다고 할 수 있다. 그것은 앞의 논사들의 교판론과 비교할 때 그 교판 방식에 있어서 관념 자체가 다르기 때문이다. 즉 제경전의 교설 내용을 정리한 것이 아니라 교판을 불교수행의 입장에서 논한 것이 다르다고 하겠다. 이른바 용수가 설한 난이이도難易二道 교판론과 도작의 성정이문聖淨二門 교판론이 대표적인 사례이다.[215] 따라서 여기서는 이 두 가지의 교판론을 중심으로 살펴보고자 한다. 특히 도작이 설한 성정이문의 교판론은 말법사상과 관계가 깊은데, 이 말법사상도 함께 연계하여 그 의의를 새겨보고자 한다.

1) 난이이도 교판론

난이이도難易二道의 교판은 앞에서 잠시 언급한 용수의 저술『십주비바사론』에서 설한 난행難行과 이행易行의 이도설二道說을 말한다. 이 설을 중국의 담란과 도작, 일본의 법연法然과 친란 등이 이 설을 근본으

---

215 坪井俊映은 여기에 頓漸二敎의 교판론을 넣어 세 가지 입장에서의 의의를 밝혔는데 頓漸二敎의 교판론은 善導의 설과 일본 聖冏의 설, 融觀의 설을 논했다. 坪井俊映 著, 韓普光 譯, 앞의 책, pp.82~111 참조.

로 하면서 다른 교판론과 병행하여 정토교의 지위를 세운 것이다.

난이이도의 교판론은 말 그대로 깨달음에 도달하는 길을 두 가지로 밝힌 것이다. 즉 어렵게 수행을 하여 가는 난행도와 쉽고 빠르게 찾아가는 이행도를 말한 것으로 자력문自力門과 타력문他力門을 말한 것이다. 용수는 『십주비바사론』「이행품」에서 어떤 질문자를 설정하여 "만약 모든 부처님께서 말씀하신, 쉽게 행하는 길로써 아유월치의 지위를 빨리 이룰 수 있는 방편이 있다면 가르쳐 달라"[216]고 질문하게 하고, 다음과 같이 답한다.

세간의 길에 어려움이 있고 쉬움이 있어서 육지의 길로 걸어가면 고생되고 물의 길로 배를 타면 즐거운 것처럼, 보살의 길도 그러하여 혹은 부지런히 행하며 힘써 나아가는 것이 있기도 하고 혹은 믿음의 방편으로써 쉽게 가서 아유월치에 빨리 이르는 자도 있다[217]

이와 같이 난행도는 자기의 능력에 의해 오랜 시간 고행을 닦아 불퇴不退의 도道에 도달함을 말하고, 이행도는 타他의 힘에 의지해 쉽고도 편안하게 불퇴의 도에 이르는 것이라고 하였다. 그런데 여기서 이러한 답을 하는 용수의 본뜻은 정토에 왕생할 수 있는 방법을 말한 것은 아니다. 위의 설은 대승보살도를 닦는 보살이 오래오래 수도를 닦아가는

---

216 龍樹撰, 『十住毘婆沙論』「易行品」(대정장 26, p.41중) "若諸佛所說有易行道疾得至阿惟越致地方便者 願爲說之."

217 위의 책(대정장 26, p.41중) "如世間道有難有易 陸道步行則苦 水道乘船則樂 菩薩道亦如是 或有勤行精進 或有以信方便易行疾至阿惟越致者."

150

중에서 성문지聲聞地와 벽지불지辟支佛地 같은 하열한 도에 빠지면 보살의 자격을 상실할 두려움이 있기 때문에, 빠르고 쉽게 불퇴의 지위에 들기 위한 설도 있다고 한 것이다. 그래서 용수는 이르기를,

그대의 말한 바는 그야말로 연약하고 비겁하며 큰마음이 없어서 이는 장부로서 줏대 있는 말이 아니다. 왜냐하면 만약 사람이 원을 세워서 아뇩다라삼먁삼보리를 구하고자 하면, 아직 아유월치를 얻지 못한 그 중간에서는 몸과 목숨을 아끼지 않고 밤낮으로 힘써 나아가되 마치 불타는 머리를 구하듯 해야 하기 때문이다.[218]

라고 하였다. 여기서 용수가 답한 것은 대승보살도를 말한 것임을 알 수 있다. 즉 보살이 52계위(十信·十住·十行·十廻向·十地·等覺·妙覺)를 밟아서 깨달음에 들어갈 경우 최종의 목표인 불퇴전지(不退轉地, 아유월치)를 성취하는 데 대하여 설한 것이다. 이 말을 담란은 왕생하는 데 있어서 자력수행自力修行으로는 가기 어렵고 아미타불의 원력願力에 의지하여 가는 타력수행他力修行은 쉽다는 것으로 해석하였다. 이러한 담란의 해석은 그의 탁월한 견해라고 할 수 있다. 그래서 담란은 용수의 설을 인용하여 『왕생론주』의 첫머리에서 다음과 같이 설명한다.

삼가 생각하건대 용수보살이 『십주비바사론』[219]에서 말하기를 "보살이

218 위의 책(대정장 26, p.41중) "如汝所說是儜弱怯劣無有大心 非是丈夫志幹之言也 何以故 若人發願欲心阿耨多羅三藐三菩提 未得阿惟越致 於其中間應不惜身命 晝夜精進如救頭燃."

아비발치를 구하는데 두 길이 있다"고 하였다. 첫째는 실천하기 어려운 길이고, 둘째는 실천하기 쉬운 길이다. 실천하기 어려운 길이란 오탁의 악한 세상과 부처님이 계시지 않는 시기에 아비발치의 지위를 구하는 것을 말한다. 이 어려운 길에는 많은 것이 있는데, 대략 말하면 다섯 가지 혹은 세 가지를 들어 그 뜻을 나타낼 수 있다. 첫째는 외도가 상대적으로 선을 주장하므로 보살법을 어지럽히는 것이고, 둘째는 성문은 자기만의 이익을 가지려고 하기 때문에 대자비심에 장애를 주는 것이다. 셋째는 돌아보지 않는 악한 사람은 다른 사람의 수승한 덕을 파괴하는 것이고, 넷째는 전도된 선과善果로 능히 깨끗한 행을 파괴시키는 것이다. 다섯째는 오직 자력만을 의지하고 타력에 의지하지 않는 것이다. 이와 같은 일은 눈에 보이는 대로이다. 비유하면 육로로 걸어가면 고통이 따르는 것과 같다. 실천하기 쉬운 길이란, 말하자면 단지 부처님을 믿는 인연으로써 청정한 정토에 태어나기를 원하면 부처님의 원력을 입어 저 청정한 국토에 왕생할 수가 있고, 부처님의 힘에 주지하여 곧 대승의 정정취正定聚에 들어간다. 정정正定 이란 곧 아비발치이다. 비유하면 물 위에서 배를 타는 즐거움과 같다.[220]

---

219 『華嚴經』「十地品」을 주해한 것.

220 曇鸞註解, 『無量壽經優婆提舍願生偈』(대정장 40, p.826중) "謹案龍樹菩薩十住 毘婆沙云 菩薩心阿毘跋致有二種道 一者難行道 二者易行道 難行道者 謂於五濁 之世於無佛時求阿毘跋致爲難 此難乃有多途 粗言五三以示義意 一者外道相善 亂菩薩法 二者聲聞自利障大慈悲 三者無顧惡人破他勝德 四者顚倒善果能壞梵 行 五者唯是自力無他力持 如斯等事觸目皆是 譬如陸路步行則苦 易行道者 謂但 以信佛因緣願生淨土 乘佛願力便得往生彼淸淨土 佛力住持卽入大乘正定之聚 正定卽是阿毘跋致 譬如水路乘船則樂."

이와 같이 담란은 용수의 이러한 난이이도難易二道의 수행 관념을
채택하여 정토교의 교판론을 성립시키고 있다. 위의 논에서 난행도란
부처님이 계시지 않는 오탁의 악한 세상에서 오직 자력만으로 아비발치
를 구하려고 하는 것이고, 이행도란 단지 부처님을 믿는 인연(信佛因緣)
으로써 청정한 정토에 태어나기를 원하면 부처님의 원력을 입어 저
청정한 국토에 왕생할 수가 있다고 하였다. 여기서 담란이 부처님을
믿는 인연이라고 한 것은 완전한 타력으로써의 이행도를 말하는 것인
데, 이 말은 앞에서 용수가 말한 '신방편信方便'의 이행문 사상을 정토교
의 입장으로 바꾸어 교상판석을 한 것이다. 즉 용수가 설한 신방편의
사상을 담란은 아미타불의 본원력으로 해석한 것이다. 이러한 담란의
교판론은 후대의 도작과 선도에게 계승되어 아미타불을 칭명염불하여
왕생극락할 수 있다는 정토교로 발전하게 되었다고 하겠다.

2) 성정이문 교판론과 말법사상

성정이문聖淨二門이란 성도문聖道門과 정토문淨土門을 말한다. 성도문
이란 스스로의 능력에 의지하여 현세에서 깨달음을 여는 수행문을
말하고, 정토문은 이와 반대로 아미타불의 본원을 믿고 이에 의지하여
현세에서 부처님의 가호를 입어 장차 그 국토(극락정토)에 태어나서
깨달음을 여는 수행문을 말한다. 그래서 성도문을 자력교自力敎 또는
자력문自力門이라 하고, 정토교를 타력교他力敎 또는 타력문他力門이라
한다. 이는 도작이 처음 세운 설이다. 그런데 주목해야 할 것은, 이
성정이문의 교판론은 말법사상을 배경으로 하여 성립되었다고 하는
점이다. 따라서 이 교판론에 대한 고찰은 말법사상의 개념과 연계하여

살펴보아야 한다. 그러면 먼저 말법이란 말의 의미를 살펴보자.

말법(末法, saddharma-vipralopa)이란 정법正法이 소멸되었다는 뜻이다. 다시 말해 불법이 소멸하였다는 뜻이다. 말세末世 또는 말대末代라고도 한다. 이는 불교의 역사관 내지 시대관을 나타내는 용어로, 불교에서는 부처님께서 열반에 드신 후 교법이 이 세상에 존재하는 모습을 시기별로 정법·상법像法·말법의 세 가지로 분류하고 있다. 이것은 부처님께서 입멸하신 후 시대를 경과할수록 교법에 대한 신행이 점차로 약해지고 얇아져서 정법이 소멸되는 시기, 즉 법멸法滅의 시기가 도래한다고 하는 역사관을 저변에 깔고 있다. 정법·상법·말법이라는 용어는『대승동성경大乘同性經』에 나온다. 부처님께서는 여래가 응신應身하는 때를 말씀하시기를,

선장부야, 마치 오늘 뛰고 걷는 민첩한 여래와 악마를 두렵게 하는 여래와 대자비의 뜻을 가진 여래와 같이, 모든 여래는 더럽고 탁한 세상 중에서 현재 성불하고 미래에 성불할 것이니, 이는 여래가 도솔천에서 내려와 모든 정법과 모든 상법과 모든 말법에 머무르는 것을 현현하여 주는 것이니라.[221]

라고 하셨다. 또『법화경』「안락행품安樂行品」에서는 다음과 같이 설하신다.

---

[221]『大乘同性經』권하(대정장 16, p.651하) "善丈夫 猶若今日踊步捷如來 魔恐怖如來 大慈意如來 有如是等一切彼如來 穢濁世中現成佛者當成佛者 如來顯現從兜率下 乃至住持一切正法一切像法一切末法."

154

또 문수사리여, 여래께서 멸도한 후 말법 가운데 이 경을 설법하려면
안락한 행에 머물지니라. 입으로 선설하지 말며, 혹은 경을 읽을 때
사람들과 더불어 경전의 허물을 말하지 말라.[222]

그런데 위의 경설들은 말법의 시기를 구체적으로 말하지는 않고
있다. 이 시기에 대해서 규기窺基는 『대승법원의림장』에서 다음과
같이 말한다.

부처님께서 열반에 드신 후 법의 유통 형태를 정법·상법·말법의 세
시기로 구별할 수 있다. 교법·수행·증과證果의 세 가지를 모두 갖추고
있으면 정법시대이고, 단지 교법과 수행만 갖추고 있으면 상법시대이
고, 교법만 있고 나머지는 없으면 말법시대이다.[223]

여기서는 중생의 근기根機가 점차 약해져서 여래의 교법이 있어도
그것을 실행하고 증득하는 자가 없는 시기를 말법시대라고 하였다.
정법·상법·말법이 도래하는 시기에 대해서는 여러 가지 설이 있다.
정법·상법이 각각 천 년이라는 설에 의하면 불멸 후 이천 년 이후가
말법시대가 되고, 정법·상법이 각각 오백 년이라는 설에 의하면 불멸
후 천 년 이후가 말법시대가 되고, 정법 오백 년, 상법 천 년이라는

---

222 『妙法蓮華經』「安樂行品」(대정장 9, pp.37하~38상) "又文殊師利 如來滅後 於未
法中欲說是經 應住安樂行 若口宣說若讀經時 不樂說人及經典過."
223 窺基撰, 『大乘法苑義林章』(대정장 45, p.344중) "佛滅度後法有三時 謂正像末
具敎行三證名爲正法 但有敎行 名爲像法 有敎無餘名爲末法."

설에 의거하면 불멸 후 천오백 년 이후가 말법시대가 된다. 말법의 구체적인 기간에 대해서 5천 년이라는 설과 1만 년이라는 설이 있으나, 중국불교에서는 1만 년으로 잡는 경우가 많다. 길장은 『법화현론法華玄論』에서 "정법이 천 년, 상법이 천 년, 말법이 만 년"[224]이라고 했다.[225]

　말법사상이 유행하게 되는 사정에는 여러 가지가 있지만, 첫째로는 요말澆末[226]을 설명하여 정법·상법의 시한을 밝히는 경전에 접했던 것이고, 둘째로는 요말의 모습이 목전에 드러나는 것 같은 교단의 타락과 외부로부터의 박해에 의한 것이라 할 수 있다. 중국에서 말법이 도래했다는 의식을 처음으로 표명한 것은 문헌상에서는 남악 혜사(南岳 慧思, 515~577)인데, 그는 당시가 분명히 말법시대라고 하는 신념을

224　吉藏撰, 『法華玄論』(대정장 34, p.450상) "正法千年像法千年末法萬年."

225　여기서 참고삼아 기독교의 종말론과 불교의 말법관을 비교해 보자. 불교의 말법사상은 현재 기독교에서 주장하는 그리스도의 죽음으로 시작되어 이미 종말기가 결정되어 있다는 종말론(말세론)과는 근본적으로 다르다. 불교에서도 말세라는 말을 사용하기도 하지만, 이것은 용어가 같을 뿐이지 기독교의 종말론과는 그 뜻이 엄연히 다르다. 왜냐하면 그리스도교에서는 우주와 그 안에 있는 만물은 神이 자기 영광을 위하여 창조한 것이라고 주장하고 있지만, 불교에서는 본래 神이란 없는 것이고, 이 우주는 成·住·壞·空의 자연법칙으로 순환한다고 설하기 때문이다. 이와 같이 기독교와 불교의 역사관은 상반되는 개념이다. 여기서 생각해볼 것은, 불교의 말법사상은 넓게는 이 우주의 순환 시기에서 어느 때가 도래됨을 말하는 것이라고 본다. 이것이 기독교와 불교의 근본적인 차이라고 하겠다. 결론적으로 기독교는 神을 따르는 종교이고, 불교는 자연법칙의 理法을 그대로 따르는 종교라고 하겠다.

226　澆末은 澆季(澆季之世)와 같은 말로 澆는 엷음, 季는 끝이라는 뜻이다. 인정이 엷고, 풍속이 경박해지고, 도덕이 쇠한 말세, 인간의 도가 쇠퇴한 末世(澆世)를 말한다. 『正法眼藏』(대정장 82, p.140상) 참조.

가지고 「입서원문立誓願文」을 저술했다. 혜사는 이 글에서,

　　석가모니부처님께서 80여 년간 세상에 머물러 설법하시면서 중생을
　　인도하여 이롭게 하시고, 교화의 인연이 이미 다하여 곧 열반에 드셨다.
　　열반에 드신 후 정법이 5백 년간 세상에 머물렀고, 정법이 멸하고
　　나서 상법이 1천 년간 세상에 머물렀으며, 상법이 멸하고 나서는
　　말법이 1만 년 동안 세상에 머물 것인데, 나 혜사는 바로 말법이
　　시작된 지 82년째 되는 해에 태어났다.[227]

라고 기록하고 있다. 이와 같은 말법 관념은 중국 정토교로 하여금
교의敎義의 사상적 배경이 되게 하였다. 혜사 이후 말법에 상응相應하는
교법으로 수립되었던 것이 신행信行의 삼계교三階敎와 도작과 선도의
정토교이다. 삼계교를 주창한 신행은, 지금은 말법의 악세惡世가 되었
으므로 오직 보경보법普敬普法에 의지해야 한다고 주장하였고, 정토교
의 도작은 말법 악세가 되었으므로 미타일념彌陀一念을 전념전수專念專
修하자고 설했는데, 이 두 가지 종파는 장안에 진출하여 수와 당의
불교계에 커다란 영향을 끼쳤다.[228] 도작이 정토교를 권한 것에 대해
보면, 『안락집安樂集』「제일대문第一大門」의 서두에서 다음과 같이
설명하고 있다.

───────────

227 『南嶽思大禪師立誓願文』(대정장 46, p.787상) "釋迦牟尼說法住世八十餘年 導利
　　衆生化緣旣訖便取滅度 滅度之後正法住世逕五百歲 正法滅已像法住世逕一千
　　歲 像法滅已末法住世逕一萬年 我慧思卽是末法八十二年."

228 鎌田茂雄 著, 鄭舜日 譯, 『中國佛敎史』(경서원, 1996) p.150, p.176 참조.

가르침을 일으킨 이유를 밝힌다. 시기에 의거하고 근기에 따라서(約時被機) 정토에 귀의하기를 권해야 한다는 것은, 만약 가르침(敎)이 시기(時)와 근기(機)에 부합하면 닦기 쉽고 깨닫기 쉽다는 것이고, 만약 근기가 가르침과 시기에 어긋나면 닦기 어렵고 깨달아 들어가기 어렵다는 것이다. 이런 까닭에 『정법념경』[229]에서는 "수행자가 일심으로 도를 구할 때 항상 마땅히 시기와 방편을 관찰해야 한다. 만약 시기를 얻지 못하고 방편이 없으면 이를 허물이라고 부르고, 이로움이라 부르지 않는다"라고 말씀하셨다. 왜 그런가? 만약 젖은 나무를 모아 불을 구한다면 불을 얻을 수 없다. 시기가 아니기 때문이다. 만약 마른 섶나무를 쪼개어 물을 찾는다면 물을 얻을 수 없다. 지혜가 없기 때문이다.[230]

이와 같이 도작은 말법시대를 인식하여 이에 상응하는 교를 일으킨 이유를 밝히고 있다. 이에 대해 태원스님은, 정토교는 시기상응時機相應의 교이고, 방편의 교이며, 지혜가 있는 교라고 설명하고 있다. 도작은 이 시기에 관해서 말하기를 "지금의 중생을 헤아려보건대 부처

---

229 『正法念經』은 『正法念處經』(대정장 17)의 약칭으로 70권으로 되어 있고, 원위의 구담반야유지가 7단으로 나누어 번역하였다. 내용은 선악의 업에 의하여 받는 과보에 차별이 있음을 말하고, 각처의 형편을 자세히 말하였다. 그런데 위의 문장에서 인용한 내용은 『坐禪三昧經』(대정장 15, p.285하)에 있다.

230 道綽撰, 『安樂集』 「第一大門」(대정장 47, p.4상중) "名敎興所由 約時被機勸歸淨土 者若敎赴時機易修易悟 若機敎時乖 難修難入 是故正法念經云 行者一心求道時 常當觀察時方便 若不得時無方便 是名爲失 不名利何者 如攢濕木以求火 火不可得 非時故 若折乾薪以覓水 水不可得 無智故."

님이 세상을 떠나신 후 네 번째 5백 년이 된다"[231]고 하였다. 즉 도작은
부처님이 입멸하신 후 2천 년을 말법시대로 자각한 것이다.[232] 이와
같이 자각한 도작은 지금은 말법시기이기 때문에 중생이 부처님의
가르침을 증득하는 것은 매우 어렵다고 보고 있다. 『안락집』에서의
문답을 보자.

묻는다. 일체 중생은 모두 불성이 있다. 머나먼 겁 이래로 마땅히
많은 부처님을 친견했을 것인데, 무슨 이유로 지금까지 스스로 생사에
윤회하면서 화택을 벗어나지 못하는가?
답한다. 대승의 거룩한 가르침(聖敎)에 의지하여 생사를 물리치는
두 가지 뛰어난 법(勝法)을 얻지 못했기 때문에 화택을 벗어나지 못하는
것이다. 무엇이 둘인가? 첫째는 성도聖道이고 둘째는 왕생정토이다.
그 가운데 하나인 성도는 지금 시기에는 증득하기가 어렵다. 그 이유는
첫째로 부처님(大聖)과의 거리가 너무 멀기 때문이요. 둘째는 이치가
깊은 데 반해 이해하는 것이 미약하기 때문이다. 이러한 까닭에 『대집월
장경』에서 말씀하시기를 "나의 말법시대 가운데 수많은 중생들이 행을

___

231 위의 책(대정장 47, p.4중) "計今時衆生 即當佛去世後第四五百年."
232 태원스님은 설명하기를, 도작의 이러한 사상은 "도작이 태어나서 정토에 귀의할
   때까지 불교 내부나 사회 상황이 좋지 않은 것을 보고, 이 시대가 말법시대임을
   자각하여 강조한 것"이라고 하였다. 즉 도작은 자기가 살고 있는 시대가 말법시대
   이기 때문에 불교가 타락되어 가고, 사회가 불안정하며, 중생의 근기는 下劣할
   뿐 아니라 죄악의 범부들만이 생존하는 시기라고 생각하였다는 것이다. 이러한
   사상으로 도작은 이 시기와 상응하는 교를 선택하였고, 이에 상응하는 수행법은
   오직 하나의 염불수행임을 강조한 것이라고 설명하였다. 李太元, 『念佛의 源流와
   展開史』(운주사, 1998) pp.346~347 참조.

일으키고 도를 닦지만 아직까지 한 사람도 얻는 이가 없느니라"라고 하셨다. 지금이 바로 말법시대이고 현세가 오탁악세에 해당된다. 그러므로 오직 정토라는 한 문만이 통하여 들어갈 수 있을 뿐이다.[233]

이와 같이 도작은 불교를 성도문과 정토문의 두 문으로 구분하여 현재 오탁악세[234]인 말법시대를 살아가는 범부들에게는 공의 이치(空理)에 입각한 무상無相과 무생無生의 이치를 체득할 수 없기 때문에, 통하여 들어갈 수 있는 문은 오직 정토문뿐이라고 역설하고 있다. 도작은 정토에 귀의하기 전에는 공空과 유有, 상相과 무상無相, 생生과

---

233 道綽撰,『安樂集』권상(대정장 47, p.13하) "問日 一切衆生皆有佛性 遠劫以來應值多佛 何因至今仍自輪迴生死不出火宅 答日 依大乘聖教 良由不得二種勝法以排生死 是以不出火宅 何者爲二 一謂聖道 二謂往生淨土 其聖道一種今時難證 一由去大聖遙遠 二由理深解微 是故大集月藏經云 我末法時中 億億衆生起行修道 未有一人得者 當今末法 現是五濁惡世 唯有淨土一門 可通入路."

234 오탁악세란 악한 세상에 있어서 다섯 가지 흐리고 더러운 것으로 劫濁·見濁·煩惱濁·衆生濁·命濁의 다섯 가지를 이른다. ①겁탁은 시대의 혼탁함을 말한다. 즉 시대는 혼탁하고, 전쟁이나 질병이나 기아 따위가 많아지는 것으로 시대적으로 사회 환경이 더러운 것을 말한다. ②견탁은 사상이 혼란한 시대로 사상이 약화되고 부정한 사상이 횡행하는 것을 말한다. ③번뇌탁은 탐욕, 분노, 미혹 등의 번뇌가 무성해지는 것을 말한다. ④중생탁은 중생의 과보가 쇠퇴하고, 마음이 무디어지고, 신체가 약해지고, 고통이 많아진 모습으로 인간의 자질이 저하하는 것을 말한다. ⑤명탁은 중생의 수명이 점차 짧아지는 것으로 최후에는 10세까지 내려간다고 한다. 이러한 오탁은 처음부터 성한 것이 아니라, 희박한 상태에서 점차 치열해졌다고 하며, 이것을 五濁增이라고 한다. 『妙法蓮華經』(대정장 9, p.7중),『阿彌陀經』(대정장 12,p.348상). 명탁에 대해서는『長阿含經』(대정장 1, p.144상중) 참조.

무생無生 등의 반야공空般若 사상을 계승하였는데, 정토에 귀의한 뒤로
는 당시 이러한 공사상에 집착한 교학자들을 꾸짖으며 오직 정토라는
한 문만이 시기와 근기에 상응하는 시기상응時機相應의 가르침이라고
주장하였다. 이와 같은 도작의 말법관에 영향을 받은 선도는 『관경소』
「현의분玄義分」의 '삼보에 귀의하는 게송(歸三寶偈)'에서 다음과 같이
말한다.

　우리들 어리석은 몸이 오랜 세월 동안 윤회하다가
　이제 석가불께서 말법을 위해 남기신 유산을 만났으니
　아미타불의 본원이요, 극락의 긴요한 문이로다.
　정선定善과 산선散善 등을 회향하여 속히 무생의 몸을 증득하자.[235]

　선도는 모든 중생이 죄악범부罪惡凡夫이므로 이를 스스로 자각自覺하
여 오직 아미타불의 본원本願에 의지해야 된다고 강조하였다. 선도의
말법관은 바로 말법중생의 죄악관罪惡觀에서 비롯된 것이라 할 수
있다. 선도는 이러한 말법관을 기본 배경으로 삼아 참회를 근본으로
한 칭명염불을 대성시켰다. 아미타불을 불러 극락왕생을 바라는 칭명
염불은 누구나 쉽게 따라할 수 있는 간단한 수행이었으므로 당시 장안을
중심으로 당나라 곳곳에 전파되었으며, 이로써 선도는 칭명염불을
통해 중국불교사에서 정토교의 위상을 널리 펼친 선각자가 되었다.
　이상과 같이 성정이문聖淨二門의 교판론과 말법사상을 살펴보았는

---

235 善導集記, 『觀經疏』(대정장 37, p.246상) "我等愚癡身 曠劫來流轉 今逢釋迦佛
　　末法之遺跡 彌陀本誓願 極樂之要門 定散等廻向 速證無生身."

데, 정토교의 교판론은 바로 이 말법관이 사상적 배경이 되어 성립되었음을 알 수 있다.

3. 정토교학의 계보

서북인도에서 발생한 정토사상은 북인도와 서역을 통해 중국에 전래되어 꽃을 피웠으며, 백제·신라를 통해 일본으로 전파되었다. 그러나 다른 대승경전의 경우와 마찬가지로 정토사상의 근거인 정토경전들이 정확히 어느 때 누구에 의해 편찬되었는지는 명확히 알 수가 없다. 다른 대승경전과 마찬가지로 이러한 불분명한 기원을 지닌 정토교학은 오랜 세월을 지나오면서 많은 논사들에 의해 정립되어 그 체계가 이루어져 왔다. 그 가운데 가장 대표적인 논사들을 보면 인도에서는 용수龍樹와 세친世親에 의해 정토교학이 비롯되었으며, 중국에서는 혜원慧遠, 담란曇鸞, 도작道綽, 선도善導, 회감懷感, 소강少康, 법조法照, 자민慈愍 등이 그 대를 이었고, 신라에서는 원광圓光. 자장慈藏, 원효元曉, 의상義湘, 의적義寂, 법위法位, 현일玄一, 원측圓測, 경흥憬興, 대현大賢, 둔륜遁倫 등이 정토교학을 탐구하였다. 일본에서는 원인圓仁, 원신源信, 원공源空, 지진智眞, 친란親鸞 등이 종파교단을 형성하였다. 여기서 빠진 논사들도 더러 있지만, 이것이 일반적으로 알려진 대표적인 계보이다.

정토교학의 계보를 살펴보는 목적은 앞에서 필요에 따라 조금씩 언급한 논사들의 계보나 학설들을 일목요연하게 이해하기 위한 것이고, 정토교학을 배우는 이들로 하여금 대표적인 학설과 그 계보를 분명히 알고자 함이다. 앞에서 언급한 것들과 다소 중복되는 경우도 있겠지만 차례대로 살펴보고자 한다.

1) 인도

인도에서 정토염불사상을 논한 사람은 마명馬鳴, 용수龍樹, 무착無着, 세친世親 등이다. 따라서 불교사적으로 이들이 정토교학의 시조라고 할 수 있겠지만, 이들은 정토교를 체계적으로 정립하지는 못했다. 마명(기원후 약 100~150년)의 경우, 그의 저서로 알려진『대승기신론』[236] 끝부분의 문구를 제외하고는 염불사상을 언급한 부분은 찾아보기 힘들다. 또한 무착은 10여 권의 저서 가운데 그의 염불사상을 언급한 것은『섭대승론』[237]의 '별시의설別時意說'과 '칠종상념七宗相念',『현양성교론』[238]에서의 '염念'에 대한 언급과『대승장엄경론』[239]에서 간단히 논한 것 외에는 드물다고 본다.[240] 인도에서 정토염불사상을 널리

---

236 『大乘起信論』(대정장 32, p.575상)은 인도에서 찬술되었다는 설과 중국에서 찬술되었다는 설 등 서로 다른 견해가 있다. 이 문제를 柏本弘雄은 여러 설을 인용하여 인도 찬술이라고 주장하고 있다. 柏本弘雄『대승기신론の연구』(東京: 春秋社, 1981) pp.141~182 참조. 그러나 인도 누구의 찬술인지 확실히 밝히지 않고 막연히 인도에서 찬술되었다는 추정으로 주장하고 있어서 아직까지는 통일된 합의를 보지 못한 문헌이다. 이에 대해서는 李太元,『念佛의 源流와 展開史』(운주사, 1998) pp.171~174 참조.

237 無着造,『攝大乘論』(대정장 31, p.113)

238 無着造,『顯揚聖敎論』(대정장 31, p.480)

239 無着造,『大乘莊嚴經論』(대정장 31, p.589)

240 무착은 용수의 반야사상의 영향을 받았고, 특히 유가사상에 조예가 깊은 사람이다. 그런데 무착의 염불사상이 중국과 한국에 영향을 미친 것은 무착의 '別時意說'이다. 중국에서는 도작의『안락집』「제2대문」(대정장 47, p.10상), 선도의『관무

선양한 이들은 용수와 세친이다. 따라서 여기서는 이 두 논사의 설에
대해서 언급하고자 한다.

가. 용수

용수(龍樹, Nāgārjuna 약 150~250년)의 생애에 대한 기록은 불분명하
다. 인도는 본래 역사를 자세히 기록하여 후대에 전하지 않으므로,
용수의 자료를 알 수 있는 것은 중국 승려의 인도여행기에 의해 추측할
뿐이다.

구마라집이 번역한『용수보살전龍樹菩薩傳』의 전기를 간추려 보면,
용수는 남인도 출신으로 바라문의 아들로 태어나 네 가지 베다를 배우면
서 성장했다고 한다. 용수는 쾌락을 얻고자 은신술을 이용해 친구들과
함께 왕궁에 잠입하여 여자들을 간통했는데, 그 일로 인하여 대소동이
일어나 같이 갔던 세 친구는 모두 사형을 당하고, 용수만은 간신히
피해 목숨은 구했으나 근심이 날로 더했다. 용수는 고민을 하다가
'욕정이 고통의 원인'임을 깨닫고 설산雪山에 들어가 출가를 했다.
출가하여 90일 만에 소승경론小乘經論을 독파하고, 대룡보살大龍菩薩
의 인도로 바다 밑 용궁에 들어가 대승경전을 받아와 9일 만에 심오한

량수경소」「玄義分」(대정장 37, p.249하), 가재의『淨土論』권중(대정장 47,
pp.90중~91하), 회감의『釋淨土群疑論』(대정장 47, pp.38하~39상), 규기의『아
미타경소』(대정장 37, p.312상)와『西方要訣』(대정장 47, p.109중), 智顗의『淨
土十疑論』(대정장 47, p.80상중)과 智儼의『華嚴經內章門等雜孔目』(대정장 45,
p.577하), 한국 元曉의『遊心安樂道』(대정장 47, pp.118중~119상)에서 무착의
'別時意說'을 인용하여 논하기 때문에 무착의 염불사상이 회자되고 있는 것이다.
李太元, 앞의 책, p.220참조.

이치를 깨달아 소승불교도들과 국왕까지도 굴복시켰다. 그래서 용수를 팔종八宗의 조사祖師라고 부른다고 했다. 용수의 저작 가운데에서는 소승불교 교학을 자세히 소개하고 비판할 뿐만 아니라 대승불교에 대한 주석서를 남기고 있어, 석존 이후 가장 훌륭한 인물이라 할 수 있다.[241]

용수는 특히 중관사상을 선양하여 『중론』[242] · 『십이문론』[243] · 『대지도론』[244] 등의 많은 저술을 남겼다. 그 가운데 정토에 관련되는 것은 『십주비바사론』[245]이다. 이 책은 『화엄경』 「십지품十地品」을 해석한 것인데, 이 책의 「아유월치상품阿惟越致相品」[246]과 「이행품易行品」[247]에서 아미타불에 관한 것을 설하고 있다. 즉 보살이 불도에서 물러나지 않는 계위인 불퇴전不退轉에 도달하는 데에는 '이행도易行道와 난행도難行道'의 두 가지 길이 있음을 밝힌 것이다. 여기서 이행도는 제불의 이름을 부르는 것(稱名)만으로도 누구나 쉽게 불퇴에 들어갈 수 있는 도라 하였다.

이와 같이 용수는 아미타불의 이행도를 설하여 권하고 있지만, 이것은 곧 불퇴에 들어가기 위한 이행도로서 후대의 중국, 한국, 일본의 정토교 논사들이 설하는 왕생정토의 칭명을 정확하게 가리킨 것은

---

241 『龍樹菩薩傳』(대정장 50, pp.184상~186하)
242 龍樹菩薩造, 『中論』(대정장 30, p.1)
243 龍樹菩薩造, 『十二門論』(대정장 30, p.159)
244 龍樹菩薩造, 『大智度論』(대정장 25, p.57)
245 龍樹菩薩造, 『十住毘婆沙論』(대정장 26, p.20)
246 龍樹菩薩造, 『十住毘婆沙論』(대정장 26, pp.38상~40하)
247 龍樹菩薩造, 『十住毘婆沙論』(대정장 26, pp.40하~45상)

아니다. 그러나 미타신앙 관련의 경전이 성립되고 얼마 되지 않아
용수에 의해 아미타불의 명호를 칭하는 것이 다루어졌다는 것은 매우
획기적인 일이라 할 수 있다.

나. 세친

세친(世親, Vasubandhu 약 350~450년)은 무착의 친동생으로 천친天親
이라고도 한다. 세친의 전기는 역경승 진제眞諦가 번역한『바수반두법
사전』[248]에 기록되어 있다. 이 외에도『대당서역기』[249]·『성유식론요의
등』[250]·『대자은사삼장법사전』[251] 등에 실려 있는데, 이 가운데 비교적
상세히 설해져 있는 것은『바수반두법사전』이다. 이 전기에 의하면
세친은 북천축 부루사부라(富婁沙富羅, Puruṣapura)에서 태어났다고
한다. 생몰연대는 이설이 많으나 대략 기원후 약 350~450년의 사람이
다. 그는 유가사상을 대성시킨 인물로서 유가파瑜伽派의 시조로 불린
다. 세친은 처음에 설일체유부說一切有部에 출가하여 아비달마 교리에
통달하여 소승의 교리를 전파하는 데 전력하다가, 형인 무착의 권유에
의하여 대승으로 전향하여 화엄·반야 등 대승 교리를 깊이 연구하였다.
그리하여 대승경전과 논서를 많이 주석하여 대승불교 유가파의 기초를
확립하였다. 후대의 유식교학唯識敎學과 구사교학倶舍敎學은 세친으로
부터 조직된 것이다. 세친의 저서는 한역으로 되어 있는 것만도 27부部

---

248 『婆藪槃豆法師傳』(대정장 50, pp.188상~191상)
249 『大唐西域記』(대정장 51, p.896중)
250 『成唯識論了義燈』(대정장 43, p.659중하)
251 『大慈恩寺三藏法師傳』(대정장 50, p.231중하)

166

88권卷[252]이나 된다. 이 가운데 정토교에 관한 저술로는『무량수경우파
제사無量壽經優婆提舍』(菩提流支 역)[253]가 있는데, 줄여서『왕생론往生
論』또는『정토론淨土論』이라 한다. 인도에서 오직 정토만을 설한 정토
교의 논서로서는 이 책이 유일하다.

세친은 이 책에서 서방 아미타불의 정토에 왕생하는 방법으로써
오념문五念門을 밝히고 있다. 오념문이란 ① 예배문禮拜門 ② 찬탄문讚
歎文 ③ 작원문作願門 ④ 관찰문觀察門 ⑤ 회향문廻向門의 다섯 가지 문을
말한다. 세친은 이러한 오념문의 행도를 닦음으로 인하여 정토에 왕생
할 수 있다고 하였다. 세친은 이 오념문의 넷째문인 관찰문에서,『무량
수경』에서 설하는 서방정토의 모습을 국토장엄國土莊嚴, 불장엄佛莊
嚴, 보살장엄菩薩莊嚴의 3종種로 구분하고, 이 세 가지를 다시 17종의
국토장엄, 8종의 불장엄, 4종의 보살장엄으로 나누어 총 29종의 장엄공
덕莊嚴功德을 조직적으로 설명하였다.[254] 위에서 용수는 보살도의 하나
로써 아미타불을 칭하는 것만으로도 쉽게 불퇴전에 들어갈 수 있는
도를 이행도라 하였는데, 이에 대하여 세친이 정토왕생의 행으로써
나름대로 오념문을 주장한 것은 그의 탁월한 견해이다. 일본 정토종의
시조인 법연法然은 세친의『왕생론』을 정토삼부경과 함께 정토종 정의
正依의 논서(三經一論)로 숭앙하여 일본에 널리 펼쳤다.

252 대정장 26, 29, 31, 32 등에 수록.
253 婆藪槃豆造,『無量壽經優婆提舍』(대정장 26)
254 29종의 장엄에 대해서는 본서 제3장 2절 '극락세계의 실상'에서 '왕생론의 설'
참조.

2) 중국

중국에는 정토염불사상을 연구하며 선양한 논사들이 많다. 이러한 중국 정토가들의 흐름에 대해, 일본 정토종 시조인 법연은 『선택본원염불집』에서 다음과 같이 세 갈래로 분류하였다.

성도가聖道家의 혈맥과 같이 정토종에도 혈맥이 있다. 다만 정토종에는 제가諸家가 같지 않다. 이른바 여산 혜원법사廬山慧遠法師, 자민 삼장慈愍三藏, 도작道綽과 선도善導 등이 이것이다. 지금 도작과 선도의 일가一家에 의해 사자상승師資相乘의 혈맥을 논하자면 여기에도 역시 두 가지 설이 있다. 하나는 보리유지菩提流支 삼장·혜총법사慧寵法師·도장법사道場法師·담란법사曇鸞法師·대해법사大海法師·법상법사法上法師 등이다〔이상은 『安樂集』에 나온다〕. 두 번째는 보리유지 삼장·담란법사·도작선사·선도선사·회감법사懷感法師·소강법사少康法師이다〔이상은 『唐傳(續高僧傳)』과 『宋傳(宋高僧傳)』에 나온다〕.[255]

법연은 먼저 중국 정토가의 흐름을 ①여산 혜원류廬山慧遠流, ②자민 삼장류慈愍三藏流, ③도작·선도류道綽善導流 등 세 가지로 나열하고 난 후, 도작·선도류의 계보에 관해서 두 가지 설이 있다고 하였다. 하나는 도작이 설한 것으로 보리유지(5세기 말~6세기 초) 이후부터

---

[255] 法然撰, 『選擇本願念佛集』(대정장 83, p.2하) "如聖道家血脈 淨土宗亦有血脈 但於淨土一宗 諸家不同 所謂廬山慧遠法師 慈愍三藏 道綽 善導等是也 今且依道 綽 善導之一家 論師資相承血脈者 此亦有兩說 一者菩提流支三藏 慧寵法師 道場 法師 曇鸞法師 大海禪師 法上法師 以上出安樂集 二者菩提流支三藏 曇鸞法師 道綽禪師 善導禪師 懷感法師 少康法師 以上出唐宋兩傳."

도작(6세기 후반) 이전까지 염불자의 계보를 더듬어 여섯 법사(六師)[256]를 열거한 것이며, 다른 하나는 같은 보리유지 이후 당나라 중기(9세기 초)에 이르기까지의 여섯 법사[257]를 열거한 것이다. 이러한 분류는 법연의 분류이지, 중국과 한국의 경우는 서로 견해가 다르다. 그렇다고 중국과 한국에 확실한 계보설이 있는 것은 아니다. 이는 정토뿐 아니라 불교사 전체가 그렇다고 할 수 있다. 선종의 예를 들자면, 선종에서는 육조 혜능을 끝으로 사실 계보설은 끊긴 셈이다. 다만 일반적으로 시대 순에 의하여 가장 가깝게 그 혈맥(법)을 이은 사람을 계보의 명단에 올리는 것이 통례이다. 여기서는 이 통례에 준하여 언급하고자 한다.

가. 혜원

혜원(慧遠, 334~416)에 대한 전기는 『양고승전』,[258] 『불조통기』,[259] 『용서증광정토문』,[260] 『낙방문류』 권1[261]과 권3,[262] 『여산연종보감』[263] 등에 기록되어 있다. 이 자료들에 의하면 혜원은 동진東晉의 제3대 성제成帝 함화咸和 9년(334)에 안문雁門[264]의 누번樓煩에서 태어났다.

---

256 菩提流支, 慧寵, 道場, 曇鸞, 大海, 法上.

257 菩提流支, 曇鸞, 道綽, 善導, 懷感, 少康.

258 『高僧傳』(대정장 50, pp.357하~361중)

259 『佛祖統紀』(대정장 49, pp.260하~263상)

260 『龍舒增廣淨土文』(대정장 47, p.265하)

261 『樂邦文類』(대정장 47, p.149중)

262 위의 책(대정장 47 p.192중)

263 『廬山蓮宗寶鑑』(대정장 47, pp.320중~321상)

혜원은 동생 혜지慧持와 함께 도안道安의 문하에 들어가 그 회하會下에
서 같이 수행하다가, 혜원이 여산으로 들어가자 동생 혜지도 형을
따라 함께 들어가 수행을 하였다. 혜원의 저서는『양고승전』「석혜원釋
慧遠」조에 보면 10권 50여 편의 저술이 있다고 하였다.[265] 그리고『출삼
장기집』「혜원법사전慧遠法師傳」에 실린 혜원의 전기에 의하면, 혜원은
원흥元興 원년(402) 7월에 동지 123명의 무리와 함께 여산 반야정사의
아미타상 앞에서 단을 차리고 서원을 세우며 왕생극락하기를 서원하며
염불삼매念佛三昧를 닦았다.[266] 혜원은 이 밖에 경전을 정비하여 이국에
서 온 번역삼장飜譯三藏을 맞이하여 경전 번역의 사업을 돕고, 학승들을
맞이하여 열심히 경전 강의도 하였다.

　혜원의 정토교학의 특징은 정토삼부경을 중심으로 한 것이 아니고
『반주삼매경般舟三昧經』을 기본으로 한 정토교로서, 부처님의 상호相
好를 관찰하고 반주삼매(般舟三昧, 佛立三昧)에 들어 아미타불을 관견
觀見하여 정토에 왕생할 것을 원한 것이었다. 이러한 수행법은 후대의
도작과 선도가 주장한 칭명염불 중심의 정토교와는 다르다.

나. 담란

담란(曇鸞, 467~532)에 대한 전기는 도선道宣의『속고승전』,[267] 가재迦
才의『정토론』,[268] 소강小康과 문심文諗의『왕생서방정토서응전』,[269]

---

264 山西省 북쪽에 있는 郡 이름.
265『高僧傳』(대정장 50, p.361중) "所著論序銘贊詩書 集爲十卷五十餘篇 見重於世."
266『出三藏記集』「慧遠法師傳」(대정장 55, p.109하)
267『續高僧傳』(대정장 50, p.470상중하)

계주戒珠의 『정토왕생전』,[270] 왕일휴王日休의 『용서증광정토문』,[271] 종효宗曉의 『낙방문류』,[272] 지반志磐의 『불조통기』,[273] 보도普度의 『여산연종보감』[274] 등에 실려 있다. 이 가운데서 가장 상세한 것은 도선의 『속고승전』이다.

담란은 서기 467년에 산서성의 안문雁門에서 태어났다[275]고 한다. 담란의 행적을 보면, 담란은 고향에서 그리 멀지 않은 곳에 문수보살의 성지로 널리 알려진 오대산이 있어 그 산에 올라가 출가하였으며, 처음에는 먼저 사론四論[276]과 불성佛性을 연구했다고 한다.[277] 그러던 중 병에 걸려 무병장수의 법을 도사(道士, 陶弘景)에게 배우다가 우연히 낙양洛陽에서 보리유지를 만나 『관무량수경』을 받아 정토교에 들어와

---

268 『淨土論』(대정장 47, p.97하)

269 『往生西方淨土瑞應傳』(대정장 51, p.104상중)

270 『淨土往生傳』(대정장 51, p.113중하)

271 『龍舒增廣淨土文』(대정장 47, p.266중하)

272 『樂邦文類』(대정장 47, p.194상중)

273 『佛祖統紀』(대정장 49, p.273중)

274 『廬山蓮宗寶鑑』(대정장 47, p.322상중)

275 『續高僧傳』(대정장 50, p.470하). 담란의 생몰연대에 대해 태원스님은 설명하기를, 『續高僧傳』 이외의 다른 전기에서는 생몰연대에 대한 기록이 없는 것으로 보아 담란은 A.D. 467년에 산서성의 雁門에서 태어나 A.D. 532년에 입적한 것으로 추측할 수 있다고 하였다. 李太元, 『念佛의 源流와 展開史』(운주사, 1998) pp.287~288 참조.

276 四論은 용수가 지은 『중론』·『십이문론』·『대지도론』과 용수의 제자 提婆의 『백론』을 말한다.

277 『續高僧傳』(대정장 50, p.470상). 담란이 佛性을 연구했다는 것은 아마 『열반경』을 연구한 것으로 생각된다. 이태원, 위의 책, p.288.

정토원생자淨土願生者가 되었다. 그 후 그는 분주(汾州: 산서성 交城縣)의 석벽산石壁山 현중사玄中寺에서 세친이 저술한『왕생론』을 주석하여 정토교를 선양했으며, 용수의 공관空觀사상으로 정토교를 철학적으로 더욱 체계화한 논사였다. 앞서 말했듯이 담란은 용수의 난이이도難易二道의 수행 관념을 채택하여 정토교의 교판론을 성립시켰다. 담란의 정토 관련 저서는『왕생론주往生論註』2권[278]과『약론안락정토의略論安樂淨土義』1권[279]과『찬아미타불게讚阿彌陀佛偈』1권[280]이다. 법연은 담란에 대해 중국 정토오조淨土五祖의 초조初祖라고 하고, 친란은 칠고조七高祖 가운데 제3조라고 하였다.

다. 도작

도작(道綽, 562~645)의 전기는 도선의『속고승전』,[281] 가재의『淨土論』,[282] 문심·소강의 『왕생서방정토서응전』,[283] 지반의 『불조통기』,[284] 계주의『정토왕생전』,[285] 주굉의『왕생집』[286] 등에 수록되어 있다. 이 가운데 가장 상세한 기록은『속고승전』이다. 이 전기에 의하면

---

278 『往生論註』. 원명은『無量壽經優婆提舍願生偈註』(대정장 40, p.826상)

279 『略論安樂淨土義』(대정장 47, p.1)

280 『讚阿彌陀佛偈』(대정장 47, p.420)

281 『續高僧傳』(대정장 50, pp.593하~594중)

282 『淨土論』(대정장 47, p.98중)

283 『往生西方淨土瑞應傳』(대정장 51, p.105중)

284 『佛祖統紀』(대정장 49, p.274하)

285 『淨土往生傳』(대정장 51, p.118상중)

286 『往生集』(대정장 51, p.132상)

도작은 담란과 같은 산서성(幷州 汶水)에서 태어나 14세에 출가하여 경론을 배웠고, 후에 정토에 귀의하기 전에는 『열반경涅槃經』에 몰두하였는데, 이 경을 강의한 것이 24번에 달했다고 한다. 또한 『속고승전』에서는 "늦게 찬선사讚禪師를 모시고 공리空理를 닦았다"[287]고 하는 것을 보면 공사상에도 조예가 깊다고 본다. 그 후 도작은 공리를 버리고 정토업을 닦았다고 한다. 도작은 여가가 있으면 입으로 부처님 명호를 부르는 것을 일과로 삼았는데 하루에 7만 번에 이르렀다고 한다.[288] 도작의 저술은 『안락집安樂集』 2권만이 현존하고 있다. 도작은 이 책에서 일대불교一代佛敎를 '성도문聖道門과 정토문淨土門'[289]으로 구분한 것으로 유명하다. 일본의 법연은 도작을 정토오조 가운데 제2조로 숭앙했으며 진종眞宗에서는 칠고승七高僧 가운데 제4조라고 하였다.[290]

라. 선도

선도(善導, 613~682)의 전기는 앞에서 검토한 도선의 『속고승전』,[291] 문심·소강의 『왕생서방정토서응전』,[292] 계주의 『정토왕생전』,[293] 왕일휴의 『용서증광정토문』,[294] 지반의 『불조통기』,[295] 보도의 『여산연

---

287 『續高僧傳』(대정장 50, p.593하)

288 『續高僧傳』(대정장 50, p.594상) "纔有餘暇口誦佛名 日以七萬爲限."

289 『安樂集』 권상(대정장 47, p.13하) "何者爲二 一謂聖道 二謂往生淨土."

290 坪井俊映 著, 韓普光 譯, 『淨土敎槪論』(如來藏, 2000) p.352.

291 『續高僧傳』(대정장 50, p.684상)

292 『往生西方淨土瑞應傳』(대정장 51, p.105중하)

293 『淨土往生傳』(대정장 51, p.119상중)

종보감』,[296] 주굉의 『왕생집』[297] 등에 실려 있다.

선도는 수나라의 대업 9년(613) 안휘성 사주泗州에서 태어났는데, 이때는 도작의 나이 51세가 되는 해이다. 어릴 때 밀주密州의 명승법사明勝法師에게 출가하였다. 출가한 후에는 『법화경』 등의 여러 경을 독송하였으나 출가한 근본 뜻인 도를 얻는 것이 요원함을 생각하고, 경전을 둔 장경각에 들어가 손이 닿는 대로 하나의 경전을 잡았는데 그것이 『관무량수경』이었다. 이 경을 얻게 된 후부터 십육관법十六觀法을 전념專念 수행하였다. 그 후에 여산에 가서 혜원의 유적지를 돌아보고 정업淨業을 닦기로 마음을 더욱 굳건히 했다고 『불조통기』[298]는 전하고 있다. 그 후 진양晉陽에 가서 도작선사를 뵙고 선사로부터 가르침을 받고 미타의 정업을 닦았다. 선도의 일상생활은 자기에게 대해서는 여법如法하고 준엄하게 행동하였고, 계율을 지키는 데도 추호도 범하지 않았으며, 눈을 들어 여인을 똑바로 보지 않았고, 목욕할 때 이외는 삼의三衣를 벗지 않는 등 30여 년간 일정한 침소를 정하지 않고 잠시도 수면을 취하지 않았다고 한다. 이를 보면 그가 얼마나 철저한 지계정신持戒精神에 의해 수행을 했는지 알 수 있다. 그의 행적을 보면 장안에 들어가 널리 민중을 교화하였고, 광명사光明寺에 있으면서 설법하였으며, 『아미타경』을 서사書寫하기를 수만 권, 극락정토의 변상도 그리기

---

294 『龍舒增廣淨土文』(대정장 47, pp.266하~267상, p.287상하)

295 『佛祖統紀』(대정장 49, p.276중)

296 『廬山蓮宗寶鑑』(대정장 47, pp.322하~323중)

297 『往生集』(대정장 51, p.130중하)

298 『불조통기』(대정장 49, p.276중) "入大藏信手探卷 得觀無量壽佛經 乃專修十六妙觀 及往廬山觀遠公遺跡 豁然增思云云."

174

를 삼백 포, 독경은 10만 내지 30만 번, 염불은 매일 만 5천에서 10만 번까지 했다고 한다.[299] 선도의 대표적인 저서는 5부 9권[300]인데, 이 가운데『관경사첩소觀經四帖疏』는 선도 염불사상의 근본을 알 수 있는 매우 유명한 책이다. 선도는 담란, 도작의 사상을 이어받아 그 사상들을 근본으로 하여 나름대로 정토관을 정립하였는데, 오직 본원염불本願念佛로써 왕생한다는 것을 주장하였다. 즉 본원염불은 관념하고 사유하는 염불이 아니라, 오직 아미타불의 이름을 칭명하는 염불임을 분명하게 정립하여 중국 정토교를 대성시킨 것이다.

마. 회감

회감(懷感, 약 7세기말)의 전기는『송고승전』권제6[301]과『왕생서방정토서응전』[302] 등에 기록되어 있다. 위의 두 전기에서 상세하게 기록된 것은『송고승전』이다. 이 전기에 의하면 회감은 어느 곳의 인물인지는 모르나, 다만 장안 천복사天福寺 사문으로서 경전에 박통博通한 사람이라고 하였다. 회감의 저서는『석정토군의론釋淨土群疑論』7권[303]이 남아 있다. 이 책에서 인용한 경과 논을 보면 경전이 36부, 논이 9부이다.

---

299 『속고승전』(대정장 50, p.684상). 이와 같은 내용은 위에서 나열한 전기에 실려 있다.
300 5부 9권은 ①『觀經四帖疏』4권(대정장 37), ②『法事讚』2권(대정장 47), ③『觀念法門』1권(대정장 47), ④『往生禮讚偈』1권(대장장47), ⑤『般舟讚』1권(대정장 47)이다.
301 『宋高僧傳』(대정장 50, p.738하)
302 앞의 책(대정장 51, p.106상)
303 『釋淨土群疑論』(대정장 47, p.30)

그리고 인용한 법사로서는 안법사安法師·신행信行·도작道綽·선도善
導 등이다. 경전을 인용한 것을 보면 『관무량수경』 85회, 『무량수경』
45회, 『아미타경』 12회, 『칭찬정토경』 14회 등으로 되어 있다. 이
가운데 『관무량수경』을 가장 많이 인용하기 때문에 이 경을 중심으로
정토사상을 피력 했다고 볼 수 있다. 회감은 염불에 대해 출성염불出聲念
佛, 관념염불觀念念佛, 유상염불有相念佛, 무상염불無相念佛, 정심염불
定心念佛, 산심염불散心念佛 등 여러 가지를 논하고 있다. 여기서 출성염
불을 제외한 나머지 염불은 모두 상근기의 수행이지만, 출성염불은
소리를 내는 염불법으로 하근기가 수행할 수 있는 염불법이다. 이는
곧 칭명염불을 말하는 것으로 도작과 스승 선도의 영향을 받은 것이다.

바. 소강

소강(少康, ?~805)의 전기는 『송고승전』 권25,[304] 『정토왕생전』,[305]
『불조통기』,[306] 『낙방문류』,[307] 『신수왕생전』 권하,[308] 『여산연종보
감』[309] 등에 기록되어 있다. 위의 전기에 의하면 소강이 태어난 해는
분명치 않다. 소강은 진운縉雲 사람으로 어려서 출가하였고, 월주越洲
가상사嘉祥寺에 머물면서 구족계를 받고 여기서 5년간 율학律學을 배웠
으며, 다시 상원上元의 용흥사龍興寺에 머물면서 『화엄경』과 『유가

---

304 앞의 책(대정장 50, p.867중하)
305 앞의 책(대정장 51, p.123중하)
306 앞의 책(대정장 49, p.264상중)
307 앞의 책(대정장 47, p.193중)
308 『新修往生傳』(新纂大日本續藏經』78, pp.157하~158상)
309 앞의 책(대정장 47, p.324상중)

론』을 배웠다고 한다. 소강의 저술로는 문심과 함께 지었다는 『왕생서
방정토서응전』 1권[310]이 있다. 소강은 백마사白馬寺에서 선도의 「서방
화도문西方化導文」을 읽고 크게 감격하여 정토에 귀의하였다고 한다.
이와 같이 선도의 정토교학을 선양하면서 곳곳에 염불도량을 세워
많은 사람들을 교화함으로써 세상에서 후선도後善導라는 말을 들었다.

사. 자민 혜일

자민 혜일(慈愍慧日, 680~748)의 전기는 『송고승전』,[311] 『불조통
기』,[312] 『정토왕생전』[313]에 실려 있다. 이 가운데 『송고승전』을 중심으
로 보면 자민은 내주(萊州, 산동성) 사람으로 어릴 때 의정義淨이 인도에
가서 법을 구한 업적에 감화를 받아 당나라 사성嗣聖 19년(702) 23세에
해로를 따라 인도에 갔다. 그 후 18년 동안 70여 개국을 순례하고
개원開元 7년(719) 장안에 돌아와 현종玄宗으로부터 자민삼장慈愍三藏
이라는 호를 받았다. 자민은 그 후 오로지 정토업을 닦았으며, 『왕생정
토집往生淨土集』[314]을 저술하였다. 자민은 선도의 칭명염불사상을 이

---

310 앞의 책(대정장 51, p.104)
311 앞의 책(대정장 50, p.890중)
312 앞의 책(대정장 49, p.275상)
313 앞의 책(대정장 51, p.120상중)
314 『宋高僧傳』에서는 『往生淨土集』, 『淨土往生傳』에서는 『淨土文記』 권5, 『佛祖統
紀』에서는 『淨土文』이라고 기록되어 있다. 태원스님에 따르면, 『略諸經論念佛
法門往生淨土集』 卷上이라고 제목이 되어 있는 것이 우리나라 대구 桐華寺에서
발견되어 현재 『신수대장경』 85권에 일부가 수록되어 있는데, 이것이 『송고승전』
에 나오는 『왕생정토집』일 수도 있다고 하였다. 李太元, 『念佛의 源流와 展開史』
(운주사, 1998) p.565 참조.

어 받았으나, 선정쌍수禪淨雙修도 아울러 주장하면서 그 수행 방법을 논리적으로 설하였다. 자민은『약제경론염불법문왕생정토집略諸經論念佛法門往生淨土集』권상에서 다음과 같이 말한다.

만약 능히 회향하여 정토에 태어나기를 원하는 사람은 몸을 단정히 하고 바르게 서방정토를 향하여 마음을 저 아미타부처님께 몰입하라. 염념念念에 상속하고 저 명호를 부르며, 행주좌와에 항상 모름지기 칭명하라. 겸하여 관세음보살을 염하고,『관무량수경』및『아미타경』을 독송하기를 매일 한 편씩 하고, 술·고기·오신채를 죽음으로써 기약하여 끊고 먹지 말 것이니, 약으로도 나누어 유통시키지 말라. 재계를 받들어 가지고, 삼업을 청정히 하여 염불·송경하고 회향하여 상품상생을 원하면 이 몸(一形)이 다하고 반드시 정토에 왕생할 것이며, 정토에 가서는 이리저리 방황하는 것을 단번에 버리고, 삼계를 영원히 사직하며, 선정과 신통을 곧 얻는다.[315]

이와 같이 자민은 계율을 엄히 지키며 염불·독경 등 여러 가지를 겸하여 수행해야 함을 강조하고 있다. 위의 설에서 "오직 염념을 상속하여 미타명호를 부르라"고 한 것에서 도작과 선도의 칭명염불사상을 이어받은 것이 보이고, 또 "삼업을 청정히 하여 염불·송경하고 일심으

---

[315] 慈愍慧日集,『略諸經論念佛法門往生淨土集』(대정장 85, p.1242상) "若能廻向願生淨土者 端身正向 西方淨土 繫心於彼阿彌陀佛 念念相續 稱彼名號 行住坐臥 常須稱念 兼念觀世音菩薩 誦觀無量壽佛經 及阿彌陀經 每日一遍 酒肉熏辛 以死爲期 斷而不食 藥分不通 奉持齋戒 清淨三業 念佛誦經 廻向願心 上品上生 盡此一形 必定往生 超昇淨刹 頓捨流浪 三界長辭 禪定神通."

로 염불하면 선정과 신통을 곧 얻는다"고 한 것은 칭명 한가지만의
수행이 아니라 제행諸行을 겸수兼修하라는 의미이다. 자민은 이러한
겸수의 염불사상을 정립하여 널리 알려 많은 사람들을 교화했다.

아. 법조

법조(法照, 800년 전후)의 전기는『송고승전』권제21,[316]『정토왕생
전』,[317]『신수왕생전』권하,[318]『낙방문류』,[319]『불조통기』,[320]『왕생
집』[321] 등에 실려 있다. 이 가운데 가장 상세한 기록은『송고승전』이다.
이 전기에 의하면 그의 출생과 입적한 연대가 불분명하다. 법조는
출가 후 동오東吳 지방에서 유학하고 나서 혜원의 향기로운 자취(芬躅)
를 흠모하여 여산에 들어가서 염불삼매를 닦았으며, 그 후(永泰
765~766) 다시 남악 형산에 올라가 승원承遠을 스승으로 섬기면서
정토법을 받았고, 이어서 오회염불五會念佛을 수행하기 시작했다. 법조
의 저서로는『오회염불송경관행의五會念佛誦經觀行儀』3권[322]과『오회
염불약법사의찬五會念佛略法事儀讚』[323]이 있다.

　법조의 오회염불사상을 정리하면 다음과 같다. 첫째, 음곡音曲을

---

316 앞의 책(대정장 50, pp.844상~845중)
317 앞의 책(대정장 51, pp.121중~122중)
318 『新修往生傳』(新纂大日本續藏經』78, pp.154중~156상)
319 앞의 책(대정장 47, p.193상중)
320 앞의 책(대정장 49, pp.263하~264상)
321 앞의 책(대정장 51,pp.130하~131상)
322 法照撰,『五會念佛誦經觀行儀』(대정장 85, p.1242하~1266상). 상권은 산실되고
　　중·하권만 있다. 이를 편의상 廣本이라 부른다.
323 法照撰,『五會念佛略法事儀讚』(대정장 47,p.474상~490하)

붙인 오회염불이다. 이 오회염불은 순수한 선도의 염불과는 다른 칭명염불로 법조만이 가지고 있는 신비적이고 음악적인 독특한 염불이다. 둘째, 고성염불高聲念佛이다. 셋째, 선정겸수禪淨兼修의 염불이다. 이것은 천태·화엄·율·밀교·정토·선 등의 여러 가지 수행을 배척하지 않고 수용한 것이다. 넷째, 염불의 목적은 왕생에 있지만 현실의 득익을 더 강조하는 면이 있다. 즉 오회염불을 통해 현실의 고통인 빈고貧苦·병·기갈 등을 해결하며, 수행 중에서는 불퇴전不退轉·육바라밀·성불·오근五根·오안五眼·오력五力 등을 증득하는 것을 중시하였다.

이상과 같이 간략하게 중국의 정토교학의 계보와 사상을 살펴보았다. 다음은 한국 정토교학의 계보를 살펴보겠다.

3) 한국

한국의 정토교학은 크게 구분하면 두 갈래의 흐름이 있어왔다. 황룡사黃龍寺를 중심으로 한 정영사 혜원淨影寺慧遠 계통의 지론계持論系 정토교와 현장玄藏·규기窺基의 유식계唯識系 정토교 등이 그것이다. 특히 신라 정토교학의 특색은 48원願 가운데 제18원, 제19원, 제20원을 중시하고 있다는 점이다. 또한 십념十念의 문제를 중요하게 여겼다. 이러한 정토교의 사상 관념은 크게 볼 때 중국의 정토교와 비교된다. 즉 중국은『관경』을 중심으로 한 정토교라고 볼 때, 한국은『무량수경』·『아미타경』을 중심으로 하고 있다고 볼 수 있기 때문이다.

신라 정토교의 원류는 중국이 분명하지만 처음으로 정토교가 누구에 의해 전해졌는지는 아직 확실하지 않다. 평정준영은 정영사 혜원의 지론계 정토교가 원광圓光에 의해 전해졌다고 보는 설이 있다고 말한다.
즉 원광이 중국 유학 시에 장안에서 담천曇遷에게 『섭대승론攝大乘
論』을 배울 때 정영사 혜원도 같이 배웠기에 서로 교류가 있는 듯하다고
하였다. 그리고 원광은 귀국 후 황룡사에 주석하면서 자장慈藏에게
정토교를 전한 것 같다고 한다. 이 계통이 원효, 법위法位, 경흥憬興,
의적義寂, 현일玄一 등이다. 다른 한편 유식계의 정토교가로서는 원측圓
測, 태현太賢, 경흥, 둔륜遁倫 등이 있으나 엄밀한 의미에서는 구분할
수 없다고 하였다.[324] 그러면 한국 정토교학자들의 계보를 보자.

가. 원광

원광(圓光, 약 542~638)의 생몰연대는 불분명하다. 그의 전기는 『속고
승전』 권제13,[325] 『삼국유사三國遺事』 권제4[326] 등에 실려 있다. 이
두 기록에 의하면 원광은 진한辰韓 사람으로 579(진평왕1)년 25세에
출가하여 30세에 경주(王京)의 삼기산三岐山에 들어가 수도하였다.
589년(진평왕11)에 장안에 가서 담천의 『섭대승론』에 대한 강의를
듣고, 혜원·영유靈裕 등에게 『열반경』을 비롯한 여러 경전을 배우고
나서 600년(진평왕 22)에 귀국하였다. 그의 저서로는 『여래장경사기如
來藏經私記』 3권[327]과 『대방등여래장경소大方等如來藏經疏』 1권[328] 등이

있으나 산실되었다. 이와 같이 원광은 불교의 신지식을 신라에 전하였다. 그러나 신라에 미타정토교학을 전파했다는 것은 불분명하고, 다만 원광이 귀국 후 황룡사에 주석하면서 자장에게 정토교를 전한 것이라고 추측할 수 있다.

나. 자장

자장(慈藏, ?~?)에 대한 기록은 『삼국유사』의 「자장정률慈藏定律」 조[329]와 『속고승전』 권제24 「석자장전釋慈藏傳」[330]에 실려 있다. 『삼국유사』의 기록에 의하면 자장은 선덕왕대 사람으로 진한 진골의 아들이다. 자장은 선덕왕 5년(636)에 당에 들어가 오대산에서 기도하여 꿈에 법물法物을 받는 등 부처님의 가피를 받았는데, 한국의 오대산 신앙은 자장에 의해 그 기초가 이루어졌다.

자장은 장안에 가서 종남산終南山으로 들어가 3년을 머물다가 선덕왕 12년(643)에 귀국하여 불법을 홍포하였다. 그는 진정한 불교를 홍륭시키는 구체적인 방법으로써 계율에 의한 교화에 중점을 두었다. 왕이 어느 해 여름에 자장을 궁중으로 청해 대승론大乘論을 강론하게 하고, 또 황룡사에서 7일 밤낮으로 『보살계본菩薩戒本』을 강론하게 하니, 하늘에서 단비가 내리고 구름 안개가 자욱하게 강당을 덮었다고 한다. 이에 왕은 칙서를 내려 자장을 대국통으로 삼고 승려의 모든 규범을 자장에게 위임하여 주관하게 하였다. 자장의 저서로는 『아미타경의기阿彌陀經義記』 1권과 『아미타경소阿彌陀經疏』 1권[331] 등이 있다. 현재

---

329 『三國遺事』 권4 義解제5 「慈藏定律」(대정장 49, p.1005상)

330 『續高僧傳』 「釋慈藏傳」(대정장 50, p.639)

그 저서들은 산실되고 없으나 제목만 보아도 자장이 정토교를 선양했음이 잘 나타나고 있다.

다. 원효

원효(元曉, 617~686)에 대한 전기는『송고승전』권4「원효전」,[332]『삼국유사』「원효불기元曉不羈」조[333] 등에 기록되어 있다.[334] 이 가운데 『삼국유사』의 기록을 보면 원효는 압량군 남쪽 불지촌의 북쪽 밤골 사라수娑羅樹 아래에서 태어났다고 한다. 원효는 불교로써 온 국민을 총화귀일總和歸一시키려고 일심으로 대 보살행을 몸소 실천하였다. 원효는 천촌만락千村萬落을 떠돌며 광대들이 굴리는 큰 박을 얻어 이를 치며 노래 부르고 춤을 추며 "나무아미타불"의 6자 명호를 부르고 가르쳐 전국 방방곡곡의 무지몽매한 사람들에게 불타의 이름을 알게 하고 불교에 귀의케 하였다. 원효는 실로 많은 책을 찬술했는데, 최근 『한국불교찬술문헌총록韓國佛教撰述文獻總錄』에서 밝힌 수는 무려 86 부 180여 권에 달한다고 하였다.[335] 이 가운데 대표적인 정토관련 저술로는『무량수경종요無量壽經宗要』 1권,[336]『아미타경소阿彌陀經疏』 1권,[337]『유심안락도遊心安樂道』 1권[338]이 현존하고 있고,『무량수

---

331 『韓國佛教撰述文獻總錄』(동국대학교출판부, 1976) p.8.

332 『宋高僧傳』(대정장 50, p.730상)

333 『三國遺事』 권4 義解제5「元曉不羈」(대정장 49, p.1006상)

334 김상현,『元曉研究』(민족사, 2000) p.54 참조.

335 『韓國佛教撰述文獻總錄』(동국대학교출판부, 1976) pp.16~37.

336 『無量壽經宗要』(대정장 37, p.125)

337 『阿彌陀經疏』(대정장 37, p.348)

경사기無量壽經私記』, 『무량수경소無量壽經疏』 1권, 『아미타경통찬소
阿彌陀經通讚疏』 3권, 『반주삼매경약기般舟三昧經略記』는 아쉽게도 찾
아볼 수 없다. 원효의 정토염불사상은 아미타불의 본원을 중시한 염불
로서 현존하는 위의 책에 그 본의가 잘 나타나고 있다.

라. 의상

의상(義湘, 625~702)의 전기는 『송고승전』 권4 「의상전」,[339] 『삼국유
사』 「의상전교義湘傳敎」조[340] 등에 실려 있다. 이 책에 의하면 그는
나이 29세에 서울(경주) 황복사黃福寺로 출가하여 승려가 되었다고
한다. 영휘 원년(650)에 입당入唐하여 종남산 지상사至相寺에 도착하여
지엄智儼[341]에게 화엄교학華嚴敎學을 전수받았다. 그러나 의상이 귀국
하여 「백화도량발원문白花道場發願文」을 지은 것을 보면, 아마도 당시
에 장안을 중심으로 하여 선도善導가 본원염불사상을 강조하며 정토교
를 홍포하면서 많은 사람들을 교화하는 것에 영향을 받은 것으로 보인
다. 부석사浮石寺에 무량수전無量壽殿을 건립한 것을 보아도 그가 정토
사상을 선양했음을 알 수 있다.

의상의 저술은 원효와는 달리 그리 많지 않다. 알려진 다섯 가지
정도[342]인데 모두 산실되고 현존하는 것은 『백화도량발원문』,[343] 「법성

---

338 『遊心安樂道』(대정장 47, p.110)

339 앞의 책(대정장 50, p.729상)

340 『三國遺事』 권4 義解제5 「義湘傳敎」(대정장 49, p.1006하)

341 당나라의 고승이며 화엄종의 기반을 닦았다.

342 『韓國佛敎撰述文獻總錄』(동국대학교출판부, 1976) pp.37~39.

343 『白花道場發願文』(한불전6, p.570)

게」와 이를 풀이한 『화엄일승법계도華嚴一乘法界圖』[344]이다. 세상에서
는 의상을 금산보개金山寶蓋[345]의 화신이라고 한다. 의상의 10대 제자로
는 오진悟眞, 지통智通, 표훈表訓, 진정眞定, 진장眞藏, 도융道融, 양원良
圓, 상원相源, 능인能仁, 의적義寂 등이 유명하다. 한편, 13세기경 편찬
된 것으로 저자를 알 수 없는 『법계도기총수록法界圖記叢髓錄』[346]은
의상의 『화엄일승법계도』에 대한 제자들의 주석과 해석들을 모아 엮은
책으로, 여기에는 의상의 화엄사상뿐 아니라 정토사상에 대해서도
수록되어 있어 의상의 정토사상을 알 수 있는 귀중한 자료로 평가된다고
하겠다.

마. 의적

의적(義寂, 702~736)은 성덕왕 대 스님으로 의상의 10대 제자 가운데
한 사람으로서 당나라에 들어가 유식학을 연구했다. 의적은 많은 저술
을 하였으나 모두 산실되고 현존하는 것은 『보살계본소菩薩戒本疏』
3권,[347] 『법화경론술기法華經論述記』 1권[348] 두 책뿐이다. 정토관련 저
서로는 『무량수경소無量壽經疏』 3권, 『무량수경술의기無量壽經述義記』
3권, 『관무량수경강요觀無量壽經綱要』 1권, 『관무량수경소觀無量壽經
疏』 1권, 『미륵상생경요간彌勒上生經料簡』 1권이 있었으나 모두 산실되

---

344 『華嚴一乘法界圖』(대정장 1887, p.711 이하)

345 금산이란 부처님 몸이고, 보개란 보석으로 꾸민 우산을 말한다.

346 『法界圖記叢髓錄』(대정장 1887, p.716 이하)

347 義寂述, 『菩薩戒本疏』 권상하(대정장 40, pp.656중~689상)

348 『法華經論述記』는 大日本續藏經 제95套 제4冊에 수록되어 있는데 작자명이
밝혀지지 않았다.

었다.[349] 그런데 다행히도 일본에서 『무량수경술의기』 3권을 복원하였
는데[350] 1940년에 복원본이 처음 나왔다.[351] 이 복원본으로 인하여
의적의 정토교학을 알 수 있는 계기가 되었다.

평정준영은 논하기를, 의적의 정토사상은 48원을 섭정토원攝淨土願,
섭법신원攝法身願, 섭중생원攝衆生願으로 분류하였는데, 혜원과 같이
분류한 점은 같으나 29종의 공덕장엄으로 세분한 것은 그의 특유의
사상이라 하였다. 또한 그는 특이하게 도작, 선도의 칭명염불을 도입하
고 있다고 하였다.[352]

바. 법위

법위(法位, ?~?)는 전기가 불분명하다. 다만 법위의 저술에 인용된
글을 통해 신라 중기 문무왕(재위 661~681) 때 정토계의 학승임을
알 수 있을 뿐이다. 그 근거는 경흥憬興이 『무량수경연의술문찬無量壽經
連義述文贊』[353]에서 간간이 법위의 설을 논파하였고, 현일玄一의 『무량
수경소』는 법위의 설에 많이 의존하였다는 평가를 받는다. 이것에
근거하여 법위의 활동 시기를 7세기 정도로 추정하는 것이다. 『무량수
경의소無量壽經義疏』 2권 또는 3권을 지었으나 산실되어 전하지 않는다.

349 『韓國佛敎撰述文獻總錄』(동국대학교출판부, 1976) pp.61~66

350 이 『述義記』는 일본학자 惠谷隆戒에 의하여 복원되어 佛敎大學硏究紀要(通卷
제35호, 1958)에 收載되어 있다. 『韓國佛敎撰述文獻總錄』(동국대학교출판부,
1976) p.63 참조. 또한 『한국불교전서』 권제2에 복원본이 수록되어 있다.

351 안계현, 『韓國佛敎思想史硏究』(동국대학교출판부, 1983) p.33 참조.

352 坪井俊映 著, 韓普光 譯, 앞의 책, p.355.

353 憬興撰, 『無量壽經連義述文贊』(대정장 37, pp.131하~171상)

186

이것을 일본의 불교학자 혜곡융계惠谷隆戒가 이를 복원하여 불교대학
연구기요佛教大學研究紀要 통권 제40호(1961)에 실었다. 이 복원본은
『한불전』 권제2[354]에 수록되어 있다. 이 복원본에 의하면 법위의 정토사
상은 혜원의 사상을 근거로 정토사상을 이해하고 있음이 나타나고
있다.

사. 현일

현일(玄一, ?~?)은 신라시대의 승려로, 일본의 옛 기록에 신라의 승려
로 나와 있을 뿐 자세한 전기나 행적은 나와 있지 않다. 저술로는
『법화경소法華經疏』 8권, 『무량수경기無量壽經記(疏)』 2권, 『관무량수
경기觀無量壽經記(疏)』, 『아미타경소阿彌陀經疏』 1권, 『수원왕생경기
隨願往生經記』 1권, 『대열반경요간大涅槃經料簡』 1권, 『범망경소梵網經
疏』 3권, 『유가론소瑜伽論疏』 17권, 『유식론사기唯識論私記』 1권, 『중변
론요간中邊論料簡』 1권 등이 있으나 산실되고, 『무량수경기(소)』 상권
만 현존한다.[355] 이러한 책의 제목만으로도 충분히 현일의 정토사상을
추측할 수 있다. 또한 앞서 언급했듯이 현일의 『무량수경소』는 법위의
설에 많이 의존하였다는 평가를 받는다는 점을 보아도 정토사상을
선양한 것을 알 수 있다.

---

[354] 『無量壽經疏』(한불전2, pp.9하~17하)
[355] 『韓國佛教撰述文獻總錄』(동국대학교출판부, 1976) pp.57~58. 『無量壽經記(疏)』
는 大日本續藏經 제32, 제2冊에 권상이 수록되어 있다.

아. 원측

원측(圓測, 613~696)의 전기는『송고승전』권제4「원측전圓測傳」[356] 등에 실려 있다. 이 전기에 의하면 그는 어려서 출가하여 627년(진평왕 49)인 15세에 입당하여 법상法常·승변僧辨에게 유식학을 배웠다. 그는 주로 유식 계통의 많은 저술을 남겼는데, 그 가운데 정토사상 관련 저서는『무량의경소無量義經疏』3권,『무량수경소無量壽經疏』3권,『아 미타경소阿彌陀經疏』1권이 있으나 전해지지 않는다.[357] 원측의 문인文 人으로 대현大賢이 있다.

자. 경흥

경흥(憬興, ?~?)에 대한 기록은『삼국유사』권제4[358]에 실려 있다. 이 책에 의하면 경흥의 생몰연대는 미상이고, 신라 신문왕(681~692) 때의 고승이다. 18세에 출가하여 삼장三藏에 통달하니 명망이 한 시대 에 높았다. 경흥은 많은 저서를 남겼다. 지금까지 검토된 그의 저서는 거의 미륵사상에 중심을 두고 있는데, 무려 40여 부 250여 권이나 된다. 그래서 경흥은 원효 다음으로 신라 제3대 저술가의 한 사람으로 꼽힌다. 현존하는 저서는『무량수경연의술문찬無量壽經連義述文贊』3 권,[359]『삼미륵경소三彌勒經疏』1권,[360]『금광명최승왕경약찬金光明最 勝王經略撰』5권[361]이다. 이 가운데 미타정토와 관련된 책은『무량수경

---

356 앞의 책(대정장 50, p.727중)

357 『韓國佛敎撰述文獻總錄』(동국대학교출판부, 1976) pp.9~13 참조.

358 『三國遺事』권5 感通제7「憬興遇聖」(대정장 49, p.1012하)

359 『無量壽經連義述文贊』(대정장 37, pp.131하~171상)

360 『三彌勒經疏』(대정장 38, pp.303상~327상)

연의술문찬』 3권이다.[362] 이 책의 편술 체제는 내의來義·석명釋名·본문
本文 등 3부분으로 나누어진다. 첫째 내의에서는 정토의 소인所因,
본원이 헛되지 않음, 예토의 고뇌 등을 밝히기 위해 이 경이 설해졌음을
밝히고 있다. 둘째 석명에서는 『무량수경』이라는 경의 제목을 해석하
였다. 여기서 『무량수경』은 『평등각경平等覺經』과 『아미타경』 등의
제목과 의미가 같음을 밝히고 있다. 이 책의 특징은 쟁점이 되는 여러
주장들을 수록하고, 취사선택하고 있다는 점이다.

차. 대현

태현太賢이라고도 하는 대현(大賢, ?~?)에 대한 기록은 『삼국유사』
권제4 「현유가해화엄賢瑜珈海華嚴」조[363]에 실려 있다. 이 설화에는 대
현의 생몰연대에 대한 기록은 보이지 않는다. 다만 설화에서 "경덕대왕
景德大王 때인 천보 12년(753) 여름에 심한 가뭄이 들어 왕은 조서를
내려 대현을 불러들여 『금광경金光經』을 강의하여 단비를 기원하였다"
고 한 기록으로 미루어 경덕왕 대(742~764)의 인물임을 짐작할 수
있다. 유가종의 개조로 알려진 대현은 대 저술가로 원효, 경흥과 아울러
신라의 3대 저술가로 지목되고 있다. 그의 저술은 『화엄경고적기華嚴經
古迹記』 10권을 비롯하여 52부 119권에 달한다. 그러나 유감스럽게도
현존하는 것은 단 한 권도 없다. 산실되었지만 정토교 관련 저서를
보면 『관무량수경고적기觀無量壽經古迹記』 1권, 『아미타경고적기阿彌

---

361 현재 이 책은 大定新修大藏經刊行會에 대장경 未收錄本으로 所藏되어 있다.
362 『韓國佛敎撰述文獻總錄』(동국대학교출판부, 1976) pp.40~49 참조.
363 『三國遺事』 권4 義解제5 「賢瑜珈海華嚴」(대정장 49, p.1009하)

陀經古迹記』 1권, 『칭찬정토경고적기稱讚淨土經古迹記』 1권, 『정토경요
간淨土經料簡』 1권, 『미륵상생경고적기彌勒上生經古迹記』, 『미륵하생
경고적기彌勒下生經古迹記』 등이다.[364] 대현은 원측의 사상계통을 이었
는데, 위의 정토교 관련 저술만 보아도 미륵과 미타정토를 선양한
논사임을 알 수 있다.

카. 둔륜

둔륜(遁倫, 660~730?)은 도륜道倫이라고도 하는데, 신라시대 고승으
로 생몰연대는 불분명하다. 그의 저술로는『유가론기瑜伽論記』 24권을
비롯하여 모두 18종 62권[365]인데, 『유가론기』 24권[366]만 현존하고 나머
지 17종은 모구 산실되었다. 이 일실된 17종 가운데 정토교 관련 저서는
『아미타경소』 1권이 있다. 둔륜의 저술은 유가사상을 중심으로 한
것을 알 수 있다. 이러한 둔륜의 사상을 미루어 보면, 산실되어 내용은
알 수 없으나 『아미타경소』 1권은 유식사상을 근본으로 저술되었으리
라 짐작된다.[367]

이상과 같이 간략하게 한국의 정토교학의 계보와 사상을 살펴보았
다. 다음은 참고 삼아 일본 정토교학의 계보를 간략하게 살펴보자.

---

364 『韓國佛教撰述文獻總錄』(동국대학교출판부, 1976) p.72 참조.

365 『新編諸宗教藏總錄』(대정장 55, p.1170하) 참조.

366 『瑜伽論記』(대정장 42, p.311상)

367 홍윤식은 논하기를 "신라 법상종의 중심 신앙은 미륵·미타신앙이었다고 하지만,
신라 법상종 유식학은 미륵·미타신앙에 의한 정토관을 더욱 분명히 밝힐 필요성
에 따라 발달했다고 생각된다"고 하였다. 홍윤식, 「新羅法相系思想의 歷史的
位置」(『佛教學報』 24) p.147 참조.

4) 일본

일본 정토교가에 대한 흐름은 평정준영의 설명을 참조하여 살펴보고자
한다. 내용을 간추려 보면 다음과 같다.

일본에 정토교가 전해진 역사는 오래 되어 아스카 시대(飛鳥時代:
300~710년경)까지 거슬러 올라갈 수 있지만, 후세의 일본 정토교 형성
에 큰 역할을 한 사람은 천태종의 자각대사慈覺大師 원인(圓仁,
794~864)이다. 자각대사는 당말唐末에 중국에 건너가 천태진언天台眞
言의 가르침을 배우면서 일찍이 오대산五台山에 전해진 '오회염불법五
會念佛法'을 배워 귀국한 뒤에 이것을 예산상행삼매당叡山常行三昧堂에
서 행하였는데, 이것이 '인성염불引聲念佛'이라고 일컬어지는 '음곡염
불音曲念佛'이다. 이 음곡염불이 그 뒤 차차로 일본 국내에 널리 퍼졌는
데, 헤이안 시기(平安時期, 794~1190) 이후에는 귀족사회에도 널리
행하여져 정토신앙의 융성에 기초를 다졌다고 한다.

자각대사 이후 일본의 천태정토교의 흥륭에 있어서 주목할 사람은
원신(源信, 942~1017)이다. 원신은 횡천橫川 혜심원惠心院의 주승住僧
으로 많은 저작이 있는데, 그중 정토교에 관한 것으로 『왕생요집往生要
集』 3권이 있다. 이 책은 원신이 정토교에 관한 요문要門을 모아놓은
것으로 정토왕생을 선양한 것인데, 책의 요지는 처음에 지옥과 극락의
광경을 상세히 해명하여 정토왕생을 권하는 것이고, 그 방법으로써
관념염불觀念念佛과 칭명염불稱名念佛을 설하되, 어리석고 평범한 자
(愚凡者)는 칭명염불을 할 것을 권하고 있다.

원신 이후에 나라(奈良)에서는 영관永觀, 진해珍海 등의 학장學匠이
나타나 정토교에 관한 저작을 내놓았다. 이때에 법연상인(法然上人,

1133~1212)이 출현하여 천태, 진언, 삼론 등의 제종에 부속되었던 종래의 정토교를 독립시켜 정토종이란 독자적인 종파를 창립하였다.

법연상인은 원공源空이라고도 하는데, 그는 본래 천태종의 사람이었다. 그런데 원신의『왕생요집』에 이끌려 정토교를 신봉하게 되었고, 그 뒤 선도의『관무량수경소』에서 설하는 염불사상에 경도되어 본원염불本願念佛을 제창하게 되었다. 이것은 법연의 43세(承年 5년) 때로서, 이 해를 가지고 정토종은 말하기를 '일종개창一宗開創의 해'라고 하였다고 한다. 법연은 선도의 가르침을 계승하여 일체의 사람들을 말법의 오탁악세에 사는 죄악의 범부라고 판단하고 이 범부를 구제하는 가르침으로써 '본원을 선택하는 염불사상(選擇本願念佛思想)'을 제창하였다. 이러한 염불사상으로 법연의 문하에는 영재들이 많아 대여섯 갈래로 되었지만, 제자 성광聖光은 법연의 가르침을 계승하여 정토종의 제2조가 되었다. 또 증공證空은 '홍원염불의弘願念佛義'를 주장하여 서산정토종西山淨土宗의 개조가 되었고, 성각방成覺房의 신서辛西는 '일념의一念義'를, 장락사長樂寺의 융관隆寬은 '다념의多念義'를, 각명방覺明房의 장서長西는 '제행본원의諸行本源義'를 각각 주장하였다. 한편 친란親鸞은 '신일념의信一念義'를 주장하여 진종眞宗의 개조가 되었다. 그 외에 증공證空의 문류文流에서 진지(智眞, 一遍)가 나타나 무용염불舞踊念佛을 행하여 널리 일반 민중에게 염불을 권하였다. 이 지진을 시종時宗의 개조라고 한다.

이상이 간략히 살펴본 일본 정토교가의 계보이다. 평정준영은 이처럼 정토교가 인도에서 성립된 이래 중국, 한국, 일본 등 아시아 여러 지역에 널리 전하여져 각각 특이한 정토교학, 아미타불 신앙을 형성하

였지만, 이것을 천태종, 진언종에 견주어 독립교단으로서 조직한 것은
일본의 법연이 처음이라고 하였다.[368]

　이상과 같이 인도, 중국, 한국, 일본의 정토교학의 사상의 흐름과
그 계보를 대강 정리하여 보았다. 본 검토에서 주목할 점은 정토교의
교판론이다. 담란은 왜 용수의 난이이도難易二道를 세웠으며, 도작은
왜 성정이문聖淨二門을 강조하였나에 주목할 필요가 있다. 이러한 사상
이나 계보설은 정토교학을 하는 학인의 입장에서 매우 중요하다. 왜냐
하면 정토교학의 원류가 중국인만큼 당연히 중국의 정토교를 공부하지
만, 우리나라의 정토교학도 그 근원과 전개를 충분히 알아야만 훗날에
우리 나름대로의 교학을 세울 수 있기 때문이다. 그런데 매우 안타까운
것은, 한국의 저술이 많이 산실되어 그 사상을 알 수 없다는 점이다.
이제 남아 있는 자료라도 더 체계적으로 정비하여 학술적 가치를 높이
세우는 일이 필요하다.

---

368 坪井俊映 著, 韓普光 譯, 앞의 책, pp.357~358 참조.

제5장 본원사상

1. 본원의 의의와 제불보살의 본원

1) 본원의 의의

본원本願이란 범어 푸르바-프라니드하나(Pūrva-Pranidhāna)의 번역으로, 불보살이 아직 불과佛果를 얻기 이전의 과거세에 중생을 구제하고자 일으키는 서원 또는 숙원宿願과 같은 의미이다. 이 서원은 불보살이 인위因位의 시절에 대원을 일으켜 일체 중생을 구제하겠다는 원망願望이기 때문에 서원이라고도 한다. 따라서 서원과 본원은 개념적으로 보면 동의어이다. 본원에서 '본本'은 근본해根本解라는 뜻을 지니는데, 비록 보살의 마음이 광대하고 서원 또한 헤아릴 수 없이 크지만 오로지 이 서원만을 근본으로 삼기 때문이다. 그래서 본원이라고 부르는 것이다. 이를 법장法藏은 『화엄경탐현기』에서 다음과 같이 설명하고 있다.

부처님의 본원이란 부처님께서 과거세에 일대사를 일찌감치 아셨음을

194

밝힌 것이다. 원인은 곧 원을 일으킨 것이며, 그 원이 현세에 이루어진
것이다.[369]

이와 같이 본원은 불보살이 과거세에 일으킨 서원을 말한다. 또한
본원을 나누면 총원總願과 별원別願으로 구분할 수 있다. 총원은 보살로
서 누구라도 일으키지 않으면 안 되는 기본적이고 보편적인 서원을
말하고, 별원은 보살 자신이 특별한 목적을 달성하기 위하여 일으킨
특수한 서원을 말한다. 총원은 일반적으로 사홍서원四弘誓願을 말하는
데, 이 서원은 제불보살이 공통적으로 일으키는 다음의 네 가지 서원을
말한다.

중생이 한량없지만 맹세코 건지기를 원합니다(衆生無邊誓願度).
번뇌가 한량없지만 맹세코 끊을 것을 원합니다(煩惱無盡誓願斷).
법문이 한량없지만 맹세코 배울 것을 원합니다(法門無量誓願學).
불도가 위없지만 맹세코 성취할 것을 원합니다(佛道無上誓願成).

이 사홍서원의 설에 대해서 최초로 이야기한 사람은 중국 양나라
법운(法雲, 467~529)이다.[370] 그는 『법화경』의 주석서인 『법화의기法
華義記』에서 『법화경』의 「약초유품藥草喩品」[371]을 해석하면서 사홍서

---

369 法藏述, 『華嚴經探玄記』(대정장 35, p.155하) "佛本願者 明佛往昔曾見是事 因卽
發願願今成也 佛本願者明佛往昔曾見是事 因卽發願願今成也."

370 香川孝雄 著, 「四弘誓願の源流」(『印佛硏究』 38-1號) p.294.

371 『法華經』(대정장 9, p.19중) "未度者令度 未解者令解 未安者令安 未涅槃者令得

四弘誓라는 이름을 붙였다.[372] 그 이후 천태 지자가『석선바라밀차제법
문釋禪波羅蜜次第法門』에서『보살영락본업경』[373]의 설을 인용하여 사
제四諦를 배열하였다.[374] 이 설을 제관諦觀은 『천태사교의天台四教
儀』에서 다음과 같이 자세히 기록하고 있다.

다음으로 장교에서 보살의 계위를 밝히면 다음과 같다. 처음 보리심을
발할 때부터 사제라는 대상을 인연으로 하여 네 가지 큰 서원을 발하고,
그 다음에 육바라밀을 닦는다. 네 가지 큰 서원이란 첫째, 아직 구제되지
못한 중생을 구제하는 것이다. 곧 중생이 헤아릴 수 없이 많지만 모두
구제하겠다는 서원이다. 이것은 고제라는 대상을 인연으로 하여 생겨
난다. 둘째, 아직 깨닫지 못한 중생을 깨닫게 하는 것이다. 곧 번뇌가
다함이 없지만 모두 다 끊겠다는 서원이다. 이것은 집제라는 대상을
인연으로 하여 생겨난다. 셋째, 아직 안주하지 못한 자를 안주하게
한다. 곧 법문이 한량없지만 모두 배우겠다는 서원이다. 이것은 도제라
는 대상을 인연으로 한다. 넷째, 아직 열반을 얻지 못한 이들로 하여금
열반을 얻게 하는 것이다. 곧 부처님의 도리는 위가 없이 높지만 모두

涅槃."

[372]『法華義記』(대정장 33, p.648하) "從未度者令度下 明四弘誓之德."

[373]『菩薩瓔珞本業經』(대정장 24, p.1013상)

[374] 天台智者說,『釋禪波羅蜜次第法門』(대정장 46, p.476중) "四弘誓願者 一未度者
令度 亦云衆生無邊誓願度 二未解者令解 亦云煩惱無數誓願斷 三未安者令安 亦
云法門無盡誓願知 四未得涅槃令得涅槃 亦云無上佛道誓願成 此之四法 即對四
諦 故瓔絡經云 未度苦諦令度苦諦 未解集諦令解集諦 未安道諦令安道諦 未證滅
諦令證滅諦."

196

성취하겠다는 서원이다. 이것은 멸제라는 대상을 인연으로 한다.³⁷⁵

이와 같이 사홍서원은 사제四諦의 인연으로 인해 생겨난다고 설명하고 있다. 이상에서 살펴본 바와 같이 총원은 제불보살이 공통적으로 세우는 서원을 말한다.³⁷⁶ 이에 대해 별원은 불보살이 각각 독자적으로 세우는 서원을 말한다. 예를 들면『비화경悲華經』에서 설하는 석가모니불의 500대원,『미륵보살소문본원경彌勒菩薩所問本願經』에서 설하는 미륵보살의 10가지 본원,『아촉불국경阿閦佛國經』에서 설하는 아촉불의 20대원,『약사여래본원경藥師如來本願經』에서 약사보살이 세운 12대원,『무량수경』에서 법장보살이 세운 48대원 등이 그 예이다. 이는 모두 독자적으로 세우는 서원이기 때문에 별원이라고 한다. 이와 같이 예를 들어보았는데, 이 가운데 가장 대표적으로 잘 알려진 서원은 아미타불의 48대원이다. 그러면 아미타불의 본원에 들어가기 전에 먼저 위에서 열거한 제불보살이 세운 각 서원의 내용과 그 원이 세워진 인연을 살펴보자.

2) 제불보살의 본원

먼저 석가모니불이『비화경』에서 세운 500대원의 내용은 다음과 같다.

---

375 諦觀錄,『天台四教儀』(대정장 46, p.777중) "次明菩薩位者 從初發心 緣四諦境 發四弘願 修六度行 一未度者令度 卽衆生無邊誓願度 此緣苦諦境 二未解者令解 卽煩惱無盡誓願斷 此緣集諦境 三未安者令安 卽法門無量誓願學 此緣道諦境 四 未得涅槃者令得涅槃 卽佛道無上誓願成 此緣滅諦境."

376 사홍서원에 대해서는 태원스님의 자세한 설명이 있다. 李太元,『淨土의 本質과 教學發展』(운주사, 2006) pp.137~138.

부처님께서 적의보살에게 말씀하시기를 "선남자야, 그때 보혜바라문
이 보장부처님 처소에서 모든 하늘·대중·사람·사람 아닌 것 앞에서
대비의 마음을 성취하고 광대무량한 오백 가지 서원을 세우고 나서
다시 부처님께 사뢰었느니라. '세존이시여, 만약 제 소원이 이루어지지
않고 자기의 이익을 얻지 못하면 저 미래 현겁의 무거운 오탁악세에서
서로 투쟁하고, 말세에 눈멀고 어리석으므로 스승 삼아 물을 바가
없고 가르치고 경계할 이 없으니, 모든 견見에 떨어져서 큰 어둠 속에서
오역죄를 짓는 것이 위에 말씀한 바와 같은데, 그 가운데에서 불사를
지을 소원을 이루지 않고서는 이제 곧 보리심을 버리겠사오며, 또한
다른 불국토에서도 모든 선근 심기를 원하지 않겠나이다.'"[377]

이와 같이 석가모니부처님께서는 500대원을 세우고 나서 수기를
주시기를 원하고 있다. 다음은 『미륵보살소문본원경』에서 설하는 미
륵보살이 봉행하는 열 가지 선善한 본원을 보자.

미륵보살은 본래 불도를 구할 때에 귀와 코와 머리와 눈과 손과 발과
몸과 목숨과 보물과 성읍과 처자 및 국토를 가지고 모든 사람에게
보시하되 불도를 이루지 않고, 선권·방편·안락의 행으로써 위없는
정진의 도를 얻어 이루었느니라. …… 아난아, 미륵보살은 도를 구할

377 『悲華經』(대정장 3, p.212중하) "佛告寂意菩薩 善男子 爾時寶海梵志 在寶藏佛所
諸天大衆人非人前 尋得成就大悲之心廣大無量 作五百誓願已 復白佛言 世尊 若
我所願不成不得己利者 我則不於未來賢劫重五濁惡 互共鬥諍 末世盲癡無所師
諮無有教誡 墮於諸見大黑闇中作五逆惡 如上說中成就所願作於佛事 我今則捨
菩提之心 亦不願於他方佛土殖諸善根."

때에 본원은 "내가 부처를 이룰 때엔 나의 나라 인민은 모든 때와 더러움이 없고 음·노·치도 크지 않고 은근히 십선을 받들어 행하게 되면 나는 그때야 비로소 위없는 정각을 취하겠노라"고 하였느니라. 부처님께서 아난에게 말씀하셨다. "아난아, 이후 다가오는 세상에 인민이 때와 더러움이 없고 십선을 받들어 행하고 음·노·치로 마음이 거칠지 아니한 그때를 당하여 미륵이 마땅히 위없는 정진의 도를 얻어 최정각을 이루리라. 그것은 미륵보살의 본원으로 이루어진 것이니라."[378]

이와 같이 미륵보살은 끝없는 자심慈心으로써 중생을 구제하겠다고 대원을 세웠다. 미륵보살의 열 가지 선한 본원이란 십선행을 말하는 것인데, 이 행도는 우리가 법회 때마다 독송하는 『천수경千手經』에 나오는 십악참회十惡懺悔의 내용이다. 이와 같은 미륵경전을 토대로 한 미륵신앙은 우리나라에는 백제로부터 시작하여 신라에 정착되어 미타신앙과 함께 오늘날까지 민중의 신앙으로 크게 신봉되고 있다.

다음은 『아촉불국경』에서 설하는 아촉보살의 20대원이다. 아촉보살은 대목여래로부터 앞으로 언젠가는 성불하여 아촉여래가 될 것이라는 수기를 받는다. 아촉阿閦이란 무진에無瞋恚란 뜻으로 '성내지 않는다'는

---

378 『彌勒菩薩所問本願經』(대정장 12, pp.188하~189상) "佛語賢者阿難 彌勒菩薩本求道時 不持耳鼻頭目手足身命珍寶城邑妻子及以國士布施與人 以成佛道 但以善權方便安樂之行 得致無上正眞之道 阿難白佛 …… 阿難 彌勒菩薩求道本願 使其作佛時 令我國中人民 無有諸騒瑕穢 於婬怒癡不大 慇懃奉行十善 我爾乃取無上正覺 佛語阿難 後當來世人民 無有垢穢奉行十善 於婬怒癡不以經心 正於爾時 彌勒 當得無上正眞之道成最正覺 所以者何 彌勒菩薩本願所致."

뜻이다. 아촉보살은 항상 선한 일을 하고 결코 성내지도 않으며 마음의
동요가 없다. 그래서 그 이름이 '아촉' 또는 '부동不動'이라고 불린다.
아촉보살은 위없이 높고 바르고 두루한 불법을 위해 변함없이 수행을
쌓아 마침내 아비라제 국토의 부처가 되었다. 아촉이 세운 서원은
앞의 미륵보살처럼 여러 가지 선한 행이다.

> 오직 천중천이시여, 저는 그러한 살운야(一切智)의 뜻을 일으키고
> 살피면서 다음과 같이 서원합니다. 위없이 바르고 진실한 도를 추구하
> 는 데 있어서 첫째는 만약 일체의 인민 및 곤충과 꿈틀거리는 벌레의
> 무리에 이르기까지 그들에 대해 화내거나 분노를 일으키고, 둘째는
> 뜻으로 만약 성문·연각의 뜻을 일으키고자 하며, 셋째는 오직 뜻으로
> 음욕을 염하며, 넷째는 만약 뜻을 일으키는 데 수면을 염하면서 온갖
> 생각을 염하며, 다섯째는 뜻을 일으키는 데 의심하여 결정하지 못함을
> 염하면서, 나아가 최상의 바른 깨달음을 성취하고자 한다면 저는
> 그 모든 불세존, 모든 계산할 수 없고 헤아릴 수 없으며 불가사의한
> 한량없는 세계 속의 모든 부처님·천중천께서 지금 설하신 법을 속이는
> 것이 될 것입니다.[379]

본 인용문 이외의 서원도 모두 선한 법에 대한 서원을 계속 발하는

---

379 『阿閦佛國經』(대정장 11, p.752상) "唯天中天 我發是薩芸若意 審如是願 爲無上正
眞道者 若於一切人民蜎飛蠕動之類 起是瞋恚 第一意若發弟子緣一覺意 第二唯
意念婬欲 第三若發意念睡眠念衆由譽 第四發意念狐疑 第五乃至成最正覺 我爲
欺是諸佛世尊 諸不可計無央數 不可思議無量世界中 諸佛天中天今現在說法者."

내용이다. 다음은 약사여래가 『약사여래본원경』에서 세운 12가지의 대원을 보자. 문장 구성은 마치 아미타불의 48대원과 같다. 예를 들자면 처음 시작할 때 "제가 내세에 보리를 얻을 때……"라고 시작한다. 따라서 편의상 시작하는 문구는 생략하고 내용을 보기로 하자.

(만약 내가 내세에 보리를 얻을 때……)

① 내 몸의 광명을 치성하게 하여 한량없고 무수하고 끝없는 세계를 비출 것이며, 장부의 서른 가지 대상大相과 여든 가지의 소호小好로써 장엄할 것이며, 나의 몸이 그렇게 된 다음에는 모든 중생들을 나와 다름없이 하겠습니다(光明照曜大願).

② 몸이 유리처럼 안과 밖이 청정하여 다시는 티끌과 더러움이 없을 것이며, 광명이 광대하고 위덕이 치연熾然하여 몸이 불꽃 그물에 잘 안주安住하도록 장엄하여 해나 달을 능가하게 하겠습니다. 그리하여 만일 어떤 중생이 세간에 태어나 혹 사람들 중에서 어두운 곳이거나 밤에 갈 곳을 알지 못하더라도 나의 광명으로 뜻하는 대로 모든 사업事業을 할 수 있도록 하겠습니다(身如琉璃大願).

③ 끝없고 한이 없는 지혜의 방편으로써 한량없는 중생계로 하여금 다함이 없음을 수용受用하게 하되, 한 사람이라도 조금의 부족함이 없게 하겠습니다(受用無盡大願).

④ 이도異道를 행하는 중생들을 모두 보리도 가운데 안립安立하게 할 것이며, 성문도聲聞道를 행하거나 벽지불도를 행하는 사람들은 모두 대승으로써 안립시키겠습니다(大乘安立大願).

⑤ 만일 어떤 중생이 나의 법 가운데서 범행을 닦는다면, 이 모든

중생이 한량없고 끝없다 하여도 모두 다 계를 빠트리거나 줄어들게 하지 않고 삼취계三聚戒를 다 갖추게 할 것이니, 계를 깨트림으로써 악도에 떨어지는 사람이 없게 하겠습니다(三聚具定大願).

⑥ 만일 어떤 중생의 몸이 하열하고 모든 근을 온전히 갖추지 못하여 추하고 더럽거나, 완고하고 어리석거나, 벙어리거나, 장님이거나, 절름발이거나, 앉은뱅이거나, 꼽추거나, 나병이거나, 미치거나 또 그 밖의 온갖 병이 있다면, 그 중생들이 나의 이름을 듣고 나서 모두 다 모든 근이 다 갖추어지고 몸의 각 부분이 온전히 되게 하겠습니다(諸根具足大願).

⑦ 만일 어떤 중생이 모든 환난에 핍박받으나 보호해줄 사람도 없고 의지할 곳도 없으며, 머물 곳도 없고 모든 물자와 의약도 없으며 또 친척도 없이 가난하고 불쌍하다면, 그 사람이 나의 이름을 듣고 나서 모든 고난이 다 없어지고 모든 고통과 괴로움이 다 없어져 구경에는 무상보리無上菩提에 이르도록 하겠습니다(重患悉除大願).

⑧ 만약 어떤 여인이 부인이 되어 온갖 악에 핍박받아 그 때문에 여자 몸을 싫어하고 여자의 모습을 버리고자 원한다면, 그 여인이 나의 이름을 듣고 나서 여인의 몸이 변하여 장부의 모습이 되어 구경에는 무상보리에 이르도록 하겠습니다(轉女成男大願).

⑨ 일체 중생으로 하여금 악마의 그물에서 해탈하게 할 것이며, 만약 모든 이견異見의 숲에 떨어진다 하여도 모두 안립시켜 정견正見에 있게 하고, 차례로 보살의 행문行門을 보여 주겠습니다(安立正見大願).

⑩ 만일 어떤 중생이 온갖 왕법王法에 걸려 붙잡혀 매를 맞고 옥에 갇혀 죽게 되거나 한량없는 재난으로 절박한 근심과 걱정으로 몸과

마음이 괴롭다면, 그 중생이 나의 복력으로 인하여 모든 고뇌에서 모두 해탈토록 하겠습니다(繫縛解脫大願).

⑪ 만일 어떤 중생이 배가 너무 고파 견딜 수 없어 먹을 것을 구하기 위하여 모든 악업을 짓는다면, 내가 그 사람이 있는 곳에서 우선 가장 묘한 색과 향과 맛이 나는 음식을 가지고 그를 배부르게 한 다음, 법미法味로써 필경의 안락을 건립하게 하겠습니다(饑饉安樂大願).

⑫ 만일 어떤 중생이 가난하여 옷도 없이 추위와 더위와 모기와 등에에 밤낮으로 시달린다면, 제가 그에게 필요한 옷이나 온갖 여러 물건을 그가 좋아하는 바에 따라 베풀어줄 것이며, 또한 모든 보배로 장엄한 기구들과 화만華鬘과 도향塗香과 음악과 온갖 놀이로써 그 중생이 원하는 바에 따라 모두 만족시켜 주겠습니다(衣服嚴具大願).[380]

이상이 약사여래의 12대원이다. 이와 같이 약사여래는 열두 가지 대원을 통해서 모든 중생의 질병을 치료해주고 무명無明의 고통에서 벗어나게 해주기 때문에 마치 의사와도 같으므로 대의왕大醫王이라는 이름이 붙여졌다. 위의 12대원 가운데 병과 약에 대한 것은 제6원과 7원이다. 이러한 『약사여래본원경』을 토대로 한 약사신앙은 우리나라에 전래된 이래 오늘날까지 관음신앙, 지장신앙, 미륵신앙, 미타신앙과 함께 많이 신앙되어 오고 있다. 이상과 같이 제불보살의 서원을 대략 살펴보았다. 다음은 절을 달리하여 아미타불의 본원과 이에 대한 여러 논사들의 대표적인 해석들을 살펴보자.

---

380 『藥師如來本願功德經』(대정장 14, pp.401중~402상)

2. 아미타불의 본원과 여러 논사들의 해석

1) 아미타불의 본원

아미타불의 본원은 아미타부처님께서 부처가 되기 이전인 인위因位의
시절에 법장法藏이라는 비구였을 때 세웠던 48가지 서원이다. 이 서원
은 모든 불보살의 서원 중에 제일 대표적인 서원으로 알려져 있다.

그런데 48원이 나오는 곳은 『무량수경』[381]과 보리유지가 한역한
『대보적경』 권17에 실린 「무량수여래회無量壽如來會」[382] 두 곳뿐이고,
이역본에서는 『대아미타경』[383]과 『무량청정평등각경』[384]에 나오는 24
원, 『대승무량수장엄경』[385]에 나오는 36원과 범본梵本의 46원 또는
47원, 티베트본의 49원 등으로 각각 다르다. 또한 본원의 내용도 일치하
는 것이 아니라 조금씩 다르다. 이와 같은 미타본원은 처음에는 24원이
었는데, 차츰 늘어나 48원이 된 것으로 추정된다. 이러한 근거를 통하여
앞서 말한 바와 같이 경전의 성립 시기도 따라서 추정되는 것이다.
장황하지만 48원 각각의 원명願名과 내용을 모두 살펴보고자 한다.
먼저 원명을 보자.

이 명목에 대해 평정준영은 48원의 명목을 요혜了慧의 『무량수경초無
量壽經鈔』[386]의 설과 성총의 『직담요주기直談要註記』[387]의 설, 그 외의

381 康僧鎧譯, 『佛說無量壽經』(대정장 12, pp.267하~269중)

382 菩提流志譯, 『大寶積經』 無量壽如來會 2권(대정장 11, pp.93중~94하)

383 支謙譯, 『大阿彌陀經』 권상(대정장 12,pp.301상~302중)

384 支婁迦讖譯, 『無量淸淨平等覺經』(대정장 12, p.281상중하)

385 法賢譯, 『大乘無量壽莊嚴經』(대정장 12, pp.319상~310하)

386 了慧撰, 『無量壽經鈔』 7권(淨土宗全書 14)에 수록되어 있고, 『대무량수경초』·『

204

다른 명칭을 대조하였는데, 명칭이 조금씩 다르지만 의미는 같다[388]고
하였다. 여기서는 일반적으로 잘 알려진 요혜의『무량수경초』의 설을
보고자 한다. 명목은 다음과 같다.

① 무삼악취원無三惡趣願　② 불갱악취원不更惡趣願
③ 실개금색원悉皆金色願　④ 무유호추원無有好醜願
⑤ 숙명지통원宿命智通願　⑥ 천안지통원天眼智通願
⑦ 천이지통원天耳智通願　⑧ 타심지통원他心智通願
⑨ 신경지통원神境智通願　⑩ 속득누진원速得漏盡願
⑪ 주정정취원住正定聚願　⑫ 광명무량원光明無量願
⑬ 수명무량원壽命無量願　⑭ 성문무수원聲聞無數願
⑮ 권속장수원眷屬長壽願　⑯ 무제불선원無諸不善願
⑰ 제불칭양원諸佛稱揚願　⑱ 염불왕생원念佛往生願
⑲ 내영인접원來迎引接願　⑳ 계념정생원係念定生願
㉑ 삼십이상원三十二相願　㉒ 필지보처원必至補處願
㉓ 공양제불원供養諸佛願　㉔ 공구여의원供具如意願
㉕ 설일체지원說一切智願　㉖ 나라연신원那羅延身願
㉗ 소수엄정원所須嚴淨願　㉘ 견도량수원見道場樹願
㉙ 득변재지원得辯才智願　㉚ 지변무궁원智辯無窮願

대경초』 등이라고도 한다. 이 책은『무량수경』을 주석한 것으로 諸師의 석의를
기반으로 해석하였다.

387 聖聰撰,『大經直談要註記』6권(淨土宗全書 14). 법연의『대경사기』, 요혜의
『대경초』를 기초로 하여 주석한 책이다.

388 坪井俊映 著, 李太元 譯,『淨土三部經槪說』(寶國寺, 1988) pp.80~81 참조.

㉛ 국토청정원國土淸淨願　　㉜ 국토엄식원國土嚴飾願

㉝ 촉광유연원燭光柔軟願　　㉞ 문명득인원聞名得忍願

㉟ 여인왕생원女人往生願　　㊱ 상수범행원常修梵行願

㊲ 천인치경원天人致敬願　　㊳ 의복수념원衣服隨念願

㊴ 수락무염원受樂無染願　　㊵ 견제불토원見諸佛土願

㊶ 제근구족원諸根具足願　　㊷ 주정공불원住定供佛願

㊸ 생존귀가원生尊貴家願　　㊹ 구족덕본원具足德本願

㊺ 주정견불원住定見佛願　　㊻ 수의문법원隨意聞法願

㊼ 득불퇴전원得不退轉願　　㊽ 득삼법인원得三法印願

이상이 아미타불의 48대원의 원명이다.[389] 이 원명에 대해서는 논사들의 해석이 있지만[390] 여기서는 대표적으로 알려진 정영사淨影寺 혜원(慧遠, 523~592)의 해석을 중심으로 살펴보고자 한다. 혜원은 『무량수경의소』에서 "48원은 그 뜻에 따라 세 가지로 분류할 수 있고, 문장에 따라 구별하면 일곱 가지로 분류할 수 있다"[391]고 하였다.

이에 대해 혜원은 위의 책에서 다음과 같이 설명하고 있다. 먼저 "뜻에 따른 3가지 분류는, 첫째 섭법신원攝法身願, 둘째 섭정토원攝淨土願, 셋째 섭중생원攝衆生願이다. 즉 48원 가운데 제12 광명무량원光明無量願, 제13 수명무량원壽命無量願, 제17 제불칭양원諸佛稱揚願은 첫째

---

389 48원에 처음으로 원명을 붙인 사람은 신라의 法位라 한다. 坪井俊映 著, 韓普光 譯, 앞의 책, p.355.

390 坪井俊映 著, 李太元 譯, 앞의 책, p.83~85 참조.

391 慧遠撰, 『無量壽經義疏』 권상(대정장 37, p.103중) "於中合有四十八願 義要唯三 文別有七."

의 법신을 포섭하는 것이고, 제31 국토청정원國土淸淨願과 제32 국토엄
식원國土嚴飾願은 둘째의 정토를 포섭하는 것이며, 앞의 것을 제외한
나머지 43가지 서원은 모두 중생을 포섭하는 것"[392]이라고 하였다.[393]

그리고 "문장에 따른 7가지 분류는 앞의 11가지 서원(① 무삼악취원~
⑪ 주정정취원)은 중생을 포섭하는 것이고, 그 다음의 2가지 서원(⑫ 광
명무량원, ⑬ 수명무량원)은 법신을 포섭하는 것이고, 그 다음의 3가지
서원(⑭ 성문무수원, ⑮ 권속장수원, ⑯ 무제불선원)은 거듭 중생을 포섭
하는 것이고, 그 다음의 1가지 서원(⑰ 제불칭양원)은 거듭 법신을
포섭하는 것이고, 그 다음의 13가지 서원(⑱ 염불왕생원~㉚지변무궁
원)은 중생을 포섭하는 것이고, 그 다음의 2가지 서원(㉛국토청정원,
㉜국토엄식원)은 정토를 포섭하는 것이고, 그 이하 16가지 서원(㉝촉광
유연원~㊽득삼법인원)은 거듭 중생을 포섭하는 것"[394]이라고 하였다.

이상과 같이 48원에 대한 혜원의 분류와 그 해석을 대략 살펴보았다.

---

392 위의 책(대정장 37, p.103중) "義要三者 一攝法身願 二攝淨土願 三攝衆生願
四十八中 十二 十三 及第十七 是攝法身 第三十一 第三十二 是攝淨土 餘四十三
是攝衆生."

393 이에 대해 坪井俊映은 설명하기를, 첫째의 섭법신원은 '求佛身願'이라고도 하는
데 보살이 불과를 얻은 부처님 몸의 공덕장엄을 선택하여 법신을 구하는 서원을
말한 것이고, 둘째의 섭정토원은 '求佛土願'이라고도 하는데 보살이 성불 후에
성취하는 정토의 依報의 공덕장엄을 선택하여 불토를 구하는 서원을 말한 것이며,
셋째의 섭중생원이란 '利衆生願'이라고도 하는데 중생을 이익하게 할 것을 서원
한 것을 말한 것이라고 하였다. 坪井俊映 著, 李太元 譯, 앞의 책, p.82 참조.

394 위의 책(대정장 37, p.103중) "文別七者 初十一願 爲攝衆生 次有兩願 是其第二
爲攝法身 次有三願 是其第三 重攝衆生 次有一願 是其一願是第四 重攝法身 次有
十三 是其第五 爲攝衆生 次有兩願 是其第六 爲攝淨土 下有十六是其第七."

그러면 이제 48원의 내용 전문을 살펴보기로 하자. 경전 원문을 보면 앞의 약사여래처럼 각 원마다 시작할 때 문구가 "만약 제가 부처를 이루었을 때……"라고 시작하고 끝날 때는 "……있다면 저는 부처가 되지 않겠습니다"와 같은 문구가 되풀이된다. 이와 같이 반복되므로 편의상 앞의 문구는 생략하고 각 원의 내용만 간추려서 그 뜻을 새겨보고자 한다.

(만약 내가 부처를 이루었을 때……)

① 그 국토에 지옥, 아귀, 축생이 있다면 나는 부처가 되지 않겠다.

② 그 국토에 사는 인간과 천신들 가운데 목숨이 다한 뒤에 다시 삼악도에 떨어지는 자가 있다면 나는 부처가 되지 않겠다.

③ 그 국토에 사는 인간과 천신들 가운데 진정한 금빛이 나지 않는 자가 있다면 나는 부처가 되지 않겠다.

④ 그 국토에 사는 인간과 천신들 가운데 형체와 빛깔이 아름답고 추한 것의 차이가 있다면 나는 부처가 되지 않겠다.

⑤ 그 국토에 사는 인간과 천신들 가운데 숙명통을 얻지 못하여 백천억 나유타에 이르는 여러 겁 동안의 일을 알지 못하는 자가 있다면 나는 부처가 되지 않겠다.

⑥ 그 국토에 사는 인간과 천신들 가운데 천안을 얻지 못하여 백천억 나유타에 이르는 여러 불국토를 보지 못하는 자가 있다면 나는 부처가 되지 않겠다.

⑦ 그 국토에 사는 인간과 천신들 가운데 천이통을 얻지 못하여 백천억 나유타에 이르는 여러 부처님께서 설하시는 바를 듣고서 그대로 받아

지니지 못하는 자가 있다면 나는 부처가 되지 않겠다.

⑧그 국토에 사는 인간과 천신들 가운데 타심지他心智를 얻지 못하여 백천억 나유타에 이르는 여러 불국토에 있는 중생들이 마음으로 생각하는 바를 알지 못하는 자가 있다면 나는 부처가 되지 않겠다.

⑨그 국토에 사는 인간과 천신들 가운데 신족통을 얻지 못하여 한 생각하는 찰나에 백천억 나유타에 이르는 여러 불국토를 초월해 지나가지 못하는 자가 있다면 나는 부처가 되지 않겠다.

⑩그 국토에 사는 인간과 천신들 가운데 만약 잘못된 생각과 기억(想念)을 일으켜 몸에 대해 탐착하고 계교하는 자가 있다면 나는 부처가 되지 않겠다.

⑪그 국토에 사는 인간과 천신들 가운데 정정취正定聚에 머물지 못하여 반드시 멸도에 들지 못하는 자가 있다면 나는 부처가 되지 않겠다.

⑫광명에 한계가 있어서 백천억 나유타에 이르는 여러 불국토를 모두 비출 수가 없다면 나는 부처가 되지 않겠다.

⑬수명에 한계가 있어서 백천억 나유타의 겁에 이른다면 나는 부처가 되지 않겠다.

⑭그 국토 중에 성문들이 헤아릴 수 없이 많아, 삼천대천세계의 성문과 연각들이 백천겁 동안 모두 함께 계산하여 그 수를 알 수 있다면 나는 부처가 되지 않겠다.

⑮그 국토에 사는 인간과 천신들은 그 수명이 한량이 없어야 한다. 다만 본래의 서원에 따라 수명의 길고 짧음을 자유자재로 할 수는 있다. 그런데 만약 그 수명에 한량이 있다면 나는 부처가 되지 않겠다.

⑯그 국토에 사는 인간과 천신으로서 선하지 못한 이름을 듣는 자가

있다면 나는 부처가 되지 않겠다.

⑰ 시방 세계의 헤아릴 수 없는 모든 부처님들이 나의 명호와 공덕을 칭찬하지 않는다면 나는 부처가 되지 않겠다.

⑱ 시방의 중생들이 나의 국토에 태어나고자 지극한 마음으로 환희심을 내어 내 이름을 십념十念하여도 만약 나의 국토에 태어나지 않는다면 나는 부처가 되지 않겠다.

⑲ 시방의 중생들이 보리심을 일으키고 모든 공덕을 쌓고 지극한 마음으로 서원을 일으켜 나의 국토에 태어나고자 원할 때에, 내가 대중에게 둘러싸여 그들 앞에 나타나지 못한다면 나는 부처가 되지 않겠다.

⑳ 시방의 중생들이 나의 명호를 듣고 나의 국토를 생각한 뒤 많은 공덕의 근본을 심고 지극한 마음으로 회향하여 나의 국토에 태어나고자 하는데도 그 목적이 이루어지지 않는다면 나는 부처가 되지 않겠다.

㉑ 그 국토에 사는 인간과 천신들이 서른두 가지 대인상大人相을 원만히 성취하지 못한다면 나는 부처가 되지 않겠다.

㉒ 다른 방위에 있는 불국토의 여러 보살의 무리들이 나의 국토에 와서 태어난다면 필경에 반드시 일생보처의 지위에 이르러야 한다. 다만 본래 서원에 따라 일체 중생을 위해 큰 서원을 세우고 선근공덕을 쌓아 일체 중생을 제도하며, 모든 불국토에 다니며 보살행을 닦고, 시방 세계의 여러 부처님을 공양하고, 한량없는 중생을 교화해서 위없는 바른 깨달음을 얻게 하고자 하는 이는 제외할 뿐이다. 그 밖의 사람들은 점차로 수행해서 오르는 십지의 보살행을 초월해서 곧바로 보현보살의 공덕을 닦게 할 것이다. 만일 그렇게 되지 않는다면 나는 부처가 되지 않겠다.

㉓ 그 국토의 보살들이 부처님의 위신력을 입고, 여러 부처님께 공양하되 한 번의 식사를 공양하는 동안 셀 수 없고, 한량없는 나유타의 여러 부처님의 국토에 두루 이르는 것이 가능하지 않다면 나는 부처가 되지 않겠다.

㉔ 그 국토의 보살들이 모든 부처님께 올리는 공양의 공덕을 쌓고자 원할 때에 그들이 원하는 모든 공양구가 마음대로 얻어지지 않는다면 나는 부처가 되지 않겠다.

㉕ 그 국토의 보살들이 일체지―切智를 능히 연설할 수 없다면 나는 부처가 되지 않겠다.

㉖ 그 국토의 보살들이 금강의 나라연신을 얻지 못한다면 나는 부처가 되지 않겠다.

㉗ 그 국토에 사는 인간과 천신들과 일체의 만물은 청정하고 화려하게 빛나고, 형체와 색깔이 수승하고 특이하고 오묘하여 능히 헤아릴 수 없으리니, 만약 천안통을 얻은 이가 그 이름과 수효를 능히 헤아릴 수 있다면 나는 부처가 되지 않겠다.

㉘ 그 국토의 보살들 내지 조그마한 공덕이라도 있는 자가 그 도량의 나무가 한량없이 빛나고, 그 높이가 사백만 리가 되는 것을 능히 알아보지 못한다면 나는 부처가 되지 않겠다.

㉙ 그 국토의 보살들이 경전의 교법을 수지하여 읽고 외우고 설하되, 변재와 지혜를 얻지 못한다면 나는 부처가 되지 않겠다.

㉚ 그 국토의 보살들이 지니는 지혜와 변재에 한계가 있다면 나는 부처가 되지 않겠다.

㉛ 국토가 청정하여 모두 빠짐없이 시방에 있는 일체의 헤아릴 수

없고 셀 수 없는 불가사의한 모든 부처님의 세계를 비추어 보는 것이 마치 밝은 거울을 가지고 그 표면의 영상을 보는 것 같아야 한다. 만일 그렇게 되지 않는다면 나는 부처가 되지 않겠다.

㉜지상이나 허공에 있는 궁전이나 누각, 시냇물과 연못, 화초와 나무 등 모든 국토 안에 있는 일체 만물들은 모두 헤아릴 수 없는 보배와 백천 종류의 향으로 이루어지고 장식되어 모든 인간과 천신을 초월했으며, 그 향기가 널리 시방 세계에 풍겨 보살은 그 향기를 맡고 모두 부처님의 행을 닦게 될 것이니, 만약 그렇게 되지 않는다면 나는 부처가 되지 않겠다.

㉝시방의 한량없고 불가사의한 모든 불국토의 중생들이 나의 광명이 몸에 비치어 접촉하면 몸과 마음이 부드럽고 경쾌해져 인간과 천신을 초월하게 되리니, 만약 그렇지 않다면 나는 부처가 되지 않겠다.

㉞시방의 한량없고 불가사의한 모든 불국토의 중생들이 나의 이름을 듣고서 보살의 무생법인과 갖가지 깊은 다라니를 얻지 못한다면 나는 부처가 되지 않겠다.

㉟시방의 한량없고 불가사의한 모든 부처님의 세계에 어떤 여인이 나의 이름을 듣고 환희심을 내어 보리심을 일으켜 여인의 몸을 싫어하고 멀리하였는데도 목숨을 마친 뒤에 다시 여인의 몸을 받게 된다면 나는 부처가 되지 않겠다.

㊱시방의 한량없고 불가사의한 모든 부처님의 세계에 사는 여러 보살들이 나의 이름을 듣고 목숨을 마친 뒤에도 만약 청정한 수행을 할 수 없고, 필경에 부처가 되지 못한다면 나는 부처가 되지 않겠다.

㊲시방의 한량없고 불가사의한 모든 부처님의 세계에 사는 중생들이

내 이름을 듣고 온몸을 땅에 던져 절하고, 머리를 조아려 예를 올리고, 환희심과 신심을 내어 보살의 행을 닦을 때에 여러 천신과 세간의 인간들이 그들을 공경하지 않는다면 나는 부처가 되지 않겠다.

㊳그 국토에 사는 인간과 천신이 의복을 얻고자 하면 생각하는 대로 곧바로 의복이 생겨야 한다. 그리고 그 옷은 마치 부처님께서 찬탄하신 바와 같은 법도에 맞는 오묘한 옷으로 저절로 몸에 입혀져야 한다. 그런데 만약 그 옷에 재단한 곳과 물들인 흔적과 빨래한 흔적 등이 있다면 나는 부처가 되지 않겠다.

㊴그 국토에 사는 인간과 천신이 느끼는 유쾌함과 즐거움이 번뇌를 여읜 비구와 같지 않다면 나는 부처가 되지 않겠다.

㊵그 국토의 보살이 뜻에 따라 시방의 헤아릴 수 없는 장엄하고 청정한 부처님의 국토를 보고자 하면, 때에 맞추어 원하는 대로 보배 나무 가운데에서 모두 빠짐없이 비추어 보는 것이 마치 밝은 거울을 가지고 그 표면의 영상을 보는 것 같이 비추어져야 한다. 만약 그렇게 되지 않는다면 나는 부처가 되지 않겠다.

㊶다른 방향의 국토에 있는 여러 보살의 무리들이 내 이름을 듣고 부처를 이룰 때까지 여러 감관이 열등하고 구족되지 못한 것이 있다면 나는 부처가 되지 않겠다.

㊷다른 방향의 국토에 있는 여러 보살의 무리로서 내 이름을 들은 이는 모두 빠짐없이 해탈삼매를 재빨리 얻어야 하며, 그 삼매에 머물러 한 번 뜻을 일으키는 동안에 헤아릴 수 없고 불가사의한 모든 부처님, 세존을 공양하되 결정된 뜻을 잃지 말아야 한다. 만약 그렇게 되지 않는다면 나는 부처가 되지 않겠다.

㊸ 다른 방향의 국토에 있는 여러 보살의 무리로서 내 이름을 들은 이는 목숨이 다하여 죽은 뒤에 존귀한 가문에 태어나야 한다. 만약 그렇게 되지 않는다면 나는 부처가 되지 않겠다.
㊹ 다른 방향의 국토에 있는 여러 보살의 무리로서 내 이름을 듣고 환희하고 뛸 듯이 즐거워하며 보살행을 닦아서 공덕의 근본을 구족해야 한다. 만약 그렇게 되지 않는다면 나는 부처가 되지 않겠다.
㊺ 다른 방향의 국토에 있는 여러 보살의 무리로서 내 이름을 들으면 모두 빠짐없이 보등삼매普等三昧를 빨리 얻어야 하며, 그 삼매에 머물러 부처님을 이룰 때까지 항상 헤아릴 수 없고 불가사의한 모든 부처님을 뵐 수 있어야 한다. 만약 그렇게 되지 않는다면 나는 부처가 되지 않겠다.
㊻그 국토의 보살들이 그 뜻하고 원하는 바에 따라서 듣고자 하는 법을 자연히 들을 수 있어야 한다. 만약 그렇게 되지 않는다면 나는 부처가 되지 않겠다.
㊼ 다른 방향의 국토에 있는 여러 보살의 무리들이 내 이름을 듣고서 바로 불퇴전의 지위에 이르는 것을 얻지 못하면 나는 부처가 되지 않겠다.
㊽ 다른 방향의 국토에 있는 여러 보살의 무리들이 내 이름을 듣고도 바로 제일, 제이, 제삼 법인에 이르는 것을 얻지 못하고 모든 부처님의 법에 있어서 바로 불퇴전의 지위를 얻지 못한다면 나는 부처가 되지 않겠다.[395]

---

395 康僧鎧譯, 『佛說無量壽經』(대정장 12, pp.267하~269중)

214

이상이 아미타불의 48대원이다. 이와 같은 아미타불의 대서원은 오로지 중생을 구제하기 위하여 영겁의 세월동안 무량한 공덕을 쌓아 세운 서원이다. 그래서 중생들은 오직 이 본원에 의지하기만 하면 극락정토에 왕생할 수 있다고 하였다. 특히 위의 48원 가운데 제18원인 '염불왕생원念佛往生願'은 아미타부처님의 별원인 48원을 다시 총원과 별원으로 구분한 것 가운데 별원에 속한다. 이것은 오직 이 원에 의지하는 것만으로도 정토왕생을 성취할 수 있다는 뜻에서 붙여진 이름이다. 그래서 다음에 설명하겠지만, 의산義山은 『수문강록隨聞講錄』에서 이 18원을 왕본원王本願이라고 하여 가장 중요시하고 있다. 그러면 아미타불의 제18원에 대한 여러 논사들의 해석을 살펴보기로 하자.

2) 제18원에 대한 여러 논사들의 해석

이 18원에 대한 논사들의 해석은 매우 진지하다. 그만큼 제18원은 본원 가운데 가장 핵심적인 서원이기 때문이다. 먼저 의산의 설을 보자. 의산은 『수문강록』에서 이 18원이 중요한 서원임을 다음과 같이 설명하고 있다.

또한 중생이 저 국토에 태어나지 못하면 하나하나 여러 원을 얻을 수 없다. 그러므로 나머지 47원으로는 저 나라에 태어날 수 없는 것으로, 하나의 장엄이라고 말할 수 있다. 만약 이 원이 없다면 모두 유명무실이 되는 까닭에 왕본원王本願이라 하는 것이다.[396]

396 『淨土宗全書』 권제14, p.319.

이와 같이 제18원은 48원 가운데 가장 큰 왕본원으로 일컬어지고
있다. 제18원의 내용을 다시 보면 "시방의 중생들이 지극한 마음으로
환희심을 내어 나의 국토에 태어나고자 십념하여 만약 나의 국토에
태어나지 않는다면 나는 부처가 되지 않겠다"[397]고 하였다. 여기서
'십념十念'이 정토교에서 선택한 핵심 골자이다. 이 십념론에 대해서는
여러 논사들의 설이 있지만 다음으로 미루고, 여기서는 대표적으로
알려진 중국 선도善導의 설과 신라 원효의 설을 중심으로 간략히 살펴보
고자 한다. 먼저 선도의 해석을 보자. 선도는『관경소』「현의분」에서
'십념十念'을 '십성十聲'으로 바꾸어 해석하고 있다.

만약에 내가 부처가 되어서도 시방 중생들이 나의 이름을 부르며
나의 국토에 태어나고자 내지 십념을 해도 만약에 태어나지 못하는
자가 있으면 정각을 이루지 않겠습니다.[398]

또한 선도는『관념법문觀念法門』에서 "시방중생 원생아국 칭아명자
하지십성十方衆生願生我國稱我名字下至十聲"[399]이라고 하였다. 이 설은
위의 설과 같은 내용이지만 '십념'을 '십성'으로 '명호名號'를 '명자名字'로
단어를 달리 하였다. 그리고 '시방중생十方衆生'과 '원생아국願生我國'은

397 『無量壽經』(대정장 12, p.268상) "設我得佛 十方衆生至心信樂 欲生我國乃至十
    念 若不生者不取正覺."
398 善導集記,『觀無量壽經疏』(대정장 37, p.250중) "若我得佛 十方衆生稱我名號願
    生我國下至十念 若不生者 不取正覺."
399 善導撰,『觀念法門』(대정장 47, p.27상) "若我成佛 十方衆生願生我國稱我名字下
    至十聲 乘我願力 若不生者 不取正覺."

『관경소』와 순서만 바뀌었을 뿐 뜻은 같음을 볼 수 있다. 또『왕생예찬』에서는,

『무량수경』에서 이르기를 만약 내가 부처가 되어서도 시방 중생들이 내 명호를 내지 십성十聲을 하여서도 만약 나의 국토에 태어나지 못하는 자가 있으면 나는 정각을 이루지 않겠습니다.[400]

라고 하였다. 여기서도 역시 위의『관념법문』과『관경소』에 나타나는 내용과 같은 뜻으로, 선도 나름대로『무량수경』의 제18원을 통일하여 해석하였다. 즉『무량수경』의 본원인 제18원에서 설한 '내지십념乃至十念'을 '칭아명자하지십념稱我名字下至十念' 또는 '칭아명자하지십성稱我名字下至十聲'으로 해석하여 표현하고 있다. 이에 대해서는 이미 일본의 여러 학자들[401]에 의해 깊이 연구되어 있다. 그러면 선도는 누구의 영향을 받아 이러한 정토관을 세운 것일까? 바로 그의 스승인 도작의 영향을 받았다고 보인다. 도작은『안락집』상권에서『무량수경』의 제18원을 다음과 같이 해석한다.

『대경大經』[402]에서 말씀하셨다. "만약 어떤 중생이 가령 일생동안 악을 짓고(一生造惡) 목숨을 마칠 때에 임해 십념상속十念相續하여 나의

---

400 善導撰,『往生禮讚』(대정장 47, p.447하) "如無量壽經云 若我成佛十方衆生 稱我名號 下至十聲 若不生者 不取正覺."

401 이태원,『念佛의 源流와 展開史』(운주사, 1998) pp.136~150, 441 참조.

402 『無量壽經』을 말한다.

명자를 불러(稱我名字) 만약 태어나지 못하면 정각을 이루지 않겠습니다."[403]

이것은 도작이 말법사상에 의해서 일생동안 악을 지은 사람이 십념상속해서 '칭아명자稱我名字'하면 왕생한다고 하여 칭명稱名에 중심을 두고 『무량수경』의 '내지십념'을 해석한 것이다. 선도는 이러한 도작의 '일생조악一生造惡'과 '칭아명자稱我名字'의 영향을 받아 '죄악범부罪惡凡夫 칭아명자호稱我名字號'로 바꾸었다고 본다. 도작의 이러한 칭명사상은 또한 담란의 영향을 받았다. 담란의 『왕생론주』를 보면 『관무량수경』의 하품하생을 다음과 같이 해석하였다.

어떤 사람이 오역과 십악을 짓고, 모든 불선不善을 갖추었기에 응당 악도에 떨어져 많은 세월을 지나면서 무량한 고통을 받을 것이지만, 임종 시에 선지식의 가르침을 만나 나무아미타불南無阿彌陀佛이라고 불렀다. 이와 같이 마음을 지극히 하여 소리가 끊어지지 않고 십념을 구족하면 곧 안락정토에 왕생할 수 있다.[404]

이처럼 담란은 나름대로 제18원을 인용하여 해석하였다. 도작은 이 가운데 '조악인造惡人'과 '칭명호稱名號'의 사상을 받아들였다고 볼

---

[403] 道綽撰, 『安樂集』권상(대정장 47, p.13하) "大經云 若有衆生 縱命一生造惡 臨命終時 十念相續稱我名字 若不生者 不取正覺."
[404] 曇鸞註解, 『往生論註』(대정장 40, p.834중) "有人造五逆十惡具諸不善 應墮惡道 經歷多劫受無量苦臨命終時遇善知識敎稱南無無量壽佛如是至心　令聲不絶具足十念 使得往生安樂淨土."

218

수 있다. 담란이 해석한 『왕생론주』의 다른 곳을 보면,

마음에 다른 생각이 없이 십념상속하는 것을 이름하여 십념이라 하는
데, 단지 명호를 부르는 것도 또한 이와 같다.[405]

라고 하였다. 또 담란은 『약론안락정토의略論安樂淨土義』 중에서 도하
渡河의 비유를 들은 후에 다음과 같이 설명한다.

이와 같이 잡된 마음이 없는 것을 이름하여 십념상속十念相續이라
한다. …… 다른 마음이 사이에 끼지 않고 마음과 마음(心心)이 서로
이어져 십념에 이르는 것을 이름하여 십념상속이라 한다.[406]

담란이 이렇게 말한 것을 도작이 받아들여 18원을 해석하였다고
할 수 있다. 이것에 의해 보면 선도는 담란과 도작의 사상을 받아들여
18원을 칭명 위주로 해석했다고 볼 수 있다.

그러면 선도는 왜 '십념'을 '칭명'으로 바꾸었을까? 이것은 앞에서
언급했듯이 도작의 말법관에 영향을 받았기 때문이다. 선도가 생각하
는 말법중생이란 번뇌구족煩惱具足의 범부凡夫, 죄장심중罪障深重의
범부, 유전생사流轉生死의 범부[407]이다. 이러한 선도의 중생관은 스승

---

405 曇鸞註解, 위의 책(대정장 40, p.834하) "心無他想十念相續 名爲十念 但稱名號亦
復如是."

406 曇鸞撰, 『略論安樂淨土義』(대정장 47권, p.3하) "如是不雜心 名爲十念相續 ……
無他審間雜心心相次乃至十念名爲十念相續."

도작의 영향을 이어받은 것이다. 그래서 선도는 이러한 말법중생은
근기가 하열하여 도저히 관법觀法은 어려우므로 십념을 칭명염불로
바꾼 것이다. 선도는 『왕생예찬』에서 『문수반야경』[408]을 인용하여
다음과 같이 말한다.

> 묻기를 "무엇 때문에 관하도록 하지 않고, 바로 오로지 명자名字를
> 부르라고 남기신 것은 무슨 뜻이 있는가?" 답하기를 "중생은 장애가
> 무거워 경계에 대해서 세심하고 마음이 거칠며, 식識은 날뛰고 신(神,
> 精神)은 달아나기에 관으로는 성취하기 어렵다. 이 때문에 대성께서
> 자비로 연민히 여기시어 곧바로 전심으로 명자를 부를 것을 권하셨다.
> 참으로 칭명이 쉽기 때문에 이를 상속하면 곧 왕생한다."[409]

이는 일행삼매一行三昧를 이루기 위한 방법을 말한 것이다. 여기서
"중생은 장애가 무거워 경계에 대해서 세심하고 마음이 거칠며, 식은
날뛰고 정신은 달아나 관하여 성취하기 어렵다"고 한 것은, 도작의
사상을 계승하여 '죄장심중罪障深重'으로 표현한 것이다. 더욱이 '전칭
명자專稱名字'가 이행易行이 되어 왕생한다고 함은 담란의 이행문易行門
과 도작의 '칭아명자稱我名字'의 사상을 계승한 것으로서 죄장심중의

---

407 善導集記, 『觀無量壽經疏』(대정장 37, p.271상)

408 『文殊師利所說摩訶般若波羅蜜經』 권하(대정장 8, p.731중)

409 善導撰, 『往生禮讚』(대정장 47, p.439상중) "問曰 何故不令作觀 直遣專稱名字者
    有何意也 答曰 乃由衆生障重 境細心麤 識颺神飛 觀難成就也 是以大聖悲憐 直勸
    專稱名字 正由稱名易故相續卽生."

범부가 마땅히 실천해야 할 행도라는 것이다. 다시 말하면 '칭명'은 번뇌를 구족한 범부와 장애가 많아서 관념觀念할 수 없는 범부를 위해 부처님께서 자비로 내리신 방법이라고 한 것이 선도의 견해이다. 이와 같이 관념보다 칭명을 중시하여 아미타부처님의 명호만을 부르게 한 것이 선도의 탁견이다. 선도는 『관무량수경소』「산선의散善義」의 끝부분에서,

위에서 비록 정선과 산선 등 두 가지 문의 이익을 설하였지만, 부처님 본원의 뜻을 보면 중생이 한결같이 오로지 아미타불의 명호를 부르는 데 있다.[410]

라고 하여 아미타불의 본원을 칭명이라고 분명하게 말하고 있다. 그래서 선도는 『관무량수경소』「현의분」에서 다음과 같이 말한다.

이 사람은 악업을 가지고 있기 때문에 결정코 지옥에 떨어져 다겁 동안 끝이 없을 것인데, 목숨을 마칠 때 선지식이 그에게 아미타불을 불러 왕생하기를 권하게 하는 가르침을 만나, 이 사람이 가르침에 의해 부처님을 부르면 염을 타고(염불의 공덕에 힘입어)[411] 곧 왕생하게 된다.[412]

---

410 善導集記, 『觀無量壽經疏』(대정장 37, p.278상) "上來雖說定散兩門之益 望佛本願 意在衆生一向專稱彌陀佛名."

411 부처님의 명호를 부르는 業力의 가피력에 의해 往生한다는 뜻이다.

412 善導集記, 『觀無量壽經疏』(대정장 37, p.249上) "此人以惡業故定墮地獄多劫無窮 命欲終時 遇善智識教稱阿彌陀佛 勸令往生 此人依教稱佛乘念卽生."

이와 같이 18원의 '내지십념乃至十念'을 '칭불승념稱佛乘念'으로 해석
하여 어떤 악업을 지은 사람도 아미타부처님의 명호를 칭하면 부처님의
본원력으로 지옥에 떨어지지 않고 왕생극락 한다는 것이다.[413] 이러한
십념사상은 신라의 정토교학자들에 의해 많은 연구가 이루어 졌다.
그 가운데 원효의 십념론을 보면 다음과 같다.

원효는『무량수경종요無量壽經宗要』에서 이 십념을 은밀의隱密義 십
념과 현료의顯了義 십념의 두 가지로 나눌 수 있다고 주장하였다.
은밀의 십념[414]이란『미륵발문경彌勒發問經』에서 설하는 십념이고, 현

---

413 위의 논의들은 이태원,『念佛의 源流와 展開史』(운주사, 1998) pp.443~445
참조.

414 元曉述,『無量壽經宗要』(대정장 37, p.129상) "은밀의란 무엇인가, 제3의 순정토
의 과에 의해 십념의 공덕을 말한 것이니, 이것은『미륵발문경』에서 말씀하신
바이다. 곧 그때에 미륵보살이 부처님께 말씀드리기를 '부처님께서 말씀하신
바와 같이 아미타불의 공덕 이익이 만일 십념을 상속해서 끊임없이 저 부처님을
생각함으로써 곧 왕생할 수 있다면 마땅히 어떻게 저 부처님을 생각해야 하나이
까?' 부처님이 말씀하시되 '그 생각은 범부의 생각이 아니요, 不善의 생각이
아니며, 잡된 번뇌의 생각이 아니니, 이와 같은 생각을 갖추면 곧 안락국에
왕생하게 되리라'고 하셨다. 여기에 十念이 있다. 십념이란 어떤 것인가? 첫째,
일체 중생에게 항상 인자한 마음을 내고 일체 중생에 대해 그 행을 훼방하지
않는 것이니, 만일 그 행을 훼방하면 끝내 왕생하지 못한다. 둘째, 일체 중생에게
크게 가엾이 여기는 마음을 일으키고 잔인하게 해칠 생각을 버리는 것이다.
셋째, 법을 보호하는 마음으로 신명을 아끼지 않고 일체법을 비방하지 않는
것이다. 넷째, 인욕하는 마음으로 결정심을 내는 것이다. 다섯째, 깊고 깊은
청정한 마음으로 이양에 물들지 않는 것이다. 여섯째, 일체종지의 마음(一切種智
心)을 일으켜 날마다 항상 생각해서 잊지 않는 것이다. 일곱째, 일체 중생에게
존경하는 마음을 내어 아만을 버리고 말끝마다 겸손을 잊지 않는 것이다. 여덟째,
속된 이야기에 재미를 붙이지 않는 것이다. 아홉째, 각의覺意를 가까이하여

료의 십념이란 『관무량수경』 하하품의 십념처럼 소리를 내어 '나무아미
타불'을 부르는 것을 말한다고 하였다. 현료의 십념은 다음과 같다.

현료의 십념의 모습이란 어떤 것인가? 제4의 정토에 견주어 말하리니,
『관경』에서 말씀하신 바와 같다. 하품하생이란 착하지 못한 짓을 하던
중생이 오역, 십악 등 온갖 죄를 짓다가 목숨이 마칠 때에 다행히
선지식을 만나 묘한 법을 듣고, 염불의 가르침을 받고도 마음으로
능히 염불을 하지 못하면 마땅히 입으로 무량수불을 부르게 한다.
이렇게 하여 지극한 마음으로 그 소리를 끊이지 않게 하며 십념을
갖추어 나무아미타불을 외운다면, 부처님의 명호를 외우므로 생각생
각 가운데 80억겁에 지은 생사의 죄를 소멸하고 목숨을 마친 뒤에는
곧 왕생하게 되리라.[415]

이와 같이 원효는 『관무량수경』의 말씀을 들어 현료의 십념을 설명하
고 있다. 즉 하품하생의 죄악범부는 임종 시에 선지식을 만나 염불의
가르침을 들어도 도저히 관념이 되지 않으므로 입으로 칭명을 하라고

여러 가지 선근의 인연을 깊이 일으키고, 시끄럽고 산란한 마음을 멀리 여의는
것이다. 열째, 정념正念으로 부처님을 관함으로써 모든 감관의 충동을 없애는
것이다. 이 십념을 다음과 같이 해석할 수 있다. 이와 같은 십념을 가지면
이미 범부가 아니니 마땅히 알라. 이는 初地 이상의 보살이라야 능히 이 십념을
갖추며 純淨土에 대한 하배의 인이 되나니, 이것이 隱密義의 십념이라 한다."
415 元曉述, 위의 책(대정장 37, p.129상) "言顯了義十念相者 望第四對淨土而說
如觀經言 下品下生者 或有衆生 作不善業 五逆十惡 具諸不善 臨命終時 遇善知識
爲說妙法 敎令念佛 若不能念者 應稱無量壽佛 如是至心 令聲不絶 具足十念
稱南無佛 稱佛名故 於念念中 除八十億劫生死罪 命終之後 卽得往生."

가르치고 있다. 이 십념사상에 대해 원효 외에도 법위, 경흥, 의적, 현일 등의 십념설이 있는데 다음으로 미루고자 한다.

이상 살펴본 내용을 정리해보면, 『무량수경』에 나타난 칭명염불의 핵심 구절은 제18원 '염불왕생원念佛往生願'으로 "내 이름을 십념하여(乃至十念)"라고 한 십념염불을 핵심 골자로 하고 있다. 이 십념을 담란은 십념을 상속하는 것이라고 하였다. 즉 관념염불을 주장하였고, 도작은 담란의 영향을 받아 관념염불, 즉 억념憶念염불을 칭명염불로 발전시켰다고 하겠다. 또한 선도는 담란과 도작의 영향을 받아 '염念'은 '칭稱'으로 하고, '내지일념乃至一念'의 염念은 입으로 '나무아미타불' 여섯 자를 외워 부르는 것이라고 분명하게 밝혔다. 이와 같이 선도는 칭명염불을 대성시킨 사람으로, 이 칭명염불사상이 일본은 물론 한국에 뿌리내리게 된 것은 여러 논사들의 영향도 있지만, 특히 선도의 영향이 컸다고 할 수 있다.

한편, 원효는 십념을 은밀의 십념과 현료의 십념 두 가지로 나누어 현료의 십념으로 칭명염불을 강조하였다. 원효는 하품하생의 죄악범부중생은 도저히 억념할 겨를이 없기 때문에 입으로 아미타불을 부르라고 하였다. 이와 같이 논사들은 칭명염불로써 정토에 귀의하여야 함을 주장하고 있다. 그 주장의 이유는 한마디로 사바세계의 중생은 말법시대를 살아가는 죄악범부중생이기 때문에 근기根機가 하열下劣하여 관념 등의 상근기적인 수행법이 어렵기 때문이라는 것으로 결론짓고 있다.

이상과 같이 48원에 대한 정토 논사들의 해석을 살펴보았다. 이러한

선도 등의 염불사상을 일본의 법연을 비롯한 여러 논사들이 계승하여
나름대로 잘 정립하여 일본의 정토종을 성립시킨 것이다.

3. 발원의 의미와 신라인의 발원사상

1) 본원과 발원의 의미

우리는 일반적으로 '원願'이라고 하면 본원과 발원을 동의어同義語로
생각하기가 쉽다. 그러나 본원과 발원은 그 의미가 사뭇 다르다. 왜냐하
면 본원은 불보살이 중생제도를 위해 세운 서원이고, 발원은 불보살의
그 서원을 믿고 우리도 그렇게 되기를 바라면서 원을 발하는 것이기
때문이다. 그래서 그 의미는 크게 다르다고 할 수 있다.[416] 이와 같은
발원의 뜻에 대해 『법원주림』에서는 다음과 같이 설명하고 있다.

『대장엄론』[417]에서 말하였다. "불국토에 태어나는 것은 큰 일이므로
혼자 수행하는 공덕만으로는 성취할 수 없나니 반드시 원력을 필요로
한다. 마치 소가 아무리 힘껏 수레를 끌어도 반드시 부리는 사람이
있어야 하는 것과 같아서, 청정한 불국토에 가는 데에도 원력이 앞에서

---

416 이에 대해 坪井俊映은 "서원은 불보살이 과거세에 있어서 수행했을 때 일으킨
　　중생제도의 원으로서 사람들의 교화구제를 맹서한 願望이기 때문에 서원이라고
　　한다. 그러나 중생제도의 맹서를 내포하지 않은 단순한 願望은 단지 발원이라고
　　만 하지 서원이라고는 하지 않는다"고 하였다. 坪井俊映 著, 韓普光 譯, 위의
　　책 p.141.
417 『대장엄론』에는 동일한 문장이 안보이고, 『萬善同歸集』(대정장 48, p.979하),
　　『諸經要集』(대정장 54, p.6중) 등 여러 경에서 위의 문장을 인용하고 있다.

이끄는 것으로 말미암아 이루어지는 것이다. 왜냐하면 원력에 의해 복덕이 증장하여 잃지도 않고 무너지지도 않으며 항상 부처님을 뵙기 때문이다.[418]

이 설명은 우리 중생들은 근기가 나약하므로 발원을 하되 부처님의 원력에 의지해야만 한다는 것을 가르쳐주고 있다. 앞에서 살펴본 『무량수경』의 48대원 가운데 제19원에는 모든 중생이 정토왕생을 발원하기만 하면 누구나 그 서원을 성취할 수 있다고 하였다. 제19원을 보면,

만약 내가 부처를 이루었을 때 시방 세계의 중생들이 보리심을 일으켜 모든 공덕이 되는 일을 닦고, 임종에 이르러 지극한 마음으로 나의 정토에 태어나고자 원을 발했을 때에, 내가 대중들에 둘러싸여 함께 가서 그들 앞에 나타나 맞이할 수 없다면, 나는 정각을 이루지 않겠습니다.[419]

라고 하였다. 이와 같이 누구라도 보리심菩提心을 일으켜 정토에 태어나고자 원을 발한다면 반드시 아미타부처님은 그들 앞에 나타나 그 원을 이루게 해준다고 하였다. 이렇게 볼 때 발원과 본원은 그 의미가 다르다는 것을 알 수 있다. 말하자면 본원은 자식이 원하면 무엇이든 들어주는

418 『法苑珠林』「發願部」(대정장 53, p.405중하) "大莊嚴論云 佛國事大 獨行功德不能成就 要須願力 如牛雖力挽車要須御者能有 所至淨佛國土由願引成 以願力故 福德增長不失不壞常見佛故."

419 『無量壽經』(대정장 12, p.268상중) "設我得佛 十方衆生發菩提心修諸功德 至心發願欲生國 臨壽終時 假令不與大衆圍遶現其人前者 不取正覺."

226

부모와 같은 입장이고, 발원은 그 부모에게 이를 들어달라고 원하는
자식의 입장과 같다고 하겠다. 가재(迦才, 생몰년 미상. 620?)는 그의
저서 『정토론』에서 발원에 대해 다음과 같이 설명한다.

발원이란 다음과 같다. 모름지기 극락에 태어나기를 원해 구해야
하고, 혹은 자신의 왕생을 원하거나 혹은 중생의 왕생을 원하며, 혹은
석가모니부처님께서 정토로 보내주실 것을 원하거나 혹은 아미타부처
님께서 와서 맞이해 주시기를 원하며, 혹은 정토에서 노닐기를 원하거
나 혹은 영원히 태내에 들어 신체를 받아 태어나는 일이 없기를 원하며,
임종 시 안온하기를 원하거나 바른 생각이 앞에 드러나기를 원하는
것이다. 이와 같이 여러 가지 마음을 따라 원을 발해야 한다.⁴²⁰

이와 같이 정토에 태어나려는 행자는 오로지 깊은 신심을 가지고
아미타불에 의지하여 지극한 원을 발해야 된다는 것을 강조하고 있다.
이상과 같이 발원의 의미를 살펴본 결과, 정토발원의 특성은 발원을
하되 부처님의 원력에 의지해야만 한다는 것을 알 수 있다. 왜냐하면
우리 중생들은 근기가 하열하기 때문에 아미타불의 본원에 의지하여야
만 그 발원을 성취할 수 있기 때문이다. 여기서 우리가 새겨볼 것이
있다. 그것은 어떠한 방법의 수행을 하거나 부처님의 본원력에 의지한

---

420 迦才撰, 『淨土論』(대정장 47, p.89하) "發願者 須別發願求生極樂 或願自身往生
或願衆生往生 或願釋迦遣送 或願彌陀來迎或願常遊淨土 或願永離胎形 或願臨
終安隱 或願正念現前 如是種種隨心發願 如實性論偈曰 依此諸功德 願於命終時
得見彌陀佛無邊功德身 我及餘信者 旣見彼佛已 願得離垢眼 證無上菩提也."

수행이어야 한다는 것이다. 왜냐하면 우리는 지금 말법악세를 살아가
는 죄악범부중생이므로 감히 자력으로서는 깨달음을 증득하기가 어렵
기 때문이다. 그러므로 부처님의 가르침을 굳게 믿고 그렇게 되기를
발원해야 하는 것이다. 그러면 이제 이와 같은 정토 발원심을 답습하는
의미에서 미담이 서려 있는 신라시대로 잠시 역사여행을 떠나보기로
하자.

2) 신라인의 발원사상

신라인의 불교사상과 신앙이 간직된 자료는 『삼국유사』가 유일하다.
이 책에는 신심을 자아내게 하는 여러 설화와 향가가 살아 숨 쉬고
있다. 그중에서 「원왕생가願往生歌」, 「제망매가祭亡妹歌」, 「도천수관
음가禱千手觀音歌」라는 향가 세 편을 감상해 보고자 한다. 특히 이
세 노래 가운데 「도천수관음가」는 관음보살의 본원력으로 현세에서의
고통을 구제해주기를 원하고 있다. 이 노래들을 감상해 보면 한 가지
공통점이 나타나는데, 그것은 노래마다 지극한 발원심이 나타나고
있다는 점이다.

● 원왕생가

「원왕생가」(문무왕 대, 661~680)는 설화 「광덕廣德·엄장嚴莊」조에 실
려 있는 노래인데, 이 노래는 아미타불에 대한 깊은 신심(深心)의
신앙심과 구도심이 가득 찬 서정적인 발원가發願歌라고 할 수 있다.
노래는 다음과 같다.

228

달님이여,

이제 또 서방으로 가셔서

무량수불 앞에

말씀을 사뢰소서.

다짐 깊으신 부처님을 우러러

두 손 모아 올려

원왕생顧往生, 원왕생(을 외친다고)

그리워하는 사람 있다고 사뢰소서.

아, 이 몸 버리시고

마흔여덟 가지 소원이

모두 이루어지실까![421]

이 노래에는 미타신앙의 본질이 그대로 표출되고 있다. 모름지기 정토행자의 마음가짐은 세 가지가 구족되어야 한다. 첫째는 믿음(信)이고, 둘째는 발원(願)이고, 셋째는 실천(行)이다. 본 노래에는 이 세 가지가 모두 구족되어 있지만 그 가운데 둘째인 발원심이 강하게 나타나고 있음을 볼 수 있다. 그 증거는 위의 노래에서 "원왕생"을 반복하고 있고 "마흔여덟 가지 소원이 모두 이루어지실까"라고 한 것이 이를 증명하고 있다. 본 노래의 배경설화에는 광덕과 엄장이 염불실천으로 왕생극락하였다는 내용이 실려 있다.

이 노래는 정토에 태어나려는 행자는 오로지 깊은 신심을 가지고 아미타불의 본원에 의지하여 지극한 서원을 발해야 된다는 것을 가르쳐

421 『三國遺事』 권5 感通제7 「廣德 嚴莊」(대정장 49, p.1012중)

주고 있다. 노래의 구절을 보면 "원왕생, 원왕생"이라고 하였는데 이 구호는 말 그대로 왕생을 원한다는 말이다.

이 구호는 담란과 선도의 저서에 나타나는데, 담란의 『찬아미타불게讚阿彌陀佛偈』에 보면 첫 게송에 "나무지심귀명례南無至心歸命禮 서방아미타불西方阿彌陀佛 현재서방거차계現在西方去此界 십만억찰안락토十萬億刹安樂土 불세존호아미타佛世尊號阿彌陀 아원왕생귀명례我願往生歸命禮"[422]라고 하였고, 선도의 『법사찬法事讚』에 실려 있는 한 구절을 보면 "원왕생願往生 원왕생願往生 원재미타회중좌願在彌陀會中坐 수집향화상공양手執香華常供養"[423]이라고 하고 있다. 안진호는 이와 같은 선도의 게송을 『석문의범釋門儀範』에 실어 다음과 같이 사용하고 있다.

원왕생 원왕생 왕생극락견미타 획몽마정수기별
願往生 願往生 往生極樂見彌陀 獲夢摩頂授記莂

원왕생 원왕생 원재미타회중좌 수집향화상공양
願往生 願往生 願在彌陀會中坐 手執香火常供養

원왕생 원왕생 왕생화장연화계 자타일시성불도
願往生 願往生 往生華藏蓮華界 自他一時成佛道[424]

이 게송은 현재 우리나라 사찰 법당에서 천도재 등을 지내고 나서 밖에 나가 소대작법燒臺作法을 할 때 공통적으로 풍송諷誦하고 있다. 이 게송을 해석하면 "원합니다, 원합니다, 왕생을 원합니다. 극락세계

422 曇鸞撰, 『讚阿彌陀佛偈』(대정장 47, p.420하)

423 善導撰, 『轉經行道願往生淨土法事讚』(대정장 47, p.427하)

424 안진호, 『釋門儀範』 下(법륜사, 1984) p.77.

어서 가서 아미타불 친히 뵙고 마정수기 받기를 원합니다. 원합니다, 원합니다, 왕생을 원합니다. 아미타부처님 회중좌에 왕생하여 향과 꽃을 집어 언제나 공양하기를 원합니다. 원합니다, 원합니다, 왕생을 원합니다. 연화세계 어서 가서 너도 나도 다함께 일시에 불도를 이루기를 원합니다"로 풀이할 수 있는데, 간절히 왕생을 발원하는 게송이라 할 수 있다. 이와 같이 간절한 발원에서 미타신앙의 본질이 잘 나타나고 있다. 본 노래는 아미타불의 본원사상이 구구절절 스며서 표출되는 진실한 발원가이다. 그래서 원효는『무량수경종요』에서 다음과 같이 논하고 있다.

무릇 왕생의 인因에 대해 여러 가지 설이 있지만, 바로 정보의 장엄만을 감득한 것뿐만 아니라 더불어 의보의 정토도 감득하는 것을 가리킨다. 다만 여래의 본원의 힘을 입었기 때문에 그 감득을 따라 수용하는 것이지, 스스로의 업인의 힘으로 이루어진 것은 아니다. 그러므로 왕생의 인이 된다.[425]

이와 같이 구제되는 인因은 여래의 본원에 있는 것이지, 중생 스스로의 힘으로 이루어진 것이 아니라는 것을 강조하고 있다. 그래서 정토신앙은 바로 순수 타력사상으로부터 싹트기 시작하는 것이다. 또「원왕생가」는 원생자가 지녀야 할 삼심三心을 구족한 노래라고 본다. 앞에서

---

425 元曉述,『無量壽經宗要』(대정장 37, p.128중) "凡諸所說往生之因 非直能感正報 莊嚴 亦得感具依報淨土 但承如來本願力故 隨受用 非自業因力之所成辨 是故說 爲往生因."

언급한 바와 같이 제18원은 48원 가운데 가장 큰 '왕본원王本願'으로 일컬어지고 있다. 따라서 18원은 삼심을 구족하여 염불을 계속한 사람을 구제할 것을 맹세한 본원이라고 하고 있다. 이 삼심에 대해 『관무량수경』에서 다음과 같이 설하고 있다.

상품상생이란 저 극락정토에 태어나기를 원하는 중생들이 세 가지 마음을 일으켜 극락정토에 왕생하는 것을 말한다. 그 세 가지란 무엇인가. 첫째는 지극히 정성스러운 마음(至誠心)이고, 둘째는 깊은 신앙심(深心)이며, 셋째는 자신이 쌓은 모든 선행을 회향하여 극락세계에 태어나기를 바라는 마음(廻向發願心)이다. 이러한 세 가지 마음을 갖추면 누구나 반드시 저 극락정토에 태어난다.[426]

이와 같이 삼심을 지성심至誠心, 심심深心, 회향발원심廻向發願心이라 하였다. 이 삼심에 대해 여러 논사의 설이 있는데, 특히 선도는 정토왕생의 행도로서 『왕생예찬』에서 안심安心, 기행起行, 작업作業의 길을 제시하고 있는데, 이 가운데 첫째의 안심을 가지고 『관경』에서 설한 지성심, 심심, 회향발원심인 삼심을 구족하는 것이라 하였다. 이 삼심은 정토왕생을 원하는 사람은 반드시 갖지 않으면 안 되는 마음이라고 했다. 이 삼심에 대해 『염불경念佛鏡』에서는 다음과 같이 설하고 있다.

---

426 『觀無量壽經』(대정장 12, p.344하) "上品上生者 若有衆生願生彼國者 發三種心 卽便往生 何等爲三 一者至誠心 二者深心 三者迴向發願心 具三心者必生彼國."

232

지성심이란 무엇인가? 몸으로 하는 모든 행위(身業)는 오로지 아미타
부처님께 예배하고, 입으로 하는 모든 말(口業)은 오로지 아미타부처
님의 명호를 칭념하며, 마음으로 하는 모든 생각(意業)은 오로지 아미
타부처님을 믿는 것이다. 이러한 실천행을 행하여 정토에 왕생하고
성불한 이후까지 물러나려는 마음을 내지 않기 때문에 지성심이라
한다. 심심이란 곧 진실하게 믿음을 일으키는 것이다. 오로지 부처님의
명호를 칭념하고, 정토에 왕생할 것을 서원하며, 성불할 것을 단단히
결심하여 끝내 다시 의심하지 않기 때문에 심심이라 한다. 회향발원심
이란 지금까지 정진하여 갖추게 된 예불과 칭념의 공덕으로 오직
정토에 왕생하여 빨리 위없는 보리를 성취할 것을 소원하기 때문에
회향발원심이라 한다.[427]

이와 같이 지성심이란 신구의 삼업을 청정히 하여 몸으로는 오로지
아미타부처님께 예배하고, 입으로는 오로지 아미타부처님을 칭념하
고, 생각으로는 오로지 아미타부처님을 믿으면서 정토에 왕생하기를
발원하는 것이고, 심심이란 오로지 아미타부처님을 진실하게 믿는
것이고, 회향발원심이란 지성심과 심심을 가지고 정토에 왕생하기를
발원하는 것이다.
본 「원왕생가」는 삼심 가운데서도 지성심, 심심이 가득 배어 있는

427 『念佛鏡』(대정장 47, p.122상) "何者至誠心 身業專禮阿彌陀佛 口業專稱阿彌陀
佛 意業專信阿彌陀佛 乃至往生淨土 成佛已來不生退轉 故名至誠心 深心者 卽是
眞實起信 專念佛名 誓生淨土 成佛爲期 終不再疑 故名深心 廻向發願心者 所有禮
念功德 唯願往生淨土速成無上菩提 故名廻向發願心."

노래이다. 그리고 본 노래는 『무량수경』의 48원 가운데 특히 제18원
'염불왕생원'과 제19원 '내영인접원來迎引接願'의 사상이 잘 나타나고
있다. 따라서 본 노래는 극락세계의 아미타부처님께 귀의하고자 하는
지극한 신심으로 부른 '정토발원가淨土發願歌'라고 하겠다.[428]

● 제망매가

「제망매가祭亡妹歌」(경덕왕 대, 약 760년)는 월명사月明師가 죽은 누이
동생을 위해 재齋를 올리면서 그 서글픔을 읊은 매우 서정적인 노래로서
정토신앙의 본질이 그대로 나타나고 있다. 전문을 보면 다음과 같다.

　월명사는 죽은 누이동생을 위해 재를 올리면서 향가를 지어 제사를
　지내는데, 문득 회오리바람이 일어나더니 종이돈을 날려 서쪽으로
　사라지게 하였다. 그 향가는 다음과 같다.

　삶과 죽음의 길은
　여기 있으니 두려워지고
　나는 간다는 말도
　못 다 이르고 어찌 가는가.
　어느 가을 이른 바람에
　여기저기 떨어지는 나뭇잎처럼
　한 가지에 나서

428 南泰淳(賢松), 「『三國遺事』로 본 정토신앙 연구」(중앙승가대대학원 박사학위논
문, 2010) p.135 참조.

234

가는 곳을 모르는 구나!
아아! 미타찰에서 만날 나
도 닦으며 기다리련다.[429]

이 노래에서는 다음과 같은 특성이 드러나 있다. 즉 죽은 자가 산자의
발원에 의해 왕생한다는 것이다. 죽은 자가 산자의 공덕에 의해 왕생한
다는 것은, 죽은 자가 스스로 극락세계를 찾아 갈 수 없으므로 산자의
추선공덕追善功德에 의해 왕생한다는 논리이다. 즉 월명사의 누이동생
은 죽은 후에 월명사가 왕생극락을 시켜주고 있다. 이것은 미타신앙이
본원에 의지하는 순수 타력신앙임을 증명하고 있는 것이고, 미타신앙
만의 특수성이라 할 수 있다.[430]

● 도천수관음가
「도천수관음가禱千手觀音歌」(경덕왕 대, 742~765)는 관세음보살의 원
력願力과 위신력威神力을 잘 나타내주는 노래로서 관음신앙의 신앙적
본질을 그대로 드러내고 있다. 본 노래의 성격은 노래라기보다는 수순
중생隨順衆生의 무구청정無垢淸淨하고도 한 점의 의심도 없는 발원문이
라 할 수 있다. 배경설화와 노래는 다음과 같다.

경덕왕 때 한기리漢岐里에 사는 여인 희명希明의 아이는 태어난 지
5년 만에 갑자기 눈이 멀었다. 하루는 그의 어머니가 아이를 안고

---

429 『三國遺事』 권5 感通제7 「月明師 祭亡妹歌」(대정장 49, p.1013하)
430 南泰淳(賢松), 앞의 논문, p.146 참조.

분황사 왼쪽 전각의 북쪽 벽에 그려진 천수대비 앞으로 가서 아이에게
노래를 지어 빌게 했더니, 멀었던 눈이 떠졌다. 그 노래는 다음과
같다.

무릎 꿇으며
두 손바닥을 모아
천수관음 앞에
축원의 말씀 올리나이다.
천 개의 손과 천개의 눈을 가졌으니
하나를 내놓아 하나를 덜기를
눈이 둘 다 없는 저에게
하나만 주어 고쳐 주시옵소서.
아아, 저에게 끼쳐 주시면
그 자비심 얼마나 크시나이까.[431]

이 노래와 짧은 배경담은 표면적으로 관음신앙의 본질을 모두 보여주
고 있다. 즉 관세음보살의 원력과 위신력을 직설적으로 나타내고 있다
고 본다. 이 노래의 성격은 관음신앙의 신앙적 본질을 그대로 나타내주
는 노래로서, 노래라기보다는 순리順理에 따르는 중생의 한 점 때도
의심도 없는 지극한 신심이 담긴 발원문이라고 할 수 있다. 또한 이
노래는 관세음보살의 원력과 위신력을 잘 나타내고 있는 노래로서
이 노래에는 한국인의 관음신앙관이 짙게 나타남을 볼 수 있다. 한국인

431 『三國遺事』 권3 塔像제4 「芬皇寺 禱千手觀音歌」(대정장 49, p.996중)

에 있어서 관음신앙은 우리가 병고에 시달리거나 자식을 구하거나 할 때에 지극지성으로 빌면 반드시 들어준다는 무조건적인 믿음으로써의 신앙관이다. 그런데 본 노래의 제목과 내용은『천수천안무애대비심다라니경千手千眼無礙大悲心陀羅尼經』을 근거로 하고 있다. 이 경에서 관세음보살이 천수천안을 구족具足하게 된 인연을 보면 다음과 같다.

"선남자야, 너는 이 대비심주를 가지고 널리 미래 세상에 악하고 죄업이 무거운 모든 중생을 위하여 매우 이로운 공덕을 지으라" 하고 말씀하셨습니다. 제가 그때 처음에는 초지에 머물렀었는데 이 주문을 한번 듣고는 바로 8지로 뛰어올랐습니다. 저는 그때 기뻐서 곧 서원을 세우되 "만일 내가 오는 세상에 모든 중생을 이롭고 즐겁게 할 수 있다면 당장 나의 몸에 천수천안이 구족함이 있으리라" 하였습니다. 이렇게 발원하자 즉시 몸에 천수천안이 모두 구족해졌고, 시방 국토가 여섯 가지로 진동했고 시방의 모든 부처님께서 광명을 놓으셔서 저의 몸과 시방의 끝없는 세계를 비추셨습니다. …… 만일 비구, 비구니, 우바새, 우바이, 동남, 동녀가 이 주를 지송하고자 하면 먼저 모든 중생에게 자비한 마음을 일으키고 저를 향해 이렇게 원을 세워야 합니다.

나무대비관세음이시여,
제가 모든 법을 속히 알고자 하옵니다.
나무대비관세음이시여,
제가 지혜의 눈을 빨리 얻고자 합니다.

......

이렇게 발원한 뒤에 지극한 마음으로 저의 이름을 소리 높여 부르고, 또 본사 아미타여래의 명호도 간절히 염한 뒤에 이 다라니 신주를 외우되 하루에 스물한 번, 혹은 마흔아홉 번을 채우면 몸 가운데 백천만 억 겁 생사의 중죄가 소멸할 것입니다.[432]

이와 같이 원력에 의해 관세음보살은 천수천안을 구족한 것이다. 본 노래에 등장한 천수관음은 바로 이 경전에 나타난 천수천안관세음보살이라고 생각한다. 희명은 바로 이 천 개의 눈 가운데 하나를 달라고 발원한 것이다. 그래서 그 지극한 발원이 성취되어 광명을 보게 된 것이다.

이상과 같이 세 편의 향가를 통해 부처님의 본원과 발원의 의미를 살펴보았다. 이 세 편의 노래는 정토염불행자의 기본 마음가짐인 신信·원願·행行이 그대로 표출되고 있다. 그 가운데서도 특히 발원심發願心이 강하게 나타나고 있다. 이제 장을 달리하여 염불사상을 살펴보자.

---

432 『千手千眼觀世音菩薩廣大圓滿無礙大悲心陀羅尼經』(대정장 20, pp.106중하~107상) "善男子汝當持此心呪 普爲未來惡世一切衆生作大利樂 我於是時始住初地 一聞此呪故超第八地 我時心歡喜故卽發誓言 若我當來堪能利益安樂一切衆生者 令我卽時身生千手千眼具足 發是願已 應時身上千手千眼悉皆具足 十方大地六種震動 十方千佛悉放光明照觸我身 及照十方無邊世界 …… 若有比丘比丘尼優婆塞優婆夷童男童女欲誦持者 於諸衆生起慈悲心 先當從我發如是願 無南大悲觀世音 願我速知一切法 南無大悲觀世音願我早得智慧眼 …… 發是願已 至心稱念我之名字 亦應專念我 本師阿彌陀如來 然後卽當誦此陀羅尼呪 一宿誦滿五遍 除滅身中百千萬億劫生死重罪."

제6장 염불사상

1. 염불의 의의와 염불생인설念佛生因說

대체로 불교의 수행문은 크게 나누어 참선을 하여 성불하는 문, 관법觀法을 통해 해탈을 성취하는 문, 다라니를 외어 업장을 소멸하여 이 몸 그대로 성불하는 즉신성불문卽身成佛門, 심오한 경전을 독송하여 자아를 개발하여 혜안慧眼이 열리는 간경문看經門, 오로지 염불하여 극락정토에 왕생하여 아미타부처님을 뵙고 무생법인無生法忍[433]을 증

---

[433] 無生法忍이란 일체법이 공하여 그 자체가 고유한 성질을 갖지 않고, 생멸변화를 넘어서 있음을 깨달아, 그 진리에 편안하게 머물며 마음이 흔들리지 않는 것을 말한다. 忍은 '참다, 견디어 내다'라는 뜻이 있는데, 여기서는 있는 그대로의 진리를 진리 그대로 받아들이는 것을 말한다. 무생법인에 대해서는 정토 관계 경전 및 여러 경전에 나타나는데, 여기서 두 가지만 보자.
『무량수경』에는 "아난아, 국토에 거주하는 인천이 이 나무를 보면 삼법인을 얻을 것이니, 첫째 음향인音響忍, 둘째 유순인柔順忍, 셋째 무생법인이다"라고 하였다. 『佛說無量壽經』권상(대정장 12, p.271상)

득하는 염불왕생문念佛往生門 등이 있다. 이와 같이 여러 문이 있는데,
이 가운데 가장 쉽게 들어갈 수 있는 문은 여러 선지식께서 말씀하신
'염불왕생문'이라고 하였다. 이를 참선과 비교하자면, 참선수행문은
자기의 본래면목을 참구하여 이를 밝게 깨쳐 본래 성품을 보는 것이다.
그러므로 참선은 순수 자력으로 노력하여 깨달음에 이르는 수행법으로
서 이를 어려운 길인 난행도難行道라 하였다. 그러나 염불수행문은
아미타불의 본원력本願力에 의지해서 깨달음을 얻어 정토에 왕생하여
궁극의 목적인 무생법인을 증득하는 것이다. 그러므로 염불문은 순수
타력에 의하여 깨달음에 이르는 수행법으로서 이를 쉬운 이행도易行道
라 하였다. 다음의 비유를 보자.

『염불경念佛鏡』에서 이르기를 "참선은 어린아이가 멀리 부모와 여행
을 갔다가 서로 헤어져 길을 잃고 헤매면서 어렵게 집을 찾아오는
것과 같고, 염불은 어린아이가 멀리 여행을 갔어도 부모가 길을 잘
알아 쉽고 안전하게 집을 찾아오는 것과 같다"[434]고 하였다. 여기서의

『화엄경』에서는 "불자여, 무엇을 보살의 무생법인이라고 하는가? 불자여, 이
보살은 아주 적은 법이라도 생겨나는 것이 있음을 보지 않고 또한 아주 적은
법이라도 멸하는 것이 있음을 보지 않는다. 무엇 때문인가? 생겨나는 것이
없으면 멸하는 것도 없고, 멸하는 것이 없으면 다하는 것도 없으며, 다하는
것이 없으면 티끌을 여의고, 티끌을 여의면 차별이 없으며, 차별이 없으면 머물
처소가 없고, 머물 처소가 없으면 고요하며, 고요하면 탐욕을 여의고, 탐욕을
여의면 조작함이 없으며, 조작함이 없으면 원하는 것도 없고, 원하는 것이 없으면
머묾도 없으며, 머묾이 없으면 가는 것도 없고 오는 것도 없다. 이것이 보살의
세 번째 무생법인이다"라고 하였다. 80권 『大方廣佛華嚴經』 권제44 「十忍品」(대
정장 10, p.232중)
[434] 이 비유는 道鏡과 善道가 지은 『念佛境』(대정장 47, pp.122~123)의 제2문 自力과

부모는 아미타불과 관세음보살과 대세지보살이요, 철모르는 어린아이는 우리 중생이다.

그러면 이와 같이 염불문에 의지하게 하는 근본적인 이유는 무엇일까? 그것은 지금의 우리는 오탁악세의 말법시대를 살아가는 중생이기 때문이다. 규기는 『대승법원의림장大乘法苑義林章』에서 "교법·수행·증과의 세 가지를 모두 갖추고 있으면 정법시대이고, 단지 교법과 수행만 갖추고 있으면 상법시대이고, 교법만 있고 나머지가 없으면 말법시대이다"[435]라고 하여 중생의 근기가 점차 약해져서 여래의 교법이 있어도 그것을 실행하고 증득하는 자가 없는 시기를 말법시대라고 하였다.

그래서 도작은 『안락집』권상에서 당시의 이러한 공사상에 집착한 교학자들을 꾸짖어 말하기를 "수많은 중생들이 행을 일으키고 도를 닦으나 아직까지 한 사람도 얻는 이가 없는 것은, 지금은 말법시대이고 현재가 오탁악세에 해당하기 때문이다. 그러나 오직 한 문이 있어

他力門에 설해져 있다. 내용은 다음과 같다. "비유하면 자력이란 마치 나이 어린 아이가 처음 세 살 때 집에서 나와 서울을 향하여 가는데 천리를 걸어야 하는 것과 같다. 어린아이에게 스스로 걸어서 서울까지 가 관직을 구하게 한다면 서울에 도달할 수 없다. 왜냐하면 어린아이기 때문이다. 다른 수행문도 이와 같이 다겁 동안 수고롭게 수행해야만 성취한다. 마치 어린아이처럼 자력으로 서울을 향하여 걸어가게 하여도 끝내는 도달할 수 없는 것은 자력이기 때문이다. 타력이란 마치 어린아이가 비록 나이는 적지만 부모나 코끼리 수레, 말 수레에 의지한다면 머지않아 서울에 도착하여 드디어 관직을 얻을 수 있는 것과 같다. 왜냐하면 타력이기 때문이다."

435 窺基撰, 『大乘法苑義林章』(대정장 45, p.344중) "具教行三證名爲正法 但有教行 名爲像法 有教無餘名爲末法."

242

가히 통하여 들어갈 수 있으니 바로 정토문이다"[436]라고 하였다.

이 말은 곧 현재 말법시대를 살아가는 범부들에게는 공리空理에 입각한 무상無相과 무생無生의 이치를 체득할 수 없기 때문에 가히 들어갈 수 있는 문은 오직 정토문뿐이라는 것이다. 또 도작은 시기에 관해서 다음과 같이 말한다.

지금 시대의 중생을 헤아려 보건대 부처님이 세상을 떠나신 후 네 번째 오백 년이 된다. 바로 참회하고 복을 닦으며 마땅히 부처님의 명호를 불러야 할 때이다. 만약 일념으로 아미타불을 부르면 곧 능히 팔십억겁의 생사죄를 소멸할 수 있다. 일념이 이미 그렇거늘, 하물며 항상 염을 닦으며 이와 같이 항상 참회하는 사람임에랴.[437]

위의 네 번째 오백 년은 부처님께서 입멸하신 후 이천 년으로, 곧 말법시기임을 도작은 자각한 것이다. 그러므로 이러한 시기에는 참회하고 복을 닦으며, 마땅히 부처님께 귀의하여 부처님의 명호를 부르는 염불을 해야 한다고 강조하는 것이다. 이러한 시기를 자각한 참회의식 속에 도작의 말법관에 의한 염불사상이 잘 나타나고 있다. 그러면 이제 염불의 생인설生因說과 그 전개과정을 살펴보기로 하자.

---

436 道綽撰, 『安樂集』권상(대정장 47, p.13하) "我末法時中 億億衆生起行修道 未有一人得者 當今末法 現是五濁惡世 唯有淨土一門 可通入路."

437 道綽撰, 『安樂集』권상(대정장 47, p.4중) "計今時衆生 卽當佛去世後第四五百年 正是懺悔修福後稱佛名號時者 若一念稱阿彌陀佛 卽能除卻八十億劫生死之罪 一念旣爾 肉修常念 旣是恆懺悔人也."

정토왕생 염불사상이 발생한 원인은 원시불교의 생천사상生天思想이 바탕이 되어 발생했다고 볼 수 있다. 이러한 근거는 소승불교의 해탈관解脫觀에서 나타나고 있다. 소승불교의 해탈관은 성문사과聲聞四果의 계위 가운데 최후의 도달처인 아라한과를 증득하는 것이다. 이 아라한과가 해탈의 자리로서 곧 생천의 자리가 된다. 그래서 부처님께서는 제자들에게 생천을 원하는 수행 방법으로 염불을 닦도록 설하신 것을 볼 수가 있다. 염불수행에 대하여 『증일아함경』 「광연품廣演品」에서는 다음과 같이 설한다.

이때 세존께서 비구들에게 이르시길 "마땅히 한 법을 수행하고, 마땅히 한 법을 널리 펴야 한다. 한 법을 수행하면 문득 명예가 있고 큰 과보를 성취하여 온갖 선이 두루 모이고, 단 이슬 맛을 얻어 무위처無爲處에 이르게 될 것이다. 그리고 곧 신통을 이루고 온갖 어지러운 생각을 버리고, 사문과沙門果를 얻어 스스로 열반을 얻을 것이다. 어떤 법을 한 법이라 하는가? 이른바 부처님을 생각하는(염불) 것이다.[438]

이와 같이 세존께서는 모든 비구들에게 염불을 수행하여 무위처無爲處에 도달하라고 가르치신다. 여기서 사문과沙門果는 사향사과四向四果를 얻는 것이고, 무위처는 곧 해탈열반의 세계에 드는 것을 의미한다. 또 같은 경 제32권 「역품力品」에서는 염불로 천상에 태어나는 것에

---

[438] 『增壹阿含經』(대정장 2, p.554상) "聞如是 一時佛在舍衛國祇樹給孤獨園 爾時世尊告諸比丘 當修行一法當廣布一法 已修行一法便有名譽 成大果報諸善普至 得甘露味至無爲處 便成神通除諸亂想 逮沙門果自致涅槃 云何爲一法 所謂念佛."

대하여 다음과 같이 설한다.

또한 중생이 몸과 입과 뜻으로 악을 행하였지만, 그가 만약 목숨을
마칠 때에 여래의 공덕을 생각하면 세 갈래 나쁜 길을 여의고 천상에
태어날 수가 있다. 아무리 지독한 악을 지은 사람이라도 천상에 태어날
수가 있다.[439]

또 『장아함경』「유행경遊行經」에서는 육념六念에 대해 다음과 같이
설한다.

부처님께서 비구에게 이르셨다. "다시 여섯 가지 불퇴법이 있다. 이것
은 법을 증장시키어 손실이 없게 한다. 첫째는 염불이고, 둘째는 염법이
고, 셋째는 염승이고, 넷째는 염계念戒이고, 다섯째는 염시念施이고,
여섯째는 염천念天이니라. 이 육념六念을 닦으면 법이 증장되고 손실이
없을 것이다."[440]

부처님은 이와 같이 생천을 위하여 염불할 것을 당부하셨다. 이
생천을 위한 염불이 발전하여 불법승 삼보를 생각하는 삼념三念이
생겨나게 되었고, 이 삼념이 발전하여 계율을 지키는 염계와 보시의

---

439 위의 책(대정장 2, p.725상중) "復次衆生身口意行惡 彼若命終憶如來功德 離三惡
趣得生天上 正使極惡之人得生天上."

440 『長阿含經』(대정장 1, p.12상) "佛告比丘 復有六不退法 令法增長無有損耗 一者念
佛 二者念法 三者念僧 四者念戒 五者念施 六者念天 修此六念 則法增長無有損耗."

공덕을 생각하는 염시와 장차 태어날 곳을 생각하는 염천이 더하여져 육념六念으로 발전하였고, 이 육념이 더욱 발전하여 십념十念 등의 염불법이 설해졌다고 볼 수 있다. 이러한 생천을 위한 염불사상은 점차 발전하여 이 천상의 세계가 훗날 아미타불의 정토에 극락왕생하기 위한 바탕이 된 것이다. 결국 이러한 사상들은 정토삼부경의 핵심사상인 염불念佛왕생사상, 문명聞名왕생사상, 칭명稱名왕생사상을 낳게 하는 기반이 되었다고 할 수 있다.

정토사상은 앞에서 언급한 바와 같이 모든 중생은 본래가 평등하다는 대승불교(불멸후 4~500년경)의 근본사상인 '일체중생 실유불성一切衆生實有佛性'의 가르침에 따라 출발하였다. 즉 일체의 중생은 누구라도 성불할 수 있다는 가능성을 믿으며 스스로 자기를 돌이켜 반성하고, 결국엔 윤회를 해야 하는 괴로운 삼계보다는 영원히 윤회하지 않고 안락만이 있는 이상의 세계를 동경하고 추구하기에 이르게 되었는데, 정토사상은 이러한 관념에 고취되어 필연적으로 발생하게 된 것이다. 그러나 이와 같이 정토문은 열리었는데도 오탁악세의 현실세계에서 스스로의 나약한 힘으로는 들어가기가 어렵다는 것을 자각하기에 이르게 되었다. 그래서 자연히 아미타불의 본원력을 믿고 귀의하는 발원신앙이 이루어지게 되었다.

이러한 관념의 기반 아래 훗날 대승불교의 경전인『반야경』・『법화경』・『화엄경』 등에는 정토신앙이 바탕에 스미어 표현되고, 정토삼부경 등의 순수정경전이 성립되면서 정토염불신앙은 하나의 교파로서 성립되었다. 위에서 보았듯이 정토염불관은 대승불교 이전서부터 염불念佛・염불念法・염승念僧이 설해졌고, 원시 근본불교와 부파불교 시

대에 이미 수행자들은 기본적으로 오정심관五停心觀[441]을 닦았다. 그
가운데 업장이 두터운 자에게는 불상관佛相觀을 닦게 하였다. 처음의
염불은 관법의 한 형식으로 닦았는데, 그 신앙의 대상으로 부처님을
염관念觀하게 하였다. 이러한 관법 형식의 염불법은 『관불삼매경觀佛三
昧經』[442]에 잘 나타나고 있다. 이 경의 제10권 「염칠불품念七佛品」과
「염시방불품念十方佛品」에서는 과거칠불과 시방의 모든 부처님을 염하
는 것을 밝히고 있다. 또한 제9권 「본행품本行品」에 보면 동서남북에
상주하는 사방사불四方四佛도 등장한다. 경설을 보면,

---

441 오정심관은 邪心을 정지하는 다섯 가지 관법을 의미하는데, 『天台四敎儀』(대정장
46, p.776하)에서는 다음과 같이 설명한다. "一 탐욕이 많은 중생은 부정관을
하고, 二 화를 잘 내는 중생은 자비관을 하고, 三 산만한 중생은 수식관을 하고,
四 아주 어리석은 중생은 인연관을 하고, 五 장애가 많은 중생은 염불관을
하는 것이다."

442 『觀佛三昧經』은 관불삼매에 住하여 해탈을 얻는 방법을 가르친 경전으로서,
부처님을 염관하기 위해서는 어떻게 수행해야 하는지를 자세히 설명하고 그
수승한 공덕 등을 부연 설명하고 있다. 『관불삼매경』은 대승경전인 『정토삼부경』
가운데 하나인 『관무량수경』과도 밀접한 관계가 있다. 이 두 경전은 구성, 대상,
용어, 형식, 목적, 방법, 성격 등 그 설하고자 하는 내용도 유사하다. 특히 그
관상 방법의 동일성과, 두 경전이 다 같이 시방제불의 관견觀見을 의미하는
염불삼매를 목표로 하고 있다는 것이다. 『관무량수경』에 대해 『관불삼매경』은
모든 부처님의 관상을 취급하고 더구나 그것은 석가모니부처님을 예상한 것이다.
따라서 특정의 부처님을 취급한다고 하더라도 過去七佛, 四方四佛, 十方十佛이
며, 왕생도 미륵정토 혹은 十方淨土에 왕생하는 것이다. 이 경은 도작(562~645)의
『안락집』과 선도(613~681)의 『관념법문』 등에 依用되어 있으며, 선도의 제자
懷感의 『釋淨土群疑論』에서는 『관불삼매경』 중의 내용 일부를 정토교 참회법의
일종으로 받아들이고 있는 등 정토교에서는 상당히 중요한 경전으로 취급하고
있다. 불교신문사편, 『佛敎經典의 理解』(불교시대사, 1997), pp.214~221 참조.

동방에 나라가 있으니 나라 이름이 묘희이고, 저 국토에 부처님께서 계시니 이름은 아촉이며 제1 비구였느니라. 남방에 나라가 있으니 나라 이름이 환희이고, 부처님 이름은 보상이니 곧 제2 비구였느니라. 서방에 나라가 있으니 나라 이름은 극락이요, 부처님 이름은 무량수이니 제3 비구였느니라. 북방에 나라가 있으니 나라 이름은 연화장엄이요, 부처님 이름은 미묘정이니 제4 비구였느니라.[443]

라고 설하고 있다. 이와 같이 이 경전에서는 한 부처님만을 염관念觀하는 것이 아니라 사방에도 각 부처님이 계시므로 여러 부처님 가운데 근기에 따라 선택하여 염관하라고 하였다. 이러한 설이 바탕이 되어 앞에서 언급한 제불정토설의 원류가 되었고, 이 설은 대승경전의 초기인 서기 1세기부터 2세기 초반까지 교설되기 시작하였으며, 그 사이에 정토삼부경과 같은 순전한 미타정토의 경전이 출현하게 되었다. 따라서 이 시기로부터 대승불교의 선양자들이 등장하여 염불왕생을 수행하고 권장하게 되었다. 그러면 그 전개 과정과 사상들을 살펴보기로 한다. 먼저 인도의 가장 유명한 불교시인이라고 평가되는 마명은『대승기신론에서 다음과 같이 논하였다.

중생이 처음으로 이 법을 배우는 사람이 바른 믿음을 구하고자 하나 그 마음이 겁약한 이는 이 사바세계에 머물러서 스스로 능히 항상

---

[443] 『觀佛三昧海經』(대정장 15, p.689상) "東方有國 國名妙喜 彼土有佛 號曰阿閦 卽第一比丘是 南方有國 國名曰歡喜 佛號寶相 卽第二比丘是 西方有國, 國名極樂 佛號無量壽 第三比丘是 北方有國 國名蓮華莊嚴 佛號微妙聲 第四比丘是."

모든 부처님을 만나 친히 받들어 공양하지 못할까 두려워하며 이르되, 신심을 가히 성취하기 어렵다 하여 생각을 뒤로 물러서는 사람은 마땅히 알라. 여래께서 수승한 방편이 있어 신심을 섭호하여 이르시기를 "뜻을 오로지하여 부처님을 염하는 인연으로 원에 따라 타방의 부처님 국토에 태어나 항상 부처님을 친견하여 길이 악도를 여읜다"고 하였고, 저 수다라에 설하신 것과 같이 "만약 사람이 오로지 서방극락세계의 아미타불을 염하여 닦은 바 선근을 회향하여 저 세계에 나기를 원하면 곧 왕생함을 얻는다"고 하셨느니라. 항상 부처님을 친견하는 까닭으로 마침내 물러남이 없으며, 만약 저 부처님의 진여법신을 관하여 항상 부지런히 수습하면 필경에 왕생하여 정정正定에 머문다.[444]

이처럼 신심을 가지고 뜻을 오로지하여 아미타불을 염하면 반드시 왕생하여 정정취正定聚에 머문다고 하였다. 또한 앞에서 언급한 바와 같이 용수는 『십주비바사론』「이행품」에서 "육지의 길로 걸어가면 고생이 되고, 물의 길로 배를 타면 즐거운 것처럼 보살의 길도 그러하여 부지런히 행하며 힘써 나아가는 것이 있기도 하고, 혹은 믿음의 방편으로써 쉽게 가서 아유월치에 빨리 이르는 것이 있기도 하다"[445]고 하여

---

444 馬鳴撰, 『大乘起信論』(대정장 32, p.583상) "衆生初學是法 欲心正信其心怯弱 以住於此娑婆世界 自畏不能常值諸佛親承供養 懼謂信心難可成就意欲退者 當知如來有勝方便攝護信心 謂以專意念佛因緣 隨願得生他方佛土 常見於佛永離惡道 如修多羅說 若人專念西方極樂世界阿彌陀佛 所修善根廻向願心生彼世界 卽得往生 常見佛故終無有退 若觀彼佛眞如法身 常勤修習畢竟得生住正定."
445 龍樹撰, 『十住毘婆沙論』(대정장 26, p.41중) "佛法有無量門 如世間道有難有易 陸道步行則苦 水道乘船則樂 菩薩道亦如是 或有勤行精進 或有以信方便易行疾

왕생하는 데 있어서 자력수행으로는 가기 어렵고 아미타불의 원력에 의지하여 가는 타력수행은 쉽다는 난이이도難易二道를 설명하였다. 또한 세친은 『왕생론』에서,

만약 선남자 선여인이 오념문을 닦아 성취하면 필경에는 안락국토에 태어나 저 아미타부처님을 친견할 수가 있다. 어떤 것이 오념문인가. 첫째는 예배문이요, 둘째는 찬탄문이요, 셋째는 작원문이요, 넷째는 관찰문이요, 다섯째는 회향문이다.[446]

라고 논하여 이 오념문을 닦아 성취한 사람은 반드시 안락국토에 태어나 아미타불을 친견할 수 있다고 하면서 극락세계로의 왕생을 권하였다. 이와 같이 인도의 논사들은 염불왕생사상을 고취하여 정토문을 열기 시작했다. 그러나 이때까지는 어느 특정한 학파나 교파로 발전하여 형성되지는 못하였고, 이 염불사상이 중국으로 전래되면서부터 정토교가 성행하게 되었다. 앞에서 언급했지만 중국으로 전래된 정토염불사상은 대표적으로 혜원, 담란, 도작, 선도 등의 논사들에 의해서 연구되고 선양되어 마침내 한 교파로 성립한 것이다.

여산 혜원은 중국 정토교의 시조이다. 혜원의 전기에는 그의 문하에 모여들어 염불결사한 승려가 123명이라고 하였다. 이것이 그 유명한

至阿惟越致者."

446 婆藪槃豆菩薩造, 『無量壽經優波提舍願生偈』(대정장 26, p.231중) "若善男子善女人 修五念門成就者 畢竟得生安樂國土 見彼阿彌陀佛 何等五念門 一者禮拜門 二者讚歎門 三者作願 四者觀察門 五者廻向門."

'백련사염불결사白蓮社念佛結社'이다. 『낙방문류樂邦文類』에 나오는 유
유민劉遺民의 「여산백련사서문廬山白蓮社誓文」에는 다음과 같이 그 뜻
을 발하였다.

이제 다행히 이런저런 생각을 내지 않고 많은 사람이 마음을 하나로
하여 서방 경계에 마음을 두고, 편을 두드리고 믿음을 열어 밝은 뜻을
발합니다.[447]

이처럼 백련결사에 참여한 사람들은 아미타불상 앞에 모여 단을 차리
고 일심으로 전심염불專心念佛하여 왕생의 서원을 굳게 결의하였다.
또한 담란은 사론四論의 학자로서 용수, 구마라집, 승조로 이어진
반야적인 공관空觀사상의 영향을 받아 공관적인 기초 위에서 정토사상
을 피력한 논사이다. 담란은 『왕생론주往生論註』의 서두에서 용수의
『십주비바사론』에 있는 난이이문難易二門을 인용하여 나름대로의 교
판론을 성립시켰다.
한편, 도작은 정토왕생의 행업으로 칭명염불을 중시하였는데, 이는
그의 말법관末法觀에 의한 염불관이다. 그래서 도작은 『안락집安樂集』
권상에서 지금 이 시기에는 "참회하고 복을 닦으며 마땅히 부처님의
명호를 불러야 할 때이다"[448]라고 하여 참회적인 염불을 매우 중요시하
여 이를 강조하고 있다. 이러한 참회관의 근원에는 근본적으로 말법관
이 깔려 있음을 볼 수 있다.

---

447 『樂邦文類』(대정장 47, p.176상) "今幸以不謀而僉心西境 叩篇開信 亮情天發."
448 道綽撰, 『安樂集』 권상(대정장 47, p.4중) "懺悔修福後稱佛名號時者."

또한 선도는 중국의 정토교를 대성시킨 사람으로서 그의 염불사상은
담란과 도작의 영향을 받았는데, 특히 그의 스승 도작의 말법관에
의해 심신深心 가운데 신기信機[449]를 자각하는 염불을 주장하였다.
다시 말해 염불하는 사람은 "본인 스스로가 말법시대에 태어난 죄악의
범부, 번뇌구족의 범부, 근기하열의 범부, 생사를 윤회하는 범부"[450]임
을 깊이 안으로 성찰(內省)해야 한다는 것이다. 그래서 선도는 이
내성에 의한 지계, 참회를 근본으로 한 칭명염불을 주장하였다. 선도대
사의 발로참회發露懺悔 한 구절을 살펴보자. 그는 『왕생예찬』에서 다음
과 같이 발원하고 있다.

귀의하여 시방의 부처님께 참회하옵나니, 원하옵건대 일체 모든 죄의
뿌리를 멸하여 주옵소서. 닦은바 선을 나와 남이 함께 안락국에 왕생하
는 원인(因: 인지의 수행)이 되도록(作) 회향합니다. 항상 원하옵건대
일체 임종 시에 수승한 반연과 수승한 경계가 다 현전하게 하여 주시고,
아미타 대비주大悲主와 관음, 세지, 시방존을 친견하기를 원하오며,

---

449 信機는 두 가지 깊은 믿음(二種深信) 가운데 하나이다. 이종신심은 신기信機와
신법信法을 말한다. 이는 선도가 『관경사첩소』 제4권 「散善義」에서 말한 신앙고
백이다. 즉 자신은 죄업이 깊고 무거우며 무시이래로부터 세계에서 윤회를
그치지 아니한 어리석은 자임을 깊이 믿으며, 아울러 반드시 아미타불의 본원에
의지해야만 비로소 구원을 얻을 수 있음을 깊이 믿는 고백을 말한다. 앞의
말은 자신의 근기를 깊이 믿는 것으로 信機라고 하고, 뒤의 말은 법을 깊이
믿는 것으로 信法이라 한다. 이 두 가지는 모양은 둘이나 사실은 한가지로
통한다. 『불광대사전』, p.233中.
450 善導集記, 『觀無量壽經疏』 권제4(대정장 37, p.271상) "一者決定深信自身現是罪
惡生死凡夫 曠劫已來常沒常流轉 無有出離之緣."

우러러 원하옵건대 신령스런 광명의 손으로 가피를 내리시어 섭수하시고 부처님의 본원을 입어 저 국토에 태어나게 하여 주시옵소서.[451]

이와 같이 선도도 참회염불관을 강조하며 이를 널리 홍포하여 중국의 정토교를 대성시킨 것이다.[452] 선도 외에도 국청사 지의, 가상사 길장, 가재, 회감 등의 논사들이 정토를 연구하고 선양하여 마침내 중국의 정토교가 성립되었다.[453]

이러한 원류를 지닌 정토염불사상과 신앙은 한국과 일본 등지에 전파되었다. 이상과 같이 염불생인설과 그 의의에 대해 살펴보았다.

2. 염불의 종류와 특성

염불(buddha-manasikāra)은 부처님을 억념憶念하는 것으로 부처님의 공덕이나 모습(相)을 마음에 떠올리는 것이다. 이 염불의 '염念'은 불교 사전에 보면 산스크리트어로 Smṛti, Smsraṇa, manasi-kāra, atarkika,

---

451 善導撰,『往生禮讚偈』(대정장 47, p.440중) "南無懺悔十方佛 願滅一切諸罪根 今將久近所修善 回作自他安樂因 恆願一切臨終時 勝緣勝境悉現前 願睹彌陀大 悲主 觀音勢至十方尊 仰願神光蒙授手 乘佛本願生彼國."

452 위 諸論師의 염불관에 대한 서술은 이태원 저,『염불의 원류와 전개사』(운주사, 1998) pp.287~465 참조.

453 정토종의 주요 논서는 다음과 같다. 세친의『정토론(무량수경우바제사)』1권(대 정장 26), 담란의『왕생론주』2권(대정장 40), 도작의『안락집』2권(대정장 47), 선도의『관경사첩소』4권(대정장 37)·『법사찬』2권(대정장 47)·『관념법문』1권 (대정장 47)·『왕생예찬』1권(대장장47)·『반주찬』1권(대정장 47) 등이다.

citta, kṣama 등이라 하고 있다. 그러나 일반적으로 '염'이라고 하면 억념 또는 작의作意 등의 의식작용으로 사용되고 있다. 이를 한자로 관념觀念, 심념心念, 사념思念, 억념憶念, 칭념稱念 등이라 번역하고 있다. 따라서 이를 의역하면 '염불'은 부처님을 항상 마음에 간직하는 것, 생각하는 것, 떠올리는 것이라고 정의할 수 있다. 또한 염불을 육념六念의 하나로 보는 경우도 있다. 육념은 앞의 『장아함경』에서 보았듯이 염불, 염법, 염승, 염계, 염시, 염천을 말한다.

이와 같이 여러 가지 술어로 표현되는 것은 염해야 하는 대상인 부처님의 개념에 여러 가지 의미가 있기 때문에, 경우에 따라 용어도 여러 가지로 나타나는 것이라고 본다. 즉 부처님의 실상實相과 상호相好를 대상으로 할 경우에는 관념염불觀念念佛이 되고, 부처님의 명호를 대상으로 할 경우에는 칭명염불稱名念佛이 되고, 부처님의 본원을 대상으로 할 경우는 억념염불憶念念佛이 되는 것이다.[454] 그러면 여기서 염불의 종류를 살펴보기로 하자.

염불은 크게 두 가지로 나눌 수 있다. 위에서 보았듯이 하나는 부처님의 모습이나 공덕을 마음속으로 떠올리거나 생각하는 관념염불이고, 또 하나는 마음속으로 생각한 부처님의 명호를 오직 입으로 외우는 칭명염불이다. 그런데 염불하는 사람의 근기와 그 대상에 따라 여러 가지 종류로 나누어지고 있다. 이 염불의 종류에 대해 태원스님은 다음과 같이 정리하였다. 즉 염불의 종류는 크게 두 가지로 나누어지는데, 정토교 경전에 바탕을 둔 아미타부처님에 대한 염불이 하나이고,

---

454 이태원 저, 앞의 책, p.65 참조.

다른 하나는 기타 염불하는 대상에 따른 다양한 염불이라고 규정짓고
있다. 여기서 전자는 아미타부처님에 대한 염불이므로 정토염불로
규정짓는다고 하였다. 여기서 각 종류별로 분류하되 자세한 설명은
참고문헌[455]을 참조하기로 하고, 여기서는 염불의 명칭과 그 수행법을
살펴보고자 한다.

1) 정토왕생을 위한 염불

정토왕생을 위한 염불로는 ① 칭명염불稱名念佛, ② 관상염불觀像念佛,
③ 관상염불觀想念佛이 있다. 칭명염불은 아미타부처님의 명호를 입으
로 또박또박 부르는 것이다. 이 칭명염불은 다시 여러 가지로 분류할
수 있는데, 예를 들자면 큰 소리를 내어 염불하면 고성염불, 작은
소리로 염불하면 저성염불, 입술만 움직이고 소리를 내지 않으면 묵념
염불이다. 그러나 이러한 분류는 수행법에 따른 분류이고, 이 모두는
칭명염불에 해당된다. 관상염불觀像念佛은 부처님을 입으로 칭명하면
서 앞에 모셔진 부처님의 원만한 상호를 관하는 것이고, 관상염불觀想念
佛은 부처님의 수승한 공덕이나 극락세계의 여러 가지 장엄한 모습을
마음속으로 떠올리면서 염불하는 것이다. 여기에 대해 경전의 내용과
대비하여 좀 더 살펴보면 다음과 같다.

① 칭명염불

칭명염불은 말 그대로 부처님의 이름을 부르는 것이다. 이 칭명염불은

특히 정토삼부경에서 강조하고 있다. 『아미타경』을 보면,

　만일 선남자 선여인이 아미타불의 이름을 듣고 그 이름을 마음속으로
　간직(執持名號)하고 외우기를 하루나 이틀, 사흘, 나흘, 닷새, 이레
　동안 한결같은 마음으로 염불하여 마음이 조금도 흐트러지지 아니하
　면, 그 사람이 목숨을 마치려 할 때에 아미타불이 여러 거룩한 제자들과
　함께 그 앞에 영접하러 오실 것이다[456]

라고 하였다. 위의 경설에서 '집지명호'가 나오는데 이 말은 신심을
금강과 같이 하여 마음을 흐트러지지 않게 하여 부처님의 이름을 잊지
말라는 뜻이라고 풀이할 수 있다.[457] 위에서 칭명염불을 강조한 부분이
"한결같은 마음으로 염불하여 마음이 조금도 흐트러지지 아니하면(一
心不亂)"이라고 한 것은, 바로 다른 작은 선근 복덕을 마음에 두지
말고 오로지 아미타불을 칭명하라는 것을 말한다. 또한 하루 내지
칠 일간이라고 한 것은 평생을 계속하라는 의미라고 본다.[458] 다음으로

---

[456] 『佛說阿彌陀經』(대정장 12, p.347중) "若有善男子 善女人 聞說阿彌陀佛 執持名
　　號 若一日 若二日 若三日 若四日 若五日 若六日 若七日 一心不亂 其人臨命終時
　　阿彌陀佛與諸聖衆現在其前."

[457] 이에 대하여 태원스님은 해석하기를, 『아미타경』의 왕생행도는 아미타불의
　　명호와 공덕, 정토장엄에 대한 이야기를 듣고 우러나는 왕생을 바라는 마음,
　　즉 欲生心에다 근본 바탕을 두고 他想雜念이 없이 일심불란하게 하는 것이
　　'집지명호'라고 하였다. 이 심식작용의 염불, 즉 '집지명호'가 多善根 복덕인연이
　　되어 왕생하게 되는 것이다. 이태원, 『念佛의 源流와 展開史』(운주사, 1998)
　　p.163 참조.

[458] 여기에 대하여 태원스님은 이 期日念佛思想은 염불을 하게 하기 위한 하나의

『무량수경』에서는 아미타불의 48원 가운데 제18원 '염불왕생원'에서 칭명염불을 강조하고 있다.

만약 내가 부처를 이룰 적에 시방 세계 중생들이 내 나라에 태어나기 위해 지극한 마음으로 신심과 환희심을 내어 내 이름을 내지 십념하여 내 나라에 태어날 수 없다면 부처를 이루지 않겠나이다.[459]

이 제18원의 십념염불에 대해서는 많은 논사들의 연구가 있어 왔다. 다음으로 『관무량수경』에서는 하품하생下品下生하는 사람을 위하여,

그대가 만약 부처님을 생각할 수 없으면 마땅히 무량수불을 불러서 귀명하라. 이렇게 지극한 마음으로 소리가 끊어지지 않게 십념을 구족하여 나무아미타불을 부르면, 부처님의 명호를 부른 까닭에 일순간에 팔십억겁 동안의 생사의 죄가 없어진다.[460]

라고 하였다. 이와 같이 정토삼부경에서는 칭명염불을 강조하고 있다.

방편으로 아미타불을 念하는 사상이 발전하면서 형성된 것이라고 본다고 하고, 이와 같은 期日念佛思想은 우리나라에 많은 영향을 주어 萬日念佛·千日念佛·百日念佛·四十九日念佛·二十一日念佛 등 일수를 정해 염불하는 期日念佛로 발전되었다고 하였다. 이태원, 위의 책 p.165 참조.

459 『佛說無量壽經』 권상(대정장 12, p.268상) "設我得佛 十方衆生至心信樂 欲生我國 乃至十念 若不生者不取正覺 唯除五逆誹謗正法."

460 『觀無量壽經』(대정장 12, p.346상) "汝若不能念彼佛者 應稱歸命無量壽佛 如是至心令聲不絶 具足十念稱南無阿彌陀佛稱佛名故 於念念中 除八十億劫生死之罪."

② 관상염불觀像念佛

관상염불觀像念佛은 단정하게 앉아서 한 마음 한 뜻으로 아미타불의 불상이나 탱화 등을 보고 생각하는 것이다. 이 관상염불법에 대해서는 앞의 극락장엄의 고찰에서 살펴본 바와 같이, 『관무량수경』의 여덟째의 관법인 상상관像想觀처럼 금색의 불상이 연화좌에 앉아 있고 관음·세지 두 보살상이 좌우에서 시립하여 제각각 금색광명을 비춘다고 관하는 것과 열째의 관법인 관음관처럼 아미타불의 협시보살인 관세음보살의 진실한 색신을 관하는 것, 열한째의 관법인 세지관처럼 아미타불의 협시보살인 대세지보살의 색신을 관하는 것, 열셋째의 관법인 잡상관처럼 1장 6척의 아미타불상이 연못 위에 있고, 혹은 대신大身이 허공에 가득하다고 관하는 것 등이다.

이 관상염불觀像念佛은 칭명염불과 반대되는 개념 같지만 사실상은 하나가 되어야 한다. 왜냐하면 오직 입으로만 칭명한다 해서 눈을 감고 염불하는 것은 아니기 때문이다. 즉 눈으로 관음·세지보살이 광명을 놓아 내 몸을 비추어주는 것을 관상觀像하면서 입으로 칭명염불을 하는 것이다. 이 관법이 익숙해지면 앞에 불상이 없어도 마음속으로 원만한 상호를 떠올릴 수가 있다.

③ 관상염불觀想念佛

관상염불觀想念佛은 고요히 앉아서 순수한 그대로의 마음(純一心)으로 부처님의 거룩하고 성스러운 모습(相好)과 공덕을 보고 생각하는 것이다. 이것은 앞의 관상觀像염불법보다 한 단계 위라고 할 수 있다. 왜냐하면 이 관법은 눈으로 보는 것이 아니라 마음으로 관해야 되기 때문이다. 이 관법도 『관무량수경』의 첫째 관법인 일상관日想觀처럼 서방을 향하여 정좌하고 마음을 오로지하여 태양이 극락세계에 떨어진다고 생각하며 극락세계를 관하는 것과 둘째의 관법인 수상관水想觀처럼 극락세계가 맑은 물이나 투명한 얼음처럼 영롱한 유리로 되었다고 관하는 것, 셋째의 관법인 지상관地想觀처럼 극락세계는 금강과 칠보로 장엄된 금당이 유리로 된 땅을 지탱하고 있으며, 극락세계의 땅(地相)은 황금과 갖가지 보배로 장엄되어 있고, 그 보배마다 제각각 오백 가지의 빛이 빛난다고 관하는 것이다. 또 넷째의 보수관寶樹觀처럼 극락세계는 일곱 겹의 가로수가 늘어서 있고, 가로수마다 칠보의 꽃과 잎이 골고루 갖추어져 있으며, 꽃과 잎마다 기이한 색깔이 빛나고, 또 낱낱의 나무 위에 일곱 겹의 보배 그물이 있다고 관하는 것이다. 또 다섯째의 보지관寶池觀처럼 극락세계에는 팔공덕수가 흐르고, 낱낱의 물속에는 60억 개나 되는 칠보로 된 보련화가 피어 있으며, 마니수가 그 사이를 흐르면서 묘법妙法을 연설하고, 백 가지 보배로운 빛깔이 나는 새가 항상 염불·염법·염승을 찬탄한다고 관하는 것이다. 또 여섯째의 보루관寶樓觀처럼 극락세계에는 500억의 보루가 있고 그곳에서 한량없는 천신들이 기악을 연주하고, 또 악기가 허공에 매달려서 저절로 연주된다고 관하는 것이다. 또 일곱째의 화좌관華座觀처럼 아미타불과 관음·세지 두 보살이 앉은 연화좌를 관하는 것이다. 또 여덟째의 보관普觀처럼 자신이 극락에 왕생하여 연화에 결가부좌하고, 연화가 필 때에는 오백 가지 빛이 자신을 비추고 불보살이 허공에 가득하다고 관하는 것 등이다.

이와 같이 관상염불觀想念佛은 극락의 장엄과 그곳에 계시는 불보살을 순수하게 마음으로만 관하는 수행법을 말한다. 이 수행법은 앞의 두 수행법보다 훨씬 어려운 수행법이다. 그런데 이 수행법이 숙달된다면 신구의 삼업을 모두 맑히는 수행법이 되는 것이다. 즉 첫째의 칭명염불은 입을 맑히고, 둘째의 관상염불觀像念佛은 눈을 맑히고, 셋째의 관상염불觀想念佛은 마음을 맑혀주는 염불인 것이다. 그런데 이 세 가지는 사실상 동시에 수행되어야 한다고 본다. 왜냐하면 우리 육근六根은 조금만 다른 경계에 부딪치면 곧 산란해져 다른 경계에 물들어버리기 때문이다. 그러나 이것은 필자의 개인적인 생각이고, 위의 설들은 각각의 근기에 따라 수행법을 분류한 것으로 보아야 한다.

2) 부처님 위치에 따른 염불

부처님 위치에 따른 염불로는 ① 색신염불色身念佛, ② 법신염불法身念佛, ③ 실상염불實相念佛, ④ 십호염불十號念佛이 있다. 이 염불들은 용수의 『십주비바사론』의 설에 근거하여 제시한 것이다.

① 색신염불

색신염불色身念佛은 『십주비바사론』 「염불품」에서 설한 "전심으로 모든 부처님의 상호를 취하여 억념"[461]하는 것을 말한다.

② 법신염불

법신염불法身念佛은 『십주비바사론』 「사십불공법품四十不共法品」에서 설한 "보살은 이와 같이 32상 80종호로써 부처님의 몸을 염하고

---

461 龍樹撰, 『十住毘婆沙論』 「念佛品」(대정장 26, p.68하) "專心憶念取諸佛相."

나서 이제 마땅히 부처님의 모든 공덕의 법을 염해야 한다. 소위 또 마땅히 40불공법으로써 부처님을 염하라. 모든 부처님의 법신은 다만 육신이 아니기 때문이다. …… 만약 사람이 이를 염하면 곧 환희를 얻는다. 왜냐하면 모든 부처님은 색신이 아니고 법신이기 때문이다"[462] 라는 설을 근거로 하여 이를 법신염불이라 하였다.

③ 실상염불

실상염불實相念佛은 『십주비바사론』 「조염불삼매품助念佛三昧品」에 서 설한 "색신에 집착하지 않고 법신에도 집착하지 않아 능히 일체법을 알아서 영원히 고요함을 허공과 같이 해야 한다. 이 보살은 상세력上勢力 을 얻어 색신불이나 법신불에도 탐착하지 않는다. 왜냐하면 공법空法을 믿고 바라기 때문에 모든 법이 허공과 같은 줄 알기 때문이다. 허공이라 고 하는 것은 장애가 없기 때문이다"[463]라는 설을 근거로 하여 실상염불 이라 하였다.

④ 십호염불

십호염불十號念佛은 같은 책 「조염불삼매품」에서 설한 "신발의보살新 發意菩薩은 마땅히 십호의 묘상妙相으로써 염불해야 한다는 것은 설한

462 龍樹撰, 『十住毘婆沙論』 「四十不共法品」(대정장 26, p.71하) "菩薩如是以三十二 相八十種好念佛生身已 今應念佛諸功德法 所謂 又應以四十不共法念佛 諸佛是 法身 非但肉身故 …… 若人念者則得歡喜 何以故 諸佛非是色身 是法身故."
463 龍樹撰, 『十住毘婆沙論』 「助念佛三昧品」(대정장 26, p.86상) "不染著色身 法身亦 不著 善知一切法 永寂如虛空 是菩薩得上勢力 不以色身法身深貪著佛 何以故 信樂空法故 知諸法如虛空 虛空者無礙故."

바와 같다. 신발의보살은 십호 묘상으로써 염불하면 잃어버리지 않는
것이, 마치 거울 속에 나타난 모습을 보는 곳과 같다. 십호 묘상이란
이른바 여래·응공·정변지·명행족·선서·세간해·무상사·조어장부·
천인사·불세존이다"⁴⁶⁴라는 설을 근거하여 십호염불이라고 설명하
였다.

3) 부처님의 덕과 대상에 의한 염불

부처님의 덕과 대상에 의한 염불로는 ① 오종염불五種念佛, ② 사종염불
四種念佛이 있다.

① 오종염불

오종염불은 징관澄觀의 『화엄경소華嚴經疏』에서 말한 다섯 가지 염불문
인 연경염불문緣境念佛門, 섭경유심염불문攝境唯心念佛門, 심경구민문
心境俱泯門, 심경무애문心境無礙門, 중중무진문重重無盡門을 말한다. 이
를 징관은 다음과 같이 설명한다.

첫째의 '연경염불문緣境念佛門'은 객관의 경계를 반연하여 염불하는
것으로, 혹은 진신眞身 또는 응신應身을 염하며, 혹은 정보正報와 의보依
報를 염하는 것이고, 부처님의 명호를 부르는 것까지도 전부 객관의
대상을 반연한 염불문이다. 둘째의 '섭경유심염불문攝境唯心念佛門'은

464 龍樹撰, 위의 책(대정장 26, p.86상) "新發意菩薩 應以十號妙相念佛 如說 新發意
菩薩 以十號妙相 念佛無毀失 猶如鏡中像 十號妙相者 所謂如來應供正遍知明行
足善逝世間解無上士調御丈夫天人師佛世尊."

관의 대상인 의보와 정보 등 두 가지를 섭수하여 '이 마음이 곧 부처이고, 이 마음으로 부처를 짓는다(是心是佛是心作佛)'는 것을 관하는 염불문을 말한다. 셋째의 '심경구민문心境俱泯門'은 능관能觀인 마음과 소관所觀의 경계를 다함께 잊어버리고 상相이 끊어져 가히 얻을 것이 없는 염불문이다. 넷째의 '심경무애문心境無礙門'은 주관인 마음과 객관인 경계가 원융하여 장애되는 일이 없을 뿐만 아니라 이事·사理 두 가지를 다 비추고, 존재하고 없는 것을 두루 융섭하는 염불문이다. 다섯째의 '중중무진문重重無盡門'은 하나가 곧 일체(一卽一切)이고, 일체가 곧 하나(一切卽一)로써 서로 융합하는 것으로 중중무진한 것을 관하는 염불문이다.[465]

이상 다섯 가지 염불문이 징관이 말한 오종염불이다.

② 사종염불

사종염불四種念佛은 화엄종의 대가 종밀(宗密, 780~841)이 징관의 『화엄경행원품소』를 주석한 『화엄경행원품소초』[466]에서 말한 네 가지 염불문으로 칭명염불稱名念佛, 관상염불觀像念佛, 관상염불觀想念佛, 실상염불實相念佛을 말한다. 이 종밀의 사종염불은 앞에서 살펴본 정토

465 澄觀撰, 『大方廣佛華嚴經疏』(대정장 35, p.924중)
466 종밀은 『大方廣佛華嚴經普賢行願品別行疏鈔』(續藏經 5, pp.280하~281상)에서 "念이란 분명히 마음에 기록하여 잊어버리지 않는 것을 뜻으로 삼고, 體는 곧 慧로서 지금 염이라 이름한 것은 즉 가깝게 이름하여 나타낸 것뿐이다. 그러나 염불은 같지 않아 모두 네 가지 종류가 있다"라고 하면서 염불의 종류에 대해 언급하였다. 이것이 사종염불이다.

왕생염불과 염불의 명칭은 같으나 경전의 근거를 정토경전에서 인용하지는 않고 있다. 이를 종밀은 다음과 같이 설명한다.

첫째, 칭명염불稱名念佛이란 『문수반야경』에서 설한 것과 같이 "만약 선남자 선여인이 이 일행삼매一行三昧에 들어가고자 하면 마땅히 한가하고 조용한 곳에 있으면서 모든 어지러운 생각을 버려야 하고, 모양을 취하지 말고 마음을 한 부처님께 집중하여 오로지 명호를 부르며, 부처님이 계신 곳을 향하여 단정히 앉아 바로 향하고, 능히 한 부처님을 생각 생각에 이어가면 곧 염念 가운데 능히 과거와 현재의 모든 부처님을 친견할 수 있다. 한 부처님의 공덕이 무량무변한 것이 일체 모든 부처님의 공덕과 둘이 아님을 염하라. 이와 같이 다하여 항하사와 같이 모든 부처님의 법계가 차별상이 없는 것을 알면 아난과 같은 총지다문摠持多聞의 변재辯才도 백천 분의 일에도 미치지 못한다."[467]
둘째, 관상염불觀像念佛이란 흙으로 만들었거나 그림으로 그린 여래를 관하는 것이다. 『대보적경大寶積經』에서 설한 것과 같이 "부처님께서 인행시因行時 대정진보살로 있었을 때, 비구가 그린 부처님의 형상을 보고 발심하고 출가하여, 모직물에다 그린 부처님 형상을 가지고 산에 들어가 여래와 다르지 않게 부처님 형상을 관하여 다섯 가지 신통을 성취하였고, 보광삼매普光三昧를 얻어 시방의 부처님을 친견하였다."[468]

---

467 이 설은 『文殊師利所說摩訶般若波羅蜜經』 권하(대정장 8, p731중)를 종밀이 축약 인용한 것이다.

468 이 설은 『大寶積經』(대정장 11, p.513중하)의 내용이다.

264

셋째, 관상염불觀想念佛인데 이 가운데는 두 가지가 있다. 하나는 하나의 상호를 관하는 것으로 32상 가운데서 한 상호를 관하면 모든 무거운 죄가 소멸된다. 『관불삼매경觀佛三昧經』에서 말씀하신 것과 같다. "부처님께서 부왕을 위하여 백호관白毫觀을 설하셨다. 다만 미간에 있는 백호상을 관하는데 오른쪽으로 완연하게 돌아 있고, 아름다운 것이 마치 가을 달과 같고, 열 가지 위엄을 성취하고 안과 밖이 통명通明하여 하얀 유리로 만든 통과 같으며, 또한 그믐밤에 밝은 별과 같이 관하면 성취하고 성취하지 못하고를 막론하고 구십억항하사미진수겁과 같은 많은 생사의 죄가 소멸되고, 항상 부처님의 가피를 입는다."[469] 또 하나는 『좌선삼매경坐禪三昧經』에서 설한 것과 같다. "만약 부처님 도를 구하려면 입선할 때 먼저 마땅히 마음을 집중하여 부처님의 생신生身을 염해야 한다. 땅·물·불·바람·산·나무·초목·천지 등 여러 가지 외에 다른 모든 법을 생각하지 말고, 다만 부처님의 몸이 허공에 계신 것과 같이 생각하면 큰 바다가 깨끗할 때 금산왕金山王이 있어 상호가 원만하고 한량없는 청정한 광명을 내는 것과 같다. 이 허공의 푸른색 가운데서 항상 부처님 몸을 생각하면 문득 시방삼세의 모든 부처님이 눈앞에 계시게 된다. 만약 마음에 다른 반연이 일어나면 다시 거두어들여 머물게 하면 무량겁의 죄가 소멸된다."[470]

넷째, 실상염불實相念佛은 법신염불法身念佛이라고도 한다. 즉 이것은

---

469 이 설은 『觀佛三昧海經』(대정장 15, p.655상중)의 내용을 축약하여 인용한 것이지만, 종밀 자신의 견해가 삽입된 부분이 있는 듯하다. 즉 "如秋月十稜成就 內外通明 如白毫琉璃筒 亦如暗夜中明星"과 같은 구절은 경전에 없는 내용이다.

470 이 설도 『坐禪三昧經』(대정장 15, p.281상중)의 내용을 인용하고 있지만 조금 다른 점이 있다.

자신 및 일체법의 진실한 자성을 관하는 것이다. 『문수반야경』에서는
"생기지도 않고 없어지지도 않으며(不生不滅), 오지도 않고 가지도
않으며(不來不去), 이름도 아니고 상도 아닌(非名非相) 이것을 이름하
여 부처라 한다. 스스로 몸의 실상을 관하는 것과 같이 부처를 관하는
것도 또한 이렇다"⁴⁷¹고 말하였다. 또 말하기를 "법계의 한 모습에
몰입한 이것을 일행삼매라 말한다"⁴⁷²고 하였고, 또 『대지도론大智度
論』에서 이르기를 "색신 및 상호를 가지고 염하지 말라. 부처님 몸은
스스로 있는 바가 없기 때문이다. 억념이 없기 때문에 이것을 이름하여
염불이라 한다"라고 하였다. 또 『점찰경占察經』에서 설하기를 "모든
법은 평등한 법신임을 사유하면 일체 선근 가운데 이 업業이 가장
수승하다"⁴⁷³고 하였고, 또 『대경大經』에서 설하기를 "일체 모든 부처님
몸은 오직 이 하나의 법신이기에 한 부처님을 염할 때 곧 일체 부처님을
염하는 것이 된다"라고 하셨다.

이와 같이 종밀은 여러 경전의 설을 적절히 인용하여 4종의 염불수행
법을 주장하였다. 여기에 대해 태원스님은, 종밀의 네 가지 염불사상은
정토교의 소의 경전인 삼경일론三經一論⁴⁷⁴에 근거하여 성립된 것이
아니고, 다른 경과 논에 의해서 성립되었음을 알 수 있으며, 또한
종밀이 천행淺行을 위주로 하여 염불을 논한 것은 말법관에 근거해

---

471 이 설은 『文殊師利所說摩訶般若波羅蜜經』(대정장 8, p728상)을 인용하였다.
472 이 설도 위의 경(대정장 8, p731상)에서 인용하였다.
473 이 설은 『占察善惡業報經』(대정장 17, p.909상)을 인용하였다.
474 『무량수경』·『관무량수경』·『아미타경』·『왕생론』

266

근기가 하열한 범부를 위한 것이라고 생각할 수 있으나 궁극의 목적은 자성을 깨닫게 하기 위한 염불[475]이라고 설명하였다.

　이상과 같이 종밀의 사종염불을 살펴보았는데 이 네 가지 염불의 특색은 염불자의 근기에 따라 수행하기 쉬운 것에서부터 점차 깊은 수행으로 이어져 최후에는 법신을 관하는 실상염불에 도달케 하는 수행법을 논한 것이라 볼 수가 있다. 위 종밀의 설을 간추려보면 다음과 같다. 첫째의 칭명염불은 『문수반야경』[476]을 바탕으로 한 염불법으로 오로지 입으로 아미타불의 명호를 부르고 외우는 것으로서, 중국의 선도는 이 염불법을 대성시켜 널리 홍포하였다. 둘째의 관상염불觀像念佛은 『대보적경』[477] 등의 설을 바탕으로 한 염불법으로 단정하게 앉아서 한 마음 한 뜻으로 아미타불의 불상이나 탱화 등을 보고 생각하는 것이다. 그런데 이 염불법은 오로지 아미타불 한 부처님만 생각하는데 형상이 없어지면 생각이 끊어지는 결점이 있다. 셋째의 관상염불觀想念佛은 『관불삼매경』·『좌선삼매경』[478] 등을 바탕으로 한 염불법으로 고요히 앉아서 순수한 그대로의 마음(純一心)으로 부처님의 거룩하고 성스러운 모습(相好)과 공덕을 보고 생각하는 것이다. 넷째의 실상염불은 『문수반야경』·『점찰경』[479] 등을 바탕으로 한 염불법으로 자신과 함께 모든 존재의 진실한 바탕(自性)인 법신을 자세히 관하여, 부처님의

475 이태원, 『淨土의 本質과 敎學發展』(운주사, 2006) p.209 참조.
476 『文殊師利所說摩訶般若波羅蜜經』(대정장 8)의 약칭.
477 『大寶積經』(대정장 11)
478 『觀佛三昧經』(대정장 15)·『坐禪三昧經』(대정장 15)
479 『占察善惡業報經』(대정장 17)의 약칭.

법신이 있는 것도 아니고 공한 것도 아닌 중도실상中道實相의 이치임을 살피고 관하는 것이다. 이와 같이 종밀의 네 가지의 염불법을 간추려 보았다.

그런데 이 염불법은 염불자의 근기에 따라 설해져 있음을 알 수가 있다. 즉 첫째의 칭명염불을 제외한 나머지 둘째의 관상, 셋째의 관상, 넷째의 실상염불은 칭명이 아닌 관념염불이라는 것이다. 그래서 도작과 선도는, 이 세 가지는 관법수행이므로 하근기의 중생은 성취하기가 어렵기 때문에 첫 단계인 칭명염불법을 권하고 강조한 것이다.

4) 염하는 대상에 따른 염불의 분류

염하는 대상에 따른 분류로는 ①석가모니 염불, ②아미타 염불, ③약사여래 염불, ④관세음보살 염불, ⑤지장보살 염불 등이 있다.

이 대상에 따른 염불은 염해야 할 대상인 여러 부처님과 보살의 명호에 따라 나누어지므로 그 대상에 의거하여 분류한 것이다. 이러한 대상에 따른 염불의 목적은 염불을 통하여 내가 염하는 불보살같이 되는 길, 내가 염하는 불보살의 가피를 입어 소망하는 바를 성취하는 길 등의 목적이 있다. 이 대상에 따른 염불수행 방법은 우리가 일상적으로 하는 정근精勤이다. 이 정근법은 위에서 언급한 사종염불이 다 여기에 적용된다. 즉 근기에 따라 칭명염불도 할 수 있고 관상염불觀象念佛도, 관상염불觀想念佛도, 실상염불도 할 수 있는 것이다. 또한 이 염불을 실천하기 위해서는 방법이 필요한데 그 방법은 날짜를 정해 놓고 하는 기일염불과 하루의 24시간 가운데 몇 시간을 정해서 하는 시간염불과 염불하는 수량을 정해 놓고 하는 수량염불, 대상을 염하며

하는 예배염불(절) 등이 있다.[480]

　이상과 같이 염불의 종류와 각 염불의 특성과 이에 따른 염불법을 대략 살펴보았다. 그런데 이와 같은 여러 용어들은 수행법에 따라 분류한 것이므로, 그에 따라 여러 유형으로 염불의 명칭을 붙인 것이다. 여기서는 염불의 종류를 모두 밝히다 보니 용어가 중복되었으나, 이를 통일하여 보면 종밀이 말한 칭명염불, 관상염불觀像念佛, 관상염불觀想念佛, 실상염불의 네 가지로 정리할 수 있다. 말하자면 이 네 가지 속에 모든 염불의 종류가 속해 있다고 볼 수 있다. 이를 또 크게 나누면 입으로 하는 칭명염불과 생각으로 하는 관념염불觀念念佛의 두 가지로 말할 수 있다. 왜냐하면 관상염불, 관상염불, 실상염불은 모두 마음으로 떠올리는 관념염불에 속하기 때문이다. 그러면 이제 역대 논사들의 염불삼매론을 살펴보기로 하자.

3. 염불삼매론

삼매는 산스크리트어 samādhi의 음사어로 삼마지三摩地·삼마제三摩提 등으로도 음사하고 등지等持·정정定·정정正定·정의正意·조직정調直定·정심행처正心行處 등으로 한역한다. 이를 풀이하면 마음을 하나의 대상이나 경계에 집중하여 동요가 없이 안정된 상태를 말한다. 이에 대해 『잡아함경』에서는 "고요한 방이나 길가에 앉아 마음을 집중하여 생각을 한곳에 묶어두고 관찰하며 잘 배우는 것을 삼매라 한다"[481]고

---

480 염불의 종류와 염불수행법에 대해서는 이태원 스님의 자세한 논의가 있다. 이태원, 『淨土의 本質과 敎學發展』(운주사, 2006) pp.159~213 참조.

하였다. 일반적으로 이 상태에 도달하면 바른 지혜가 일어나 이치를 깨닫게 되므로 삼매와 지혜가 하나의 쌍으로 따른다는 것이다. 그래서 『화엄경』에서 "갖가지 삼매에 들어가 최상의 지혜로 두 가지 차별이 없는 경지를 고요하게 관찰한다"[482]고 하였다.[483] 즉 염불삼매란 고요한 마음으로 오로지 부처님을 염하여 마음이 통일되어 안정이 실현되는 상태라고 말할 수 있다. 염불삼매와 관련하여 『관무량수경』에서 위제희 부인이 부처님께 말씀드리는 부분을 살펴보면,

> 저는 극락세계의 아미타불께서 계신 곳에 태어나기를 원하옵니다. 오직 바라옵건대 세존이시여, 저에게 사유를 가르쳐주시고(敎我思惟), 저에게 정수를 가르쳐주소서(敎我正受).[484]

라고 하였다. 그래서 부처님께서는 위제희 부인에게 정선定善 13관법觀法을 가르쳐주셨던 것이다. 이 관법이 바로 염불삼매에 드는 방법이다. 다음의 『삼보감응요략록三寶感應要略錄』에 실린 설화 한 편을 감상해 보자. 여기에는 염불삼매에 드는 방법과 도리道理를 문학적으로 잘

---

481 『雜阿含經』(대정장 2, p.207상) "若閑房露坐 思惟繫念 乃至息滅 觀察善學 是名三昧"
482 60권 『大方廣佛華嚴經』(대정장 9, p.472상) "入諸三昧無上智慧 寂靜觀察不二之地"
483 대승경전에서 삼매라고 이름 붙인 경전은 『般舟三昧經』(대정장 13)·『首楞嚴三昧經』(대정장 15)·『慧印三昧經』(대정장 15)·『坐禪三昧經』(대정장 15)·『佛印三昧經』(대정장 15)·『法華三昧經』(대정장 9)·『念佛三昧經』(대정장 13)·『月燈三昧經』(대정장 15)·『金剛三昧經』(대정장 9) 등 여러 종류가 있다.
484 『觀無量壽佛經』(대정장 12, pp.341중하) "我今樂生極樂世界阿彌陀佛所 唯願世尊 敎我思惟 敎我正受."

표현하고 있다.

안식국의 사람들은 변두리의 땅에 살기에 어리석고 부처님의 법을
알지 못하였다. 그때 앵무새가 있었는데, 그 빛이 황금색에다가 푸르고
흰 무늬로 꾸며졌고, 능히 사람의 말을 하므로 왕과 신하와 사람들이
다함께 사랑하였다. (그러나 앵무새는) 몸은 살쪘어도 기력은 약하였
다. 사람들이 묻기를 "너는 무엇을 먹느냐?" 하니, 앵무새가 말하기를
"나는 아미타불을 부르고 듣는 것을 먹을 것으로 삼아 몸이 살찌고
힘이 강해집니다. 만약 나의 힘을 길러 주려면 부처님의 이름을 부르는
것이 옳을 것입니다" 하였다. 이에 모든 사람들이 아미타불을 불러
주었다. 앵무새는 허공을 날아올랐다가 땅으로 돌아와서 말하기를
"그대들은 풍요로운 나라를 보고 싶은가요?" 사람들이 보고 싶다고
대답하니, 새가 말하기를 "보고 싶으면 나의 날개를 타세요!"라고
하였다. 여러 사람들이 그 날개에 올라타니 새의 힘이 약해졌다. 새가
사람들에게 염불하기를 권하였다. (사람들이 염불을 하니 새는) 곧 허공
으로 날아올라 서쪽을 가리키며 갔다. 왕과 신하들이 그 기이함을
칭찬하여 말하기를 "이는 아미타불이시다. 새의 몸으로 변화하여 변방
의 어리석은 사람들을 인도하여 가신 것이니 어찌 현재의 몸으로
왕생하는 것이 아니랴" 하였다. 그리고 곧 그 땅에 절을 세우고 앵무사鸚
鵡寺라고 불렀다. 매 재일마다 염불삼매를 닦게 하였으니, 그 이래로
안식국 사람들은 조금만 부처님의 법을 알아도 정토에 왕생하는 이가
대체적으로 많았다.[485]

---

[485] 『三寶感應要略錄』 권상(대정장 51, p.831하) "安息國人不識佛法 居邊地鄙質愚

　　이 이야기는 아미타불께서 원력顧力으로 저 어리석은 변방의 중생들
을 정토로 인도하기 위해 잠시 새의 몸으로 변하여 현신왕생의 모습을
생생하게 보여줌으로써 미혹한 중생들로 하여금 불법의 숭고함과 왕생
의 도리를 신심 나게 가르쳐주는 영험 설화라고 할 수 있다. 위의
설화에서 "너는 무엇을 먹느냐?"고 하니, 앵무새가 말하기를 "나는
아미타불을 부르고 듣는 것을 먹는 것으로 삼아 몸이 살찌고 힘이
강해집니다"라고 하였는데, 여기서 아미타불의 본원에 의해 삼매를
증득하여 왕생할 수 있는 도리가 잘 나타나고 있다. 이것은 용수가
문명聞名과 칭명稱名의 공덕을 강조한 것과도 일치함을 볼 수 있다.
용수는 『십주비바사론』「이행품」에서 다음과 같이 설명한다.

　　만약 어떤 사람이 모든 부처님께서 명호를 설하는 것을 들으면 곧
　　무량한 공덕을 얻는다. 이것은 보월寶月을 위하여 설함과 같기에,
　　나는 모든 부처님께 예배한다. 현재 시방 세계에서 부처님 명호를
　　부르는 사람이 있다면 곧 불퇴전의 지위를 얻을 수 있다.[486]

氣 時有鸚鵡鳥 其色黃金靑白文飾 能作人語 王臣人民共愛 身肥氣力弱 有人問曰
汝以何物爲食 曰我聞阿彌陀佛唱以爲食 身肥力强 若欲養我 可唱佛名 諸人競唱
鳥漸飛騰空中還住地 鳥曰 汝等欲見豐饒土不 答欲見之 鳥曰 若欲見當乘我羽
諸人乘其羽翼 力猶少弱 鳥勸令念佛 卽飛騰虛空中 指西方而去 王臣歎異曰 此是
阿彌陀佛 化作鳥身 引攝邊鄙 豈非現身往生 卽於彼地立精舍 號鸚鵡寺 每齋日修
念佛三昧 以其已來 安息國人 少識佛法 往生淨土者蓋多矣."

486 龍樹撰, 『十住毘婆沙論』「易行品」(대정장 26, p.42상) "若有人得聞 說是諸佛名
卽得無量德 如爲寶月說 我禮是諸佛 今現在十方 其有稱名者 卽得不退轉."

272

이와 같이 용수는 부처님 명호를 듣는 것만으로도 무량한 공덕을 얻고, 부처님의 명호를 부르는 것만으로도 불퇴전의 지위를 얻는다고 하였다. 이것은 곧 왕생을 하는 데는 오직 염불삼매 밖에는 없다는 것을 말해주는 것이다. 다시 위의 설화를 보자. 이 짧은 이야기 속에는 정토왕생의 근본 도리가 모두 나타나 있다. 즉 원생자는 대자비의 원력을 세운 아미타불의 본원에 의지하여 오로지 염불삼매를 증득해야 한다고 강조하고 있다. 이 설화에서 핵심이 되는 것은 왕생하는 모습을 생생하게 보여준 것이지만, 더욱 중요한 것은 왕생할 수 있는 방법을 가르쳐주고 있다는 점이다. 이러한 도리를 『반주삼매경』 「행품行品」에서는 다음과 같이 설한다.

비유하자면 사람이 잠들어 꿈속에서 온갖 금·은·보배·부모·형제·처자·친족과 아는 사람들을 보고 서로 오락을 즐겁고 기쁘게 즐기니 어긋남이 없었다. 무릇 깨어나서 사람을 위해서 이것을 설하니, 나중에 눈물을 흘리며 꿈속에서 생각하는 것과 같다. 이처럼 발타화보살이여, 만약 사문과 재가신자가 서방극락의 아미타불의 정토를 들으면 마땅히 아미타불을 생각해야 하느니라. 계를 어기지 말아야 하며, 한결같은 마음으로 아미타불을 염하기를 하루 밤낮이나 혹은 칠일 밤낮을 염하면 칠일이 지난 후에 아미타불을 뵙게 되느니라. 깨어나서 뵙지 못하면 꿈속에서라도 뵙느니라.[487]

---

487 『般舟三昧經』 「行品」(대정장 13, p.905상) "譬如人臥出於夢中 見所有金銀珍寶 父母兄弟妻子親屬知識 相與娛樂喜樂無輩 其覺以爲人說之 後自淚出念夢中所見 如是颰陀和菩薩 若沙門白衣 所聞西方阿彌陀佛剎 當念彼方佛不得缺戒 一心

이와 같이 계를 지키면서 7일 밤낮을 오로지 아미타불을 염하면 7일 후에 꿈속에서라도 아미타불을 친견하게 된다고 하였다. 이것이 염불삼매에 드는 방법이다. 또 위의 경에서는 다음과 같이 설한다.

발타화여, 보살이 이 세간의 국토에서 아미타불을 듣고 끊임없이 염불하는 까닭에 아미타불을 친견하게 되느니라. 부처님을 친견하고 나서 여쭙기를 "마땅히 어떤 법을 지니어 아미타불의 정토에 왕생하겠습니까?" 하니, 그때 아미타불께서 보살에게 말씀하셨다. "나의 나라에 태어나길 원한다면 항상 나를 생각하기를 끊이지 않고 마땅히 생각을 지켜서 쉬어서는 안 된다. 이와 같이 하면 곧 나의 나라에 왕생하게 되느니라."[488]

이와 같이 아미타불을 끊이지 않고 생각하며 염불하면 반드시 정토에 왕생한다고 하고 있다. 이것이 염불삼매로써 왕생한다는 도리이다. 그래서 역대의 논사들은 이 염불삼매를 증득하기 위해 여러 방편의 수행법을 터득하여 널리 가르치고 있다. 여기서는 대표적 정토 논사인 인도의 마명, 용수, 세친과 중국의 여산 혜원, 담란, 도작, 선도의 왕생행도往生行道를 간략히 살펴보기로 하자.

먼저, 인도의 마명은 앞에서 살펴본 바와 같이 그의 찬술이라고

念若一晝夜 若七日七夜 過七日以後 見阿彌陀佛 於覺不見 於夢中見之."
488 위의 책(대정장 13, p.905중) "颰陀和 菩薩於是間國土聞阿彌陀佛 數數念 用是念故 見阿彌陀佛 見佛已從問 當持何等法生阿彌陀佛國 爾時阿彌陀佛 語是菩薩言 欲來生我國者 常念我數數 常當守念 莫有休息 如是得來生我國."

274

일컬어지는『대승기신론』에서 "신심을 가히 성취하기 어려운 사람은
마땅히 뜻을 오로지하여 닦은 바 선근을 회향하여 아미타부처님을
염하면 항상 부처님을 친견하여 길이 악도를 여의고 필경에 왕생함을
얻어 정정正定에 머문다"[489]고 하였다. 이와 같이 마명은 신심을 가지고
아미타불을 염하면 삼매를 증득하여 반드시 왕생한다고 설하였다.
이러한 삼매에 대해서 용수는『십주비바사론』에서 다음과 같이 증명하
고 있다.

부처님 명호를 듣고 반드시 삼매에 들어갈 수 있는 것은 부처님의
본원이 있기 때문이다. 혹 나의 명호를 듣는 사람이 곧 삼매에 들어가는
것은 부처님을 친견하는 것과 같다. …… 만약 사람이 신해력信解力이
많고 모든 선근을 성취하여 업장의 장애가 이미 다했다면 부처님의
명호를 들을 수 있다. 또 모든 부처님의 본원의 인연으로 왕생할 수
있다.[490]

이와 같이 용수는 본원에 의해 왕생함을 강조하고 있다. 즉 부처님의
명호를 들은 사람이 반드시 삼매에 들어갈 수 있는 것은 부처님의
본원이 있기 때문이라고 강조하고 있다. 이는 곧 문명聞名의 공덕을
말하는 것으로, 앞에서 살펴본『삼보감응요략록三寶感應要略錄』의 이

---

489 馬鳴撰,『大乘起信論』(대정장 32, p.583상) 앞의 제1절 인용문 참조.
490 龍樹撰,『十住毘婆沙論』「釋願品」(대정장 26, pp.32하~33상) "聞佛名入必定者
佛有本願 若聞我名者卽入必定 如見佛聞亦如是 …… 若人信解力多 諸善根成就
業障礙已盡 如是之人得聞佛名 又是諸佛本願因緣得往生."

야기와 일맥상통하고 있다.

　한편, 세친은 앞서 말한 『왕생론』에서 오념문五念門을 왕생행도로
세우고 있다. 이 오념문을 닦아 성취한 사람은 반드시 안락국토에
태어나 아미타불을 친견할 수 있다고 하면서 극락세계의 왕생을 권하였
다. 좀 장황하지만 오념문의 내용을 새겨보도록 하자. 세친의 저서는
한역으로 되어 있는 것만도 27부 88권[491]이나 된다. 그런데 이 많은
저서는 거의 유가瑜伽에 대한 것이고, 정토교에 관한 저술로는 『무량수
경우파제사無量壽經優婆提舍』(약칭 『淨土論』·『往生論』)[492]뿐이다. 그
러나 인도에서 오직 정토를 설한 정토교의 논서로서는 이 책이 유일하
다. 세친은 이 책에서 서방 아미타불의 정토에 왕생하는 방법으로
오념문을 밝히고 있다. 오념문이란 ① 예배문禮拜門, ② 찬탄문讚歎門,
③ 작원문作願門, ④ 관찰문觀察門, ⑤ 회향문廻向門의 다섯 가지 문을
말한다. 세친은 이러한 오념문의 행도를 닦음으로 인하여 정토에 왕생
하여 아미타불을 친견할 수 있다고 하였다.

　① 예배문이란 신업身業으로써의 문을 말한다. 즉 예배의 대상은
아미타불이요, 예배는 신뢰하는 마음의 자세이며, 일심으로 귀명하는
종교적 행위로써의 첫 번째 관문으로 몸의 업을 다해 부처님께 예를
올리는 것을 말한다.

　세친은 『원생게(왕생론)』에서 "어떤 것이 예배인가? 몸의 업으로
아미타여래·응공·정변지께 예배하는 것이니, 그 나라에 태어나고자
하기 때문이다"[493]라고 하였다. 이러한 관념은 『무량수경』에서 법장보

491 이태원 저, 『念佛의 源流와 展開史』(운주사, 1998) pp.233~234 참조.
492 『無量壽經優婆提舍』(대정장 26)

살이 세자재왕부처님 앞에서 예배하는 것과 같은 의미이며, 『화엄
경』에서 선재동자가 모든 불보살님께 예를 올리는 것과 같은 의미이다.
그래서 세친은 『원생게』의 첫머리에서 "세존이시여, 저는 일심으로
모든 시방에 장애가 없는 광명을 가진 여래에게 귀의하옵고, 안락국에
태어나기를 원합니다"[494]라고 하였다.

　그러면 세친의 불신관佛身觀을 보자. 여기에 대한 답은 다음의 두
문에서 알려주고 있다. 세친은 셋째의 작원문에서 사마타奢摩他의
행으로써 일심전념一心專念해야 한다고 하였고, 넷째의 관찰문에서는
비파사나毘婆舍那로써 관찰해야 한다고 하였다. 이 말은 반야지혜로써
관찰해야 한다는 것을 말하는 것이다. 즉 진실한 지혜로써 관조觀照된
무위법신無爲法身을 보고자 하는 것이다. 진신(眞佛)을 본다는 것은
곧 불지佛智를 증득하는 것을 말한다. 이와 같은 뜻으로 볼 때 세친은
아미타불의 몸을 사마타와 비파사나로써 관찰하여 그 불신佛身을 무위
법신으로 보고, 그 법신에 일심전념하여 예배함으로써 극락에 왕생하
여 아미타불을 친견하게 된다는 논리이다. 세친의 이러한 반야공관적般
若空觀的인 불신 관념은 용수가 『대지도론』에서 "모든 부처님은 가히
색신色身으로는 볼 수 없다"[495]라고 한 것과 같다고 볼 수 있다. 결론적으
로 세친은 사마타와 비파사나에 의해서 관찰된 법신에 대해 신업으로써

493　婆藪槃豆菩薩造, 『無量壽經優波提舍願生偈(往生論)』(대정장 26, p.231중) "云
　　何禮拜 身業禮拜阿彌陀如來應正遍知 爲生彼國意故."
494　婆藪槃豆菩薩造, 위의 책(대정장 26, p.239하) "世尊我一心 歸命盡十方 無礙光如
　　來 願生安樂國."
495　龍樹撰, 『大智度論』 「釋曇無竭品」(대정장 25, p.745상) "諸佛不可以色身見."

귀명하여 예배한다는 것이다.

②찬탄문이란 구업口業으로써의 문을 말한다. 즉 입으로 아미타불을 찬탄하고, 여래법신如來法身에 나타나는 광명을 찬탄하는 것이다. 세친은 『원생게』에서 "어떤 것이 찬탄인가? 입의 업으로 찬양하는 것으로 그 여래의 이름을 부르는 것이다. 그 여래의 광명지상光明智相처럼, 그 이름의 뜻과 같이 여실하게 수행하여 상응하고자 하기 때문이다"[496]라고 하였다. 이 말은 예배의 행으로 증득한 진리상眞理相인 광명지상을 주관으로부터 객관으로 이끌어 내는 것이다. 곧 자기 자신에의 반조返照이다. 찬탄에는 광찬廣讚과 약찬略讚이 있다. 광찬은 게송이나 강설로 부처님의 공덕을 칭찬하는 것이고, 약찬은 입으로 아미타불을 부르는 것을 말한다. 세친은 "찬탄이란 입의 업으로 찬양하는 것으로서 그 여래의 이름을 부르는 것"이라고 하였다. 이것은 곧 칭명염불을 의미한다고 본다. 여기서 세친의 칭명염불관을 볼 수 있다.

③작원문이란 의업意業으로써의 문을 말한다. 즉 자신의 성불과 중생을 제도하려는 원을 세워서 부처님의 가르침과 같이 사마타(Samatha, 止)행으로써 일심전념하여 극락세계에 반드시 왕생하기를 바라는 것이다. 세친은 『원생게』에서 "어떤 것이 작원문인가? 마음으로 항상 서원을 짓는 것이니, 오로지 한 마음으로 끝내 안락국토에 왕생하기를 생각하는 것이다. 사마타를 여실하게 수행하려고 하기 때문이다"[497]라고 하였다.[498] 이 말은 생生과 무생無生을 일치시키려는

---

[496] 婆藪槃豆菩薩造, 『往生論』(대정장 26, p.231상) "云何讚歎 口業讚歎 稱彼如來名 如彼如來光明智相 如彼名義 欲如實修行相應故."

[497] 婆藪槃豆造, 『往生論』(대정장 26, p.231중) "云何作願 心常作願 一心專念畢竟往

278

의도이다. 이 말은 곧 수행하여 무생법인을 얻는다면 영원히 사라지지
않는 법신을 얻는다는 것으로 태어나는 것은 곧 태어나는 것이 아니고,
윤회하는 것은 곧 윤회하는 것이 아니라는 것을 설명한 것이다. 이것이
곧 『반야심경』의 '색즉시공色卽是空 공즉시색空卽是色'의 논리이다.

　④ 관찰문이란 지업智業으로써의 문을 말한다. 즉 비파사나(Vipasyana,
觀)로써 관찰하는 문이다. 세친은 『원생게』에서 "어떤 것이 관찰인가?
지혜로 관찰하는 것이니, 바른 정신집중으로 그것을 관하여 비파사나
를 여실하게 수행하는 것이다. 그 관찰에 세 종류가 있으니 첫째는
그 불국토의 공덕장엄을 관찰하는 것이고, 둘째는 아미타부처님의
공덕장엄을 관찰하는 것이고, 셋째는 그곳의 모든 보살의 공덕장엄을
관찰하는 것이다"[499]라고 하였다. 그리고 다시 이 세 가지 장엄을 17종의
국토장엄, 8종의 부처장엄, 4종의 보살장엄으로 나누어 총 29종의
장엄공덕으로 설명하였다.[500] 즉 29종의 장엄공덕은 비유정세계인
기세간器世間을 관찰하는 법과 유정세계인 부처님이나 보살의 중생세
간衆生世間을 관찰하는 법을 자세히 설한 것이다.[501] 이 관찰문은 비파사

生安樂國土 欲如實修行奢摩他故."
498 이 설을 태원스님은 설명하기를, 정토사상에서는 극락세계에 왕생하는 자체가
有의 입장인데 반하여 공관사상에서는 왕생은 본래 없기 때문에 無의 입장이라는
것이라고 하였다. 이태원 『왕생론주 강설』(운주사, 2009) p.72 참조.
499 婆藪槃豆菩薩造, 『往生論』(대정장 26, p.231중) "云何觀察 智慧觀察 正念觀彼
欲如實修行毘婆舍那故 彼觀察有三種 何等三種 一者觀察彼佛國土功德莊嚴 二
者觀察阿彌陀佛功德莊嚴 三者觀察彼諸菩薩功德莊嚴."
500 이 29종의 장엄에 대해서는 본서 제3장 2절 '극락세계의 실상'의 '왕생론의
설' 참조.

나로 관찰하는 문이다. 그런데 이 비파사나는 사마타의 수행과는 다르다. 먼저 사마타를 보자. 사마타는 산스크리트어 śamatha의 음사어로 모든 망념을 그치고 마음을 고요하게 가라앉혀 특정 대상에 마음을 머물게 하는 것으로 사마타奢摩陀·사마타舍摩他·사마舍摩 등이라고 음역하고 지止라 한역한다.[502] 이를 40권본『대반열반경』에서는 다음과 같이 설명한다.

사마타란 능멸能滅이라 하니 모든 번뇌를 소멸시킬 수 있기 때문이다. 사마타란 능조能調라고도 하니 모든 감각기관에서 일어나는 악하고 착하지 않은 것을 조복시키기 때문이다. 사마타란 적정寂靜이라고도 하니 몸과 입과 마음의 행위에 고요함을 성취하게 하기 때문이다. 사마타란 원리遠離라고도 하니 중생으로 하여금 다섯 가지 욕망을 멀리 여의게 하기 때문이다. 사마타란 능청能淸이라고도 하니 탐욕과 분노, 어리석음 등의 세 가지 혼탁한 법을 청정하게 하기 때문이다.[503]

그런데 사마타(止)는 보통 비파사나와 한 쌍을 이루어 수행의 요체로 거론된다.『구사론』을 보면 "이미 닦아 성취한 뛰어난 사마타를 소의로 하여 비발사나(비파사나)를 성취하기 위해서 사념주四念住를 닦아야

---

501 이태원 저,『淨土의 本質과 敎學發展』(운주사, 2006) pp.111~118 참조.

502 智冠 編著,『辭林』(12권) p.253.

503 40권본『大般涅槃經』(대정장 12, p.547상) "奢摩他者名爲能滅 能滅一切煩惱結
故 又奢摩他者名曰能調 能調諸根惡不善故 又奢摩他者名曰寂靜 能令三業成寂
靜故 又奢摩他者名曰遠離 能令衆生離五欲故 又奢摩他者名曰能淸 能淸貪欲瞋
恚愚癡三濁法故 以是義故故名定相."

한다"[504]라고 하였다. 비파사나(觀)는 산스크리트어 vipaśyanā의 음사
어로 바른 지혜로 대상의 본질을 관찰하는 것을 말한다. 비파사나는
팔리어의 독음에 따라 '위빠사나'라고도 한다.[505] 비파사나에 대해 『대
장엄론경』에서는 "사마타와 비파사나를 닦으면 반드시 번뇌를 다할
수 있다. 만약 이것을 닦지 않으면 번뇌를 다할 수 없다"[506]고 하였다.
그리고 『대보적경』에서는 "부처님께서는 부정관으로 탐욕을 다스리
고, 자애로운 마음으로 분노를 다스리며, 비파사나로 어리석음을 다스
리라고 말씀하셨다"[507]라고 설하고 있다. 이와 같이 비파사나는 지혜로
써 관찰하는 것이다.[508] 특히 세친은 오념문 중에서도 작원문과 관찰문
에 중점을 두었는데, 이것은 세친이 유가불교의 대성자로서 유가의
관행觀行을 강조하기 위하여 그와 같은 지관행을 중시한 것이라고
볼 수 있다.[509]

---

504 世親造, 『阿毘達磨俱舍論』(대정장 29, p.118하) "依已修成滿勝奢摩他 爲毘鉢舍
那修四念住."

505 智冠 編著, 『辭林』(11권) p.1264.

506 『大莊嚴論經』(대정장 4, p.306하) "若修奢摩他毘婆舍那必能盡漏 若不修者不能
得漏盡."

507 『大寶積經』 권제68(대정장 11, p.388하) "佛說不淨治貪欲 慈心對治於瞋恚 毘婆
舍那癡對治."

508 태원스님은 설명하기를 "이 지혜로 관찰하는 것은 극락세계의 依報莊嚴인 17종
장엄과 正報莊嚴인 12종 장엄을 관찰하는 것이다. 이 정보와 의보를 관하는
것은 『觀無量壽經』의 제16관 가운데 定善 13관의 주된 내용이다. 그래서 세친의
『往生論』에서도 이 관찰문이 많은 부분을 차지하고 있다. 이것은 세친이 정보장
엄과 의보장엄을 관찰하는 비파사나에 역점을 두었다고 볼 수 있다'고 하였다.
이태원 저, 『念佛의 源流와 展開史』(운주사, 1998) p.243 참조.

⑤회향문이란 지업방편智業方便으로써의 문을 말한다. 이것은 앞의
4념문으로 이루어진 지혜와 복덕을 혼자만 수용하는 것이 아니라 일체
중생에게 되돌리는 것이다. 세친은『원생게』에서 "어떤 것이 회향인가?
모든 괴로움에 번민하는 중생을 버리지 않고 마음으로 항상 소원을
지어 회향할 것을 우선으로 삼으니, 대비심을 성취하기 위한 것이다"[510]
라고 하였다. 이 문은 세친이 분류한 오념문의 마지막 문으로, 앞의
네 문을 자리적인 수행문으로 본다면 이 마지막 회향문은 일체 중생을
위한 것이므로 이타적인 수행문이라고 할 수 있다.

회향이란 산스크리트어로 parlṇāma라고 하는데, 이 말은 지금까지
자기가 이룬 것을 남에게 되돌린다는 뜻이다.[511] 위의 세친의 설을
담란은『왕생론주』에서 "회향이란 것은 자기의 공덕을 돌이켜 중생에
게 널리 베풀어서 아미타여래를 함께 친견하고 안락국에 태어나게
하는 것"[512]이라고 하였다. 또한 담란은『왕생론주』에서 회향을 '무상보

---

509 태원스님은 설명하기를, 천친은 사마타와 비파사나를 왕생행도로 본 것이라고
하였다. 그렇기 때문에 作願門의 "如實修行奢摩他"와 觀察門의 "如實修行毘婆舍
邪"는 필연적인 관계가 있는 행도이고, 이것은 瑜伽思想에서 기인한 천친의
독창적인 발상이라고 하였다. 이태원 저, 위의 책 p.244.

510 婆藪槃豆菩薩造,『往生論』(대정장 26, p.231중) "云何廻向 不捨一切苦惱衆生
心常作願廻向爲首成就大悲心故."

511 이러한 회향에는 往相廻向과 還相廻向이 있다. 왕상회향은 자신의 선행공덕을
다른 사람에게 베풀어 동시에 정토에 왕생하기를 바라는 것이고, 환상회향은
정토에 왕생한 사람이 다시 이 세상에 태어나 중생을 제도하는 것을 말한다.
이에 대한 선도의 해석이 있는데, 본서 제8장 3절 '삼심을 구족하라'에서 ③회향발
원심 참조.

512 曇鸞註解,『無量壽經優婆提舍願生偈』권상(대정장 40, p.833하) "廻向者 迴己功

리심無上菩提心'이라고 해석하였다. 담란은 말하기를 "무상보리심이란 곧 부처가 되려고 원하는 마음이고, 부처가 되려고 원하는 마음은 곧 중생을 제도하려는 마음이다"[513]라고 해석하였다. 그리고 이것이 정토에 왕생하는 데 정인正因이 된다고 하였다.

이상과 같이 오념문을 중심으로 세친의 정토염불사상을 간략하게 살펴보았다. 세친의 오념문에 나타난 염불사상은 작원문에서의 사마타와 관찰문에서의 비파사나로써 법신불法身佛을 염하는 염불관이다. 이러한 관념을 왕생행도로 회향하고 있는 것은 유식사상을 대성시킨 세친의 탁견이라 할 수 있다. 이러한 사상은 형인 무착의 영향을 받은 것이다. 여기서는 오념문에 국한하여 정토염불사상을 고찰했지만, 진제眞諦가 번역한 『섭대승론석攝大乘論釋』[514]에서는 법신염불관法身念佛觀이 잘 나타나고 있다. 이 논서에서 세친은 법신염불을 주장하지만 또한 찬탄문에서 칭명염불사상을 강조함을 볼 수 있다. 이와 같이 인도의 논사들은 왕생을 하기 위해서는 오직 수행하여 염불삼매를 증득해야 된다고 강조하고 있다.

다음은 중국 논사들의 설을 보자. 이들 또한 왕생을 할 수 있는 길로써 오직 염불삼매를 닦는 것을 강조하고 있다. 먼저 중국 정토교의 시조始祖인 혜원의 염불사상은 반야사상에 입각한[515] 견불삼매見佛三

德普施衆生 共見阿彌陀如來生安樂國."

513 曇鸞註解, 위의 책(대정장 40, p.842상) "此無上菩提心卽是願作佛心 願作佛心卽 是度衆生心."

514 世親造, 眞諦釋, 『攝大乘論釋』(대정장 31)

昧, 즉 반주삼매般舟三昧를 중시했다고 할 수 있다. 혜원의 행적을
보면, 그가 견불한 사실을『불조통기』권26에서 다음과 같이 기록하고
있다.

사師가 산에 거주한 지 30여 년, 자취는 세속에 들어간 적이 없고
오직 정토에 대한 염을 부지런히 했다. 처음 11년은 마음을 밝히는
생각을 이어가니 세 번이나 성상聖相을 보았으나 침착하고 진득하게
말하지 않았다. 그 후 19년 7월 그믐날 저녁, 반야대般若臺의 동감東龕에
서 바야흐로 정定에서 일어나니 아미타불의 몸이 허공에 가득 찼고,
원광圓光 가운데 모든 화불이 계시고, 관음과 세지 등 두 보살이 좌우에
서 모시는 것을 보았다. 또 물의 흐르는 광명을 보니 열네 가지로
나누어지고, 상하로 흘러 들어가면서 고·공·무상·무아란 소리를 연설
하였다. 부처님께선 이것을 일러 "나의 본원력을 사용하기 때문에
와서 너를 위하여 안위한다. 너는 칠일 후에 마땅히 나의 국토에 태어날
것이다"라고 하셨다.[516]

---

515 태원스님은 혜원이 반야사상에 근본을 두었다는 것을 뒷받침해 주는 것은,
　　백련사 염불결사를 한 정사의 이름이 반야정사라고 한 것을 보면 혜원을 비롯한
　　여기에 모인 대중들이 반야사상을 좋아하였고, 그 사상 위에서 염불하였다고
　　생각할 수 있다고 하였다. 이태원,『念佛의 源流와 展開史』(운주사, 1998) p.275.

516 『佛祖統紀』(대정장 49, 262하) "師居山三十年 跡不入俗 唯以淨土克勤於念 初十
　　一年澄心繫想 三睹聖相比厚不言 後十九年七月晦夕 於般若臺之東龕方從定起
　　見阿彌陀佛身滿虛空 圓光之中有諸化佛觀音勢至左右侍立 又見水流光明 分十
　　四支流注上下演說苦空無常無我之音佛告之曰 我以本願力 故來安慰汝 汝後七
　　日當生我國."

이와 같이 혜원의 염불은 부처님을 친견하는 견불을 목적으로 한 반주삼매에 근본을 둔 염불관임을 알 수 있다. 위에서 "나의 본원력을 사용하기 때문에 와서 너를 위하여 안위한다. 너는 칠일 후에 마땅히 나의 국토에 태어날 것이다"라고 한 것은 정토왕생은 오직 아미타불의 본원本願에 의한 것임을 증명하고 있는 것이다. 이러한 감응 사례에서 삼매와 왕생의 도리가 잘 나타나고 있다.

그래서 담란은 앞에서 언급한 『왕생론주』 서두에서 용수의 『십주비바사론』에 있는 난이이문難易二門을 인용하여 설하기를 "단지 부처님을 믿는(信佛) 인연을 가지고 정토에 태어나기를 원하면 부처님 원력을 입어 저 청정한 국토에 왕생할 수가 있고, 부처님의 힘에 주지하여 곧 대승 정정취에 들어간다. 정정正定이란 곧 아비발치이다. 비유컨대 물 위에서 배를 타는 즐거움과 같다"[517]고 말한 것이다. 이와 같이 담란은 부처님을 믿고 발심하여 왕생을 원하면 부처님의 원력으로 극락세계에 왕생하기가 쉽다고 하였다.

한편, 도작은 정토왕생의 행도로 칭명염불을 강조하고 있다. 이러한 염불사상의 배경에는 전술한 바와 같이 근본적으로 말법관이 깔려 있다. 그래서 도작은 특히 참회적인 염불을 중요시하였다고 본다. 도작은 『안락집』 권상에서,

바로 참회하고 복을 닦으며 마땅히 부처님의 명호를 불러야 할 때이다.

---

[517] 曇鸞註解, 『無量壽經優婆提舍願生偈』(대정장 40, p.826중) "謂但以信佛因緣願生淨土 乘佛願力便得往生彼清淨土 佛力住持卽入大乘正定之聚 正定卽是阿毘跋致 譬如水路乘船則樂."

만약 일념으로 아미타불을 부르면 곧 능히 팔십억겁의 생사죄가 소멸된
다. 일념이 이미 그렇거늘, 하물며 항상 염을 닦으며 이와 같이 항상
참회하는 사람임에랴.[518]

라고 하였다. 이와 같이 원생자는 부처님 명호를 부르면서 일심으로
참회하면 팔십억겁의 생사의 죄가 소멸되어 왕생을 할 수 있다고 강조하
고 있다. 이것은 말법시대에는 모두가 죄악이 많은 범부중생이므로
참회로써 죄를 소멸하고 왕생을 원하여야 한다는 말이다.

도작의 뒤를 이은 선도 또한 참회염불로써 왕생을 원하고 있다.
선도는 앞에서도 살펴본 바와 같이『왕생예찬』에서 "귀의하여 시방의
부처님께 참회하오니 …… 원하옵건대 신령스런 광명의 손으로 가피를
내리시어 섭수하시고 부처님의 본원을 입어 저 국토에 태어나게 하여
주시옵소서"[519]라고 발원하고 있다. 선도는 담란과 도작의 영향을 받았
는데, 특히 그의 스승인 도작의 말법관에 의해 심신深心 가운데 신기信機
를 자각한 염불을 주장하였다.

이와 같이 중국의 논사들은 모두 한결같이 정토왕생의 인因은 오직
수행하여 염불삼매를 증득하는 데 있다고 하였다.[520] 또한 이 염불삼매
는 아미타불의 본원에 의한 것임을 강조하고 있다. 그래서『관불삼매해

---

518 道綽撰, 『安樂集』권상(대정장 47, p.4중) "正是懺悔修福後稱佛名號時者 若一念
    稱阿彌陀佛 卽能除却八十億劫生死之罪 一念旣爾 況修常念 旣是恆懺悔人也."
519 善導撰, 『往生禮讚』(대정장 47, p.440중) "南無懺悔十方佛 …… 仰願神光蒙授手
    乘佛本願生彼國."
520 태원스님은 論師들의 염불관에 대해 다음 저서에서 종합적으로 정리하였다.
    이태원, 『염불의 원류와 전개사』(운주사, 1998).

『觀佛三昧海經』에서는 "이 염불삼매의 힘 때문에 시방의 모든 부처님께 서 큰 광명을 발하며 그 수행자 앞에 나타난다"[521]고 하였다.

염불삼매는 염불하는 사람이 마음으로 부처님의 본원에 의지하여 부처님의 마음과 나의 마음이 서로 끊어지지 않고 계속 이어져(念念相續) 하나가 되면 이때에 안으로는 마음이 일어나지 않고, 밖으로는 육근六根으로 인한 어떤 대상(六境)이 침입하지 않아 여러 가지 느낌 (受, 감수작용)을 받지 않고 무념무상無念無想의 경지에서 법을 수용하여 마음에 두는 정수正受를 받게 되는데 이것을 염불삼매라고 할 수 있다. 앞에서 고찰했듯이 종밀은 칭명·관상觀像·관상觀想·실상의 네 가지 염불삼매(四種念佛)를 세웠는데, 이를 크게 묶으면 칭명과 관념 두 가지 염불로 나눠진다. 그중 칭명은 부처님 명호를 외우거나 불러 염불삼매를 이루는 것을 말하는 것이고, 나머지 염불법은 모두 한 마음으로 부처님의 거룩한 상호를 자세히 살피거나(觀), 한 마음으로 진리의 몸(法身)을 자세히 살피거나, 한 마음으로 극락의 장엄을 자세히 사유하여 염불삼매를 증득하는 것이다. 그런데 이 두 가지 수행법은 서로 분리된 것이 아니라고 본다. 즉 입으로는 부처님 명호를 부르고 마음으로는 부처님 모습을 생각하여 입과 마음이 하나가 되면, 부르는 자기 목소리가 들리지 않고 염불하는 자신과 부르는 대상인 부처님과 하나가 된다는 논리이다. 즉 내가 부처님을 지극한 마음으로 생각하고 부르면 부처님은 내 안에 들어오고, 또한 내가 부처님의 마음에 들어가 (入我我入) 나와 부처님이 따로 없어 주객主客이 끊어진다는 것이다.

---

521 『佛說觀佛三昧海經』(대정장 15, p.693하) "以是念佛三昧力故 十方諸佛放大光明 現其人前."

이와 같은 경지가 삼매의 경지라고 하겠다. 그래서 선도는 정수正受에 대해 『관무량수경소』 권제1에서 "정수란 망령된 생각에 오염된 마음이 모두 그치고 대상에 따라 움직이는 분별이 함께 사라져 삼매와 상응하는 경계를 말한다"[522]라고 하였다.

이상과 같이 염불삼매의 도리를 이해하기 위하여 경론과 역대 논사들의 염불관을 통해 간략하게 살펴보았다. 결론은 왕생을 이루게 하는 근본 인因은 오직 염불삼매 수행과 아미타불의 본원에 있다는 것으로 요약된다. 그러나 이를 증득하는 것은 왕생자의 세 가지 근본 자량인 믿음과 발원과 실천(信·願·行)이 구족됨으로써 이루어진다. 즉 첫째로는 아미타부처님의 원력을 깊이 믿어야 하고, 둘째로는 이 깊은 믿음을 바탕으로 지극한 발원을 해야 하며, 셋째로는 이 믿음과 발원을 염불을 통해 실천함으로써 염불삼매를 증득하게 된다는 것이다.

4. 선정겸수론

참선수행과 정토수행은 불교의 가장 근본적인 실천수행법이다. 그런데 양자는 언제나 대립되고 있다. 그 까닭은 무엇인가? 그것은 서로가 도달하려 하는 목적지는 같지만 그곳을 찾아가는 행도行道가 상반되기 때문이다. 그 상반된 행도란 성도문聖道門과 정토문淨土門, 자력문自力門과 타력문他力門, 유심정토唯心淨土와 타방정토他方淨土, 차토성불此土成佛과 피토왕생彼土往生, 현세정토現世淨土와 내세정토來世淨土 등

---

522 善導集記, 『觀無量壽經義疏』(대정장 37, p.247하) "言正受者 想心都息緣慮並亡三昧相應名爲正受."

이라 하겠다. 이러한 여러 행도를 비교해 볼 때 목적지는 오직 한
곳이지만 행도로써는 정반대의 입장이다. 여기서 대립되는 각 행도문
의 전자는 선종禪宗의 주장이고, 후자는 정토교淨土敎의 주장이다.
이러한 주장들은 한마디로 관념의 대립이다. 즉 선禪은 무념無念을
증득하여 당처當處를 찾으려 하고, 염불은 반대로 오직 유념有念으로써
목적지에 도달하려고 노력하는 것이다. 선정겸수란 위의 상반된 관념
들을 서로 융합하여 하나의 수행법으로 삼고자 하는 노력이라고 볼
수 있다.

중국불교사를 통해 볼 때 선과 정토(禪淨)를 융합하여 하나의 수행법
으로 삼으려는 노력들은 선종의 초조로부터 시작하여 여러 선승들
사이에서 많이 행해져 왔음을 볼 수 있다. 이 선정겸수를 논한 모든
선사들의 사상과 그 이론을 종합적으로 고찰하자면 매우 범위가 넓고
깊다. 이에 본 고찰에서는 먼저 선정겸수의 원류라고 할 수 있는 대표적
인 설들을 대략 살펴본 후에, 이를 대성시킨 영명 연수永明延壽의 선정겸
수禪淨兼修 사상을 중심으로 살펴보고자 한다.

1) 선정겸수의 근원

본래 참선은 어떤 화두를 정하여 그것을 깨우치고자 '생각을 한곳으로
몰입하는 것'이고, 염불은 평소 보고 들었던 부처님의 공덕이나 상호
(相)를 '마음에 떠올려 억념憶念하는 것'이다. 이와 같이 볼 때 참선과
염불은 궁극의 목적은 같을지라도 수행 조건이 서로 다른 것이다.
그러나 결론적으로 참선과 염불은 상호 밀접한 관계가 있다. 그 관계란
위의 말처럼 생각을 한곳으로 몰입하는 것과 마음에 떠올려 억념하는

것의 관계라고 생각된다.

그래서 이와 같은 상반되거나 밀접한 관계에 따른 관념들을 하나로 융합하기 위해 중국을 비롯한 한국, 일본의 역대 선승들 사이에서 많은 노력이 행해졌던 것이다. 이것이 이른바 염불선念佛禪이다. 선이 중국에서 본격적으로 발전하게 된 계기는 양梁나라 무제武帝 때에 중국으로 건너온 달마로부터 시작된다. 이러한 기반에서 중국의 선은 크게 달마達磨 → 혜가慧可 → 승찬僧璨 → 도신道信 → 홍인弘忍 → 혜능慧能의 순으로 그 계보를 이었다. 여기서 모든 선사의 사상을 살펴보는 것은 생략하고 중국선의 종조인 제1조 달마와 제4조 도신, 제5조 홍인, 제6조 혜능의 선사상에 나타난 염불선의 도리를 대략 살펴보고자 한다.

달마[523]는 몇 권의 저술을 남겼는데, 그의 어록으로는 『소실육문』· 『남천축국보리달마선사관문』·『보리달마사행론』·『무심론』·『관심론』 등 각각 1권이 전해지고 있다. 달마의 중심사상을 보면, 『소실육문』 제6문 「혈맥론」에서 다음과 같이 설한다.

본성이 곧 마음이고, 마음이 곧 이 성性이다. 곧 이 성이 모든 부처님의 마음과 같다. 전불前佛과 후불後佛이 다만 이 마음에서 전하니 이 마음을 제외하고 밖에서 부처를 가히 얻을 수 없느니라. 전도된 중생이 자기 마음이 부처인 줄 모르고, 종일 바쁘게 염불하고 예불을 한다마는 부처가 어느 곳에 있는가. 마땅히 이와 같은 등의 견해를 짓지 말라.

---

523 달마의 생몰연대에 대해서는 ?~495, ?~436, 346~495, ?~528 등 여러 설이 있다. 智冠 編著, 『辭林』(3권) p.977 참조.

290

다만 자기의 마음을 알고, 마음 밖에 다시 다른 부처가 없음을 알라.[524]

이와 같이 달마는 오직 마음속의 부처를 염하라고 하고 있다. 그런데
달마는 그것을 요달하는 방법을『소실육문』제2문「파상론」에서 다음
과 같이 설한다.

이와 같은 뜻을 요달하는 것을 지재持齋라 한다. 식食에는 다섯 가지가
있는데 첫째는 법회식法喜食으로 이른바 정법에 의지하여 환희 봉행하
는 것이고, 둘째는 선열식禪悅食으로 내외가 깨끗하고 고요하여 몸과
마음이 기쁜 것이고, 셋째는 염식念食으로 항상 모든 부처님을 염하여
마음과 입이 상응하는 것이고, 넷째는 원식願食으로 행주좌와에 항상
착한 원으로 구하는 것이고, 다섯째는 해탈식解脫食으로 마음이 항상
청정하여 욕진에 물들지 않는 것이다. 이 다섯 다지 식을 이름하여
지재라 하느니라.[525]

이 논의 셋째에서는 모든 부처님을 염하여 마음과 입이 상응해야
함을 설하고 있다. 이것은 자기 본성을 깨닫기 위해서 염불을 하나의

『小室六門』「血脈論」(대정장 48, p.374하) "本性卽是心 心卽是性 卽此同諸佛心
前佛後佛只傳此心 除此心外 無佛可得 顚倒衆生 不知自心是佛 向外馳求 終日忙
忙 念佛禮佛 佛在何處 不應作如是等見 但識自心 心外更無別佛."

『小室六門』「破相論」(대정장 48, p.368하) "了如是義 名爲持齋 食有五種 一者法
喜食 所謂依持正法 歡喜奉行 一者禪悅食 所爲內外澄寂 身心悅樂 三者念食 所謂
常念諸佛 心口相應 四者願食 所謂行住坐臥 常求善願 五者解脫食 所謂心常清淨
不染俗塵 此五種食名爲持齋."

수행법으로 택한 것을 볼 수 있다. 위의 「파상론」을 좀 더 보자.

부처란 각覺이다. 이른바 몸과 마음을 각찰하여 악이 일어나지 않게
하라. 염念이란 억憶이다. 이른바 계행을 억념하여 잊어버리지 말고
정진하여 이와 같은 뜻을 요달하는 것을 이름하여 염이라 한다. 그러므
로 알라. 염은 마음에 있지 말에 있는 것이 아니다. …… 이미 부처님의
명호를 칭념할 때는 모름지기 염불의 도를 알아야 한다. 만약 마음에
실다움이 없으면 입으로 헛된 이름만 외우는 것이다. …… 입에 있는
것을 송誦이라 하고, 마음에 있는 것을 염念이라 한다. 그러므로 알라.
염은 마음을 따라 일어나므로 이름하여 각행覺行의 문이라 하고, 송은
입 가운데 있으므로 곧 이것을 음성의 상相이라 한다. 밖에 집착하여
진리를 구하면 끝내 옳은 것이 아니다. 그러므로 알라. 과거 모든
성인이 닦은바 염불은 모두 외설이 아니니라.[526]

이와 같이 달마는 오직 마음 밖에서는 부처를 구하지 말라고 하였다.
여기서 선은 정토교와 다른 점을 알 수 있다. 즉 선은 정토교와 같이
순수하게 아미타불의 본원력을 믿고 염불하여 왕생을 구하는 것과
달리 오직 자성을 깨닫기 위한 방편으로 염불을 사용하려고 함을 알
수 있다. 이 선정겸수의 사상은 달마로부터 그의 제자에게 이어지는데

---

[526] 『小室六門』「破相論」(대정장 48, p.369상) "佛者覺也 所謂覺察身心 勿令起惡也
念者憶也 所謂憶持戒行 不忘精進 了如是義 名之爲念 故知念在於心 非在於言
…… 旣稱念佛之名 須知念佛之道 若心無實 口誦空名 …… 在口曰誦 在心曰念
故知念從心起 名爲覺行之門 誦在口中 卽是音聲之相 執外求理 終無是處 故知過
去諸聖所修念佛 皆非外說."

292

모두 한결같이 이 마음이 곧 정토인데 마음 밖에서 무슨 정토를 따로 찾으며, 성품이 미타인데 성품 밖에 따로 무슨 아미타불이 있겠느냐고 하는 자성미타관自性彌陀觀에 의한 철저한 유심정토설唯心淨土說[527]을 주장하고 있다. 제4조 도신(道信, 580~651)을 보자. 도신의 정토사상을 엿볼 수 있는 것은 『능가사자기』이다. 이 책에서는 서방정토에 대해 다음과 같이 설한다.

만약 마음이 본래 불생불멸이며, 구경에 청정한 줄 알면 곧 이것이 청정한 불국토이기에 다시 서방을 향할 필요가 없다. 『화엄경』에 설하기를 "무량겁無量劫이 일념一念이요, 일념이 무량겁이다"라고 하였느니라. 모름지기 일방一方이 무량방無量方이요, 무량방이 일방인 줄 알아야 한다. 다만 부처님께서는 둔근 중생을 위해 서방을 향하게 하였지, 이근 중생을 위해 설한 것이 아니니라.[528]

이 말을 새겨보면 마음 밖에는 서방정토가 따로 없지만, 무조건 염불을 부정한 것은 아니다. 즉 부처님께서 서방을 세운 것은 하근기의 중생을 위한 것이므로 근기에 따라 서방을 염해도 된다는 것을 말한 것이라고 본다. 그래서 도신은 『대품경』을 인용하여 다음과 같이 설한다.

---

527 본서 제2장 3절 '유심정토설' 참조.
528 『楞伽師資記』(대정장 85, p.1287하) "若知心本來不生不滅 究竟淸淨 卽是淨佛國土 更不須向西方 華嚴經云 無量劫一念 一念無量劫 須知一方無量方 無量方一方 佛爲鈍根衆生 今向西方 不爲利根人說也."

『대품경』에서 말씀하시기를 "무소념(無所念: 염하는 것이 없음)을 염불이라 한다. 어떤 것을 무소념이라 이름하는가? 곧 염불하는 마음이 무소념이다. 마음을 여의고 따로 부처가 없고, 부처를 여의고 따로 마음이 없다. 염불이 곧 이 염심念心이요, 마음을 구하면 곧 이 부처를 구하는 것이니라"라고 하였다.[529]

이와 같이 도신은 "염불이 곧 이 염심念心이요, 마음을 구하면 곧 이 부처를 구하는 것"이라고 하였다. 이것은 곧 『관무량수경』에서 설한 "이 마음으로 부처를 이루고 이 마음이 곧 부처니라"[530]고 한 것과 같은 의미이다. 이러한 사상이 도신의 정토관이며 염불선 사상이라 할 수 있다. 다음은 도신의 제자 제5조 홍인(弘忍, 602~675)을 보자. 홍인은 정토교를 대성시킨 선도와 같은 시대 사람으로 그의 저서라고 하는 『최상승론』에서 다음과 같이 설한다.

만약 초심으로 좌선을 배우는 사람이 있다면 『관무량수경』에 의지하여 단정히 앉아 바른 생각으로 눈을 감고, 입을 다물며, 마음 앞을 평등하게 보되 뜻으로는 멀고 가까움에 따라 일상관日想觀을 짓고, 진심을 지켜 염념에 머무르지 마라.[531]

---

529 위의 책(대정장 85, p.1287상) "大品經云 無所念者 是名念佛 何等名無所念 卽念佛心名無所念 離心無別有佛 離佛無別有心 念佛卽是念心 求心卽是求佛."

530 『觀無量壽經』(대정장 12, p.343상) "是心作佛 是心是佛."

531 弘忍禪師述, 『最上乘論』(대정장 48, pp.378상중) "若有初心學坐禪者 依觀無量壽經端坐正念 閉目合口 心前平視隨意近遠 作一日想守眞心 念念莫住."

294

이와 같이 홍인은 초심자에게는 정토의 관법을 가르치고 있다. 이러한 의도는 결국 진심眞心을 얻기 위한 방편이다. 그러나 여기서 관념염불을 통하여 선으로 들어가게 하는 목적이 보이고 있다. 끝으로 제6조 혜능(慧能, 638~713)의 염불사상을 보자. 혜능은 앞의 제2장 3절 '유심정토설'에서 살펴본 바와 같이 『단경』에서 "어리석은 사람은 자성을 요달하지 못하기 때문에 자기 몸속의 정토를 알지 못하고 동쪽을 원하고 서쪽을 원하지만, 깨달은 사람은 있는 곳마다 일반이라"532고 하였다.

이와 같이 혜능은 자성미타관에 의한 유심정토설을 주장하였다. 역대 선종에서는 마음 밖에 정토가 따로 없고, 오직 이 마음에서 정토를 찾으라고 역설한다. 이것은 타방정토를 완전히 부정하는 것이다. 그렇다고 해서 정토라는 존재 자체를 부정하는 것은 아니다. 왜냐하면 정토는 부처님이 이루고자 하는 땅이요, 일체 중생이 염원하는 땅이기 때문이다. 그래서 선사들은 이러한 부처님의 본의를 알기 때문에 부정보다는 융합을 하고자 노력하였다고 본다. 이것이 염불선인 것이다.

이러한 조사들의 염불선 사상을 이어 받아 여러 선사들이 선양하여 구체화하기에 이르렀는데 이를 대성시킨 선사가 영명 연수이다. 그래서 『감산집憨山集』에서 감산 덕청憨山德清은 선정겸수를 대성시킨 연수선사를 두고 말하기를 "선정겸수를 실천하는 수행자는 매우 많다. 예를 들면 영명 연수가 주장하는 염불참선이나 참선염불과 같다. 이른바 선도 있고 정토도 있는 것은 마치 뿔이 달린 호랑이와 같아서, 현세에는 인천의 스승이 되고 미래세에는 불조가 될 것이니, 이는

---

532 『壇經』(대정장 48, p.352상) "凡愚不了自性 不識身中淨土 願東願西 悟人在處一般"

최상의 수행법이기도 하다"[533]라고 하였다. 또 청나라 때 전이암錢伊庵이 저술한 『종범宗範』 권하에서는 "사람마다 이번 생에 피안으로 뛰어 올라가도록 하려면 선정겸수라는 하나의 수행문과 비교할 만한 상대가 없다"[534]고 하였다. 이와 같이 선정겸수를 긍정적으로 칭양하고 있다.

2) 영명 연수의 선정겸수론

연수(延壽, 904~975)는 법안종法眼宗 문익文益의 3세 법손法孫이고 천태 덕소天台德韶의 법을 이었으며, 선종이 가장 성황을 이룰 때의 대표적인 종장宗匠으로 알려져 있다. 전기는 『송고승전』 권제28,[535] 『불조통기』 권제26,[536] 『낙방문류』 권제3,[537] 『여산연종보감』 권제4,[538] 『경덕전등록』 권제26,[539] 『오등회원』 권제10,[540] 『선림승보전』 권제9[541] 등에 실려 있다. 연수의 덕풍德風을 보면, 『불조통기』에서 다음과 같이 기록하고 있다.

---

533 『憨山老人夢遊集』 권제46(卍속장경 127, p.845하) "有禪淨兼修之土甚多 如永明 所說 念佛參禪 參禪念佛 所謂有禪有淨土 猶如帶角虎 現世爲人師 將來作佛祖 此亦最上之行也."

534 『宗範』 권하 「遺敎(貫敎)」(卍속장경 114, p.695하) "俾人人得以此生超登彼岸 則莫如禪淨修一門矣."

535 『송고승전』(대정장 50, p.887중)

536 『불조통기』(대정장 49, pp.264중~265상)

537 『낙방문류』(대정장 47, p.195상중)

538 『여산연종보감』(대정장 47, p.325상중)

539 『경덕전등록』(대정장 51, pp.421하~422상)

540 『오등회원』(신편대일본속장경 80, p.211상중)

541 『선림승보전』(신편대일본속장경 79, pp.510상~511하)

영명永明에 거주한 지 15년에는 제자 1,700인을 두었다. 그는 항상
대중들에게 보살계를 수여하였고, 밤에는 귀신에게 밥을 베풀었으며,
낮에는 생명을 놓아주고, 모두 다 장엄정토에 회향하였다. 어떤 사람들
은 부르기를, 자씨가 하생하였다고 하였다.[542]

이 기록만 보아도 연수의 덕풍이 얼마나 대단한지를 짐작케 한다.
연수는 선사로서 선정겸수를 대성했지만, 그의 근본사상은 제행겸수諸
行兼修이다.

연수의 저서는 『종경록』 100권(대정장 48), 『만선동귀집』 3권(대정장
48), 『신서안양부』(대정장 47), 『유심송』(대정장 48), 『수보살계법』(신
편대일본속장 59) 각 1권 등 무려 60여 부가 있었다고 전해지고 있다.
이 가운데 제행겸수를 단적으로 표현한 것은 그의 저서 『만선동귀집』이
다. 연수는 이 책에서 ①이사무애理事無碍 ②권실쌍행權實雙行 ③이제
병진二諦並陣 ④성상융즉性相融卽 ⑤체용자재體用自在 ⑥공유상성空
有相成 ⑦정조겸수正助兼修 ⑧동이일제同異一際 ⑨수성불이修性不二
⑩인과무차因果無差 등 열 가지 문門을 세워 논하고 있다. 또한 이것을
104의 문답으로 설하고 있는데, 이것은 당시 선종의 사람들이 단지
이理에만 집착하여 사사에 미혹하고, 또 교가教家의 사람들은 오직
사사에만 집착하여 이理에 미혹한 것을 보고 양자가 편견에 떨어진
것이라고 하여 이사무애·공유상성의 뜻을 밝히고, 이러한 뜻으로써
이사합행理事合行·제행겸수의 중요성을 역설한 것[543]이라고 하였다.

---

542 『佛祖統紀』(대정장 49, p.264하) "居永明十五年 弟子一千七百人 宗與衆授菩薩
戒 教施鬼神食晝放生命 皆悉廻向莊嚴淨土 時人號爲慈氏下生."

연수가『만선동귀집』상권 서두에서 "모든 선과 만 가지 수행은 모두 실상으로 돌아간다"[544]고 역설한 것을 보면 그가 제행겸수를 얼마다 중하게 여겼는지 알 수 있다. 그러면『만선동귀집』권상에서 설한 연수의 근본사상인 이사무애문을 보자.

수행하는 사람들은 마땅히 모든 수행의 길을 널리 행하여야 한다. 어리석음만을 지키며 헛되이 앉아 참된 수행의 길을 막아서는 안 된다. 만약 만행을 두루 일으키려고 한다면 끝까지 반드시 이理와 사事를 의지하여야 한다. 이와 사에 걸림이 없으면 도가 그 가운데 있어 비로소 나와 남을 이익 되게 할 수 있다. 그리하면 동체의 대비가 원만해져서 끝까지 한결같고 다함이 없는 행을 이룰 수 있다. ……만약 사事를 여의고 이理만 찾는다면 성문의 어리석음에 떨어질 것이고, 또한 이理를 버리고 사事만을 찾는다면 범부가 집착하는 것과 같을 것이다. 마땅히 알라. 이理를 떠나서 따로 사事가 없는 것은 전체의 물이 파도인 것과 같고, 사事를 여의고 이理가 없는 것은 전체의 파도가 물인 것과 같다.[545]

이와 같이 이理를 버리면 사事를 이룰 수 없고 반대로 사事를 버리면

---

543 望月信亨 著, 李太元 譯,『中國淨土教理史』(운주사, 1997) pp.335~337 참조.

544 『萬善同歸集』권상(대정장 48, p.958상) "夫衆善所歸 皆宗實相."

545 『萬善同歸集』권상(대정장 48, p.958상중) "應須廣行諸度 不可守愚空坐以滯眞修 若欲萬行齊興 畢竟須依理事 理事無閡 其道在中逢得自他兼利 而圓同體之悲 終始該羅 以成無盡之行 …… 若離事而推理 墮聲聞之愚 若離理而行事 同凡夫之執 當知離理無事 全水是波 離事無理 金波是水."

이理를 얻을 수 없다고 역설하였다. 이 말은 곧 선종의 사람들이 이에 집착하여 사에 미혹하고, 교가의 사람들이 오직 사에만 집착하여 이에 미혹한 것을 보고, 양자가 편견에 떨어진 것을 지적하여 이사합행·이사 쌍수·제행겸수의 중요성을 역설한 것이다. 그리고 연수는 '만 가지 선善이 모두 실상實相으로 돌아간다'는 것을 주장하기 위해『만선동귀 집』권하에서 다음과 같이 문답을 전개한다.

묻는다. 지금 수행하는 만선은 무엇으로 근본을 삼는가?
답한다. 일체의 이理와 사事는 오직 마음을 가지고 근본을 삼는다. 이理를 잡아 말한다면, 경에 이르기를 "일체법이 곧 마음의 자성임을 관하여 지혜신(慧身)을 성취하나니 다른 것으로 말미암아 깨닫는 것이 아니다"라고 하였으니, 이것이 곧 진여관眞如觀이고 진실심眞實心으로 근본을 삼는 것이다. 다음 사事를 잡아 말한다면, 경에 이르기를 "마음 이란 그림쟁이와 같아서 능히 온갖 세상을 그려내나니 오온이 모두 이 마음을 따라 나는지라 짓지 않는 법이 없다"고 하였으니, 이것이 곧 심식관心識觀이고 연려심緣慮心으로 근본을 삼는 것이다. 진실심은 체體가 되고 연려심은 용用이 되니, 용은 곧 심생멸문心生滅門이요 체는 심진여문心眞如門이다.[546]

---

546 『萬善同歸集』권하(대정장 48, p.991상) "問所修萬善 以何爲根本乎 答一切理事 以心爲本 約理者 經云 觀一切法卽心自性 成就慧身 不由他悟 此以眞如觀眞實心 爲本 約事者 經云 心如工畫師 能畫諸世間 五蘊悉從生 無法而不造 此以心識觀緣 慮心爲本 眞實心爲體 緣慮心爲用 用卽心生滅門 體卽心眞如門."

이와 같이 연수는 이사理事의 근본은 결국 마음에 있다고 결론 내리고 있다. 연수는 이러한 제행겸수와 이사겸수의 사상을 가지고 유심정토관에 입각한 선정겸수을 대성시켰다고 할 수 있다. 그러면 이제 연수의 정토염불관을 보자. 연수는 『종경록』 권제17에서 다음과 같이 문답을 전개한다.

묻는다. 앞에서와 같이 이사理事를 분명히 쪼개어 나누면 부처 밖에는 마음이 없고, 마음 밖에는 부처가 없다. 어찌하여 교 가운데 다시 염불법문을 세우는가?

답한다. 단 자기의 마음이 이 부처인줄을 믿지 않고 밖을 향하여 구하기 때문이다. 만약 중근기나 하근기이면 권權으로 부처님의 색신을 관하게 하고, 관념을 계연繫緣하여 밖으로부터 안이 나타나 점점 자기의 마음을 깨닫는다. 만약 이 상근기이면 지금 몸의 실상을 관하게 하여 관하는 부처가 역연하다.[547]

이 말은, 상근기는 법신을 관할 수 있지만 중·하근기는 부처님의 색신을 관하여 점차로 자기의 마음을 깨닫게 해야 된다는 것이다. 그래서 연수는 『수보살계법受菩薩戒法』에서 "만약 안양에 태어나 구품의 글을 받으려면 상근기는 계를 받고 선을 닦아야 하며, 중근기나 하근기는 행도염불(다니면서, 일상에서 하는 염불)을 해야 한다. 중생의

---

547 『宗鏡錄』(대정장 48, p.506상) "問 如前剖析理事分明 佛外無心心外無佛 云何教
中更立念佛法門 答 只爲不信自心是佛 向外馳求 若中下根 權令觀佛色身繫緣粗
念 以外顯內 漸悟自心 若是上機只令觀身實相觀佛亦然."

근기가 평등하지 않기 때문에 한 가지만을 국집하여 모든 것을 의심하지 말라"[548]고 권고한다.

이와 같이 중생을 상·중·하의 근기로 분류하여 상근기는 참선을 하고, 중·하근기는 염불을 해야만 한다고 말하고 있다. 이것이 연수의 본의이다. 위의 글 속에는 선禪은 자력으로 수행할 수 있지만 염불은 부처님의 본원력에 의지하여 타력으로 수행해야 함을 강조한 것이다. 그래서 연수는 자력과 타력에 대해 『만선동귀집』 권상에서 다음과 같이 설명한다.

만약 자력이 충분히 갖추어져 있다면 곧 반연을 빌리지 않아도 되지만, 만약 자력으로 감당치 못한다면 반드시 다른 이의 힘을 빌려야 한다. …… 비유하면 무거운 물건을 운반할 적에 자기의 힘으로만 감당하지 못할 때엔 반드시 다른 사람의 구원을 빌려야 비로소 능히 움직일 수 있는 것과 같다.[549]

이러한 비유는 도작 등이 말한, 말법시대에는 근기가 하열하므로 그 근기에 상응하는 것은 오직 타력인 염불수행뿐이라고 말한 것과 같다. 이러한 이치를 연수는 『만선동귀집』 권상에서 다음과 같이 설명한다.

---

548 『受菩薩戒法』(卍續藏 59, p.367하) "若生安養 教受九品之文 上根受戒習禪 中下 行道念佛 衆生根器不等 不可守一疑諸."

549 『만선동귀집』 권상(대정장 48, p.961하) "若自力充備 卽不假緣 若自力未堪 須憑 他勢 譬如 …… 如牽拽重物 自力不任 須假衆它之力 方能移動."

묻는다. 일생 동안 악업만을 익혀서 진루塵累의 인因을 쌓음이 깊었는데, 어찌 임종 때에 이르러 십념만으로도 능히 모든 업장을 단박에 없앤다고 하는가?

답한다. 『나선경』에 보면, 국왕이 나선 사문에게 물어 말하기를 "사람이 생전에 악업만을 지어 백세에 이르더라도 임종 때에 염불하면 죽은 뒤에 반드시 불국토에 태어날 수 있다고 하는데, 내가 이 말을 어떻게 믿을 수 있겠는가?" 하니, 나선이 답하기를 "마치 백 덩이의 큰 돌일지라도 배에다가 실으면 배를 의지하기 때문에 빠지지 않듯이, 사람이 비록 본래 지은 악업이 있을지라도 한 때에 염불하면 그 힘으로 지옥에 빠지지는 않습니다. 그러나 작은 돌일지라도 바로 물에다 던지면 곧 가라앉고 마는 것은, 마치 사람이 악업을 짓고도 염불할 줄 모르면 바로 지옥에 들어가는 것과 같습니다"라고 하였다.[550]

이와 같이 연수는 염불의 공덕과 그 힘이 얼마나 큰가를 『나선비구경』[551]을 인용하여 증명하고 있다. 이 인용문은 부처님의 본원력에 의지하여 염불해야 함을 강조한 것이다. 즉 염불은 순수한 타력수행임을 역설한 것이다.

다음은 연수의 유심정토관을 보자. 연수는 위의 책 권상에서 『여래불사의경계경如來不思議境界經』[552]의 설을 인용하여 유심정토를 설명하

---

550 위의 책(대정장 48, p.967상) "問 一生習惡 積累因深 如何臨終十念頓遣 答那先經云 國王問那先沙門言 人在世間作惡至百歲 臨終時念佛 死後得生佛國 我不信是語 那先言 如持百枚大石置船上 因船故不沒 人雖有本惡 一時念佛不入泥犁中 其小石沒者 如人作惡不知念佛 便入泥犁中."

551 『那先比丘經』(대정장 32, pp.701하~702상)

302

였다. 앞에서 인용[553]한 바와 같이 "유심정토라는 것은 마음을 요달하면 비로소 태어날 수 있는 곳이다. …… 그러므로 마음을 알면 바로 유심의 정토에 나며, 경계에 집착하면 오로지 소연의 경계 가운데 떨어지는 것이니, 여기에는 이미 인과가 차이가 없다. 곧 마음 밖에는 법이 없음을 알라"[554]고 설한다. 이와 같이 일체법이 오직 마음의 현상이라고 깨달으면 곧 유심정토에 난다고 하였다. 연수의 이러한 사상은 앞에서 말한 일체의 이理와 사事는 마음을 근본으로 한다는 이사무애문에 근거한 것이다. 그래서 연수는『만선동귀집』을 마무리하면서 다음과 같이 발원한다.

맹세코 물듦이 없는 진노를 끊어 유심정토에 나기를 발원하노니, 실제의 이지理地를 남김없이 실천하고(거치고), 얻음 없는 관문을 마음대로 드나들며, 거울의 그림자 같은 마군을 모조리 항복받고, 꿈속의 불사를 크게 지어 널리 환화와 같은 함식含識을 제도하고, 함께 적멸보리를 증득하여 지이다.[555]

이처럼 연수는 자신이 유심정토에 나기를 발원하며 결론짓고 있다. 이 결론에서 연수는 청정한 마음을 깨닫는 것을 근본으로 하고 있음을

552 『大方廣如來不思議境界經』(대정장 10, p.911하)
553 본서 제2장 3절 '유심정토설' 참조.
554 『萬善同歸集』 권상(대정장 48, p.966중하)
555 『萬善同歸集』 권하(대정장 48, p.993상) "誓斷無染塵勞 願生惟心淨土 履踐實際 理地 出入無得觀門 降伏鏡像魔軍 大作夢中佛事 廣度如化含識 同證寂滅菩提."

알 수 있다. 결국 정토는 마음에 있다는 것을 강조한 것이다.

이제 끝으로 연수의 선정쌍수관을 보자. 연수는 위의 책 권상에서 다음과 같이 말한다.

혹은 염불로 인하여 삼매를 증득하고, 혹은 좌선을 좇아 지혜문을 발하며, 혹은 오로지 송경하여 법신을 친견하고, 혹은 행도로써 성인의 경지에 드는 등 오직 득도하는 것을 가지고 뜻을 삼는다. 마침내 한 가지 일정한 문을 고집하여 취하지 말고, 반드시 뜻을 오로지하는 정성에 의지할 것이요, 허망한 말들을 믿고 따라서는 안 되는 것이다.[556]

이와 같이 볼 때 연수가 생각하는 선정쌍수관은 여러 수행 가운데 포함되어 있음을 알 수 있다. 즉 제행겸수를 주장하는 것이다. 다시 말해 모든 문은 해탈을 위한 문이므로 어느 문을 고집하지 말고 융합하여 수행을 하다 보면 이사무애문에 든다는 것을 말한 것이다. 연수의 이러한 제행겸수의 사상은 자민慈愍의 영향을 받았다고 할 수 있다. 이를 『만선동귀집』 권상에서는 다음과 같이 말한다.

그러므로 자민삼장이 말하기를 "성인의 가르침에서 설한 올바른 선정 이란 마음을 한곳에 모으고 염념이 상속하여 혼침과 산란함을 여의고 평등한 마음을 가지는 것이다. 만약 수면이 와서 장애가 생기면 부지런

---

556 『萬善同歸集』 권상(대정장 48, p.964상) "或因念佛而證三昧 或從坐禪而發慧門 或專誦經而見法身 或但行道而入聖境 但以得道爲意 終不取定一門 惟憑專志之 誠 非信虛誕之說."

히 마음을 채찍질하며 염불·송경·예배·행도·강경·설법 등을 해야
한다. 중생을 교화하는 데 만행을 없애지 말고, 닦은바 행업을 서방정토
에 회향하여 왕생하라. 만약 능히 이와 같이 선정을 닦아 익힌다면
이것이 곧 부처님의 선정이고, 성인의 가르침과 합하는 것이며, 이것이
중생의 안목이며, 모든 부처님이 인가하시는 것이다. 일체 불법은
평등하여 차별이 없으니, 모두가 일여一如에 오르며 최정각을 이룬다"
라고 하였다.[557]

위의 글을 보면 자민은 선과 염불을 겸하여 수습修習하는 것을 배척하
지 않았는데, 이것이 자민의 선정겸수·제행일치사상이다. 연수는 이
러한 자민의 사상에 영향을 받아 만선동귀萬善同歸를 주장하였다고
본다.[558]

이상과 같이 『만선동귀집』을 중심으로 연수선사의 선정겸수론을
대략 살펴보았다. 이러한 자민의 사상을 근본으로 한 연수의 선정융합
禪淨融合사상은 중국 후대에 많은 영향을 주었고, 우리나라 조선시대의
서산 휴정(西山休靜, 1520~1604)은 이러한 융합사상에 영향을 받아
선·교·율·정의 일치사상을 주장하였다고 할 수 있다.

현재 우리나라의 사찰에서 참선·염불정근·독경·예배 등을 종합적
으로 병합하여 수행하고자 하는 체계의 근원은 위와 같은 융합사상이

557 위의 책(대정장 48, p.963하) "故慈愍三藏云 聖教所說正禪定者 暇心一處 念念相
續 離於昏掉 平等持心 若睡眠覆障 即須策7動念佛誦經 禮拜行道講經說法 教化
衆生萬行無廢 所修行業廻向往生西方淨土 若能如是修習禪定者 是佛禪定與聖
教合 是衆生眼目 諸佛印可 一切佛法等無差別 皆乘一如成最正覺."
558 이태원, 『念佛의 源流와 展開史』(운주사, 1998) pp.658~681 참조.

전래된 것이다. 그러나 아직까지도 선정겸수·제행겸수의 체계적인
이론은 제대로 정립되지 않고 있다.

제7장 불신불토설

1. 불타론

불타관에 대한 연구는 부처님의 본질과 현상 등을 탐구하여 철학적, 종교적으로 규명하고자 하는 데 있다. 그래서 부처님의 제자들은 이를 증명하기 위해 오랜 세월 여러 가지 과정을 거치면서 다양하게 연구되고 발전되어 왔다.

불타관의 본질적 탐구의 주된 관점은 불신관佛身觀의 연구로부터 시작된다. 이와 같은 연구는 원시, 부파불교 시대에서는 불신을 불타 본질로서의 법신法身과 현실신現實身으로서의 색신(色身, 生身)으로 구별하여 '법생이신설法生二身說'을 주장하였다. 그러나 이때까지는 불타를 인간적 불타로 보는 색신 중심의 불타 관념이었다. 이러한 관념은 대승불교에 들어와 더욱 깊이 연구되어 반야사상적인 무상無相·공관空觀의 입장에서 법신 중심의 불신관이 강조되면서 원시의 고정적인 이신불二身佛의 관념에서 한 단계 더 올라간 삼신불三身佛, 사신불

四身佛, 다신불(多佛說)의 사상으로 발전되었다.

불교의 시대 구분은 인도불교의 역사를 기준으로 할 때 크게 원시불교
→ 부파불교 → 대승불교로 구분된다. 여기서는 각 시대에서 주장하
고 추구한 불신 관념을 대략 살펴보고자 한다.

1) 원시불교의 불타관

원시불교는 부처님 당시부터 불멸 후 100년경까지의 초기불교를 말하
는 것으로 석존 재세 시대에서 20여 부파로 불교의 분열이 시작되기
전까지의 불교를 말한다. 이때까지는 아직 교리가 다양하게 전개 또는
정리되지 않은 시대의 불교로서 분열이나 분파가 없이 순수하고 원초적
인 모습 그대로의 불교라고 할 수 있다. 그러면 원시불교에서는 왜
불타라는 성호聖號를 부르며 숭앙했을까?

그것은 제자들에 의해서이다. 석존께선 처음엔 자신도 '욕심을 여읜
자(離欲阿羅漢)'라고 하여 불佛과 아라한을 같은 뜻으로 쓰셨다. 그러나
제자들은 스승과 제자 사이에 선각자先覺者와 후각자後覺者라는 등의
특수한 차별이 있어야 한다고 하여, 스승이며 아라한인 석가모니불을
존귀하게 우러러 모시게 되었다. 이때부터 불타라는 성호로 존칭하게
된 것이다. 원시경전에는 불타의 위덕에 대하여 다음과 같이 설하고
있다. 『잡아함경』 권제49 「조명경」의 문답을 보면,

"밝게 비추는 것 몇 가지가 있어서 능히 세상을 밝게 비추는지, 원컨대
세존께선 말씀하여 주소서. 어떤 밝음이 으뜸이 됩니까?" 그때에 세존
께서는 게송으로 대답하셨다. "여기 세 가지 광명이 있어 능히 세상을

밝게 비춘다. 낮에는 해로써 광명을 삼고, 밤에는 달로써 광명을 삼고, 등불은 낮이나 밤이나 비추어 여러 가지 빛깔과 모양을 비추지만 …… 인간과 천상의 광명 중에서 부처님 광명이 최상이니라."[559]

라고 나온다. 또 위의 경 권제4 「불타경」에서는,

"부처란 이 세간에서 뛰어난 훌륭한 이름이거니, 그것은 그 부모가 지어 이름하여 부처라 한 것입니까?" 때에 세존께서는 게송으로 대답하시었다. "부처는 과거의 세상을 보시고 그와 같이 미래의 세상을 보시며, 또한 현재 세상의 일체 행의 일고 꺼짐을 다 보시며, 밝은 지혜로써 일체를 환히 알아 닦아야 할 것은 이미 다 닦고, 끊어야 할 것은 이미 다 끊었다. 그러므로 이름을 부처라 한다."[560]

라고 설하고 있다. 이와 같이 부처님은 불타의 위덕을 스스로 찬양하시며 왜 불타인가를 설명하신다. 이러한 표현으로 점차 존숭되면서 부처님에게는 일반의 아라한과는 달리 위덕을 나타내는 열 가지 칭호인 여래십호如來十號[561]의 구족과 정신상으로 반야지般若智의 위력을 나타

---

559 『雜阿含經』「照明經」(대정장 2, p.360중) "明照有幾種 能照明世間 唯願世尊說 何等明最上 爾時世尊說偈答言 有三種光明 能照耀世間 晝以日爲照 月以照其夜 燈火晝夜照 照彼彼色像 …… 人天光明中 佛光明爲上."

560 『雜阿含經』「佛陀經」(대정장 2, p.28상) "佛者是世間 超渡之勝名 爲是父母制 名之爲佛耶 爾時世尊 說伽答言 佛見過去世 如是見未來 亦見現在世 一切行起滅 明智所了知 所應修已修 應斷悉已斷 是故名爲佛."

561 『妙法蓮華經』(대정장 9, p.3하) ; 『佛說十號經』(대정장 17, pp.719하~720상중)

내는 십력十力[562]·사무외四無畏[563]·삼염주三念住[564]·대비大悲[565]의 십
팔불공법十八不共法[566]을 갖추신 불타로 표현되었다. 또한 신체상으로
는 일반의 아라한과는 달리 위인의 특이한 모습으로 표현되는 전륜성왕
轉輪聖王에 비유하여 32상相[567]과 80종호種好[568]를 갖추시어 조금도
결함이 없는 원만한 덕상德相의 구족자로 보게 되었다.[569] 그런데 이렇
게 거룩한 덕상과 위력을 원만히 갖춘 최상의 성자일지라도 결국 80년의
수명으로 입멸入滅을 보이게 되었다. 이때부터 제자들은 부처님께서
생전에 말씀하신 교법을 상기하기에 이르렀는데, 이로부터 불신관의
연구는 시작된 것이다. 『증일아함경』의 한 말씀을 보자.

여래는 법을 공경하기 때문에, 법을 공양하는 자는 곧 나를 공경하는
것이다. 이미 법을 본 자는 곧 나를 보는 것이다. 이미 법이 있으면
내가 있는 것이다.[570]

---

562 龍樹撰,『大智度論』(대정장 25, p.680중) ;『十力經』(대정장 17, pp.717하~718하)

563 龍樹撰, 위의 책(대정장 25, p.680중하)

564 世親造,『俱舍論』(대정장 29, pp.140하~141상)

565 世親造, 위의 책(대정장 29, p.141상)

566 龍樹撰,『大智度論』(대정장 25, pp.680하~681상)

567 위의 책(대정장 25, p.681상)

568 위의 책(대정장 25, p.684중하)

569 이와 같이 남과 공통되지 않는, 즉 心身상에 조금도 결함이 없고 원만한 덕상을
갖추신 분으로 推仰받게 된 것은 금생의 6년 고행 등으로 이루어진 것이 아니라,
과거 무량겁의 많은 수행과 공덕을 닦으신 결과이다. 이러한 사실은 부처님의
전생 수행을 알리는 本生譚에서 이를 잘 증명하고 있다.

570『增壹阿含經』「聲聞品」(대정장 2, p.652하) "如來恭敬法故 其有供養法者則恭敬

여기서 "이미 법을 본 자는 곧 나를 본 자"라고 하여 법과 부처는 둘이 아니고 하나라는, 즉 '법불무이法佛無二' 사상을 나타내 보이고 있다. 이러한 말씀을 제자들이 받아들여 '법이 곧 불타'라는 사상을 지니고 믿게 된 것이다. 이와 같이 거룩한 부처님은 진리로서는 법이요, 인격적으로서는 불타라고 부르게 된 것이다.

종합적으로 보면, 원시불교의 특징과 공통점은 '한 시대, 한 세계에 두 부처는 없다'는 일불사상으로서 부처를 인간적 불타로 보는 색신 중심의 불타 관념이라 하겠다. 이러한 관념은 주로 부파불교의 보수파인 상좌부에서 주장하는 불타관이다.

2) 부파불교의 불타관

부파불교는 불멸후 100년경부터 혁신파와 보수파 사이에 대립이 일어나면서 혁신파는 대중부大衆部라 칭하고, 보수파는 상좌부上座部라 칭하여 두 파로 나누어지기 시작되어, 300년 후에는 18부 또는 20부로 칭하는 부파로 분열이 된 불교를 말하는 것으로, 원시불교 시대 이후 모든 부파가 성립되어 대승불교가 흥성하기까지의 불교를 말한다. 이때 둘로 나누어진 불타관이 이신설二身說이다. 하나는 석가모니불이 불타가 되었으므로 인격적인 역사성을 가지고 있다는 상좌부 계통의 역사적 불타관이고, 다른 하나는 석가모니불은 본래 진리의 권현체權現體[571]라는 견지에서 법을 체득하였을 때는 인간 석가는 법과 계합되었으

我 已其觀法者則觀我 已有法則有我."

[571] 권현이란 보살이 중생을 두루 제도하기 위해서 방편으로 여러 가지 모습으로 변화하여 나타나는 것을 가리킨다. 이를 權化·權迹·應現·示現·化現 등이라고

므로 불완전한 인간성이 없어지고 절대적인 법의 인격화로서의 불타뿐이라는 대중부 계통의 초역사적인 불타관이 세워지게 되었다.[572] 이러한 관념에서 불타는 업력소생業力所生의 필연적인 법칙에 의해 인간적인 불타와 초인간적인 불타가 동시에 해석되었다.

이와 같은 불타관에 의해 각 부파에서는 불타의 신체·위력·수명·언설·정신 등과 같은 여러 문제를 더욱 세밀히 검토하고 분석하게 되었다. 이 불타관에 대해서는 주로『이부종륜론異部宗輪論』과『대비바사론大毘婆沙論』 등에 나오는데, 서로 견해가 다른 점도 있고 같은 점도 있다. 여기서는 이 모든 설을 자세히 고찰하기가 번잡하므로 상좌부와 대중부의 불신관에 대한 관념만을 살펴보고자 한다. 먼저 상좌부의 불신佛身에 대해서『대비바사론』에서는 다음과 같이 논한다.

부처님의 생신生身은 오직 이 유루일 뿐임을 드러내기 위해서이다. 만일 부처님의 생신이 무루라고 한다면 곧 계경契經과는 어긋나게 된다. 계경에 "무명에 가려지고 애결愛結에 계박되어 어리석은 범부나 지혜로운 이가 유식신有識身의 몸을 받는다"고 하였다. 세존께서도 역시 이 같은 지혜로운 이에 포섭되는 몸이므로 반드시 이는 무명과 애결의 결과이어야 하리니, 이 때문에 부처님의 몸은 반드시 유루이어야 한다.[573]

도 한다.『점찰선악업보경』 권상(대정장 17, p.902상)에서 다음과 같이 말한다. "임시방편으로 화신을 나타내어 그 모습을 시방에 응한다(權巧現化影應十方)."

572 金東華 著,『불교학개론』(보련각, 1954), p.81 참조.

573 五百大阿羅漢造, 玄奘譯,『大毘婆沙論』(대정장 27, p.392상) "佛生身唯是有漏

이와 같이 불타의 생신生身은 유루의 몸이므로 그 수명 또한 유한하다고 하였다. 그러나 한편으로는 법신法身을 인정하고 있다.

또 귀의하는 데에 미혹된 이로 하여금 바른 이해를 얻게 하고 망설임이 없게 하기 위해서이니, 혹 어떤 이는 부처님께 귀의한다고 하면서 여래의 머리·정수리·배·등·손발 등이 합쳐져서 된 몸에 귀의하는 것이라고 여기는 이가 있다. 그러나 이제 이 육신은 부모로부터 나서 자란 것이므로 이것은 유루의 법이라 귀의할 데가 아니다. 귀의할 데는 곧 부처님의 무학으로 이룩된 보리의 법이다. 그것은 곧 법신[574]을 나타내는 것이다.[575]

이와 같이 상좌부의 유부有部 계열에서는 부모로부터 난 몸은 불타라고 하여도 유루신이므로 귀의할 곳이 못된다고 하고 있다. 그러면서 한편으로는 무루신의 법신을 인정하고 있다. 이 부분은 대중부와 같은 점이다.

다음으로 대중부의 불타관은, 앞에서 석가모니불이 불타가 되었으므로 인격적인 역사성을 가지고 있다는 상좌부 계통의 역사적인 존재로

若佛生身是無漏者便違契經 如契經說 無明所覆愛結所縛 愚夫智者感有識身 世尊亦是智者所攝身定應是無明愛果 是故佛身定應有漏."

574 여기서의 법신이란 부처님을 부처님으로 되게 한 正覺의 내용과 십팔불공법과 같은 부처님의 덕을 말한다.

575 玄奘譯,『大毘婆沙論』(대정장 27, p.177상) "復次 爲於歸依有愚惑者 令得正解無猶豫故 謂或有謂 歸依佛者 歸依如來頭項腹背 及手足等所合成身 今顯此身父母生長 是有漏法非所歸依 所歸依者謂佛無學成 菩提法卽是法身."

서의 불타 관념과는 달리 초역사적인 이상적 존재로서의 불타관을 표방하였다. 이를 『이부종륜론』에서는 다음과 같이 설한다.

> 모든 부처님 세존께서는 다 세간에 출현하시고 모든 여래께서는 유루법이 없으시며, 모든 여래의 말씀은 모두가 전법륜이요. 부처님은 한 음성으로써 온갖 법을 설명하시며, 세존께서 하신 말씀은 여여如如하지 않은 뜻이 없다. 여래의 색신은 실로 끝이 없고, 여래의 위력도 또한 끝이 없고, 모든 부처님의 수명도 끝이 없으며, 부처님께서는 유정을 교화하실 때에 그로 하여금 깨끗한 믿음으로 싫어하거나 만족해함이 없는 마음을 내게 하신다.[576]

이와 같이 대중부의 불타관은 상좌부에서 주장하는 역사적인 존재로서의 불타관과는 달리 초역사적인 이상적 존재로서의 불타관이다. 또한 대중부는 상좌부의 목표인 아라한과를 증득하는 데 그치지 않고 장차 부처를 이루려는 데 목적을 둔 매우 진보적이고 창조적인 불타관을 제시하고 있다.

이상과 같이 살펴보았는데, 위의 책에서는 이 외에도 많은 주장들이 서로 견해를 같이 하기도 하고 달리하기도 한다. 결론적으로 보면 상좌부에서는 아무리 법을 체득한 불타라고 할지라도 육신만은 인간성을 벗어날 수 없다는 현실적인 주장이고, 대중부에서는 인간적인 육신

---

576 世友造, 玄奘譯, 『異部宗輪論』(대정장 49, p.15중하) "諸佛世尊皆是出世 一切如來無有漏法 諸如來語皆轉法輪 佛以一音說一切法 世尊所說無不如義 如來色身實無邊際 如來威力亦無邊際 諸佛壽量亦無邊際 佛化有情令生淨信無厭足心."

자체가 원래 진리의 권현체로써 화현化現할 수 있으므로 진리를 체득한 그때부터는 불타의 육신은 얼마든지 인간성을 벗어난 절대의 몸이 된다는 초현실적인 주장이다.[577] 즉 앞의 『이부종륜론』에서 설한 바와 같이 "세존은 모두가 세간에 두루 출현하시고, 모든 여래께서는 유루법이 없고, 여래의 색신은 실로 끝이 없고, 여래의 위력도 또한 끝이 없고, 모든 부처님의 수명도 끝이 없다"는 입장이다. 이러한 불신관은 불타의 색신을 이상화하여 나타낸 보신불報身佛 사상이라고 할 수 있다. 즉 부처님은 다겁생래의 인행因行의 과보로부터 얻어진 보신불임을 말해주는 것이다. 이것은 곧 시간적으로는 무량수불無量壽佛이요, 공간적으로는 일체 세간에 편만한 무량광불無量光佛인 아미타불의 불신과 그 의미가 같다고 할 수 있다. 이와 같은 대중부의 관념은 후대에 대승불교의 다불설 등의 불타관에 상당한 영향을 주었다.

3) 대승불교의 불타관

대승불교[578]란 무엇인가? 우리가 생사고해를 건너 열반의 안락한 세계

---

[577] 金東華 著, 『불교학개론』, pp.82~83 참조.

[578] 大乘이라는 말의 원어는 산스크리트어로 마하-야나mahā-yāna라고 한다. 이를 번역하면 '큰 수레'란 뜻이다. 기존의 보수적인 부파불교를 '작은 수레'에 비유하여 소승(hīnā-yāna)이라고 낮추어 부르는 데 반해, 일체 중생을 다 피안의 언덕으로 실어 나를 수 있다는 뜻에서 '큰 수레'에 비유하여 대승이라고 부른 것이다. 대승에서 대(mahā)는 크다(大)·많다(多)·뛰어나다(勝) 등의 뜻을 가지고 있고, 소승에서 소(hīnā)는 작다(小)·적다(少)·열등하다(劣) 등의 뜻을 가지고 있으며, 승(yāna)은 '모두 실어 나르다'라는 뜻이다. 乘이란 생사고해의 此岸에서 열반의 안락한 彼岸으로 중생을 이끌어 제도한다는 의미인데, 소승은 아주 적은 사람만을 피안에 이르게 함에 비해, 대승은 일체 중생을 피안에 이르게 한다는 점에서

로 넘어가고자 함에는 부처님의 교법을 의지해야 하는데, 소승에서는
이 교법으로써 최고의 목적인 아라한과를 증득하는 데 만족하였다.
그러나 대승에서는 부처님의 본의를 찾아 한량없는 대비심을 일으켜
위로는 보리를 구하고 아래로는 중생을 구한다는 "상구보리 하화중생上
求菩提下化衆生"의 이념 아래 열심히 보살도를 수행하여 다 같이 자리이
타自利利他를 겸비한 무상無上의 불과佛果를 증득하는 데 최고의 목적을
두었다.[579] 이것이 대승불교의 사상이다. 결론적으로 부파불교는 매우
보수적인 관념인 데 비해, 대승불교는 매우 개방적이고 진보적인 관념
으로서 그 성격이 크게 다르다.

이와 같이 대승불교는 부파불교가 실천과 신앙에 관심을 쏟지 않고
번쇄한 아비달마 연구에만 빠져 있는 것을 비판하면서, 고답적이고
폐쇄적이며 보수적인 부파불교에 만족하지 않고 불교 본래의 의미,
부처님의 참다운 정신을 회복해야겠다는 각성 위에 발생한 운동으로서
어느 한 지역, 한 시기에 일어나 완성된 것이 아니고 여러 지역에서
7, 8백여 년에 걸쳐 발생하고 성장한 것이다. 이러한 시대를 거치면서

크게 다르다. 高淳豪 著, 『佛敎學槪論』(宣文出版社, 1980) p.205 참조.

579 부파불교와 초기의 대승불교에 나타난 사상적 특징을 간단히 비교해 보면 다음과
같다. 부파불교는 ①아라한이 되는 것을 목적으로 하는 聲聞乘思想이다. ②업보
윤회의 고통으로부터 벗어나는 他律主義的 業報思想이다. ③자기 개인만의 완성
과 해탈을 위해서 수행 노력하는 自利主義的 소승관이다. ④경전의 연구에 집착해
서 사물에 구애되어 있는 有思想이다. 이에 비해 대승불교는 ①불타가 되는
것을 목적으로 하는 菩薩乘思想이다. ②성불이 목적이므로 스스로 願하고 行하여
가는 願行思想이다. ③자기를 버리고 일체 중생을 구제하겠다는 목적의 利他主義
的 대승관이다. ④반야의 지혜에 입각하여 無我·無執着的인 空思想이다.

불타관은 더욱 다양하게 고찰되고 발전되었다. 그러면 대승불교의 이신二身과 삼신三身에 대한 설을 보자.

가. 이신불설

이신불설二身佛說은 이미 원시불교에서 주장했던 설이다. 그러나 대승불교에 들어와서도 무착, 세친에 의한 삼신설이 성립되기까지는 아직 이신설의 불신관을 주장하고 있었다고 볼 수 있다. 이와 같은 근거는, 대승의 성립을 계기로 하여 저술한 용수의 『대지도론』에서도 계속 법생이신法生二身을 강조하고 있기 때문이다. 그런데 용수는 원시불교의 입장과는 달리 중도실상中道實相의 공관적空觀的인 입장에서 부파불교의 이신설보다 더욱 심화된 불신관을 세우고 있다. 용수는 이신설에 대하여 다양한 명칭으로 비교하며 법法과 생生을 설명하였는데, 여기서 세 가지만 들어보자. 『대지도론』 권제9에서는 이종불신二種佛身에 대하여 다음과 같이 설명하고 있다.

또한 부처님에게는 두 종류의 몸이 있으니 첫째는 법성신法性身이요, 둘째 부모생신父母生身이다. 법성신은 시방의 허공을 가득 채우며 헤아릴 수 없이 많고 한계도 없다. …… 항상 온갖 종류의 몸과 온갖 종류의 명호와 온갖 종류의 탄생처와 온갖 종류의 방편으로 중생을 제도하시니, 언제나 모든 중생을 제도하며 잠시도 쉬는 순간이 없다. 이와 같이 법성신의 부처님은 시방 세계의 중생을 제도하신다. (그러나) 모든 죄의 과보를 받는 것은 바로 생신불이다. …… 다만 미래의 중생을 가엾이 여기기 때문에 방편을 나투어 이러한 온갖 죄보를

318

받는 것이다.[580]

여기서는 이신二身을 하나는 법성신이라 하고, 다른 하나는 부모생신이라고 하였다. 또 『대지도론』 권제30에서는,

부처님의 몸에는 두 가지가 있으니 첫째는 진신眞身이요, 둘째는 화신化身이다. 중생이 부처님의 진신을 친견하면 원마다 만족하지 않음이 없다. 부처님의 진신이라 함은 허공에 두루하고, 광명이 시방을 두루 비치며, 설법하는 음성 역시 시방의 한량없는 항하의 모래알 같이 많은 세계에 두루하므로 그 안에 가득 찬 대중은 모두가 함께 법을 듣고, 그 설법은 쉬지 않으며, 같은 때에 저마다 듣는 것에 따라 이해하고 깨닫게 된다.[581]

라고 하였다. 여기서는 이신二身을 하나는 진신이라 하고, 다른 하나는 화신이라 하였다. 또 같은 책 권제99에서는 다음과 같이 말한다.

또 부처님에게는 두 가지 몸이 있다. 첫째는 법신이요, 둘째는 색신이

580 龍樹造, 『大智度論』(대정장 25, pp.121하~122상) "復次佛有二種身 一者法性身 二者父母生身 是法性身滿十方虛空無量無邊 …… 常出種種身 種種名號 種種生 處 種種方便度衆生 常度一切 無須臾息時 如是法性身佛 能度十方世界衆生 受諸 罪報者是生身佛 …… 但憐愍未來世衆生故 現方便受此諸罪."

581 龍樹造, 앞의 책(대정장 25, p.278상) "佛身有二種 一者眞身二者化身 衆生見佛眞 身 無願不滿 佛眞身者 遍於虛空光明遍炤十方 說法音聲亦遍十方無量恆河沙等 世界 滿中大衆皆共聽法說法不息 一時之頃各隨所聞而得解悟."

다. 법신은 바로 참 부처님이요, 색신은 세속의 이치 때문에 있게 된다. 부처님은 법신의 모양에서 갖가지 인연으로 모든 법의 실상을 말하며, 이 모든 법의 실상도 또한 오는 것도 없고 가는 데도 없나니, 이 때문에 "모든 부처님은 어디서 오는 곳이 없고, 가되 어느 곳에 이르는 데도 없다"고 말한다.[582]

여기서는 이신二身을 하나는 법신이라 하고, 또 하나는 색신이라고 하였다. 이와 같이 살펴본 것에 따라 용수의 설을 종합해보면, ①법성신과 부모생신, ②진신과 화신, ③법신과 색신이라고 하여 이신二身을 여러 명칭으로 설명하고 있다. 그러나 내용에 있어서는 세 가지가 다 같은 맥락의 설명이라 할 수 있다. 위의 법法과 생生 가운데 중심을 이루고 있는 것은 '법신', 즉 '법성신'이라 할 수 있다. 이는 불신을 묘유妙有의 측면에서 본 것이라 하겠다. 그러면 '법法과 생生'의 이신二身 가운데 생신生身에 대한 설명은 어떠한가? 위의 세 가지 설에서는 생신을 '부모생신·화신·색신'으로 표현하여 설명하고 있다. 이것은 '법신·진신'이 중생화익衆生化益을 위해 잠시 인신人身으로 화현한 응신應身임을 말하고 있는 것이다. 이는 인신, 즉 생신은 노병사老病死의 고뇌를 받고 생멸을 보이나 그 내심은 진신과 다르지 않다는 것을 말한다. 이는 『대지도론』 권제30에 나오는 다음의 설명으로 알 수 있다.

---

582 龍樹造, 앞의 책(대정장 25, p.747상) "復次佛有二種身 一者法身 二者色身 法身是 眞佛 色身爲世諦故有 佛法身相上種種因緣說諸法實相 是諸法實相亦無來無去 是故說諸佛無所從來去亦無所至."

또 석가모니부처님은 왕궁에 몸을 받으면서 인간이 받는 법으로 추위와 더위와 배고픔과 목마름과 잠을 자는 등이 있고, 모든 비방과 늙고 병들고 죽는 일 등을 나타내시지만, 속마음의 지혜와 신령한 덕은 참 부처님과 바른 깨달음과 다름이 없으셨다.[583]

이와 같이 '법성신·진신·법신'은 명칭만 다를 뿐 의미는 같다. 그래서 불타를 법신이라고도 하고 법성생신法性生身이라고도 하는 것이다. 법신은 진리의 본체와 그의 법성으로서 생生한 불신이 동시에 말해지므로, 표면상으로 나타난 것을 곧 '법성생신'이라고 말하는 것이다. 그러므로 생신은 화신化身의 일부로서 중생의 원에 따라 나타나는 응화불應化佛이라 부르게 된다. 이와 같이 용수의 이신설은 원시불교에서 말하는 단순히 역사적인 인간 불타를 생신이라 하고, 그 이불理佛을 법신이라고 한 것만은 아니라고 본다. 위의 설명에서 보는 바와 같이, 용수는 여기에서 한 단계 더 올라가『성유식론成唯識論』에서 말하는 순수한 법신인 자성신自性身과 이 순수한 자성신인 법신이 작용하여 스스로에게 받아들여지는 자수용신自受用身과 남에게 받아들여지게 되는 타수용신他受用身과 인간계에 나타나는 변화신(變化身, 應化身)의 사신四身[584]과 오신五身[585]을 생각하고 있었다고 할 수 있다.

583 龍樹造, 앞의 책(대정장 25, p.278중) "復次釋迦牟尼佛王宮受身現受人法 有寒熱 飢渴睡眠 受諸誹謗老病死等 內心智慧神德 眞佛正覺無有異也."
584 四身說은 자성신·자수용신·타수용신·변화신을 말한다. 이에 대하여『成唯識論』(대정장 31, p.57하~58상)에서 다음과 같이 설명한다. "첫째는 ①자성신이니, 모든 여래의 진실되고 청정한 법계의 수용신과 변화신의 평등한 의지처를 말한다. 양상을 떠나고 고요하며, 모든 희론을 끊었고, 가없이 진실되고 상주하는

이상과 같이 용수의 이신설을 살펴보았는데, 전체적인 맥락으로
보아 용수가 주장하는 의도는 결국은 중도적中道的 입장에서 유무有無
의 두 치우침(二邊)을 떠난 중도실상을 강조하고자 하는 것이다. 이와

공덕을 갖춘다. 이것은 모든 법의 평등하고 참다운 성품이다. 이것의 자성을
또한 법신이라고 이름한다. 큰 공덕법의 의지처이기 때문이다. 둘째는 수용신이
니, 여기에 두 종류가 있다. 하나는 ②자수용신이니, 모든 여래가 세 무수겁
동안 한량없는 복덕과 지혜의 자량을 닦아서 일으킨 가없는 참다운 공덕과
매우 원만하고 청정하며, 항상하고 두루하는 색신을 말한다. 상속하여 담연하고,
미래세가 다하도록 항상 스스로 광대한 법의 즐거움을 수용한다. 다른 하나는
③타수용신이니, 모든 여래가 평등성지에 의지해서 나타내 보인 미묘하고 청정
한 공덕의 몸이다. 순수한 정토에 머물면서 십지 중에 있는 많은 보살들을
위해서 큰 신통을 나타내고, 바른 법륜을 굴려서 여러 의심의 그물을 결택하여
그들로 하여금 대승의 법의 즐거움을 수용하게 한다. 이 둘을 합해서 수용신이라
한다. 셋째는 ④변화신이니, 모든 여래가 성소작지에 의지해서 변화한 중생의
부류에 따르는 한량없는 변화신을 말한다. 정토와 예토에 머물면서 십지에
오르지 못한 모든 보살들과 이승의 범부를 위해서 그 근기에 적절하게 맞추어서
신통을 나타내고 법을 말하여 각각 이롭고 안락한 모든 일들을 얻게 한다"고
하였다.

585 五身은 부처님의 五種法身을 말하는 것으로, 『大方廣佛華嚴經隨疏演義鈔』(대정
장 36, pp.27하~28상)에서는 다음과 같이 말한다. "승예가 『유마경소』에서 해석
하여 말하였다. 첫째는 법성생신, 둘째는 공덕법신, 셋째는 변화법신, 넷째는
허공법신, 다섯째는 실상법신 등이다. 상세하게 말하면 하나의 동일한 법신이다.
무슨 뜻인가? 첫째 생한다는 말은 곧 본래의 법성으로부터 생한다는 뜻이므로
법성생신이라고 한다. 둘째는 그 인을 미루어 보면 공덕에 의해 이루어졌기
때문에 공덕법신이다. 셋째는 그 감응에 대한 것이니 감응하여 나타내지 않는
모습이 없어서 변화신이라고 한다. 넷째는 그 크기를 말한 것이니 허공에 가득하
여 없는 곳이 없으므로 허공법신이라고 한다. 다섯째는 그 신묘함을 말하니
무상무위하기 때문에 실상법신이라고 한다."

관련하여 『대지도론』 권제99에 나오는 문답을 보자.

> 묻는다. 만약 부처님이 없다고 한다면 그것은 곧 삿된 소견이다. 보살이
> 어떻게 발심하여 부처님이 되기를 바라겠는가?
> 답한다. 이 가운데서 부처님이 없다는 것은 부처님에 대한 애착하는
> 생각을 파괴하라는 것이지, 부처님이 없다는 생각을 가지라는 말은
> 아니다. 만일 부처님이 있어도 오히려 취하게 하지 않겠거늘, 하물며
> 부처님이 없다는 소견을 취하겠는가. 또 부처님은 항상 적멸하여서
> 다른 논리를 일으킬 형상이 없거늘, 어떤 사람이 항상 적멸한 경지를
> 분별하거나 달리 논란한다면 이 사람도 또한 삿된 소견에 떨어진다.
> 이 '있다·없다' 하는 두 가지 치우친 소견을 여의고 중도中道에 처하는
> 것이 곧 모든 법의 실상(諸法實相)이요, 모든 법의 실상이 곧 부처님
> 이다.[586]

이와 같이 용수는 두 가지 치우친 소견을 여의고 중도에 처하는
것이 곧 모든 법의 실상이요, 모든 법의 실상이 곧 부처님이고, 이
모든 법의 실상을 얻으면 이것이 곧 법신여래의 실상임을 강조하는
것이다. 용수가 이렇게 공관의 입장에서 중도실상을 외치는 것은 이쪽
에도 저쪽에도 치우치지 않는 양면을 드러내어 밝히고자 한 것이라고

---

[586] 龍樹造, 『大智度論』(대정장 25, pp.746하~747상) "問曰 若無佛卽是邪見 云何菩
薩發心心作佛 答曰 此中言無佛 破著佛想 不言取無佛想 若有佛尙不令取 何肉取
無佛邪見 又佛常寂滅無戱論相 若人分別戱論常寂滅事 是人亦墮邪見 離是有無
二邊處中道 卽是諸法實相 諸法實相卽是佛."

본다. 그러면 삼신불설三身佛說을 보자.

나. 삼신불설

이 설은 대승불교에서 어떤 계기도 없이 갑자기 새롭게 내세운 학설이
아니다. 앞에서도 보았듯이 이미 원시불교에서 세운 이신설과 대승불
교에 들어와서 더욱 심화된 용수의 이신설의 기반 위에서 한 단계
더 발전된 사상이다. 삼신설은 불멸 후 900년경에 이르러 주로 인도의
무착과 세친 등의 유가瑜伽 사상에 의해서 성립되었다고 할 수 있다.
이들 유식학파唯識學派의 논사들은 주로 현실의 분석과 그 본질의
규명에 주력하였는데, 이들의 불타관에 대한 연구는 색신色身에 대해서
도 면밀하게 분석하였지만, 본질로서의 영원성을 지닌 법신法身에
대한 규명에 중심을 기울였다. 그 결과, 용수 등의 이신설 외에 색신에
대한 구체성과 법신에 대한 영원성이 함께 상응相應하는 제삼의 불신佛
身을 추구함으로써 구체적이고 영원성을 지닌 과보로서의 부처인 보신
報身을 창출하였다. 그리하여 법신으로서의 자성신自性身, 보신으로서
의 수용신受用身, 응신으로서의 변화신變化身인 삼신설을 세우게 되었
다. 그러면 먼저 무착이 정의한 삼신설을 보자. 무착은『섭대승론본攝大
乘論本』권하「피과지분彼果智分」에서 다음과 같이 설명한다.

마땅히 세 가지 불신에 의거해서 그 증과인 지혜의 뛰어남을 알아야
한다. 첫째는 자성신에 의거하고, 둘째는 수용신에 의거하고, 셋째는
변화신에 의거한다. 이 중에서 자성신은 모든 여래의 법신이다. 일체법
이 자재하게 전전하는 의지처이기 때문이다. 수용신은 법신에 의지하

324

고, 모든 부처님의 갖가지 법회에 나타나는 바로서 청정한 불국토에서
대승의 법락을 향수하기 때문이다. 변화신은 역시 법신에 의지하고,
도솔천궁에서 생을 마치고, 인간세계에 생을 받으며, 욕망을 수용하
고, 성을 나와서 출가하며, 외도의 처소에 가서 모든 고행을 닦고,
대보리를 증득하며, 큰 법륜을 굴리고, 대열반에 들어가기 때문이다.[587]

이와 같이 무착은 삼신을 자성신, 수용신, 변화신이라 하고 자성신은
수용신과 변화신의 의지처이고, 수용신은 법신에 의지하여 청정한
불국토에서 대승의 법락을 향수하고, 변화신도 법신에 의지하여 중생
교화를 위하여 변화하여 나타난 불신이라고 하였다.

다음, 세친은 『묘법연화경우파제사(法華經論)』 권하 「비유품」에서
열 가지의 무상의無上義를 설명하는 가운데 여덟 번째의 설명에서
삼신을 삼종불三種佛인 응화불應化佛, 보불報佛, 법불法佛로 설명한다.

대보리를 이룸이 위없음을 나타내 보임이니, 세 가지의 불보리를
나타내 보인다. 첫째는 응화하는 불보리를 나타내 보임이니, 응하는
바를 따라 나타내 보임이다. …… 둘째는 과보의 불보리를 나타내
보임이니, 십지의 행을 만족히 하여 항상한 열반을 증득함이다. 경에
"선남자들아, 내가 성불한 지는 한량없고 가없는 백천만겁 나유타겁이

---

587 無着造, 『攝大乘論本』(대정장 31, p.149상) "謂由三種佛身應知彼果智殊勝 一由
自性身 二由受用身 三由變化身 此中自性身者 謂諸如來法身 一切法自在轉所依
止故 受用身者 謂依法身種種諸佛衆會所顯淸淨佛土 大乘法樂爲所受故 變化身
者 亦依法身從覩史多天宮現沒 受生受欲踰城出家 往外道所修諸苦行 證大菩提
轉大法輪 入大涅槃故."

다"라고 하셨다. 셋째는 법의 불보리를 나타내 보임이니, 말하자면 여래장의 성품은 청정하고 열반도 항상 청정하여 변하지 않는다는 뜻이다.[588]

여기서 세친은 불신론을 여래장 계통의 사상으로 설명한다. 여래장 계통에서는 주로 진여자성상眞如自性相으로서의 법신에 중심을 두면 서, 그 법신이 중생 구제를 위해 그들의 근기에 따라 보신과 응신으로 나타난다고 하는 이타적利他的인 사상이다. 즉 위에서 설명한 바와 같이 "법의 불보리는 말하자면 여래장의 성품은 청정하고 열반도 항상 청정하여 변하지 않는다"는 뜻이라고 하면서, 이에 비해 "과보의 불보리 는 십지의 행을 만족히 하여 항상한 열반을 증득함이다"라고 하였다. 이러한 세친의 불신관은 용어만 다를 뿐이지 결국 무착의 설과 같은 것이다. 즉 보불과 응화불은 법불에 의해서 비롯된 것임을 말하고 있다.

이상과 같이 유가행 유식학파인 무착과 세친에 의해 정리된 삼신설에 대한 정의를 간략히 살펴보았다. 이 외에도 삼신설은 여러 경전에서 설명되는데, 일반적으로 정의한 불신설은 법신(法身, dharma-kāya)・보신(報身, saṃbhoga-kāya)・응신(應身, nirmāṇa-kāya) 등의 삼신三身 을 말하고 있다. 이와 관련하여 길장吉藏의 『법화현론』 권제9에서는

---

588 世親造, 『妙法蓮華經憂波提舍』(대정장 26, p.9중) "成大菩提無 示現三種佛菩提 故 一者示現應佛菩提 隨所應見而爲示現 …… 二者示現報佛菩提 十地行滿足得 常涅槃證故 如經善男子我實成佛已來無量無邊百千萬億那由他劫故 三者示現 法佛菩提 謂如來藏性淨涅槃常恆淸涼不變等義."

326

다음과 같이 말한다.

만일『법화론』에 따라 삼신을 밝히자면, 불성을 법신으로 삼고, 수행하여 불성을 나타내는 것을 보신으로 삼으며, 중생을 교화하는 뜻을 화신으로 삼는다.『섭대승론』에서 밝히는 내용에 따르면, 숨은 것을 여래장이라 하고 나타난 것을 법신이라 하니, 곧 이 둘을 모두 법신이라 하며, 응신 자체를 둘로 나누어 보살을 교화하는 것은 보신이라 하고, 이승을 교화하는 것은 화신이라 한다. 혹은 지상(地上, 십지 이상)을 보신이라 하고, 지전地前을 화신이라 한다.[589]

또 길장은『대승현론』권제4에서,

또『천친론』의「수량품」을 해석하는 곳에서는 모두 삼신으로 분별하고 있다. '화신은 시작도 있고 끝도 있으나, 보신은 시작은 있지만 끝이 없고, 법신은 시작도 없고 끝도 없다'는 것이 그것이다. 그러므로 부처님의 몸은 상常의 뜻과 무상無常의 뜻을 모두 갖추었음을 알라.[590]

라고 설명하고 있다. 이와 같은 불신설은 삼신설을 그 기반으로 하여

---

589 吉藏撰,『法華玄論』(대정장 34, p.437상) "若法華論明三身者 以佛性爲法身 修行 顯佛性爲報身 化衆生義爲化身 若攝大乘論所明 隱名如來藏 顯名爲法身 則此二 皆名法身 就應身中自開爲二 化菩薩名報身 化二乘名化身 或云化地上名報身 化 地前名化身."

590 吉藏撰,『大乘玄論』(대정장 45, p.57상) "又天親論釋壽量品 具辨三身 化身則有始 有終 報身則有始無終 法身則無始無終 故知 具常無常義."

법상종法相宗에서는 사신설四身說[591]을 말하고, 화엄종에서는 우주 만유가 모두 부처라는 생각으로 십신구족十身具足의 법신불 사상인 십불十佛[592]을 들고 있다.

이상과 같이 원시, 부파, 대승불교의 불타관을 불신론을 중심으로 대략 고찰하여 보았다. 이를 정리하여 보면, 원시불교의 불타관은 부처님을 가장 존숭하는 표현으로써 열 가지 칭호인 십호十號의 구족자, 정신상으로는 18불공법의 구족자, 신체상으로는 32상과 80종호의 구

---

591 『成唯識論』(대정장 31, p.57하~58상) 앞의 '二身說' 주석 참조.

592 十佛은 『華嚴經』의 설로 解境의 십불과 行境의 십불로 나눈다. 해경의 십불은 보살의 깨달음의 지혜에 의해 모든 것을 부처님으로 보는 것이고, 행경의 십불은 보살의 수행이 완성한 부처의 경계를 가리키는 것이다. 해경의 십불은 80권 『화엄경』「십지품」(대정장 10, p.200상중)에서 다음과 같이 설한다. "불자여, 이 보살의 모든 몸이란 분별을 아주 여의고 평등한 데 머물며, 이 보살이 중생인 몸과 국토인 몸과 업으로 받는 몸과 성문의 몸과 독각의 몸과 보살의 몸과 여래의 몸과 지혜인 몸과 법인 몸과 허공인 몸을 아느니라. 이 보살이 중생들의 마음에 좋아함을 알고는 중생인 몸으로써 자기의 몸을 짓기도 하고, 국토인 몸과 업으로 받는 몸과 내지 허공인 몸을 짓기도 하며, 또 중생들의 좋아함을 알고는 국토인 몸으로써 자기의 몸을 짓기도 하고, 중생인 몸과 업으로 받는 몸과 내지 허공인 몸을 짓기도 하며, 또 중생들의 좋아함을 알고는 업으로 받는 몸으로써 자기의 몸을 짓기도 하고, 중생인 몸과 국토인 몸과 내지 허공인 몸을 짓기도 하며, 또 중생들의 몸과 국토인 몸과 내지 허공인 몸을 짓나니, 중생들의 좋아함이 같지 아니함을 따라서 이 몸으로 이러한 형상을 나타내느니라." 행경의 십불은 80권 『화엄경』「이세간품」(대정장 10, p.282상)에서 다음과 같이 설한다. "불자여, 보살마하살이 열 가지 부처가 있으니 무엇이 열인가? 이른바 바른 깨달음을 이루는 부처와 서원의 부처와 업보의 부처와 머물러 지니는 부처와 열반한 부처와 법계인 부처와 마음의 부처와 삼매의 부처와 본 성품의 부처와 따라 즐기는 부처이니, 이것이 열이니라."

족자로 표현되어 존숭되어온 매우 원초적이고 순수한 불타관이였다.

이 원초적인 불타관은 부파불교에 이르러서는 두 가지로 분화된다. 즉 석가모니불이 불타가 되었으므로 인격적인 역사성을 가지고 있다는 상좌부 계통의 역사적 불타관과 석가모니불은 본래 진리의 권현체라는 견지에서 법을 체득하였을 때는 인간 석가는 법과 계합되었으므로 불완전한 인간성이 없어지고 절대적인 법의 인격화로서의 불타라는 대중부 계통의 초역사적인 불타관으로 분화되어 전개 발전되기 시작하였다. 그러나 이때까지는 아직 불타를 역사적인 인간불타로 보는 색신 중심의 불타관이었다.

이러한 불타관은 대승 논사인 용수에 의해 법신 중심의 불타관이 성립되고 세친, 무착 등이 이를 더욱 탐구하여 법신·보신·응신인 삼신설로 성립시켰다. 또한 법상종에서는 이 삼신설을 근간으로 하여 사신설四身說을 제기하고, 화엄종에서는 우주만유가 모두 부처라는 생각으로 십신구족의 법신불 사상인 십불十佛이 제기되었다. 이러한 불타 관념은 시간적으로는 과거칠불[593]과 이십사불[594], 공간적으로는

---

593 過去七佛은 과거에 출현한 일곱 분의 부처님으로, 곧 석가모니부처님과 그 이전에 출현한 여섯 부처님을 일컫는 말이다. 부처님께서는 과거칠불에 대하여 『불설칠불경』(대정장 1, p.150상)에서 다음과 같이 말씀하신다. "너희들은 자세히 들으라. 나는 이제 그것을 설명하리라. 과거 91겁에 비바시불 응정등각이 있어 세간에 나타나셨다. 31겁에는 시기불·비바시불 응정등각이 있어 세간에 나타나셨으며, 현겁 중의 제6겁에는 구류손불 응정등각이 있어 세간에 나타나셨고, 제7겁에는 구나함모니불 응정등각이 있어 세간에 나타나셨으며, 제8겁에는 가섭파불 응정등각이 있어 세간에 나타나셨으며, 제9겁에는 나 석가모니불이 세간에 나와 응정등각이 되었다. 다시 다음에는 과거 겁 중에 비바시불·시기불·바사부불은 '시라'의 청정한 계율을 펴 말씀하셨고, 지혜의 최상의 행을 성취하셨

무수한 세계마다 그 세계를 교화하는 무수한 부처님이 있다고 하는 과거불 사상과 미래불인 미륵불을 비롯하여 사방사불 같은 현재타방불이 대두되고, 시방삼세를 통한 무량무변의 다불설로 전개되게 되었다. 이렇게 무수한 타방세계의 제불 가운데 특히 대표적인 부처님은 동방의 아촉불阿閦佛, 서방의 아미타불阿彌陀佛, 남방의 보생불寶生佛, 북방의 미묘문불微妙聞佛 등이 잘 알려진 타방불이다.

이와 같은 대승불교의 다불설 등의 불타관이 성립된 것은 일체의 모든 중생에게는 다 불성이 있다는 '일체중생실유불성一切衆生實有佛性'이라는 사상적 관념들을 근거로 한 것이라고 하겠다.

다. 다시 다음의 현겁 중에는 구류손불·구나함모니불·가섭파불도 또한 청정한 율의 및 선정 해탈의 법을 말씀하셨다. 내가 설명하는 법도 또한 그와 같다"고 하였다. 이와 같이 과거세에 여러 부처님이 있다고 하는 신앙은 훗날에 미륵보살의 출현을 기다리는 미래불 신앙이 나타나게 되는 계기가 되었다. 과거칠불이 공통으로 전하는 게송으로 칠불통계게가 있다. 『증일아함경』「序品」(대정장 2, p.551상)에 보면 "모든 악을 짓지 말고 온갖 선을 행하라. 스스로 그 뜻을 깨끗이 하는 것, 이것이 곧 모든 부처님의 가르침이다"라고 하였다.

594 二十四佛은 ①燃燈佛 ②橋陳如佛 ③吉祥佛 ④善意佛 ⑤謟曲佛 ⑥所照佛 ⑦高見佛 ⑧蓮華佛 ⑨大善佛 ⑩蓮華上佛 ⑪善慧佛 ⑫善生佛 ⑬喜見佛 ⑭義見佛 ⑮法見佛 ⑯義成就佛 ⑰低沙佛 ⑱補砂佛 ⑲毘婆尸佛 ⑳尸棄佛 ㉑毘舍淨佛 ㉒俱留孫佛 ㉓拘那含牟尼佛 ㉔迦葉佛이다. 이 24불은 『佛種性經』(『小部經』19)에 나온다고 하고 있다. 그러나 이 경에 등장하는 과거불 중 비바사불 이하 석가모니부처님 등 7불은 보이고 있지만 24불의 고사 등은 경전에 보이지 않고 있다. 이 경은 현재 PTS(1882) 등의 팔리어본이 남아 있고, 남전대장경(일본어 역)에 수록되어 있다. 이 경은 과거불의 종성, 經歷, 그리고 因行 등에 관한 게송을 모은 책으로서 『小部經』 중의 하나로 28품으로 되어 있다. 智冠 編著, 『辭林』(11권) p.738 참조.

2. 중국 논사들의 불신론과 불토론

앞의 불타관에서 고찰하였듯이 용수의 이신불설의 기반 위에서 한 단계 더 발전하여 무착과 세친 등에 의해 삼신불설이 성립되고, 이 삼신불의 기반 위에서 법상종과 화엄종 등의 종파들이 사신불, 십불 등 다양한 불신론(多佛說)을 성립, 전개시켰다. 이러한 불신佛身이 머무는 땅을 불토佛土라고 한다. 그러면 여기서 삼신설의 의미를 불토 를 중심으로 다시 살펴보자.

법성토法性土는 법신불이 머무는 세계를 말한다. 법신불이란 진리 자체를 신체로 하고 있는 부처님으로 영원한 이법理法으로서의 부처님 을 말한다. 따라서 그 불신佛身이 머무는 세계를 이름하여 법성토라 부른다. 화엄교학에서는 이 법성토를 '국토해國土海'라고 이름하고 원 만무애자재圓滿無礙自在한 세계로 보고 있는데, 이는 언설로는 다 표현 할 수 없는 부처님의 경지를 나타내는 세계로 부처님 자신이 내심(內心, 自內證)을 깨달은 세계라고 말하고 있다. 따라서 이 세계는 부처님만이 알 수 있는 세계로서 아직 깨닫지 못한 중생의 눈으로는 전혀 알 수도 없고 볼 수도 없는 세계이다.

보토報土는 보신불이 머무는 세계를 말한다. 보신불이란 보살이 오랜 세월 서원과 수행의 과보로 성취한 과신果身을 말한다. 따라서 그 불신이 머무는 세계를 이름하여 보토라고 부른다. 그 국토의 대표적 인 예로는 아촉여래가 머무는 묘희세계妙喜世界, 아미타여래가 머무는 서방극락세계가 이 보토에 속한다.

응토(應土, 化土)는 응신불(應身佛, 化身佛)이 머무는 세계를 말한다.

응신불이란 중생을 교화하기 위해 중생과 같은 몸을 나타내는 응화불을 말한다. 따라서 그 불신이 머무는 세계를 이름하여 응토(화토)라 부른다. 중국의 정토 논사들은 이 삼신설을 근본으로 불신론佛身論·불토관佛土觀을 세우고 있다.

1) 담란의 보신보토설

담란은 정토삼부경 등에서 설하는 아미타불의 불신 및 정토의 성격에 대해서 독특한 불신론을 설하였는데, 그는 『왕생론주』에서 다음과 같이 설한다.

> 제불보살에 두 가지 법신이 있다. 첫째는 법성법신法性法身이고, 둘째는 방편법신方便法身이다. 법성법신에 의하여 방편법신을 생기며, 방편법신에 의하여 법성법신이 출현한다. 이 두 법신은 다른 것으로 나눌 수 없으며, 또 하나로 같다고 할 수도 없다. 그러므로 넓히고 간략하게 하는 것이 서로 받아들여(廣略相入) 총체적으로 법신이라 이름한다.[595]

여기서 법성법신과 방편법신의 두 가지 법신을 밝히고 있다. 여기서 말하는 법성법신이란 진여 그 당체에 불격佛格을 부여하여 법성법신이라고 부르는 것이다. 법성이란 제법의 진실한 체성體性을 일컫는 말로

---

[595] 曇鸞註解, 『無量壽經優婆提舍願生偈註(왕생론주)』 권하(대정장 40, p.841중) "諸佛菩薩有二種法身 一者法性法身 二者方便法身 由法性法身生方便法身 由方便法身出法性法身 此二法身異而不可分 一而不可同. 是故廣略相入統以法名."

우주 일체의 현상이 갖추고 있는 진실하고 변하지 않는 본성을 가리킨다. 따라서 법성은 곧 진여법성을 말하는 것이다. 이것을 현상적으로 보면 서로 달라 하나라고 할 수 없지만, 이 두 가지는 다 법신이 근본이기 때문에 전혀 다른 것이라고 할 수도 없다. 그래서 담란은 "두 법신은 다르지만 나눌 수 없으며, 또 하나지만 같다고 할 수도 없다. 그러므로 넓히고 간략하게 하는 것이 서로 받아 들여(廣略相入) 총체적으로 법신이라 이름한다"고 하여 '이불이二不二 사상'을 주장하였다.[596] 그래서 담란은 위의 책에서 또 말하기를,

무슨 뜻에 의해 이것을 법이라 부르는가? 청정함을 가지고 있기 때문이다. 무슨 뜻에 의해 청정이라 이름하는가? 진실한 지혜, 위없는 법신(眞實智慧無爲法身)이기 때문이다. 진실한 지혜란 실상의 지혜이고, 실상은 형상이 없기 때문에 참된 지혜는 아는 것이 없다(眞智無知). 위없는 법신(無爲法身)이란 법성의 몸이며, 법성이란 고요하고 적멸하기 때문에 법신은 형상이 없다(法身無相). 형상이 없기 때문에 능히 형상 아닌 것이 없다.[597]

---

596 태원스님은 설명하기를, 위의 '廣略相入'에서 '廣'이란 담란이 설한 극락세계의 29종 장엄이며, '略'이란 진여법성을 말한다고 하였다. 즉 진여법성에 의해 29종의 장엄이 이루어졌고, 우리가 이 29종 장엄을 관찰함으로써 본래 가지고 있는 진여법성이 출현하기 때문에 서로 연관관계가 있다는 것이다. 담란은 이 진여법성을 법성법신이라 하여 근본당체로 말하였고, 29종 장엄을 방편법신이라 하여 사람들을 구원하기 위해 사용한 방법으로 하였다"고 한다. 이태원, 『왕생론주강설』(운주사, 2009), pp.417~418 참조.

597 曇鸞註解, 『왕생론주』(대정장 40, p.841중) "依何義名之爲法 以淸淨故 依何義名

라고 하였다. 여기서 법성法性이란 위에서 말한 제법의 진실한 체성을 말하는 것으로 모든 것이 끊어진 최상의 경지로서 적멸의 세계를 말한다. 법신法身이란 이 적멸의 세계인 법성에서 비롯된 것이다. 이 적멸의 세계에는 움직이는 작용이 끊어졌기 때문에 무색무형이지만 중생을 구원하기 위해서는 움직임 없이 움직여 어떤 형상이든지 나타내지 못하는 것이 없다는 뜻이다. 그래서 '무위법신은 법성신'이라 한 것이다. 담란은 이를 '진실지혜무위법신眞實智慧無爲法身'이라고 하였다. 또 담란은 위의 책에서 아미타불의 불신을 실상신實相身·위물신爲物身이라고도 하였다.

저 무애광여래의 명호는 중생들의 일체 무명을 능히 파하고, 중생들의 일체 원하는 바를 능히 만족시켜 준다. 그렇지만 명호를 부르고 억념해도 무명이 아직 남아 있거나 원하는 바를 성취하지 못한 사람이 있다. 왜냐하면 여실하게 수행하지 못하고, 명칭의 뜻과 더불어 상응하지 못했기 때문이다. 어떤 것을 여실하게 수행하지 못하고, 명칭의 뜻과 더불어 상응하지 못한 것인지를 말하면, 여래는 실상신實相身이며 위물신爲物身임을 알지 못하기 때문이다.[598]

爲淸淨 以眞實智慧無爲法身故 眞實智慧者實相智慧也 實相無相故眞智無知也 無爲法身者法性身也 法性寂滅故法身無相也 無相故能無不相."

598 曇鸞註解,『왕생론주』(대정장 40, p.835중) "彼無礙光如來名號能破衆生一切無明 能滿衆生一切志願 然有稱名憶念 而無明由在而不滿所願者 何者 由不如實修行 與名義不相應故也 云何爲不如實修行與名義不相應 謂不知如來是實相身是爲物身."

334

실상신이란 실상을 깨달은 몸을 말한다. 즉 모든 법의 본래 모습 자체를 깨달아 자기의 몸으로 삼는 것이다. 이는 곧 진여眞如의 몸인 법성법신法性法身을 말한다. 위물신이란 이 실상신이 중생들을 구원하기 위해 어떤 모습으로 나타난 몸을 말하는데, 이는 곧 방편법신을 말하는 것이다. 결국 무애광여래인 아미타불은 법성법신이자 방편법신인데, 이를 담란은 실상신과 위물신으로 표현하고 있는 것이다. 이러한 방편법신에 대해서 담란은 다음과 같이 설한다.

바르고 곧은 정직을 방方이라 하고, 자기를 멀리하는 것을 편便이라 한다. 바르고 곧은 것에 의지하기 때문에 일체 중생을 연민히 여기는 마음이 생기고, 자신을 멀리하기 때문에 자신에게 공양하고 공경하기 바라는 마음을 멀리 여읜다.[599]

여기서 담란은 바르고 곧은 정직을 '방方'이라 하고, 자신을 위하는 공양과 공경을 멀리 여의는 것을 '편便'이라고 해석하였다. 이 말은 마음이 순수하고 고요해야 지혜가 생기므로 이를 '방'이라 하였고, 또한 이 순수하고 정직한 마음이라야 자신이 무아인 것을 깨달아 일체에 집착하는 마음이 사라지고 저절로 중생을 애민하는 자비심이 나오기 때문에 '편'이라고 해석한 것이다. 따라서 방편법신은 법성법신의 내부에서 표출된 지혜와 자비가 완전히 구족된 불신을 말하는 것이다.[600]

599 曇鸞註解, 『왕생론주』(대정장 40, p.842중) "正直曰方外己曰便 依正直故生憐愍 一切衆生心 依外己故遠離供養共敬自身心."
600 이태원, 『왕생론주 강설』, 442 참조.

그래서 앞에서 담란은 "두 법신은 다른 것으로 나눌 수 없으며, 또 하나로 같다고 할 수도 없으므로 총체적으로 법신이라 한다"고 말한 것이다. 이와 같이 법성이 생기하여 방편을 이루고, 방편은 다시 법성을 나타낸다. 즉 방편은 홀로 생기하는 것도 아니고, 법성 또한 홀로 나타나는 것이 아니고 방편에 의하여 나타나는 것이다.

이러한 이치로써 담란은 『무량수경』 등에서 설하는 아미타불을 방편 법신이라고 생각하였다. 왜냐하면 법성법신은 무색무형의 진여의 이체理體이기 때문에 아미타불을 법성법신이라고 할 수 없다는 것이다. 그래서 『왕생론주』에서는 법성을 약문略門이라 하였고, 방편을 광문廣門이라 하여 서방에 3엄嚴 29종種의 장엄을 설하고 있는 것이다. 여기서 3엄은 국토장엄, 불장엄, 보살장엄으로 이 셋은 아미타불이 과거 법장보살 시절에 보살행을 행할 때에 일으킨 48가지의 청정한 서원에 의하여 성취된 것이라고 하였다. 따라서 아미타불은 결국 법신에서 생기된 보신에 해당하는 것이다.

이에 대해 망월신형은 담란의 보신보토설을 증명하기 위해 담란의 저술인 『약론안락정토의』의 첫머리에서 설한[601] 구절을 들어 설명하였다. 즉 "법장보살이 세자재왕불 앞에서 큰 서원을 세우고, 모든 부처님 국토를 보고 취해 무량아승기겁 동안 발원한 것과 같이 모든 바라밀을

---

601 曇鸞撰, 『略論安樂淨土義』(대정장 47, p.1상) "答曰 如釋論言 如斯淨土非三界所攝 何以故 無欲故非欲界 地居故非色界 有形色故非無色界 經曰 阿彌陀佛本行菩薩道時 作比丘 名曰法藏 於世自在王佛所 請問諸佛淨土之行 時佛爲說二百一十億諸佛刹土天人善惡國土精粗 悉現與之 于時法藏菩薩 卽於佛前 發弘誓大願 取諸佛土 於無量阿僧祇劫 如所發願 行諸波羅蜜 萬善圓滿 成無上道 別業所得 非三界也."

수행하고, 만 가지 선이 원만한 무상도를 이루었다. 이것은 곧 별업別業
으로 얻은 것이기 때문에 저 국토는 삼계에 포섭되지 않는다"고 말한
것은 의심 없이 아미타불을 보신報身, 그 국토를 보토報土로 본 것이라고
하였다.[602]

　이상과 같이 살펴본 것에 따르면 담란의 불신관은 '보신보토報身報土'
라고 할 수 있다. 그런데 담란의 견해를 보면『약론안락정토의』에서는
보신을 나타내고, 논주에서는 법성법신·방편법신·실상신·위물신이
라고 하여 법신을 나타내고 있다. 이와 같이 볼 때 담란의 불신관은
법신과 보신을 다 주장하는 것이 된다. 이른바 담란의 '이불이二不二
사상'이다. 그런데도 담란의 불신불토 관념을 '보신보토'라고 결론짓는
것은, 담란이 위에서 해석한 바와 같이 깨달음을 증득한 몸은 당연히
무위법신으로서의 법신무상法身無相이 되지만, 다만 방편에 의하여
방편법신 또는 위물신 등으로 생기할 수 있기 때문이다. 그러므로
담란이 생각한 아미타불은 당연히 보신이 되는 것이고, 그 보신이
머무는 땅은 자연히 보토가 되는 것이다. 이와 같은 개념으로 볼 때
담란의 불신불토설은 '보신보토'라고 할 수 있다.

2) 혜원·길장의 응신응토설

역사적으로 정토삼부경 등의 아미타불 경전이 중국에 전해져 아마타불
신앙이 점차 불교교단의 내부에 전파되자 불신불토에 대하여 나름대로
의 견해를 주장하는 논사들이 나타나게 되었다. 그 가운데 원류라고

---

602 望月信亨 著, 李太元 譯,『中國淨土敎理史』(운주사, 1997) p.95 참조.

할 수 있는 대표적인 사람은 정영사淨影寺 혜원慧遠과 가상사嘉祥寺 길장吉藏이다. 앞에서도 언급한 대로 혜원은 지론학파地論學派의 학장學匠이고, 길장은 삼론학파三論學派의 대성자이다. 이들은 각각 지론학파, 삼론학파의 입장에서『무량수경』과『관무량수경』을 연구하여 아미타불의 불신의 성격을 응신應身이라고 하였다. 혜원은『무량수경의소』권상에서 다음과 같이 논한다.

이 부처님은 그 수명에 의해 이름을 나타낸다. 수壽에는 진(眞, 진불)과 응(應, 응신불)이 있다. 진眞은 곧 상주하며 성품(性)은 공空하여 허공과 같다. 응應의 수명은 일정하지 않거나(不定) 혹은 길거나 짧다. 지금 여기에서 논하는 것은 응이며 진이 아니다. 응의 수명에 있어서 이 부처님의 수명은 길고, 범부나 이승의 헤아림으로는 그 수의 한계를 알 수 없기 때문에 무량이라고 한다. 목숨(命)의 한계를 수라고 칭한다. 어떻게 이것이 응이며 진이 아니라는 것을 알 수 있는가?『관세음보살급대세지수기경觀世音菩薩及大勢至授記經』에서 설하는 것과 같이, 무량수경의 수명은 장원하다고 할지라도 다하여 끝남이 있으며, 그 부처님이 멸도하신 후에 관음·대세지가 차례로 부처가 되는 까닭에 이를 응이라 한다.[603]

---

603 慧遠撰,『無量壽經義疏』권상(대정장 37, p.92상) "此佛從其壽命彰名 壽有眞應 眞卽常住 性空虛空 應壽不定 或長或短 今此所論 是應非眞 於應壽中 此佛壽長 凡夫二乘不能測度知其限算 故曰無量 命限稱壽 云何得知是應非眞 如觀世音及 大勢至授記經說 無量壽佛壽雖長遠 亦有終盡 彼佛滅後 觀音大勢至次第作佛 故 知是應."

338

여기서 혜원이 말하는 것은, 아미타불의 수명은 장구하여 무량수라고 할지라도 이것은 지혜가 하열한 범부와 성문·연각의 이승이 측량하기 어려운 만큼 장원하기 때문에 무량이라고 한다는 것이다. 그러나『관음수기경觀音授記經』에 의하면 아미타불은 나중에 열반하고 관음·세지가 차례로 극락의 교주가 된다[604]고 하기 때문에 진眞의 무량수라고 할 수 없다고 말한다. 또『관무량수경』의 제9「진신관眞身觀」에서는 아미타불의 신상身相을 설하여 십육만억나유타항하사 유순인 불신의 크기를 표시하고 있으므로,[605] 이 아미타불은 '응신불應身佛'이라는 것이다.[606]

또 혜원은『대승의장大乘義章』권제19에서 정토를 세 가지로 분류했다. 세 가지 정토란 사정토事淨土, 상정토相淨土, 진정토眞淨土이다.[607] 사정토는 범부가 거주하는 곳이고, 상정토는 성문·연각과 제보살이 거주하는 곳이고, 진정토는 초지 이상 내지 제불이 거주하는 곳이라 하였다.[608] 이와 같이 혜원은 아미타불을 응신불로 보고, 그 땅을 응토라고 보는 '응신응토應身應土'를 주장하였다.

604 『觀世音菩薩授記經』(대정장 12, p357상) "善男子 阿彌陀佛壽命無量百千億劫 當有終極 …… 善男子 阿彌陀佛正法滅後 過中夜分明相出時 觀世音菩薩 於七寶 菩提樹下 結加趺坐成等正覺 號普光功德山王如來應供正遍知明行足善逝世間 解無上士調御丈夫天人師佛世尊."

605 『觀無量壽經』「眞身觀」(대정장 12, p.343중하) "마땅히 알라. 무량수불의 몸은 백천만억 야마천의 염부단 금색과 같고, 불신의 키는 육십만억나유타항하사 유순이니라."

606 坪井俊映 著, 韓普光 譯, 『淨土教概論』(如來藏, 2000) pp.292~293 참조.

607 遠法師撰, 『大乘義章』(대정장 44, p.834상) "爲明佛土兼辨餘義 分別有三 一事淨 土 二相淨土 三眞淨土."

608 遠法師撰, 위의 책(pp.834상~835상) 참조.

다음, 길장은 불신에 대해서 정법불正法佛, 수성불修成佛, 응화불應化佛의 삼불신三佛身을 논하고 있다. 그리고 이 삼불三佛은 각각 법신法身·보신報身·응신應身에 해당한다고 하였다. 길장은 아미타불의 불신에 대하여 『관무량수경의소』에서 다음과 같이 논한다.

서역(胡)에서는 아미타불이라고 하며 여기에서는 무량수각자無量壽覺者라고 한다. 무량수는 삼불三佛에 통한다. 어떤 것이 법불法佛인가? 피차의 변량邊量은 가늠할(度) 수 없다. 그러므로 억지로 무량이라고 한 것이다. 수성불修成佛의 수량은 허공과 같으므로 무량수라고 한다. 응불應佛의 무량이란, 만약 공통적인 입장(通論門)에서 말하면 중생이 한량없으니 그 자취(垂迹)가 어찌 다하랴. 『대경(무량수경)』의 제13원願에서 말씀하신 것과 같으니, 어찌 자비를 버리고 영원히 열반에 들겠는가. 개별적으로(別論) 아미타불을 논하면 광대한 원에 의하여 정토를 만드시며 수명은 장원할지라도 이승 범부가 측량하기 어려운 까닭에 무량이라고 한 것이다.[609]

위의 설을 보면, 아마타불을 무량수각자라 칭하지만 '무량수'라는 것은 삼불三佛에 통한다고 하였다. 여기서 삼불은 법신·보신·응신을 말하는 것으로, 길장이 말한 정법불·수성불·응화불에 대해 말하는

---

609 吉藏撰, 『觀無量壽佛義疏』(대정장 37, p.234중) "胡云阿彌陀佛陀此云無量壽覺者 以無量壽通三佛 何者法佛非彼此邊量可度故强名無量 修成佛壽量同虛空故云無量壽 應佛無量者 若通論門衆生無量垂跡何盡 如大經十三願云 云何捨慈悲永入於涅槃 別論彌陀者廣大願造土 壽長遠三乘凡夫不能測量故云無量."

것이다. 정법불(법신)은 진여법성 자체이기 때문에 이것은 영원불변하다는 것이다. 따라서 그 수명을 가늠하는 것을 논할 수는 없지만, 굳이 이름한다면 무량이라고 할 수 있다고 하였다. 그리고 수성불(보신)은 수명이 허공과 같기 때문에 무량수라 할 수 있다고 한다. 그리고 응화불(응신)은 통론문通論門에 의하여 본다면 미혹한 중생이 무량하기 때문에 부처님은 이 중생을 버리고 열반에 들 수 없다는 것이다. 그래서 제13원에서 수명무량의 광대한 원을 지어 국토를 짓는다고 하였다. 그러나 그 수명이 장원할지라도 이승 범부는 그 수명을 헤아리기 어려우므로 무량이라 한다고 설명하고 있다.

길장의 견해는 서방 아미타불은 교화해야 할 중생이 무량하기 때문에 불佛의 수명도 무량하지 않으면 안 되지만, 감히 이승의 범부가 측량할 수 없을 정도로 장원하기 때문에 무량수라고 할 뿐이라는 것이다. 이것은 혜원의 본의와 같다고 본다. 끝으로 길장이 지은 『관무량수경소』의 서문을 보자. 이 서문에는 길장의 정토 관념이 총체적으로 나타나고 있다.

법신은 허현虛玄하여 명상名相의 모양이 아니다. 정토는 묘원妙遠하여 깨끗하고 더러움의 지역地域을 끊었다. 지극히 묘한 문(至妙門)은 백 가지 옳고 옳은 바(是所是)가 아니며, 또 백 가지 그릇되고 그릇된 바(非所非)가 아니다. 진허眞虛의 도는 유심有心으로 의지할 바가 아니고, 또 무심無心으로 알 바가 아니다. 능(能, 주관)이 아니고 소(所, 대상)도 아니며, 더럽기도 하고 또한 깨끗하기도 하기에, 본문(本門, 理)과 적문(迹門, 事)의 명칭도 있고 정토와 예토의 가르침도 있는

것이다.[610]

길장은 삼론학파의 대성자이다. 따라서 공리空理에 입각하여 중관사 상적인 입장에서 서문을 지은 것 같다. 그러나 이 서문에서 길장은 법신을 중심으로 불신을 피력하고 있다. 이러한 사상 관념은 모든 논사들이 법신사상을 중심으로 하고 있다는 것을 보여주는 것이라고 하겠다. 그 이유는 결국 모든 불신은 법신으로부터 생기기 때문이라고 생각된다.

이상 살펴본 것과 같이 혜원과 길장은 각각 지론地論과 삼론三論의 공관적인 입장에서 아미타불의 불신을 해석하였다. 즉 혜원은 응신이라 하였고, 길장은 정법불·수성불·응화불의 삼불신이 각각 법신·보신·응신에 해당한다고 하였다. 그러나 결론적으로 두 논사의 불신관은 응신불(應化佛) 사상이라고 할 수 있다. 따라서 그 응신불이 머무는 국토도 자연히 응토應土가 되므로 혜원과 길장의 불신불토관은 '응신응토應身應土'라고 하겠다.

3) 도작·선도의 보신보토설

도작과 선도는 스승과 제자 관계이므로 두 논사는 모두 보신보토를 주장하고 있다. 먼저 도작의 보신보토설을 보자. 도작은 『안락집』 권상에서 다음과 같이 문답한다.

---

610 吉藏撰, 위의 책(대정장 37, p.233중) "夫法身虛玄非名相之形 淨刹妙遠絶淨穢之域 至妙之門非百是所是 亦非百非所非 眞虛之道非有心之所託 亦非無心之所會 非能非所 是穢亦淨 以不二而二 有本跡之稱 存淨穢之教."

342

묻는다. 지금 현재 아미타불은 어떠한 몸인가? 극락국토는 어떠한
땅인가?

답한다. 현재의 아미타불은 보신불(報佛)이며, 보배로 장엄된 극락국
은 보신불의 국토(報土)이다. 그러나 예로부터 전해지는 말에 '아미타
불은 화신불이며, 그 땅 또한 화신불의 땅'이라고 하는데, 이는 크게
잘못된 것이다.[611]

여기서 도작은 아미타불은 보신이며, 그 국토는 보토라고 대답함으
로써 앞에서 정영사 혜원 등이 설한 화신화토설을 물리치고 있다.
도작은 혜원이 화신화토설의 근거로 제시한 『관음수기경』[612]에서 밝히
는 미타입멸설에 대하여 『안락집』 권상에서 다음과 같이 논파하고
있다.

이것은 보신의 잠시 모습을 감추는 것(隱沒相)을 보여주는 것이지
멸도하는 것은 아니다. 그 경에 말씀하시길 "아미타불께서 열반에
드신 뒤에 다시 선근이 깊고 두터운 중생이 있으면 오히려 예전처럼
(아미타불을) 뵐 수 있다"라고 하셨다. 이것으로 그것을 증명할 수
있다.[613]

---

611 道綽撰, 『安樂集』권상(대정장 47, p.5하) "問曰 今現在阿彌陀佛是何身 極樂之國
是何土 答曰 現在彌陀是報佛 極樂寶莊嚴國是報土 然古舊相傳皆云 阿彌陀佛是
化身 土亦是化土 此爲大失也."

612 앞의 주석 참조. 『觀音受記經』(대정장 12, p.357상)

613 道綽撰, 『安樂集』(대정장 47, p.6상) "此是報身 示現隱沒相 非滅度也 彼經云
阿彌陀佛入涅槃後 復有深厚善根衆生 還見如故 卽其證也."

이 말은『관음수기경』에서 설하는 미타의 입멸은 보신불이 잠시
입멸의 상을 나타내는 것일 뿐이라는 설명이다. 즉『관음수기경』에서
입멸이라고 설하는 것은 은몰隱沒의 상相을 나타내 보인 것뿐이지,
참으로 입멸하는 것은 아니라는 말이다. 즉 미숙한 근기의 사람은
아미타불이 입멸을 한다고 여기지만, 염불삼매를 증득한 선근이 심후
한 보살은 항상 아미타불을 볼 수가 있으므로 입멸이 아니라는 것이다.
그러므로 아미타불은 무량수불이라고 한다고 하였다.

또한 도작은『아미타고음성왕다라니경』에서 설한 "아미타불의 아버
지 이름은 월상전륜성왕이라 하고, 그 어머니는 수승묘원이라 한다"[614]
라고 하여 그들을 화신과 같이 설하고 있는 것에 대하여『안락집』
권상에서 다음과 같이 풀이한다.

그러나 아미타불 또한 삼신을 갖추었다. 극락에 출현하신 자는 즉
보신이며, 지금 부모가 있다고 하는 것은 예토 중에 시현하신 화신의
부모이다.[615]

즉 아미타불은 제불과 같이 법신·보신·응신의 삼신을 구족한 부처님
이기 때문에 보신의 미타도 있으며, 예토에 시현하신 화신의 미타도
있다고 설명하고 있다. 지금『아미타고음성왕다라니경』에서 부모가

614 『阿彌陀鼓音聲王陀羅尼經』(대정장 12, p.352중) "父名月上轉輪聖王 其母名曰殊
勝妙顏."
615 道綽撰, 앞의 책(대정장 47, p.6상) "然阿彌陀佛亦具三身 極樂出現者 卽是報身
今言有父母者 是穢土中示現化身父母也."

344

있다고 하는 것은 화신(응신)의 미타를 말하는 것이며, 극락의 아미타불
은 역시 보신불이라는 것이다.

　이와 같이 도작은 『안락집』에서 혜원 등이 아미타불의 불신을 화신
(응신)이라고 하는 설에 대하여, 아미타불은 『무량수경』에서 설하는
바와 같이 보살도를 완성하여 깨달음을 얻은 보신불이며, 그 토土는
보토라고 하여 혜원 등의 화신화토(응신응토)설을 파척하고 있다. 이
도작의 보신보토설은 그 후에 중국, 한국, 일본의 정토교에 있어서
불신론의 기준이 되었다.[616] 이 도작의 보신보토설을 이어 미타보신설
로 확립시킨 논사가 바로 그의 제자인 선도이다.

　선도는 당시 일반적으로 널리 알려진 법신·보신·응신(화신)의 삼신
설에 의하여 아미타불의 불신을 논하였다. 선도의 견해에 의하면 법신
이란 무색무형으로서 무주처의 진여나 법성이라고 하는 진리의 당체를
신격화하여 법신이라고 이름하며, 보신이란 인(因, 因地에서의 수행)으
로 말미암아 과보를 받은(酬報) 부처님으로서 보살도를 완성하여 깨달
음을 얻은 불을 말하며, 응신(화신)이란 예토에 출현하신 부처님이라고
하고 있다. 이에 대해 선도는 『관경소』 권제1에서 다음과 같이 문답을
전개한다.

　묻는다. 아미타불의 정토는 보토인가, 화토인가?
　답한다. 이것은 보토이지 화토가 아니다. 어떻게 알 수 있는가 하면,
『대승동성경』에 서방정토의 아미타불은 보불보토라고 설해져 있는

616 坪井俊映 著, 韓普光 譯, 『淨土敎槪論』(如來藏, 2000) pp.295~296 참조.

것과 같다. 또『무량수경』에서 법장비구가 세요왕불의 처소에서 보살
도를 행할 때 48원을 발하여 하나하나의 원에 말하기를 "만약 내가
부처를 이루었을 때 시방의 중생이 나의 나라에 태어나고자 나의
명호를 십념을 칭하여도 내 나라에 태어나지 않는다면 나는 정각을
이루지 않겠습니다"라고 하셨는데, 이제 이미 부처님이 되셨다. 곧
이것은 서원을 통한 수행의 과보로 받은(酬因) 몸이다.[617]

이 문답에서 선도는 분명히 서방정토를 보토라고 답하고 있다. 그
근거는『대승동성경』[618]에서 보토라고 하였다는 설과『무량수경』에서
설하는 48원을 인용하여 보신보토를 주장하고 있다. 즉 선도는, 아미타
불은 48대원을 발하고 이를 성취하기 위해서 수행을 하여 성취한 수인
(酬因, 수행의 과보로 받음)의 보신이라고 해석하였다. 이와 같이 48원을
가지고 아미타불이 보신이며, 아미타불이 머무는 세계는 보토라고
증명하는 것은 선도의 탁월한 견해라고 할 수 있다. 또 선도는『관경』의
상품상생의 왕생에서 "아미타여래는 관세음·대세지와 무수한 화불化
佛과 백 천의 비구 등과 함께 영접하신다"는 경문에 대하여『관경소』
권제1에서 다음과 같이 설명한다.

『관경』중의 상배의 3인은 목숨이 마칠 때에 임하여 모두 말하기를

---

617 善導集記,『觀無量壽經義疏』(대정장 37, p.250중) "問曰 彌陀淨國爲當是報是化也
答曰 是報非化 云何得知 如大乘同性經說 西方安樂阿彌陀佛是報佛報土 又無量壽
經云 法藏比丘在世饒王佛所行菩薩道時 發四十八願 一一願言 若我得佛 十方衆生
稱我名號 願生我國 下至十念 若不生者不取正覺 今旣成佛 卽是酬因之身也."
618 『大乘同性經』(대장경16, pp.640~652)

'아미타불 및 화불과 함께(與) 오시어 이 사람을 맞이한다'고 한다. 그러므로 보신은 화신을 겸하여 함께 오시어 손을 내려주신다. 그러므로 '여與'라고 한 것이다.[619]

위에서 "아미타불이 화불과 같이 온다"는 『관경』의 설을 선도는 "보신은 화신을 겸하여 겸하여 함께"라고 분명하게 해석하였다. 『관경』의 경문을 무심코 보면 아미타불은 화신으로 생각할 수도 있다. 그러나 선도는 아미타불이 보신임을 강조하기 위하여 "보신은 화신을 겸하여"라고 해석하고 있다. 이 말의 의미는, 아미타불은 극락의 주불로서 관음·세지 등의 화신과 함께 왔다고 나오지만, 같이 왔다고 해서 아미타불이 화신이 되는 것이 아니고 본래 신분은 보신이며, 동시에 화신을 겸한다는 해석이다.

그래서 선도는 『반주찬』에서 "48원의 하나하나의 서원은 중생을 위한 것이다"[620]라고 설한다. 즉 선도는 48원은 전체가 다 오직 중생을 구제하기 위한 원이며, 정토 또한 범부를 구제하기 위한 장엄정토로서 이 모든 정토 및 아미타불은 범부 왕생을 위한 것이라고 하였다.[621] 이와 같이 선도는 당시에 아미타불의 정토를 보토라고 주장하여 일반적으로 행해졌던 통론을 반대하여 죄악의 범부도 그 보토 가운데 왕생할 수 있다고 하였다. 이것이 이른바 선도의 '범입보토론凡入報土論'이다.

---

619 善導集記, 『觀無量壽經義疏』(대정장 37, p.250중) "觀經中 上輩三人臨命終時 皆言阿彌陀佛及與化佛來迎此人 然報身兼化共來授手 故名爲與."

620 善導撰, 『般舟讚』(대정장 ,47, p.448하) "四十八願 …… 一一誓願爲衆生."

621 坪井俊映 著, 韓普光 譯, 『淨土敎槪論』(如來藏, 2000) p.299 참조.

이러한 선도의 정토사상은 일본의 법연法然에게 계승되어 일본 정토교를 크게 융성시키게 된다. 일본 정토교는 현재 유일하게 나름대로의 종파교단이 성립되어 있다.

이상과 같이 중국 여러 논사들의 불신불토설을 대략 살펴보았다. 이 외에도 천태 지자의 사토설四土說[622]이 있고, 진언밀교眞言密敎에서는 밀엄정토密嚴淨土·시방정토十方淨土·제천수라궁諸天修羅宮의 삼계三界를 설하고, 법상종의 유식학에서는 법성토法性土·자수용토自受用土·타수용토他受用土·변화토變化土의 사토四土를 설하여 독자적인 교학을 조직하고 있다.[623] 이에 대한 고찰은 다음으로 미루고, 다음에는 원효의 불신불토론을 살펴보자.

3. 원효의 불신불토설

원효는 실로 많은 저술을 하였는데 그 가운데 『무량수경종요』에서 불신불토설을 설하고 있다. 원효는 이 책에서 그 국토를 "①법성토法性土, ②자수용토自受用土, ③타수용토他受用土, ④변화토變化土"라고 설하여 정토가 사토四土로 이루어졌음을 밝히고 있다.

---

622 지자는 4토를 『觀無量壽佛經疏』(대정장 37, p.188중)에서 다음과 같이 설명한다. "지금 이 경의 종지는 마음으로 비추어보는 것이 청정하면 곧 부처님의 땅이 청정하다는 것으로써 경의 종지로 삼는다. 그리하여 네 가지 정토를 이루게 되니, 즉 범부와 성인이 함께 사는 땅(凡聖同居土), 방편으로 번뇌가 남아 있는 땅(方便有餘土), 진실한 과보에 장애가 없는 땅(實報無障礙土), 늘 고요한 광명이 비추는 땅(常寂光土)의 네 가지 곳을 말한다."

623 坪井俊映 著, 韓普光 譯, 『淨土教概論』(如來藏, 2000) p.288 참조.

　　원효의 이러한 주장은 중국 섭론학자이자 화엄종 제2조인 지엄(智儼, 600~668)의 영향을 받은 것으로 보인다.[624] 그 근거로는, 지엄의 저서 『화엄공목장華嚴孔目章』에서 "만약 일승一乘의 뜻에 의한다면 아미타 정토는 (진실의 국토로서 가히 설할 수 없는) 세계해世界海[625]에 속하여 포섭되지만, …… 삼승三乘에 의하면 서방정토는 실보처實報處로서 ①법성토法性土 ②사정토事淨土 ③실보토實報土 ④화정토化淨土의 사 토를 이룬다"[626]고 하였기 때문이다. 원효는 이러한 지엄의 설을 근거하 여 별도로 네 가지 문을 세워 정淨과 부정不淨 등의 여러 가지 의의가 있음을 설하면서 자신의 불신불토관을 네 가지 문으로 밝히고 있다. 4문은 다음과 같다.[627]

---

624 望月信亨 著, 李太元 譯, 『中國淨土教理史』(운주사, 1997) p.219.

625 世界海는 十佛이 攝化하는 여러 가지 세계로 '國土海'와 대칭된다. 『華嚴五教章』 권3에 의하면 세계해는 세 종류가 있다. 첫째는 蓮華藏莊嚴世界海인데 蓮華藏世 界, 華藏界라고도 한다. 十佛의 境界에 상당하며, 증득으로 들어가 나는(證入生) 지위를 말한다. 둘째는 三千界外十重世界海인데 界外十重世界海, 十重世界라 고도 한다. 地上菩薩의 경계에 상당하며 이해와 수행으로 나는(解行生) 지위를 말한다. 셋째는 無量雜類世界海인데 雜類世界라고도 한다. 이는 곧 수미산의 모습이나 중생의 모습 등으로 가득한 법계로서 보고 들음으로 나는(見聞生) 지위를 말한다. 『불광대사전』 p.1521.

626 智儼撰, 『華嚴經內章門等雜孔目章』「壽命品內明往生義」(대정장 45, p.576하) "若依一乘 阿彌陀土 屬世界海攝 何以故 爲近引初機成信教境眞實佛國圓融不可說 故 若依三乘 西方淨土是實報處 通成四土 一法性土 二事淨土 三實報土 四化淨土."

627 원효 술, 『無量壽經宗要』(대정장 37, p.126상) "果德之內略有四門一淨不淨門 二色無色門 三共不共門 四漏無漏門."

제1 정부정문(淨不淨門: 깨끗한 문과 깨끗하지 않은 문)

제2 색무색문(色無色門: 색이 있는 문과 색이 없는 문)

제3 공불공문(共不共門: 함께하는 문과 함께하지 않는 문)

제4 누무루문(漏無漏門: 샘이 있는 문과 샘이 없는 문)

이 4가지 문 중에서 제1문은 법성토·자수용토, 제2·3문은 타수용토, 제4문은 변화토를 밝힌 것이다. 그러면 각 문의 내용을 보자.

1) 제1문 정문淨門과 부정문不淨門

이 문은 깨끗한 문과 깨끗하지 않은 것을 밝히는 문인데 이 문에서 정토는 결국 깨끗하다는 것을 밝혔다. 그리고 그 까닭을 다시 ①인과 과가 상대함(因與果相對), ②한결같고 한결같지 않음이 상대함(一向與 不一向相對), ③순수함과 잡됨이 상대함(純與雜相對), ④결정됨과 결 정되지 않음이 상대함(正定與非正定相對)의 네 가지 상대(四對)로 분류 하여 설명하였다.

먼저 ①의 '인과 과가 상대함(因與果相對)'에서는 『인왕경』[628]의 설을 들어 '오직 부처님만이 거주하는 국토가 정토'[629]라고 하였다. 이 말은

---

628 『仁王般若波羅蜜經』 권상(대정장 8, p.828상) "唯佛一人居淨土."

629 원효 술, 『無量壽經宗要』(대정장 37, p.126상) "이른바 인과 과가 상대하는 문이란 금강 이전의 보살이 머무는 곳을 과보토라 이름하고, 정토라 이름하지 않나니, 아직 고제의 과환을 다 여의지 못했기 때문이요, 오직 부처님이 머무는 곳만이 정토라 이름하나니, 그것은 일체의 노고와 근심이 남김없이 멸했기 때문이다(所言因與果相對門者 謂金剛以還菩薩所住名果報土不名淨土 未離苦 諦之果患故 唯佛所居乃名淨土 一切勞患無餘滅故)."

곧, 정토는 고제苦諦의 과환果患을 완전히 멸한 땅임을 밝힌 것이다. 그래서 그 국토는 마땅히 자수용토自受用土로서 '법성토法性土와 실보토實報土'의 두 가지 국토가 된다는 것을 증명하였다.

다음 ②의 '한결같고 한결같지 않음이 상대함(一向與不一向相對)'에서는 세친의 『섭대승론석』[630]을 들어 '8지[631] 이상의 보살이 거주하는 곳이라야 정토'[632]라고 하였는데, 그 이유는 한결같이 삼계의 일을 벗어났기 때문이라고 하였다. 따라서 그 국토는 '타수용토他受用土'에 해당한다는 것을 증명하고 있다.

다음 ③의 순수함과 잡됨이 상대함(純與雜相對)에서는 『유가론瑜伽論』의 설을 들어 여기서도 '8지에 들어간 보살이 거주하는 곳이라야 정토'[633]라고 하였다. 따라서 그 국토는 '타수용토'에 해당함을 증명하고

---

630 世親造, 眞諦譯, 『攝大乘論釋』(대정장 31, p.263중)

631 8지(不動地)는 수혹을 끊고 이미 全眞如를 얻었으므로, 다시 동요되지 않는 지위.

632 원효 술, 『無量壽經宗要』(대정장 37, p.126상) "이른바 8지 이상의 보살이 머무는 곳을 정토라 이름하나니, 그것은 한결같이 삼계의 일을 벗어났기 때문이며, 또 4구의 한결같은 뜻을 갖추었기 때문이다. 그러나 7지 이하가 머무는 곳은 정토라고 하지 않나니, 그것은 한결같이 삼계를 벗어나지 못했기 때문이다(謂八地以上菩薩住處 得名淨土 以一向出三界事故 亦具四句一向義故 七地以還一切住處 未名淨土 以非一向出三界故)."

633 원효 술, 『無量壽經宗要』(대정장 37, p.126상) "무릇 범부와 이승이 섞여 사는 곳은 청정세계라 이름 할 수 없고 오직 대지(8지)에 들어간 보살이 나는 곳이라야 비로소 청정세계라 할 수 있으니, 저곳은 온전하게 순수하지 못하고 이곳은 온전히 순수하기 때문이다(凡夫二乘雜居之處 不得名爲淸淨世界 唯入大地菩薩生處 乃得名爲淸淨世界 彼非純淨 此純淨故)."

있다.

다음 ④의 결정됨과 결정되지 않음이 상대함(正定與非正定相對)에
서는『무량수경』[634]의 설을 들어 '무량수국은 이 제4문을 취하여 정토를
삼는다'[635]고 하였다. 그 까닭은 대·소승을 두루 용납하고, 범부와
성인을 아울러 인도하여 저 수승한 처에 함께 태어나 다함께 대도에
나아가게 하려 하기 때문이라는 것이다. 그리고 이것이 원효가 결론적
으로 지향하는 정토라 할 수 있다. 여기서는 범부와 성문, 연각이
섞여 거주하는 곳을 정토라고 이름하기 때문에 '변화토變化土'에 해당한
다는 것을 증명하였다. 이상과 같이 설명을 마치고 원효는 '정토는
모두가 다 미타여래의 원행으로 이루어진 것이므로, 4가지 문 모두는
청정토라 이름한다'[636]고 하며 4문을 회통會通하였다.

---

634 康僧鎧譯,『佛說無量壽經』(대정장 12, pp.267하~269중)

635 원효 술,『無量壽經宗要』(대정장 37, p.126중) "三聚(정정취, 사정취, 부정취)
중생들이 사는 괴로움의 세계를 예토라 하고, 오직 正定聚만이 사는 세계를
정토라 하는데, 여기서 4果의 성문이 있고, 또 4疑의 범부가 있지만 사정취나
부정취의 중생은 없다. 지금 이 경에서 말하는 무량수국은 제4문을 취하여
정토를 삼는다고 말하는 것이다(三聚衆生苦生之地 是爲穢土 唯正定聚所居之處
名爲淨土 於中亦有四果聲聞 乃至復有四疑凡夫 唯無邪定及不定聚耳 今此經說
無量壽國 就第四門說爲淨土)."

636 원효 술,『無量壽經宗要』(대정장 37, p.126중) "(논에서) 설하신 정토는 다 여래의
원행으로 이루어진 것이지, 저곳에 왕생한 이의 자력으로 마련된 것은 아니다.
그것은 저 예토의 외기外器 세계가 오직 중생들의 공업으로 말미암아 이루어진
것과는 다른 것이다. 그러므로 통틀어 청정토라 이름한 것이다(所說淨土 皆是如
來願行所成 非生彼者自力所辨 不如穢土外器世界 唯由衆生共業所成 是故通名
淸淨土也)."

2) 제2문 색문色門과 무색문無色門

이 문은 색이 있고 색이 없는 것을 밝히는 문이다. 여기서 앞의 ①인여과
상대因與果相對인 1문만이 '자수용토'이고, 뒤의 ②일향여불일향상대
一向與不一向相對 ③순여잡상대純與雜相對 ④정정여비정정상대正定與
非正定相對인 3문은 '타수용토'임을 밝혔다. 그리고 그 까닭을 ①자수용
토自受用土와 타수용토他受用土 ②자수용신自受用身과 타수용신他受用
身의 두 상대로 분류하여 설명하였다.

먼저 ①의 자수용토와 타수용토에서는 『본업경』[637]의 설을 들어
'자수용토는 무색상無色相'[638]이라는 것을 증명하고 있다.

다음으로 ②의 자수용신과 타수용신에서는 『기신론』[639]의 설을 들어
'자수용신은 무색상이며, 타수용신은 유색상'[640]이라는 것을 밝히고

---

[637] 『菩薩瓔珞本業經』 권하(대정장 24, p.1020상)

[638] 원효 술, 『無量壽經宗要』(대정장 37, p.126하) "혹 어떤 이는 말하기를 '자수용신은
형색을 멀리 떠나 법성의 정토를 그 사는 곳으로 삼는다. 그러므로 거기는
어떤 색상도 있을 수 없다'고 말한다. 마치 저 『본업경』에서 '불자야, 과체는
원만하여 갖추지 않은 덕이 없고 두루하지 않은 이치가 없으나 중도제일의제에
머물러 계신다. 청정한 국토는 끝도 없고 이름도 모양도 없어서 일체법도 가히
얻을 수 없으니 몸이 있는 것도 아니요, 없는 것도 아니다'라고 널리 설하신
것과 같다(或有說者 自受用身 遠離色形 法性淨土 爲所住處 是故都無色相可得
如本業經說 佛子果體圓滿 無德不備 理無不周 居中道第一義諦 淸淨國土 無極無
名無相 非一切法可得 非有體 非無體 乃至廣說)."

[639] 馬鳴造, 眞諦譯, 『大乘起信論』(대정장 32, p.579중)

[640] 원효 술, 『無量壽經宗要』(대정장 37, p.126하) "『기신론』에서 이르기를 '모든
부처님은 오직 법신과 지상의 몸이요, 제일의제이므로 세제의 경계가 없고
억지로 작용을 여의었다. 다만 중생의 보고 들음에 따라줌으로써 모두가 이익을
얻기 때문에 용용이라고 말한다. 이 용에는 2종이 있다. 첫째는 범부와 이승이

있다. 또한 이를 『살차니건자경』[641]·『화엄경』[642]·『섭대승론』[643]의 설을
들어 여래는 '자수용신'임을 증명하고 있다. 이상과 같이 설명을 마치고
원효는 정상귀원正相歸源의 문[644]을 근거로 '자수용신과 그 국토는 색이
없다'는 것을 증명하고, 종성성덕從性成德의 문[645]을 근거로 타수용신과
그 국토는 보신보토報身報土로서 색이 있다는 것을 증명하면서 위의
두 가지 설을 회통한다.[646] 여기서 이 정상귀원의 문은 순수한 정토를

마음으로 볼 수 있는 것으로 응신이라 이름하고, 둘째는 모든 보살이 처음
발심한 때로부터 보살의 구경지에 이르기까지 마음으로 볼 수 있는 것으로
보신이라 이름한다' 하였으니 이런 글에 의하여 볼 수 있는 색상 따위는 다
타수용신이고 자수용신 중에는 마땅히 색과 모양이 없음을 알아야 한다(起信論云
諸佛如來 唯是法身智相之身 第一義諦 無有世諦境界 離於施作 但隨衆生見聞皆
得益 故說爲用 此用有二種 一者凡夫二乘心所見者 名爲應身 二者諸菩薩從初發
意 乃至菩薩究竟地 心所見者 名爲報身 依此等文 當知所見有色相等 皆得他受用
身 說自受用中 無色無相也)."

641 『大薩遮尼乾子所說經』(대정장 9, p.359중)

642 『華嚴經』(대정장 9, pp.626하~627상)

643 世親釋, 『攝大乘論釋』(대정장 31, p263하)

644 正相歸源의 門: 형상을 버리고 根源으로 돌아가는 문, 즉 현상계인 假諦의
원리로부터 本體的 性의 원리인 근원에 들어가는 문을 말한다. 相은 현상계의
諸法萬有의 원리를 가리키며, 우주의 본체인 性과 對比된다.

645 從性成德의 門: 성품을 따라 공덕을 이루는 문. 즉 인생과 우주의 본체인 佛性에
사무치고 현상적으로는 육바라밀을 통해 萬德을 이루는 것.

646 원효 술, 『無量壽經宗要』(대정장 37, p.126하) "혹 어떤 이는 말하기를 '두 스승의
말에는 다 도리가 있으니 그것이 다 경론에서 말한 것과 어긋남이 없기 때문이다.
또한 여래의 법문에는 장애가 없기 때문이다. 왜냐하면 보불신의 국토에는
대략 두 가지 문이 있으니, 만일 정상귀원正相歸源의 문으로 나아가면 처음
스승의 말과 같지만, 만일 종성성덕從性成德의 문에 의한다면 뒤의 스승의 말과

354

말하는 것이고. 종성성덕의 문은 중생들의 입장에서 바라보는 변화응토變化應土를 말한 것이다. 따라서 서로 어긋나지 않는다는 것이 원효의 결론이다.

3) 제3문 공문共門과 불공문不共門

이 문은 함께하고 함께하지 않는 문을 말한 것이다. 원효는 이 문을 내토內土와 외토外土의 두 가지로 분류하여 설명하였다. 여기서는『본업경』[647]의 설을 들어 내토는 '정보토正報土'이고, 외토는 '의보토依報土'임을 증명하고 있다.[648] 즉 국토란 일체 중생과 성현이 함께 사는 곳으로서 과보토이다. 여기서 중생은 오음五陰을 정보토로 삼고, 그 의지하는 산림과 대지는 의보토로 삼는데, 초지 이상의 성현은 실지토實智土[649]를 정보토로 삼고, 응현토應現土를 응보토로 삼는다는 것이다.

같기 때문이다. 그리고 그분들이 인용한 경론은 그 문을 따라 말하였기 때문에 서로 어긋나는 것이 아니다'라고 한다(或有說者 二師所說 皆有道理 等有經論 不可違故 如來法門無障礙故 所以然者 報佛身土 略有二門 若就正相歸源之門 如初師說 若依從性成德之門 如後師說 所引經論 隨門而說 故不相違)."

647 『菩薩瓔珞本業經』 권하(대정장 24, p.1016상)

648 원효 술, 『無量壽經宗要』(대정장 37, p.127상) "내토內土 가운데는 다시 두 가지 종류가 있다. 첫째는 중생들의 오음을 정보토正報土로 삼는데 사람이 거기에 의지해 살기 때문에 국토라 한다. 둘째는 세상을 뛰어난 성인의 지혜로서 이름을 실지토實智土라 하는데 후득지로 거기에 머무르기 때문이며, 또 근본지에 의하여 전도를 여의었기 때문이다(內土之中 亦有二種 一者衆生五陰 爲正報土 人所依住 故名爲土 二者出世聖智 名實智土 以能住持後得智故 依根本智 離顚倒故)."

649 實智土: 世俗智를 떠난 眞實智(根本智)의 땅. 그러나 여기서의 실지토는 初地 聖人의 2智인 無垢地로서 여래의 정토가 아닌 과보토를 말한 것이다.

따라서 무구지無垢地[650]까지의 중생도 정토가 아닌 과보토에 머문다는
것이다. 그래서 내토는 의보인 '공과共果'이고, 외토는 정보인 '불공과不
共果'라는 것이다. 즉 공과는 공동의 과보로서 자연 공유의 산·강·나무
와 같이 공동의 과보로 이루어진 의보를 말하는 것이고, 불공과는
공동의 과보가 아닌 것으로서 오음으로 이루어진 육신과 같이 공동의
과보로 이루어지지 않은 정보를 말하는 것이다.

이상과 같이 설명을 마치고 원효는 『해심밀경』[651]과 『유식론』[652]의
설을 들어 위의 '공문과 불공문'을 회통시키면서 국토는 결국 하나라는
것을 증명한다.[653] 이와 같이 원효는 '만법은 오직 유식'이라는 이치로써
정보토와 의보토가 둘이 아님을 논증하고 있다. 즉 정보토인 자수용토
와 의보토인 타수용토는 그 뜻은 비록 같지 않더라도 그 국토는 다를
것이 없다는 것을 증명한 것이다. 이것이 원효가 지향한 일심사상으로

---

[650] 無垢地는 보살 십지 중 제2지인 離垢地를 의미하기도 하고, 한편 佛地 바로
이전인 等覺菩薩의 지위를 말하기도 한다. 여기서는 『九品往生阿彌陀三摩地集
陀羅尼經』(대정장 19, p.97하)의 "上品上生眞色地 上品中生無垢地 上品下生離
垢地"의 경문에 의거해 등각보살의 지위를 의미하는 것으로 보인다.

[651] 『解深密經』「分別瑜伽品」(대정장 16, p.698중) "我說識所緣 唯識所現故."

[652] 天親造, 『大乘唯識論』(대장정 31, p.71하) "業熏習識內 執果生於外 何因熏習處
於中不說果."

[653] 원효 술, 『無量壽經宗要』(대정장 37, p.127중) "또 두 개의 수용토도 또한 별체가
아니니, 그것은 마치 관행하는 사람이 돌을 옥으로 보지만 지혜가 열리지 않은
사람은 오직 돌로만 보는 것과 같다. 돌과 옥은 다르지만 체가 다른 것이 아닌
것처럼, 두 개의 토가 같은 것도 마땅히 또한 그런 줄을 알아야 한다(又二受用土
亦非別體 如觀行者 觀石爲玉 無通慧者 猶見是石 石玉相異 而非別體 二土同處
當知亦爾)."

써의 정토사상이다.

4) 제4문 유루문有漏門과 무루문無漏門

이 문은 유루와 무루의 문을 밝히는 문이다. 즉 아직 번뇌가 있는
문과 번뇌를 여읜 문을 밝히는 문이다. 여기서 원효는 『종요』의 대의大
意인 '정토와 예토는 본래 일심'[654]이라는 명제에 답하고 있다. 결론은
유루와 무루는 다르나 다르지 않음을 『유가론』[655]에서 설한 '유루의
5문과 무루의 5문설'[656]을 들어 설명하고 있다. 그리고 4구로써 유루문과
무루문을 밝힌다. 즉 '첫째는 어떤 법은 한결같이 유루이고, 둘째는
어떤 법은 한결같은 무루이고, 셋째는 어떤 법은 유루이기도 하고
무루이기도 한 것이고, 넷째는 어떤 법은 유루도 아니며 무루도 아닌
것'[657]이라고 한 『유가론』의 설로써 유루문과 무루문을 정리하며 결론을

---

654 원효 술, 『無量壽經宗要』(대정장 37, p.125하) "穢土淨國本來一心 生死涅槃終無
二際."

655 彌勒菩薩說, 『瑜伽師地論』(대정장 30, pp.661중~662상)

656 원효 술, 『無量壽經宗要』(대정장 37, p.127하) "첫째의 통문이란, 『유가론』에서
말하기를 '유루와 무루에 각각 5문이 있으니 유루의 5문이란, 첫째는 일을 말미암
기 때문이요, 둘째는 수면 때문이며, 셋째는 상응하기 때문이요, 넷째는 반연되기
때문이고, 다섯째는 일어나기 때문이다. 무루의 5문이란 첫째는 모든 얽매임(纏)
을 떠나기 때문이요, 둘째는 수면을 끊기 때문이고, 셋째는 끊어 멸하기 때문이고,
넷째는 견도위에서 끊은 번뇌를 대치하여 자성을 상속하게 하여 해탈하기 때문이
며, 다섯째는 수도위에서 끊는 번뇌를 대치하므로 자성을 상속하게 하여 해탈하
기 때문이다' 하였으니, 그 자세한 것은 저기서 널리 말한 것과 같다(初通門者
瑜伽論說 有漏無漏 各有五門 有漏五者 一由事故 二隨眠故 三相應故 四所緣故
五生起故 無漏五者 一離諸纏故 二隨眠斷故 三是斷滅故 四見所斷之對治自性相
續解脫故 五修所斷之對治自性相續解脫故 於中委悉 如彼廣說)."

짓고 있다.

여기서 '첫째의 한결같은 유루'는 마음과 그 대상이 상응하여 번뇌를 벗어나지 못하는 상태를 말한 것이고, '둘째의 한결같은 무루'는 마음과 그 대상이 스스로 자성을 깨달아 무자성의 해탈로 돌아가는 것을 말한 것이고, '셋째의 유류이기도 하고 무루이기도 하다'는 것은 업의 과보로 받은 무기심無記心이 때로는 수면에 얽매여서 유루이기도 하고 때로는 수면에 얽매이지 않아 무루라는 것이고, '넷째의 유루도 무루도 아니라는 것'은 양자의 어떠한 분별도 떠났음을 말한 것이다. 결국 원효는 이를 통해 유루와 무루는 서로 유기적으로 상응한다는 것을 말하고자 한 것으로, 유식의 입장에서 보면 정淨과 예穢, 무루와 유루는 결국 다른 것이 아니라는 것을 주장한 것이다.

---

657 원효 술, 『無量壽經宗要』(대정장 37, p.127하) "지금 여기 4구로써 대략 그 모습을 나타내면, 첫째는 어떤 법은 한결같이 유루이니, 이것은 이른바 모든 더러운 마음과 심소법 등이 상응하는 이치로 말미암아 유루가 되기 때문이다. 그것은 다섯 가지 무루의 모양이 없기 때문이다. 둘째는 어떤 법은 한결같은 무루이니, 이것은 이른바 도를 보았을 때(見道) 마음과 심소법 등이 자성해탈의 이치로 말미암아 다섯 가지 유루의 모양이 없기 때문이다. 셋째는 어떤 법은 유루이기도 하고 무루이기도 한 것이니, 이것은 이른바 과보로써의 무기심과 심소법 등이 수면에 얽매이기 때문이며, 또 모든 얽매임을 떠났기 때문에 비록 무루이기는 하나 그것은 고제이니, 그것은 업의 번뇌로 말미암아 일어난 것이기 때문이다. 넷째는 어떤 법은 유루도 아니며 무루도 아닌 것이니, 이른바 매우 깊은 법이어서 수數에 떨어지지 않기 때문이다(今作四句 略顯其相 一者有法 一向有漏 謂諸染汚心心所法等 由相應義 是有漏故 而無五種無漏相故 二者有法 一向無漏 謂見道時 心心所法等 由有自性解脫義故 而無五種有漏相故 三者有法 亦有漏 亦無漏 謂報無記心心所法等 隨眠所縛故 諸纏所離故 雖復無漏 而是苦諦 由業煩惱所生起故 四者有法非有漏謂甚深法不墮數故)."

　　이상과 같이 원효는『무량수경종요』에서 정토를 '법성토, 자수용토, 타수용토, 변화토'라고 하여 정토가 사토로 이루어졌음을 밝히고 있다. 원효는 이를 증명하기 위해 여러 경론을 근거하여 밝혔는데, 결론적으로는『종요』의 대의인 '정토와 예토는 본래 일심'임을 증명한 것이다. 즉 원효는『무량수경』에서 말하는 무량수국은 대·소승을 두루 용납하고, 범부와 성인을 다 같이 인도하여 저 수승한 국토에 함께 태어나 다함께 대도大道에 나아가게 하려 한 것이라고 하였다. 이것이 원효가 결론적으로 지향하는 일심사상으로써의 불신불토관이다. 원효는 특히『해심밀경』과『유식론』등을 근거로 하여 만법유식의 이치로써 논증하고 있다. 즉 정보토인 자수용토와 의보토인 타수용토는 그 뜻은 비록 같지 않더라도 그 국토는 다를 것이 없다는 것을 증명한 것이다.

제8장 원생자의 마음가짐

1. 범부임을 자각하라

모름지기 원생자願生者는 제일 먼저 내가 범부임을 자각自覺해야 한다.
이 자각이 없이는 절대로 정토문은 열리지 않는다. 왜냐하면 범부라는
이름은 곧 번뇌를 뜻하기 때문이다. 즉 나라는 존재 속에 번뇌가 조금이
라도 남아 있는 한 나는 언제까지나 범부라는 것이다.

　범부凡夫란 산스크리트어로 프리타그자나(pṛthagjana)라 하고, 필률
탁걸라必栗託朹那라고 음사하며, 이생異生이라 한역하는데 이를 줄여
서 '범凡'이라고 한다. 보리유지菩提流支는 '모도범부毛道凡夫'라고 한역
했는데, 이 말은 머리털이 바람에 날리는 것과 같이 근성이 우둔하여
안정된 마음이 없다는 뜻이다.

　또 진제眞諦와 급다笈多 등은 각각 '영아범부嬰兒凡夫·소아범부小兒
凡夫'라 한역하였는데, 이는 산스크리트어 발라프리타그자나(bāla
-pṛthag-jana)의 한역어이며, 그 음사는 바라필률탁걸라婆羅必栗託朹那

이다. 여기서 '바라'는 '어리석다'는 뜻이며, 같은 맥락에서 '우동범부愚童凡夫'라고 한역하기도 한다. 곧 심신의 발달이 충분히 이루어지지 않은 어린아이를 지혜가 성숙되지 못한 범부를 수식하는 말로써 비유한 것이다.[658] 이러한 설명은 『금강반야론회석』에서 자세히 설하고 있다.

범어의 음사는 바라필률탁걸나라고 하는데, '바라'란 이 두 가지 뜻을 가리킨다. 하나는 털가죽을 지닌 짐승과 같다는 뜻이고, 다른 하나는 어리석다는 뜻이다. 이 경전에서는 어리석다는 뜻을 취한 것이다. 필률탁걸나를 한역하면 이생異生이라고 하는데, 각각의 중생들이 서로 다른 업을 타고 윤회하기 때문이다. 구역舊譯에서는 이생이란 태어나는 것을 애착하는 것이 범부이므로 범부라 한다고 하였다. 앞에서 어리석다는 뜻을 취하여 이러한 범부를 가리키므로 신역에서는 우부이생愚夫異生이라 한다. 진제는 영아범부라고 하였고, 그 논에서는 소아범부라 하였다. 영아와 소아는 모두 어리석다는 뜻을 취한 것이니, 범부와 이승이 어리석은 것은 마치 갓난아기나 어린아이가 자아의 본체가 공이라는 진실을 모르는 것과 같다.[659]

같은 맥락의 설명이지만, 이를 『대일경소』에서는 다음과 같이 설명

---

658 智冠 編著, 『辭林』(8권) p.1060 참조.

659 大乘基撰, 『金剛般若論會釋』 권하(대정장 40, p.775중) "梵云婆羅必栗託訖那 言婆羅者 目此二義 一目毛 二目愚 此經意取愚癡 必栗託訖那 此名異生 各乘異業 受生故 前代譯經人 異生以愛生是凡夫 故名凡夫 取前愚義 目此凡夫故 新本云愚夫異生眞諦名嬰兒凡夫 此論名小兒凡夫 嬰兒小兒並取愚義 言凡夫二乘愚癡如 嬰孩小兒 不知我本體空."

한다.

> 범부란 바르게 한역하면 이생異生이라 해야 한다. 곧 무명으로 말미암
> 아 업에 따라 과보를 받아 자재롭지 못하여 여러 가지 중생의 종류에
> 떨어지고, 몸과 마음의 종류가 각각 차별되게 나타나므로 이생이라
> 한다.[660]

여기서 이생異生이란 곧 범부를 말하는 것으로 범부는 생류生類인
까닭에 성자와는 달리 무명으로 인하여 선업과 악업을 짓고, 혹은
인·천의 선취善趣에 태어나거나 혹은 지옥·아귀·축생의 악취에 태어
나는 등 그 태어나는 장소가 각기 다르기 때문에 이생이라고 이름한다고
하였다.[661] 그래서 『법화경』에서는 "범부란 천박하여 오욕에 깊이 집착
한다"[662]고 하였고, 『십주비바사론』에서는 "범부란 아직 고집멸도 등의
4제를 얻지 못한 자를 말한다"[663]고 하였다. 이는 아직 수행의 계위조차
도 모르는 천박한 식견을 가진 무리를 말하는 것이다. 이와 같은 성격을
지닌 중생들을 범부라 칭하고 있다.

　이러한 범부와 반대되는 존재는 성인이다. 『범망경』에서는 "나는
이미 백아승기겁 동안 심지心地를 수행하였으니, 그것을 원인으로

660　阿闍梨記, 『大毘盧遮那成佛經疏』(대정장 39, p.592하) "凡夫者正譯應云異生
　　謂由無明故 隨業受報不得自在 墮於種種趣中 色心像類各各差別 故曰異生也."
661　李太元 著, 『淨土의 本質과 敎學發展』(운주사, 2006) p.325 참조.
662　『妙法蓮華經』「譬喻品」(대정장 9, p.15중) "凡夫淺識深著五欲."
663　龍樹造, 『十住毘婆沙論』(대정장 26, p.46중) "凡夫者未得四諦者是."

삼아 처음으로 범부의 어리석음을 버리고 등정각을 이루어 노사나라고 이름하게 되었다"⁶⁶⁴고 하였다. 이와 같이 범부도 성인이 될 수가 있다. 그 될 수 있는 길은 자신이 어리석은 범부임을 깊이 자각하여 열심히 수행하여 보리를 증득하는 것뿐이다.

불교의 수행계위를 보면, 사향사과四向四果⁶⁶⁵의 성인을 기준으로 볼 때 도를 깨닫지 못한 자들을 모두 범부라고 한다. 구사종俱舍宗에서는 그중에서 사선근四善根⁶⁶⁶은 내범內凡이라 하고, 삼현三賢⁶⁶⁷은 외범外凡이라 하며, 삼현 이하는 저하범부低下凡夫라고 하였다. 이에 비해 대승은 초지初地 이전을 범부라 하고, 십주十住·십행十行·십회향十廻向을 내범이라 하고, 십신十信을 외범이라 하며, 외범 이하를 범부라고 하였다. 또한 성문·연각·보살·불 등의 사성四聖을 기준으로 하여 말한다면 육도에서 생사윤회하는 중생들은 모두 육범六凡이라고 하였다. 이는 곧 지옥의 중생으로부터 천계의 중생에 이르기까지 모두 이러한 범부에 속한다는 것이다.⁶⁶⁸ 혜원은 내범에 대해 『대승의장』에서 다음

---

664 『梵網經』 권상 「盧舍那佛說菩薩心地戒品」(대정장 24, p.997하) "我已百阿僧祇劫修行心地 以之爲因初捨凡夫成等正覺號爲盧舍那."
665 四向四果는 성자의 네 가지 位를 말하는 것으로, 소승불교에서 세우는 네 가지의 수행목표(向)와 도달경지(果)를 말한다. 사과는 ①預流(須陀洹) ②一來(斯陀含) ③不還(阿那含) ④阿羅漢인데 이 네 가지에 각각 向과 果를 세운다. 『俱舍論』(대정장 29, pp.123하~129상) 참조.
666 사선근은, 有部의 견해에 따르면, 처음으로 무루의 지혜가 생겨 四諦의 이치를 명료히 밝힌 見道의 지위를 뜻하는데, 여기에는 煖法, 頂法, 忍法, 世第一法이 있다.
667 소승에서 三賢은 五停心位, 別相念住位, 總相念住位를 아울러 이르는 말이다.
668 李太元 著, 『정토의 본질과 교학발전』, pp.326~327 참조.

과 같이 설명한다.

내범內凡이란 종성種性 이상으로 점차 연을 끊으며 안으로 진성을
추구하므로 내內라 한다. 육도의 분단생사를 비록 부분적으로 끊어서
여의었다고 하더라도 아직 다한 것은 아니니, 아직 범부의 몸이 다하지
않았으므로 범凡이라고 한다. 그러므로 『열반경』에서 범부凡夫라고
하였다.[669]

이 말은 결국 생사의 번뇌를 완전히 끊기 전에는 범부라는 이름을
벗어날 수 없다는 말이다. 그래서 부처님께서는 『법화경』에서 이르시
기를,

사리불이여, 마땅히 알라. 내가 부처의 눈으로 육도중생을 관하여
보니 빈궁하고 복과 지혜가 없어 생사의 험한 길에 들어가 끊임없이
고통을 받으며 오욕에 깊이 집착함이 마치 물소가 자기 꼬리를 사랑함
과 같으며, 탐내고 애착으로 자기를 덮어 (마치) 맹인이 보지 못하는
것과 같으니라. 큰 위력의 부처님과 고통을 끊는 법을 구하지 않고
깊이 사견에 빠져 있어 고통으로 고통을 버리고자 하니, 이러한 중생을
위해 (부처는) 더욱 대비심을 일으키느니라."[670]

---

[669] 遠法師撰, 『大乘義章』(대정장 44, p.810중하) "言內凡者 種性已上漸息緣故內心
眞性 故名爲內 六道分段雖分斷離未有盡處凡夫身未盡 故亦名凡 故涅槃中說爲
凡夫."

[670] 『妙法蓮華經』「方便品」(대정장 9, p.9중하) "舍利弗當知 我以佛眼觀 見六道衆生
貧窮無福慧 入生死嶮道 相續苦不斷 深著於五欲 如犛牛愛尾以貪愛自蔽 盲瞑無

라고 하셨다. 이 말씀은, 육도중생은 오욕에 집착하여 깊이 사견에 빠져 있으므로 도저히 생사윤회를 벗어날 수 없다는 결론이다. 그래서 부처님은 이러한 어리석은 범부중생을 위하여 크나큰 자비심을 일으킨다고 하셨다. 그래서 아미타불께서는 대원을 세워 "시방 세계 중생들이 내 이름을 열 번 불러 나의 나라에 태어나지 못한다면 나는 정각을 이루지 않겠다"고 하신 것이다. 이것이 이른바 부처님의 대자비심에 의해 성취된 본원이다.

그러나 여기서 명심해야 할 것이 있다. 누구라도 죄악을 묻지 않고 아미타불의 이름만 열 번 부르면 그곳에 태어나는 것이 아니라는 것이다. 여기에는 조건이 있다. 그 조건이란 제일 먼저 "내가 이렇게 생사윤회를 거듭하는 것은 나의 죄악 때문이다"라는 것을 자각해야 한다. 이 자각에 의해 참회가 이루어지고, 그 참회에 의해 다겁생래의 죄악이 소멸되고, 그 죄악이 소멸된 마음으로 부처님의 이름을 부른다면 그때에 비로소 왕생의 조건이 온전히 성립되어 극락정토의 문이 열리는 것이다.[671] 그래서 중국의 정토교를 대성시킨 선도대사는 조건을 제시한다. 즉 왕생을 하고자 하면 제일 먼저 내가 죄악범부임을 자각하여 참회염불을 해야 한다고 강조한 것이다.

그러면 과연 죄란 무엇인가? 『유가사지론』에서는 죄의 성품에 대하

所見 不求大勢佛 及與斷苦法 深入諸邪見 以苦欲捨苦 爲是衆生故 而起大悲心."
[671] 자신이 죄악범부임을 자각하고 참회하는 것이 극락왕생의 중요한 조건이지만, 아미타불의 극락정토는 설사 참회를 통해 죄악을 다 소멸하지 못했다 하더라도 극락왕생에 대한 믿음과 발원을 지니고 정성껏 염불하면 업을 지닌 채 왕생할 수 있다는 것이 특징이다. 이를 대업왕생帶業往生이라 한다.

여 다음과 같이 논하고 있다.

어떤 것이 성품의 죄(性罪)[672]인가? 이른바 성품이 착하지 못함으로써 잡되게 더러워지기 때문에 남을 해롭게 하고, 자기도 해롭게 한다. 만약 막아 억제할 수 없어 현재 행하면 곧 악도에 떨어지고, 또 능히 사문을 방해한다. 어떤 것이 차죄遮罪[673]인가? 부처님 세존께서 말씀하시기를, 저 형상을 관하니 여법하지 않은 까닭이며, 혹은 중생이 바른 법을 중시하지 않기 때문이며, 혹은 짓는 것을 보니 현행의 성죄性罪의 법을 따르기 때문이며, 혹은 남의 마음을 비호하여 따르기 때문이며, 혹은 선취의 수명과 사문의 성품을 장애함을 보기 때문이다. 그러므로 올바르게 막고 그쳐야(遮止)[674] 한다. 만약 이와 같은 일을 현재 행하면 이를 차죄라 부른다.[675]

이렇게 설하고 나서 이어서 차죄에 타승죄(他勝罪: 波羅夷罪), 중여

---

672 性罪란 그 자신이 죄인 행위, 그 자체가 죄악인 것, 살생·투도·사음·망어를 말한다.

673 遮罪는 性罪의 반대말. 행위 그 자체는 죄가 아니지만, 그 결과로서 죄를 범할 우려가 있기 때문에 금지된 것을 말한다. 예를 들면 음주, 또는 땅을 일굼으로써 벌레를 죽이거나 초목을 꺾거나 하는 등의 가벼운 죄.

674 遮止란 몸을 절도 있게 하는 것.

675 彌勒菩薩說,『瑜伽師地論』(대정장 30, pp.869하~870상) "云何性罪 謂性是不善 能爲雜染損惱於他 能爲雜染損惱於自 雖不遮制 但有現行便往惡趣 雖不遮制 但有現行能障沙門 云何遮罪 謂佛世尊觀彼形相不如法故 或令衆生重正法故 或見所作隨順現行性罪法故 或爲隨順護他心故 或見障礙善趣壽命沙門性故 而正遮止 若有現行如是等事 說名遮罪."

죄(衆餘罪: 僧殘), 손타죄(損墮罪: 波逸提罪), 별해죄(別海罪: 提舍尼), 악작죄(惡作罪: 突吉羅) 등 다섯 가지를 설하고 있다. 이 차죄는 석존께서 제정하신 금계를 범한 죄이고, 불도 수행을 위해 또는 교단 유지를 위해 제정하신 규범과 질서를 위반하는 행위를 한 사람에 대한 죄이다. 이것에 비해 성죄란 본질적인 죄이고, 성품이 착하지 못하거나 잡다한 염법染法 때문에 자기에게 손해를 끼치는 악한 행을 말한다. 곧 착하지 못한 업이 자기와 남에게 손해를 끼치는 것을 죄라 하지만, 이것은 불선업不善業에 의한 행위의 결과에서 본 것이다.

불교는 중생은 근본무명에 의해 생사윤회를 한다고 말한다. 중생에 포함되는 우리 인간은 생사윤회를 벗어나기 어려운 업고業苦의 인간이다. 그래서 번뇌를 끊는 문제가 수도修道의 중심이 되고, 구하는 것은 바로 무루無漏의 지혜이다. 이 근본무명의 가장 본질적 것은 무명을 무명이라 알지 못하는 무명이다. 이것을 무시무명無始無明이라 하고 자각되지 않는 무명이라 한다.

마명이 『대승기신론』에서 "홀연히 생각을 일으킴을 무명이라 이름한다"[676]고 말하는 것은 자각된 무명이다. 이것은 무시무명이 아니고 유시무명有始無明이다. 여기에서 번뇌를 끊는 수행이 일어난다. 그러나 중생은 무명을 무명이라 알지 못하기 때문에 생사의 세계를 윤회한다. 이 생사의 세계에 중생이 윤회하고 있는 것이 정토교에서 말하는 죄악이다. 그래서 도작은 『안락집』 권상에서 "모든 중생은 모두 불성이 있어 오랜 옛날부터 많은 부처님을 만났을 것이다. 그런데 무엇으로 인하여

---

676 馬鳴造, 『大乘起信論』(대정장 32, p.577하) "忽然念起名爲無明."

지금에 이르기까지 아직도 생사를 윤회하면서 화택을 나오지 못하는 가?"[677]라고 설하고 있다. 이는 곧 일체 중생은 먼 옛날부터 무명에 의해 연기의 법을 모르고, 법성의 이치를 깨닫지 못해 생사윤회를 되풀이하는 사이 부처님을 만나도 부처님의 가르침을 따르지 않기 때문에 아직 화택을 나올 수 없다는 말이다.

그 연기緣起의 실상에 어둡고, 모두 부처님의 가르침에 따르지 않고, 등지고, 법을 거슬리는 것이 정토교에서 말하는 죄악관이다. 이 죄악을 범하고 있는 사람이 자기라고 인정하는 것이 '죄악생사의 범부'라는 자각이다. 죄란 본래 자각적인 것으로, 자기 개인에게는 자각되지 않는 죄는 존재하지 않는다. 생사의 세계를 윤회하고, 진리를 등지고 가르침에 역행하는 것이 나라고 자각하는 것에서부터 정토교의 죄악관은 존재한다. 『관경』에서 말하는 생사의 죄란 이와 같은 죄악관에 입각한 죄이다. 그래서 이 죄악관이 단지 자기 한 사람에게 한한다면 그것은 자기가 지어 자기가 받는 것이지만, 자기뿐 아니라 다른 사람이 범한 것 내지 사회와 세계가 범한 것까지도 자기 때문이라고 자각하는 것에서 '나는 십악오역죄十惡五逆罪를 지은 범부'라는 정토교적인 인간관이 성립된다고 하였다. 즉 생사윤회의 세계에 대해 자기 한 사람이 책임을 지는 것을 정토교의 죄악관이라고 할 수 있다[678]

그래서 이 생사유전하는 범부의 자각에 대해 선도는 『관경소』「산선의散善義」에서 말하기를 "결정코 자신은 현재 죄악범부이며 오랜 옛적

---

677 道綽撰, 『安樂集』 권상(대정장 47, p.13하) "一切衆生皆有佛性 遠劫以來應値多佛 何因至今仍 自輪迴生死不出火宅."

678 坪井俊映 著, 李太元 譯, 『정토삼부경개설』(보국사, 1988) pp.411~413 참조.

부터 계속 항상 유전하는 데 빠져 출리의 연이 없다는 것을 믿어야 한다"[679]고 하였다. 이와 같이 선도는 자신을 '죄악생사의 범부'라고 단정하여 자기의 죄업에 대한 자기반성을 해야 한다고 하였다. 이러한 죄악으로 인하여 중생들이 악도에 유전하게 된 까닭을 선도는 『관경소』에서 다음과 같이 말하고 있다.

> 너희들은 광겁 이래 금생에 이르기까지 신·구·의 삼업으로 모든 범부 및 성자들에 대해 십악·오역·사중四重·방법誹法·천제闡提·파계·파견破見 등의 죄를 지어, 아직 그 죄를 제거하지 않았다. 그리하여 이러한 죄가 중생을 삼계의 악도에 속하게 묶어둔다.[680]

이와 같이 중생은 광겁 이래 오늘에 이르기까지 갖가지 죄업을 지어왔으며, 그 죄가 중생들을 삼계의 악도에 묶어두므로 이를 빠져나올 반연이 없다고 하였다.

이와 같이 선도의 관념은 현재의 우리는 말법의 오탁악세에 머무는 범부이기 때문에 번뇌를 구족한 범부일 수밖에 없고, 이 번뇌로 인해 죄를 지을 수밖에 없다고 하였다. 이것이 선도의 죄악관이다. 그래서 선도는 우리는 어쩔 수 없이 생사윤회를 할 수 밖에 없는 범부라는

---

679 善導集記, 『觀無量壽佛經疏』(대정장 37, p.271상) "決定深信自身現是罪惡生死凡夫 曠劫已來常沒常流轉 無有出離之緣."

680 善導集記, 『觀無量壽佛經疏』(대정장 37, p.272중) "汝等衆生曠劫已來 及以今生 身口意業 於一切凡聖身上 具造十惡 五逆 四重 謗法 闡提 破戒 破見等罪 未能除盡 然此等之罪繫屬三界惡道."

것을 믿어야 하며, 이를 깊이 자각해야 한다고 강조하는 것이다. 선도의 참회염불은 이와 같은 인간의 죄악관에 근본을 두고 있다고 하겠다.

이상과 같이 원생자는 자기가 범부중생임을 자각해야 한다는 것을 새겨보았다. 그런데 문제는 이 자각을 자각으로만 끝내면 안 된다는 것이다. 더 나아가 이 자각을 반드시 믿어야만 한다는 것이 조건이다. 왜냐하면 믿지 않으면 이 죄악관을 스스로 인정하여 받아들일 수가 없기 때문이다. 여기서 잠시 불교에서 말하는 믿음에 대해서 간략히 살펴보기로 하자. 믿음에 대하여 『화엄경』에서는 다음과 같이 설한다.

믿음은 도의 으뜸이요 공덕의 어머니이니, 일체의 선한 법을 길러 내며, 의심의 그물을 끊고, 애정 벗어나 열반의 위없는 도 열어 보이 네.[681]

또 『종경록』에서는 "믿지 아니하는 사람은 천불千佛이라도 구제할 수 없다"[682]고 하였다. 특히 정토문에서는 이 믿음을 중요시한다. 정토문에서의 믿음이란 『무량수경』에서 설한 아미타불의 48원과 『관무량수경』에서 석가세존께서 가르치신 말씀과 『아미타경』에서 설한 시방세계 부처님(육방제불)의 찬탄과 권유를 믿는 것이다. 정토교에서는 자기 자신은 어쩔 수 없는 번뇌를 구족한 죄악범부라는 것을 믿어야만 부처님의 서원을 믿을 수 있다고 하였다. 이 믿음에 대하여 선도는

---

681 『華嚴經』「賢首品」(대정장 10, p.72중) "信爲道元功德母 長養一切諸善法 斷除疑網出愛流 開示涅槃無上道."
682 延壽撰, 『宗鏡錄』(대정장 48, p.670중) "唯除不信人 千佛不能救."

『관경소』에서 다음과 같이 말한다.

첫째는 결정코 자신은 현재 죄악이 있고 생사하는 범부이며, 한량없는 세월 동안 항상 윤회하여 벗어날 반연이 없는 줄 깊이 믿는 것이다. 둘째는 결정코 아미타불께서 48원을 가지고 중생을 섭수하신다는 것에 대해 의심하거나 염려할 것 없이 저 원력에 의해 결정코 왕생할 수 있다는 것을 깊이 믿는 것이다. 또 결정코 석가모니불께서 이『관경』에서 삼복三福·구품·정선과 산선 등 두 가지 선을 설하시고, 저 부처님의 의보와 정보 등 두 가지 보를 증명하고 찬탄하시어 사람들로 하여금 기뻐하고 사모하게 하신 것을 깊이 믿는 것이다. 또 결정코 『아미타경』 가운데 시방의 항하사와 같은 모든 부처님들께서 일체 범부는 결정코 왕생할 수 있다고 증명하고 권하신 것을 깊이 믿는 것이다.[683]

이와 같이 믿음에 대해서는 추호도 의심치 말아야 함을 강조하고 있다. 그러나 우리의 중생심은 죽는 날까지 찰나에도 의심이 나고 들며 마음이 항상 산란하여 믿음의 뿌리를 내리기가 어렵다. 불교의 모든 수행이 그러하지만, 특히 정토의 문은 이 믿음으로부터 열리기 시작한다. 이 믿음이 있어야만 내가 죄악생사의 범부임을 자각할 수

---

683 善導集記,『觀無量壽佛經疏』(대정장 37, p.271상중) "一者決定深信自身現是罪惡生死凡夫 曠劫已來常沒常流轉 無有出離之緣 二者決定深信彼阿彌陀佛四十八願攝受衆生 無疑無慮 乘彼願力定得往生 又決定深信釋迦佛說此觀經三福九品定散二善 證讚彼佛依正二報 使人欣慕 又決定深信彌陀經中十方恆沙諸佛證勸一切凡夫決定得生."

있고, 이 자각에 의해 보리심이 발해지는 것이다.

2. 보리심을 발하라

앞에서 '이미 나는 범부임을 믿고 자각해야 한다'고 했다. 이제 그 자각된 마음으로 위없는 보리심菩提心을 내는 것이다. 원생자가 보리심을 내지 않으면 왕생은 기대할 수 없다. 왜냐하면 시방삼세에 수없는 정토가 이루어진 까닭은, 제불보살이 수억 겁을 오로지 보리심을 발하여 깨달음을 증득했기 때문이다.

보리심은 산스크리트어로 보디 칫따(bodhi-citta)라고 한다. 이 말을 도심道心·도의道意 등으로 한역하지만, 그 원어는 아눗따라삼먁삼보디 칫따(anuttarasamyaksambodhi-citta)이다. 이를 한문으로 아뇩다라삼먁삼보리심阿耨多羅三藐三菩提心으로 음역하였고, 이를 약칭하여 무상도심無上道心·무상정등정각심無上正等正覺心 등으로 의역하였다. 이러한 여러 의미의 용어들이 구마라집 이후에 '보리심'이란 용어로 정착하게 되었다. 그러나 이 원어는 어떤 문헌에도 보이지 않는다.[684] 따라서 보리심이라는 이 용어는 중국의 구마라집을 비롯한 역경가에 의해 의역되어 일반화된 용어라고 본다.

위의 무상도심·무상도의無上道意는 부처님의 지위에 들어서 깨달음의 지혜를 얻는다고 하는 마음인데, 대승불교를 신봉하는 수도자는 반드시 최초로 이 마음을 일으키지 않으면 안 되며, 육바라밀 등의

---

684 智冠 編著, 『辭林』(9권) p.1028 참조.

많은 행을 실제로 수행하는 것이라고 평전준영은 설명한다. 그리고
이것은 곧 보살의 총원인 사홍서원을 의미한다고 하였다.[685]

이 보리심은 궁극적인 깨달음을 성취하기 위하여 행자가 반드시
지녀야 하는 기본적인 마음이다. 왜냐하면 보리심은 깨달음을 증득케
하는 뿌리이기 때문이다. 대승보살의 특징은 이 보리심을 일으키는
발심發心에 있다. 그래서 용수는 『대지도론』에서 "보살이 무상의 도를
깨달음의 대상으로 삼아 '나는 부처가 되리라'고 결심하고 처음으로
마음을 일으키는 것을 보리심이라 한다"[686]라고 설했는데, 이 말이
가장 일반적인 보리심에 대한 정의라고 할 수 있다. 이것이 후에 여래장
계통의 사상에서는 각심覺心이라 해석되어 불성佛性 또는 여래장如來藏
등과 같은 뜻으로 여겨지고, 성취해야 할 본성으로서의 의미와 가치를
지니게 되었다. 이를 『대반열반경』에서는,

보살이 수호하는 하나의 일이란 무엇인가? 그것은 보리심이다. 보살마
하살은 항상 이 보리심을 부지런히 수호하는데, 마치 세간 사람이
아들을 지키며 보호하는 것과 같고, 또한 한쪽 눈이 먼 사람이 성한
나머지 하나의 눈을 지키는 것과 같고, 광야를 지나갈 때 길잡이를
수호하는 것과 같다. 보살이 보리심을 수호하는 것도 이와 같다. 보리심
을 이와 같이 수호함으로 말미암아 아뇩다라삼먁삼보리를 얻고 아뇩다
라삼먁삼보리를 얻음으로 말미암아 상락아정을 구족하게 되는 것이

685 坪井俊映 著, 韓普光 譯, 『淨土敎槪論』(如來藏, 2000) p.213 참조.
686 龍樹造, 『大智度論』(대정장 25, p.362하) "菩薩初發心緣無上道 我當作佛 是名菩提心."

니, 이것이 그 위없는 대반열반이다. 그러므로 보살은 하나의 법을
수호하는 것이다.[687]

라고 하여 보리심이 보살수행의 근본덕목임을 설하고 있다. 또 80권
『화엄경』에서는,

불자들아, 보살마하살의 법계와 동등하고 무량한 회향이란 무엇인가?
불자들아, 이 보살마하살은 때가 없는 깨끗한 비단으로 정수리를
묶고, 법사의 지위에 머물며 법보시를 널리 행하니 대자비심을 일으켜
중생을 보리심에 편안히 들어서게 하며, 항상 쉬지 않고 널리 이익이
될 일을 행하고, 보리심으로 선근을 기른다.[688]

라고 하여 보리심이 무량한 회향이라고 하였다. 또 위의 경 「입법계품」
에서는,

선남자야, 보리심은 종자와 같아 능히 일체의 모든 불법을 일으키며,
보리심은 좋은 밭과 같아 능히 중생의 순수하고 청정한 법을 기르며,

---

687 36권 『大般涅槃經』(대정장 12, p.759중) "云何菩薩守護一事 謂菩提心 菩薩摩訶
薩常勤守護是菩提心 猶如世人守護一子 亦如瞎者護餘一目 如行曠野守護導者
菩薩守護菩提之心亦復如是 因護如是菩提心故 得阿耨多羅三藐三菩提 因得阿
耨多羅三藐三菩提故常樂我淨具足而有 卽是無上大般涅槃 是故菩薩守護一法."

688 80권 『大方廣佛華嚴經』「十廻向品」(대정장 10, p.171상) "佛子 云何爲菩薩摩訶
薩 等法界無量廻向 佛子 此菩薩摩訶薩 以離垢繒 而繫其頂 住法師位 廣行法施
起大慈悲 安立衆生於菩提心 常行饒益 無有休息 以菩提心 長養善根."

보리심은 대지와 같아 능히 일체의 모든 세간을 지니고 있고, 보리심은 깨끗한 물과 같아 능히 일체 번뇌의 더러움을 씻느니라.[689]

라고 하여 보리심은 종자와 같고, 밭과 같고, 대지와 같고, 깨끗한 물과 같다고 하였다. 여기서는 다 인용할 수 없지만 보리심에 대해 이 「입법계품」에서만 무려 78종류를 열거하고 있고, 『화엄경』의 곳곳에서도 보리심을 강조하고 있다. 이와 같이 『화엄경』에서 보리심을 강조하는 것은 보리심이 대승불교에서는 뿌리와도 같은 매우 근본적인 수행덕목임을 강조하는 것이라고 본다. 신라의 원효도 그의 저서 『무량수경종요無量壽經宗要』에서 왕생의 인因을 정인正因과 조인助因으로 나누었는데, 정인은 위없는 보리심이고, 조인은 염불이라고 했다.

경에서 말한바 정인이란 이른바 보리심이니, 위없는 보리심을 낸다는 것은 세간의 부귀와 즐거움과 2승의 열반을 돌아보지 않고 한결같이 3신身의 보리를 지원하는 것이니, 이것을 위없는 보리심이라고 한다. 통틀어 말하면 비록 그러하지만 그중에는 두 가지가 있다. 첫째는 일을 따라 발심(隨事發心)하는 것이요, 둘째는 이치를 따라 발심(順理發心)하는 것이다.[690]

---

689 80권 『大方廣佛華嚴經』 「入法界品」(대정장 10, p.429중) "善男子 菩提心者猶如 種子 能生一切諸佛法故 菩提心者猶如良田 能長衆生白淨法故 菩提心者猶如大 地 能持一切諸世間故 菩提心者猶如淨水 能洗一切煩惱垢故."

690 원효 술, 『無量壽經宗要』(대정장 37, P128하) "經所言正因 謂菩提心 言發無上菩 提心者 不顧世間富樂 及與二乘涅槃 一向志願三身菩提 是名無上菩提之心 總標 雖然 於中有二 一者 隨事發心 二者 順理發心."

원효는 이처럼 염불보다 보리심을 강조하고 있고, 또한 보리심은
곧 '발심'임을 설명하고 있다. 그러면 이제 정토경전에서 설한 보리심에
대한 설을 살펴보자. 정토와 관련된 경전인 『무량수여래회』,[691] 『무량
수장엄경』,[692] 『무량수경』,[693] 『관무량수경』,[694] 『아미타경』, 『칭찬정
토경』[695] 등에서는 용어가 완전히 같진 않지만 대체적으로 보리심에
대한 용어로 설하고 있다. 여기서는 정토삼부경에서 설한 보리심에
대한 설을 살펴보기로 하자. 먼저 『무량수경』에는 48원 가운데 제19원
을 보면,

---

691 『大寶積經』 권제17 「無量壽如來會」에서는 發菩提心(대정장 11, p.93하, 94중, 97하), 發心(대정장 11, p.97상, p.100중) 등 총5회를 설하고 있다.

692 『大乘無量壽莊嚴經』에서는 發阿耨多羅三藐三菩提心(대정장 12, p.319상, p.321중, p.326중), 發菩提心(대정장 12, p.319하, p.321하, p.322중, p.324상), 發大道心(대정장 12, p.320상), 發菩提芽(대정장 12, p.324하), 發勝心(대정장 12, p.323하) 등 총12회를 설하고 있다.

693 『無量壽經』에서는 發無上正眞道意(대정장 12, p.267상), 發無上正覺之心(대정장 12, p.267중, 279상), 發菩提心(대정장 12, p.267상, p.268하, p.272중), 發無上菩提之心(대정장 12, p.272중하), 當發意(대정장 12, p.272중), 發無量心(대정장 12, p.273상), 發心(대정장 12, p.278중) 등 총12회를 설하고 있다.

694 『觀無量壽經』에서는 發菩提心(대정장 12, p.341하, p.346상), 發無道心(대정장 12, p.345상 p.345하, 346상중), 發阿耨多羅三藐三菩提心(대정장 12, p.346중) 등 총9회를 설하고 있다.

695 『阿彌陀經』과 『稱讚淨土經』에서는 '發心'이란 말 대신에, 『阿彌陀經』에서는 皆得不退轉於阿耨多羅三藐三菩提(대정장 12, p.348상)라고 하였고, 『稱讚淨土經』에서는 速證無上正等菩提(대정장 12, p.349상, p.350상, p.351중)라는 용어를 사용하고 있다. 이상의 전거는 李太元 著, 『淨土의 本質과 敎學發展』(운주사, 2006) pp.362~363 참조.

376

만약 내가 부처가 되었을 때, 시방에 있는 중생이 보리심을 발하여 모든 공덕을 닦아 지극한 마음으로 나의 국토에 태어나기를 원하였는데, 그가 임종할 때에 내가 대중과 더불어 위요하여 그 사람 앞에 나타나지 못하면 나는 성불하지 않겠습니다.[696]

라고 하였다. 이 말씀은 누구라도 보리심을 일으켜 서원을 세운다면 반드시 그들 앞에 나타나 그 서원을 이루게 해준다는 것이다. 또 제35원에서는,

만일 내가 부처가 되었을 때, 시방의 한량없고 불가사의한 모든 부처님의 세계에 어떤 여인이 나의 이름을 듣고 환희하고 즐거이 믿고, 보리심을 일으키고 여인의 몸을 싫어하고 멀리하였는데도, 목숨을 마친 뒤에 다시 여인의 모습을 받게 된다면 나는 부처가 되지 않겠습니다.[697]

라고 하였다. 이와 같이 보리심은 왕생의 인因이 된다는 것을 강조하고 있다. 또 『무량수경』의 삼배왕생설三輩往生說을 보면 삼배왕생자는 모두 보리심을 발해야 한다고 설하고 있다. 상배자上輩者는 "출가하여 욕심을 버리고 사문이 되어 보리심을 일으켜 오로지 한결같은 마음으로 무량수부처님을 염불하는 자이다"[698]라고 하였고, 중배자中輩者는 "비

696 『無量壽經』권상(대정장 12, p.268상중) "設我得佛 十方衆生發菩提心修諸功德 至心發願欲生國 臨壽終時 假令不與 大衆圍遶現其人前者 不取正覺."
697 『無量壽經』(대정장 12, p.268하) "設我得佛 十方無量不可思議諸佛世界 其有女人聞我名字 歡喜信樂發菩提心厭惡女身 壽終之後復爲女像者 不取正覺."
698 『無量壽經』권하(대정장 12, p.272중) "其上輩者 捨家棄欲而作沙門 發菩提心

록 사문이 되어 큰 공덕을 닦는 것이 불가능하다고 해도 마땅히 위없는 보리의 마음을 일으켜 오로지 한결같은 마음으로 무량수부처님을 염불하는 자이다"[699]라고 하였고, 하배자下輩者는 "설령 온갖 공덕을 닦는 것이 불가능하다고 하여도 마땅히 위없는 보리의 마음을 일으켜 오로지 한결같은 마음으로 단 열 번만이라도 무량수부처님을 염불하면서 그곳에 태어나기를 원해야 한다"[700]고 하였다. 여기서 중요한 것은 상배자·중배자·하배자 모두가 근기와 관계없이 보리심을 내야 함을 근본으로 하고 있다는 점이다.

다음으로 『관무량수경』에서는 삼복三福을 닦는 가운데 보리심을 설하고 있다.

> 저 국토에 태어나고자 하는 사람은 마땅히 세 가지 복을 닦아야 하느니라. 첫째는 부모에게 효도하고, 스승과 어른을 받들어 모시며, 자비심으로 살생하지 말고, 열 가지 착한 업을 지녀야 한다. 둘째는 삼귀의계를 받아 지니며, 여러 가지 계를 지키며 위의를 범하지 말아야 하느니라. 셋째는 보리심을 내어서 깊이 인과를 믿고, 대승경전을 믿고 다른 수행자에게도 전해야 할지니라. 이와 같은 세 가지 일을 정업淨業이라 하느니라.[701]

一向專念無量壽佛."

699 위의 책(대정장 12, p.272중) "雖不能行作沙門大修功德 當發無上菩提之心 一向專念無量壽佛."

700 위의 책(대정장 12, p.272하) "假使不能作諸功德 當發無上菩提之心 一向專意乃至十念念無量壽佛願生其國."

701 『觀無量壽佛經』(대정장 12, p.341하) "欲生彼國者 當修三福 一者孝養父母 奉事

이처럼 보리심이 정업淨業이라고 하였다. 그래서 부처님은 위제희 부인에게 이르시기를 "그대는 지금 아는가, 모르는가? 이 세 가지 업은 과거·현재·미래 삼세의 모든 부처님께서 닦으신 정업의 바른 인因이 된다"[702]고 재차 강조하였다.

다음은 『아미타경』의 설을 보자. 이 경에서는 '보리심'이라는 용어 대신 '개득불퇴전어아뇩다라삼막삼보리皆得不退轉於阿耨多羅三藐三菩提'라고 하였다.

사리불이여, 만약 어떤 사람이 이미 발원하였거나, 지금 발원하거나, 장차 발원하여 아미타불의 국토에 태어나려고 하는 사람들은 모두 아뇩다라삼먁삼보리에서 물러나지 않는 지위를 얻어 저 국토에 이미 태어났거나, 지금 태어나거나, 장차 태어날 것이니라. 이런 까닭에 사리불이여, 모든 선남자·선여인 등 믿음이 있는 사람은 마땅히 저 국토에 태어나기를 발원해야 하느니라.[703]

위에서 아뇩다라삼먁삼보리(anuttarasamyaksambodhi-citta)는 앞서 말했듯이 보리심(bodhi-citta)의 원어이다. 이와 같이 정토삼부경에서

師長 慈心不殺 修十善業 二者受持三歸 具足衆戒 不犯威儀 三者發菩提心 深信因果讀誦大乘 勸進行者 如此三事名爲淨業."

702 위의 책(대정장 12, p.341하) "汝今知不 此三種業乃是過去未來現在 三世諸佛淨業正因."

703 『阿彌陀經』(대정장 12, p.348상) "舍利弗 若有人已發願 今發願 當發願 欲生阿彌陀佛國者 是諸人等 皆得不退轉於阿耨多羅三藐三菩提 於彼國土若已生. 若今生若當生 是故舍利弗 諸善男子善女人 若有信者 應當發願生彼國土."

는 "발보리심發菩提心"을 강조하고 있다. 이것이 원생자의 마음가짐이
며 근본적으로 지녀야 할 자격이다. 우리는 흔히 염불만 잘하면 쉽게
왕생극락하리라고 생각하지만, 염불의 단계에 이르기까지는 이러한
기본 자격이 갖추어지지 않으면 염불삼매를 이룰 수 없다는 것을 가르쳐
주고 있다. 그래서 원효는 왕생인往生因을 논할 때 보리심이 정인이
되고, 염불이 조인이 된다는 것을 강조한 것이라고 본다.

이상과 같이 정토경전의 설을 살펴보았다. 그러면 중국 정토 논사들
의 설을 보자. 담란은 『왕생론주』에서 다음과 같이 논한다.

삼배왕생 가운데는 비록 행에 우열이 있지만 다 무상보리심을 일으키지
않는 것이 없다. 이 무상보리심이란 곧 이 성불하기를 바라는 마음이다.
성불하기를 바라는 마음이란 곧 이 중생을 제도하려는 마음이고,
중생을 제도하기 위한 마음이란 곧 중생을 섭취하여 부처님 국토에
태어나게 하는 마음이다. 이러한 까닭에 저 안락국토에 태어나기를
원하는 사람은 반드시 무상보리심을 일으켜야 한다. 만약 사람이
무상보리심을 일으키지 않고, 다만 저 국토에서 끊임없는 즐거움을
받는다는 것을 듣고, 즐거움 때문에 왕생하기를 원하면 마땅히 왕생할
수 없을 것이다.[704]

---

704 曇鸞註解, 『無量壽經優婆提舍願生偈註』 권하(대정장 40, p.842상) "三輩生中雖
行有優劣 莫不皆發無上菩提之心此無上菩提心卽是願作佛心 願作佛心卽是度
衆生心 度衆生心卽攝取衆生生有佛國土心 是故願生彼安樂淨土者要發無上菩
提心也 若人不發無上菩提心 但聞彼國土受樂無間爲樂故願生 亦當不得往生也."

380

이와 같이 담란은 삼배왕생이 근기에 우열은 있지만 안락국에 태어나
려면 반드시 삼배자 모두 무상보리심을 일으켜야 함을 강조하고 있다.
또 담란은 『찬아미타불게』에서,

저는 비롯함이 없는 세월부터 삼계를 돌며 허망하게 윤회하게 되었습니
다. 한 생각 한 때에 지은 업이 족히 대지(六道)를 얽매이고 삼도三塗에
걸리게 되었습니다. 오직 원컨대 자비스런 광명으로 저를 호념하시고
저로 하여금 보리심을 잃어버리지 않게 하여 주옵소서.[705]

라고 하였다. 이와 같이 담란은 삼계에 윤회하게 된 원인은 허망하게
지은 업 때문이기에 아미타불의 원력으로 보리심을 잃지 않게 하여
윤회의 업을 끊게 해달라고 발원하는 것이다. 여기서 이 원을 바라는
마음이 곧 발심인 것이다. 이러한 담란의 사상을 이어받은 도작은
『안락집』에서 담란의 『왕생론주』의 설[706]을 그대로 인용하여 설하고
있다.

이제 발보리심을 말하면 곧 이 성불하는 마음이고, 성불하려는 마음은
곧 이 중생을 제도하려는 마음이고, 중생을 제도하려는 마음은 곧
중생을 섭취하여 불국토에 태어나게 하려는 마음이다. 지금 정토에
태어나려고 원하기 때문에 먼저 모름지기 보리심을 발해야 한다.[707]

---

705 曇鸞作, 『讚阿彌陀佛偈』(대정장 47, p.424상) "我從無始循三界 爲虛妄輪所廻轉
一念一時所造業 足繫大地滯三塗 唯願慈光護念我 令我不失菩提心."
706 曇鸞註解, 앞의 책(대정장 40, p.842상)

이와 같이 도작은 담란의 설을 인용하여 발보리심을 강조하고 있다. 그러면 도작은 왜 같은 말을 그대로 인용하였을까? 그것은 그만큼 도작이 담란의 수승한 보리를 구하는 정신을 계승하고자 하는 것이고, 또한 보리심이 왕생의 근본이 된다는 것을 강조하기 위한 것으로 해석할 수 있다. 그래서 도작은 이러한 담란의 영향을 받았기 때문에 보리심을 해석하는 첫머리에 "무릇 정토에 왕생하고자 하면 요컨대 모름지기 발보리심이 근본이 되어야 한다"[708]고 피력한 것이라고 본다.

이러한 도작의 가르침을 받은 선도는 『관경소觀經疏』의 서두에서 "도속의 시중들은 각각 무상심無上心을 일으키라"[709]고 하면서 글을 시작한다. 여기서 무상심이란 보리심을 말한다. 그리고 이 글의 말미에는 "원컨대 이 공덕으로써 평등하게 일체에게 베풀고, 다 같이 보리심을 일으켜서 안락국에 왕생하자"[710]라고 마무리하고 있다. 이와 같이 선도는 도작의 제자로서 처음부터 보리심의 중요성을 강조하고 있다.

이상과 같이 보리심에 대하여 관련 경설과 논사들의 설들을 살펴보았다. 이 외에도 보리심에 대한 설은 대승경전의 곳곳에서 설하고 있다. 마무리 삼아 보리심의 의미를 간추려 정리해보자. 앞에서 살펴보았듯이 『대지도론』에서는 "보살이 무상의 도를 깨달음의 대상으로 삼아

---

707 道綽撰, 『安樂集』 권상(대정장 47, p.7하) "今言發菩提心者 卽是願作佛心 願作佛心者 卽是度衆生心 度衆生心者 卽攝取衆生生有佛國土心 今旣願生淨土 故先須發菩提心也."

708 道綽撰, 위의 책(대정장 47, p.7하) "凡欲往生淨土 要須發菩提心爲源."

709 善導撰, 『觀無量壽經義疏』(대정장 37, p.245하) "道俗時衆等 各發無上心."

710 善導撰, 위의 책(대정장 37, p.246상) "願以此功德 平等施一切 同發菩提心 往生安樂國."

'나는 부처가 되리라'고 결심하고 처음으로 마음을 일으키는 것이 보리
심이다"⁷¹¹라고 하였다. 여기서의 보리심이란 도를 구하는 마음이다.
이 도를 구하는 마음은 곧 '발심'을 말한다. 이 발심은 평생 나타나지
않을 수도 있지만 어떤 계기를 만나면 나타날 수 있다. 즉 여태까지는
아직 나만을 위한 삶을 살다가 불현듯 불보살의 자비심과 그 가피
등을 의식하여, 이제 사람들을 대할 때 과거와는 달리 나보다 남을
먼저 생각하는 이타심이 생겨나게 된다. 이러한 심리적 변화가 일어날
때를 곧 '발심'이라고 본다. 이 발심을 논사들은 '보리심'이라고 통칭한
것이다.

또한 이 발심은 곧 불보살의 서원誓願과도 상통한다. 즉 서원은
중생제도를 위해 불보살이 다겁생에 보살도를 닦으며 세운 이타정신에
입각한 원이기 때문이다. 그래서 모든 불보살은 서원을 세우는데,
예를 들자면 법장보살이 오랜 세월 보살도를 닦아 성취한 48원 같은
경우이다. 이 보살도가 곧 보리도菩提道이다. 이것은 대승불교에서
세운 '상구보리 하화중생上求菩提下化衆生'의 이념을 그대로 나타내 보
여주는 것이다. 그런 의미에서 발심은 곧 서원을 말하는 것이다.

원시교단에서는 그 구도심을 여러 가지 표현으로 나타내고 있으나
보리심이라는 용어는 원시·부파불교의 문헌, 특히 대승불교가 일어나
기 전의 문헌에서는 나타나고 있지 않다.⁷¹² 그렇다면 왜 대승불교에

---

711 龍樹造, 『大智度論』(대정장 25, p.362하) "菩薩初發心緣無上道 我當作佛 是名菩
提心."
712 다가미다이슈, 『菩提心の研究』 pp.12~18 ; 李太元 著, 『淨土의 本質과 教學發展』
(운주사, 2006) p.359 참조.

서는 보리심이라고 했을까? 그 답은 위에서 말한 '상구보리 하화중생'이라는 대승불교의 이념 때문이다. 즉 대승불교에서 외치는 '상구보리 하화중생'은 단순히 진리를 구하는 마음으로 그치는 소승적인 마음이 아니라 이타심을 성취하고자 하는 광대하고 위대한 서원을 세우는 마음이기 때문이다. 이 이념을 수행하여 성취하는 것이 곧 '아뇩다라삼 막삼보리심'인 것이다.

3. 삼심을 구족하라

우리는 이미 범부임을 자각하여 왜 보리심을 발해야 하는지도 알았다. 이제 마지막 관문은 삼심三心을 갖추는 일이다. 이 세 가지 마음이 구족되면 원생자의 기본 자격이 갖추어진다고 본다.

이 삼심설의 근거는 『관무량수경』에서 비롯된 설이다. "첫째는 지극히 정성스러운 마음이고, 둘째는 깊은 신앙심이며, 셋째는 자신이 쌓은 모든 선행을 회향하여 극락세계에 태어나기를 바라는 마음으로서 이 세 가지 마음을 갖추면 누구나 반드시 저 극락정토에 태어난다"[713]고 하였다.

이와 같이 『관무량수경』에서는 삼심을 지성심至誠心, 심심深心, 회향 발원심廻向發願心이라 하였다. 이 삼심을 가지고 여러 논사들이 논하고 있다. 그 가운데 중국의 정토교를 대성시킨 선도는 원생자는 반드시 삼심을 갖추어야 함을 매우 강조하고 있다. 따라서 본 고찰은 선도의

---

713 『觀無量壽經』(대정장 12, p.344하) "上品上生者 若有衆生願生彼國者 發三種心 卽便往生 何等爲三 一者至誠心 二者深心 三者迴向發願心 具三心者必生彼國."

삼심설을 중심으로 논하고자 한다.

선도善導는 그의 저서 5부 9권[714] 가운데 『관경소』와 『왕생예찬往生禮讚』에서 삼심에 대해 논하고 있다. 선도는 정토왕생의 행도行道로서 『왕생예찬』에서 '안심安心, 기행起行, 작업作業'을 제시하고 있는데, 이 가운데 첫째의 안심을 가지고 『관경』에서 설한 삼심구족三心具足을 강조하였다. 선도는 『관경소』 「산선의散善義」에서 "삼심이 이미 갖추어지면 이루지 못할 행行이 없다"[715]고 하였고, 『왕생예찬』에서는 "이러한 삼심을 갖추면 반드시 왕생을 얻는다. 만약 일심이라도 모자라면 곧 왕생을 얻을 수 없다"[716]고 하여 정토원생자가 지녀야 할 중요한 마음이라고 하고 있다. 이에 대한 논사들의 설을 보자.

위에서 보았듯이 이 삼심설은 『관경』의 상상품上上品의 글에 연계된 것인데, 정영사 혜원은 삼심을 왕생을 닦는 마음이라 하면서, 이것은 상삼품上三品만이 일으키는 마음이라고 했다.[717] 또 가재는 삼심을 『기신론』의 직심直心 등과 같다고 보았으며 오직 상상품만이 삼심을 발한다고 했다. 그러나 선도는 삼심을 널리 구품에 통하는 안심安心이라고 하고, 또한 정선定善의 사람도 똑같이 삼심을 갖추지 않으면 안 된다고 했으며, 총체적으로는 정토왕생의 정인正因으로 삼았다. 따라서 삼심은 정토왕생을 원하는 사람은 반드시 갖추지 않으면 안 되는 마음이라고 했다. 그래서 앞에서도 언급한 바와 같이 『염불경念佛鏡』에서는 "지성

---

714 5부 9권은 본서 4장 3절 '정토교학의 계보' 중국편 참조.

715 善導集記, 『觀無量壽佛經疏』(대정장 37, p.273중) "三心旣具 無行不成."

716 善導撰, 『往生禮讚偈』(대정장 47, p.438하) "具此三心必得生也 若少一心卽不得生."

717 望月信亨, 『支那淨土教理史』(東京 法藏館, 1942) p.100.

심이란 몸으로 하는 모든 행위(身業)는 오로지 아미타부처님께 예배하고, 입으로 하는 모든 말(口業)은 오로지 아미타부처님의 명호를 칭념하며, 마음으로 하는 모든 생각(意業)은 오로지 아미타부처님을 믿는 것이라고 하였고, 심심이란 곧 진실하게 믿음을 일으키는 것으로서 오로지 부처님의 명호를 칭념하고 정토에 왕생할 것을 서원하며 성불할 것을 단단히 결심하여 끝내 다시 의심하지 않기 때문에 심심이라고 하였고, 회향발원심이란 지금까지 정진하여 갖추게 된 예불과 칭념의 공덕으로 오직 정토에 왕생하여 빨리 위없는 보리를 성취할 것을 소원하기 때문에 회향발원심이라 한다"[718]고 하였다.

이와 같이 지성심이란 신구의 삼업을 청정히 하여 몸으로는 오로지 아미타부처님께 예배하고, 입으로는 오로지 아미타부처님을 칭념하고, 생각으로는 오로지 아미타부처님을 믿으면서 정토에 왕생하기를 발원하는 것이고, 심심이란 오로지 아미타부처님을 진실하게 믿는 것이고, 회향발원심이란 지성심과 심심을 가지고 정토에 왕생하기를 발원하는 것이라고 하였다. 그러면 이제 선도의 삼심에 대한 구체적인 해석을 살펴보기로 하자.

첫째, 지성심至誠心이란 지극하고 진실한 마음이다. 위에서 살펴본 『염불경』에서는 삼심 가운데 지성심은 신·구·의 삼업을 다해 아미타불께 귀의하는 마음이라고 하고 있다. 선도 또한 『왕생예찬』에서 신구의 삼업을 일으키는 것은 지성심이라 하였다.

---

[718] 『念佛鏡』(대정장 47, p.122상) 참조.

첫째, 지성심을 말하자면 신업으로 저 부처님께 예배하며, 구업으로 저 부처님께 찬탄하고 칭양하며, 의업으로는 저 부처님을 전념으로 관찰하는 것이다. 무릇 삼업을 일으키는 데 반드시 모름지기 진실해야 하기 때문에 이를 지성심이라 이름한다.[719]

여기서는 지성심으로 해야 할 신업身業의 예배, 구업口業의 찬탄·칭양, 의업意業의 전념관찰專念觀察을 말하고 있다. 이것은 앞에서 살펴본 세친이 『왕생론』에서 설한 오념문五念門인 예배·찬탄·작원作願·관찰·회향[720] 중에서 작원문과 회향문이 빠진 나머지 예배·찬탄·관찰 세 가지 문을 가지고 신·구·의 삼업의 문으로 삼은 것이다. 선도는 『관경소』 「정종분」에서 지성심에 대해 "첫째로 지성심의 지至는 참된(眞)것이고, 성誠은 실다운(實)것이다. 일체 중생이 신구의의 업으로 수행한 해행解行[721]은 반드시 진실한 마음 가운데 지어야 한다는 것을 밝혔다"[722]고 하여 지성의 '지'는 '진眞'이라고 하고, '성'은 '실實'이라고 정의하고 있다. 이러한 진실의 종류에 대해서 선도는 같은 『왕생예찬』에서 다음과 같이 설한다.

또 진실에 두 가지가 있는데 첫째는 자리진실自利眞實이요, 둘째는

---

719 善導撰, 『往生禮讚』(대정장 47, p.438하) "一者至誠心 所謂身業禮拜彼佛 口業讚歎稱揚彼佛 意業專念觀察彼佛凡起三業 必須眞實故名至誠心."

720 婆藪槃豆菩薩造, 『無量壽經優波提舍願生偈』(대정장 26, p.231중)

721 解行은 理解와 實踐을 말함.

722 善導集記, 『觀無量壽佛經疏』(대정장 37, p.270하) "一者至誠心 至者眞 誠者實 欲明一切衆生身口意業所修解行必須眞實心中作."

이타진실利他眞實이다. 자리진실을 말하면 다시 두 가지가 있다. 하나는 진실한 마음 가운데 자기와 남과 모든 악 및 예토 등을 바로 제압하여 버리고, 행주좌와 가운데 일체 보살이 모든 악을 바로 제압하여 버린 것과 같이 나 또한 이와 같이 생각하는 것이다. 둘은 진실한 마음 가운데 자기와 남과 범부와 성인들의 선을 부지런히 닦는 것이다.[723]

이처럼 진실에 자리진실自利眞實과 이타진실利他眞實의 두 종류가 있음을 밝혔고, 이타진실을 가지고 지성심으로 삼는다는 뜻을 논하고 있다. 그리고 선도는 위의 책에서 이 진실심을 근본으로 하여 오념문 가운데 찬탄·예배·관찰해야 한다고 다음과 같이 설하고 있다.

진실심 가운데 구업으로 저 아미타불 및 의보와 정보 등 이보二報를 찬탄해야 한다.[724]

……

또 진실심 가운데 신업인 합장과 예경, 사사四事[725] 등으로 저 아미타불 및 의보와 정보 등의 이보에게 공양해야 한다.[726] 또 진실심 가운데

---

723 善導集記,『왕생예찬』(대정장 37, p.271상) "又眞實有二種一者自利眞實二者利他眞實言自利眞實者　復有二種一者眞實心中制捨自他諸惡及穢國等行往坐臥想同一切菩薩制捨諸惡我亦如是也二者眞實心中勤修自他凡聖等善."

724 善導集記,『왕생예찬』(대정장 37, p.271상) "眞實心中口業讚歎彼阿彌陀佛及依正二報."

725 수행승이 일상생활에서 필요한 네 가지 물건, 즉 飮食·衣服·臥具·湯藥 등이다.

726 善導集記,『觀無量壽佛經疏』(대정장 37, p.271상) "又眞實心中身業合掌禮敬四事等供養彼阿彌陀佛及依正二報."

의업으로 저 아미타불 및 의보와 정보 등 이보를 생각하고 관찰하며
억념해야 한다.[727]

이와 같이 선도는 신업의 합장·예배·사사四事로써 의보와 정보의
이보(依正二報)에 공양하고, 구업으로써 찬탄하여 의보와 정보의 이보
에 공양하며, 의업으로써 사상·관찰·억념해야 한다고 강조하고 있다.
이는 『왕생예찬』에서보다도 자세하게 논하고 있음을 알 수 있다.

둘째, 심심深心이란 앞의 지성심을 가지고 부처님의 말씀 등을 깊이
믿는 것이다. 이에 대해 『왕생예찬』에서 다음과 같이 설한다.

두 번째 심심은 곧 이 진실신심眞實信心이다. 자신이 이 번뇌를 구족한
범부이고 선근이 적으며 삼계에 윤회하여 화택을 벗어나지 못함을
진실로 믿고, 아미타불의 본원인 큰 서원 및 명호를 불러 적어도 열
번이나 한 번만 하더라도 결정코 왕생할 수 있다는 것을 진실로 믿고,
내지 한 생각이라도 의심이 없기 때문에 심심이라 이름한다.[728]

여기서 선도는 두 가지 믿음(信)을 강조하고 있다. 즉 한 가지는
자기 자신이 번뇌를 구족한 범부임을 자각하는 믿음이다. 그래서 선도

---

727 善導集記, 위의 책(대정장 37, p.271상) "又眞實心中意業 思想觀察憶念彼阿彌陀
佛及依正二報."
728 善導撰, 『往生禮讚』(대정장 47, p.438하) "二者深心卽時眞實信心 信知自身是具
足煩惱凡夫善根薄少 流轉三界不出火宅 今信知彌陀本弘誓願 及稱名下至十聲
一聲等定得往生乃至一念無疑心 故名深心."

는 앞의『관경소』에서도 "자신은 현재 죄악이 있는 범부이기 때문에 한량없는 세월 동안 생사윤회를 벗어날 반연이 없는 줄을 믿어야 한다"[729]고 하였다. 이것은 자기를 깊이 안으로 반성하고 이대로는 영원히 미혹의 세계를 윤회하여 생사의 고통에서 벗어날 수 있는 반연이 없음을 자각하는 것이다. 선도는 이를 '신기信機'라고 하였다. 또 하나는 아미타불 한 부처님의 본원력을 깊이 믿고 의지하여 아미타불의 명호를 부르는 것이라고 하였다. 특히 칭명왕생에 대해서는 한 생각이라도 의심이 없는 진실한 신심을 강조하고 있다. 이렇기 때문에 앞에서 말한 지성심을 근본으로 한 진실한 신심 위에서 명호를 불러야 한다고 하였다.

그래서 선도는 이어서 "결정적으로 깊이 믿는 것은, 저 아미타불께서 48원으로써 중생을 섭수하신다는 것에 대해 의심이 없어야 하며, 아미타불의 원력으로 반드시 왕생할 수 있다는 것을 믿어야 한다. 또 결정적으로 깊이 믿는 것은, 석가모니불께서 이『관경』에서 삼복·구품 등을 설하시어 사람들로 하여금 기뻐하고 사모하게 하신 것을 믿어야 하고, 『아미타경』에서 설하신 시방의 항하사와 같은 모든 부처님들께서 일체 범부는 반드시 정토에 태어날 수 있다고 증명하고 권하신 것을 믿어야 한다"[730]고 강조하였다. 즉 아미타불의 48원은 중생을 구제하기 위한 대자비심이기 때문에 여기에 대해 추호도 의심 없이 믿어야 한다는

---

[729] 善導撰,『觀無量壽佛經疏』(대정장 37, p.271상) "自身現是罪惡生死凡夫 曠劫已來常沒常流轉 無有出離之緣."

[730] 善導集記, 위의 책(대정장 37, p.271중) "決定深信 彼阿彌陀佛四十八願攝受衆生 無疑無慮 乘彼願力定得往生 又決定深信 釋迦佛說此 觀經 三福九品定散二善 證讚彼佛依正二報 使人欣慕 又決定深信 彌陀經 中十方恒沙諸佛證勸 一切凡夫決定得生."

것이다. 선도는 이 칭명을 '신법信法'이라 하였다. 특히 칭명염불하여
정토에 왕생한다는 것에 대해 한 점의 의혹이 있어서는 안 된다는
것을 강조하고 있다. 또한 선도는 아미타불 한 부처님의 명호를 부르는
것만이 본원本願에 부합하는 법이라고 강조하고 있는데, 바로 이것이
선도의 본의本意라고 하겠다. 그래서 선도는 『아미타경』에서 설한
「증명단證明段」,[731]의 내용을 『관경소』에서 다음과 같이 말한다.

> 시방에 각각 항하사와 같은 모든 부처님들이 계시어 똑같이 석가모니불
> 이 능히 오탁악시五濁惡時, 악세계惡世界, 악중생惡衆生. 악견惡見, 악
> 번뇌惡煩惱, 악사惡邪, 악신惡信이 성행할 때에 아미타불의 명호를
> 가리켜 칭찬하시고, 중생들이 칭념하면 반드시 왕생할 수 있다고
> 권하신 것을 찬양하시었다. 곧 이것이 증명이다.[732]

이것은 아미타불의 명호만 칭념하면 반드시 서방정토에 왕생할 수
있다는 것을 시방제불이 증명하고 계신다는 것으로, 여기서 선도의
지극한 신심信心과 염불관이 잘 나타나고 있다. 그래서 선도는 심심을
'신기信機'와 '신법信法'으로 분류하여 논하고 있는 것이다.

셋째, 회향발원심廻向發願心은 앞의 지성심과 심심으로 성취한 공덕

---

731 『佛說阿彌陀經』(대정장 12, pp.347중~348상) "舍利佛 我見是利~作禮而去"까지.
732 善導撰, 『觀無量壽佛經疏』(대정장 37, p.272상) "十方各有恒河沙等 諸佛 同讚釋
迦能於五濁惡時惡世界惡衆生惡見惡煩惱惡邪惡信盛時 指讚彌陀名號勸勵衆
生稱念必得往生卽其證也."

을 회향하는 것이다. 선도는 『왕생예찬』에서,

세 번째, 회향발원심이란 지은 바 일체의 선근을 모두 다 회향해서
왕생을 원하기 때문에 회향발원심이라 이름한다.[733]

라고 하여 정토에 왕생하는 데는 일체 선근을 회향해야 한다고 하였다.
또 이것을 『관경소』에서는 다음과 같이 설하고 있다.

세 번째는 회향발원심이다. 회향발원심을 말하면 과거 및 금생에
신·구·의의 업으로 닦은 세간과 출세문의 선근과 및 다른 일체 성인과
범부가 신·구·의의 업으로 닦은 세간과 출세문의 선근을 수희한다.
이 자기와 남이 닦은 선근을 가지고 모두 다 진실하고 깊은 신심
가운데 회향해서 저 국토에 태어나기를 원하기 때문에 회향발원심이라
이름한다.[734]

여기서는 『왕생예찬』보다 상세하게 논하고 있다. 인용문에서 '진실
하고 깊은 신심(眞實深信心)'은 과거로부터 지금에 이르기까지 선을
지은(作善) 선근을 가지고서 정토왕생에로 회향하는 것이라고 말하고

733 善導撰, 『往生禮讚』(대정장 47, p.438하) "三者廻向發願心 所作一切善根悉皆廻
願往生 故名廻向發願心."

734 善導集記, 『觀無量壽佛經疏』(대정장 37, p.272중) "三者廻向發願心 言廻向發願
心者 過去及以今生身口意業所修世出出世善根及隨喜他一切凡聖身口意業所
修世出世善根以此自他所修善根 悉皆眞實深信心中廻向願生彼國 故名廻向發
願心也."

있다. 이 회향에는 전술했듯이 '왕상회향往相廻向과 환상회향還相廻向'
의 두 가지가 있는데, 지금 위에서 설한 회향은 '왕상회향'이다. 또
환상회향은 위의 책에서 다음과 같이 설한다.

또 회향을 말하면, 저 국토에 태어나고 나서 도리어 대비를 일으켜
다시 생사에 돌아와 중생을 교화하는 것을 또한 회향이라 이름한다.[735]

이렇게 정토왕생 이후에 다시 중생구제를 위해 사바로 돌아오는
것이 환상회향이다. 선도는 또 『법사찬』에서,

목숨을 마치고 마음을 기울여 보배 연꽃에 들어가 맹세코 아미타불의
안양세계에 도달하고 나서, 다시 예토에 돌아와 인천을 제도하기를
기원합니다. 나의 자비가 끝이 없어 오랜 시간과 오랜 겁 동안 (부처님
의) 자비로운 은혜에 보답하기를 원하옵니다.[736]

라고 하여 환상회향을 논하고 있다. 이 왕상과 환상의 회향은 세친과
담란의 사상을 계승한 것이다. 세친은 『왕생론』에서,

무엇이 보살의 방편회향인가? 보살의 미묘한 방편회향이란 설한 바와

---

[735] 善導集記, 위의 책(대정장 37, p.273중) "又言廻向者 生彼國已還起大悲 廻入生死
教化衆生 亦名廻向也."

[736] 善導撰, 『法事讚』 하(대정장 47, p.431중) "畢命傾心入寶蓮 誓到彌陀安養界還來
穢國度人天 願我慈悲無制限長時長劫報慈恩."

같이 예배 등 다섯 가지를 수행하여 쌓은 일체 공덕의 선근으로 자신의 안주할 즐거움을 구하지 않고, 일체 중생들의 고통을 제거하고자 하기 때문이다. 일체 중생을 섭취하여 다 같이 저 안락국토에 태어나기를 바라는 원을 세우는 것이다. 이것을 보살이 미묘한 방편회향을 성취하였다고 이름한다.[737]

라고 하였다. 그런데 이 대목에 대해 담란은 『왕생론주』에서 '무상보리심無上菩提心'이라고 해석하고 있다. 이 설을 요약해보면 "이 무상보리심이란 곧 성불하기를 바라는 마음이고, 성불하기를 바라는 마음이란 곧 중생을 제도하려는 마음이며, 중생을 제도하기 위한 마음이란 곧 중생을 섭취하여 부처님 국토에 태어나게 하는 마음이다. 이러한 까닭에 저 안락국토에 태어나기를 원하는 사람은 반드시 무상보리심을 일으켜야 한다"[738]고 해석하였다. 이와 같이 담란은 회향을 '무상보리심'이라고 불렀고, 이것이 정토에 왕생하는데 정인正因이 된다고 하였다. 선도는 이러한 뜻을 계승하여 삼심을 가지고 정인이 된다고 주장한 것이라고 하겠다.[739]

---

737 婆藪槃豆菩薩造, 『無量壽經優波提舍願生偈』(대정장 26, p.232상) "何者菩薩巧方便廻向 菩薩巧方便廻向者 謂說禮拜等五種修行所集一切功德善根 不求自身住持之樂 欲拔一切衆生苦故 作願攝取一切衆生 共同生彼安樂佛國 是名菩薩巧方便廻向成就."

738 曇鸞註解, 『無量壽經優婆提舍願生偈註』권하(대정장 40, p.842상) "此無上菩提心卽是願作佛心 願作佛心卽是度衆生心 度衆生心卽攝取衆生生有佛國土心 是故願生彼安樂淨土者要發無上菩提心也 若人不發無上菩提心."

739 李太元, 『念佛의 源流와 展開史』(운주사, 1998) p.437

이상과 같이 삼심에 대해 살펴보았다. 이 세 가지 지극한 마음은 정토원생자가 반드시 구족해야 되는 근본적인 마음가짐이다. 그러나 이 삼심이 어찌 정토왕생을 원하는 자에게만 해당하겠는가. 불교를 공부하는 모든 이들은 한결같이 이 지극한 마음이 갖추어져 있어야 한다. 특히 정토학을 공부하는 이는 필수적으로 구족해야만 한다.

이상과 같이 원생자의 마음가짐에 대하여 살펴보았다. 이를 간추려 보면, 첫째는 모름지기 원생자는 범부임을 자각해야 한다고 하였다. 이 자각이 없이는 절대로 정토문에 들 수가 없다. 왜냐하면 범부라는 이름은 곧 번뇌를 뜻하기 때문이다. 즉 나라는 존재 속에 번뇌가 조금이라도 남아 있는 한 나는 언제까지나 범부라는 것이다. 그리고 중요한 것은 이 범부라는 현실을 믿어야 한다는 것이다. 둘째는 보리심을 발해야 한다고 하였다. 이 보리심은 사홍서원과 같고, 정토교에서는 아미타불의 48원과 같은 보살도를 말하며, 원생자로서는 극락왕생을 발원하는 마음이다. 이러한 구도심은 원시·부파불교의 문헌에서는 보이지 않고, 대승불교에 들어서서 설하고 있다. 이 보리심은 대승불교의 이념인 '상구보리 하화중생'을 그대로 표출한 것이다. 셋째는 삼심三心을 구족해야 한다고 하였다. 이 세 가지 마음은 지극한 마음, 깊은 마음, 회향하는 마음으로서 원생자가 반드시 지녀야 할 마음을 설한 것이다. 그래서 정토교의 논사들은 다 같이 하는 말이 "믿어야 한다(信), 원해야 한다(願), 행해야 한다(行)"며 신·원·행의 삼자량을 강조하는 것이다.

제9장 맺음말

이상과 같이 정토사상의 핵심과 그 교학을 대략 살펴보았다. 이른바 불교의 본의本意는 성취중생과 불국토의 완성에 있다고 하였다. 이 말은 일체 중생으로 하여금 깨달음을 얻게 하여 그 깨달음을 얻은 땅에서 모두가 안락한 삶을 누리게 하려는 데 그 목적이 있다는 것이다. 이것이 대승불교의 이념이며 최종의 목표이다. 우리는 지금까지의 고찰에서 정토교학이 대승불교의 그 숭고한 이념을 성취하기 위한 제일의 방편교설임을 알게 되었다.

정토란 온 인류가 그리는 이상향으로서 탐·진·치 삼독심을 완전히 여읜 맑고 깨끗한 세계이다. 즉 온갖 번뇌의 고통에서 해방된, 항상 즐겁고 자유로움이 있는 청정한 세계이다. 그래서 수많은 제불보살은 대원을 세워 각자 정토를 건립하였다. 그런데 일반적으로 정토라고 하면 아미타불의 극락국토를 말하고 있다. 그 까닭은 역대의 논사들이 아미타불의 극락정토가 제불의 정토 가운데 가장 수승한 정토라고 역설하기 때문이다.

정토문은 순수한 타력문이다. 마치 어린아이가 집을 나와 집을 찾지 못해 오랜 세월 이리저리 방황할 때 문득 나타나 손을 잡아주는 반가운 부모와도 같다. 그래서 아미타부처님은 이러한 가엾은 중생들을 제도하기 위해 대자비의 48대원을 성취하여 정토를 건립하셨다. 그 가운데 제18원에서는 "내가 부처가 되었을 때 시방 세계의 모든 중생들이 나의 이름을 십념十念하여 내 나라에 태어나지 못한다면 차라리 부처가 되지 않겠다"고 서원하였다. 이러한 까닭에 정토문을 순수 타력문이라고 하는 것이다.

그러나 미혹한 중생들은 그 진리를 믿지 못하여 세세생생 저 괴로운 육도를 윤회하고 있다. 정토교학은 이 범부중생들이 하루빨리 그 미혹의 세계를 벗어나 무위열반의 세계에 안주하는 방법과 그 진리에 대한 도리를 이론적으로 배우는 학문이다. 그런데 염불문은 참선문과 언제나 대립되고 있다. 그것은 수행체계가 다르기 때문이다. 즉 염불은 순수 타력으로써 목적지에 도달하려 하고, 참선은 순수 자력으로써 도달하려 하기 때문이다. 이에 중국의 도작선사는 성정이문聖淨二門의 교판론을 세웠다. 이른바 성도문聖道門과 정토문淨土門이다. 성도문이란 스스로의 능력에 의지하여 현세에서 깨달음을 여는 수행문을 말하고, 정토문은 이와 반대로 아미타불의 본원을 믿고, 이에 의지하여 현세에서 부처님의 가호를 입어 장차 그 국토에 태어나서 깨달음을 여는 수행문을 말한다. 그래서 성도문을 자력문이라 하고, 정토문을 타력문이라 하였다. 도작선사가 처음으로 이런 문을 세운 까닭은 시기적으로 현재는 말법시대임을 자각했기 때문이다. 즉 이 시대의 중생은 근기가 나약하여 자력으로는 저 국토에 도달하기 어렵기 때문에 타력에 의지해야만 한다고 강조한 것이다. 이와 같은 관념에 입각한 정토사상은 오랜 세월 선종사상과 쌍벽을 이루어 오면서 불교의 실제적인 수행문이 되었다.

본서에서 그 개론들을 종합적으로 정리하고자 하였다. 그러나 진정한 정토의 이치를 논하자면 이 한 권의 책은 실로 빙산의 일각이다. 좀 더 체계적인 이론을 정립하여 정토불교의 오롯한 사상과 그 신앙을 대중화하고 싶은 마음 간절하다. 이는 우리 사부대중 모두의 몫이다. 다행히도 요즈음 참선수행을 위주로 하는 우리 조계종에서 안거 형식을 취하여 염불수행을 활성화한다고 하니 매우 반가운 일이다.

참고문헌

가. 원전

『觀無量壽佛經』(대정장 12)

『觀世音菩薩普門品』(대정장 9)

『灌頂經』(대정장 21)

『高僧傳』・『續高僧傳』(대정장 50)

『高王觀世音經』(대정장 85)

『根本說一切有部毘奈耶』(대정장 23)

『樂邦文類』(대정장 47)

『大般涅槃經』(대정장 1)

『大方廣如來不思議境界經』(대정장 48)

『大方等無想經』(대정장 12)

『大寶積經』(대정장 11)

『大佛頂如來密因修證了義諸菩薩萬行首楞嚴經』(대정장 19)

『大乘法苑義林章』(대정장 45)

『大乘大集地藏十輪經』(대정장 13)

『大乘同性經』(대정장 9)

『大乘莊嚴寶王經』(대정장 20)

『大乘理趣六波羅蜜多經』(대정장 8)

『大阿彌陀經』(대정장 12)

『摩訶般若波羅密經』(대정장 8)

『無量壽經』(대정장 12)

『無量義經』(대정장 9)

『無所有菩薩經』(대정장 14)

『文殊師利發願經』(대정장 10)

『文殊師利佛士嚴淨經』(대정장 11)

400

『妙法蓮華經』(대정장 9)

『彌勒大成佛經』(대정장 14)

『般舟三昧經』(대정장 13)

『放光般若經』(대정장 8)

『法苑珠林』(대정장 53)

『觀佛三昧海經』(대정장 15)

『灌頂隨願往生十方淨土經』(대정장 21)

『佛說觀彌勒菩薩上生兜率天經』(대정장 14)

『佛說阿彌陀三耶三佛薩樓佛檀過度人道經』(대정장 12)

『佛說阿彌陀經』(대정장 12)

『佛說兜沙經』(대정장 10)

『佛說彌勒下生經』(대정장 14)

『佛說彌勒下生成佛經』(대정장 14)

『佛說施一切無畏陀羅尼經』(대정장 21)

『佛說大乘莊嚴寶王經』(대정장 20)

『佛說玉耶女經』(대정장 2)

『佛說超日明三昧經』(대정장 15)

『佛祖統紀』(대정장 49)

『梵網經』(대정장 24)

『悲華經』(대정장 3)

『三寶感應要略錄』(대정장 51)

『釋禪波羅蜜次第法門』(대정장 46)

『須摩提經』(대정장 12)

『續高僧傳』(대정장 50)

『十善戒經』(대정장 24)

『十善業道經』(대정장 15)

『十一面觀世音神呪經』(대정장 20)

『十一面神呪經』(대정장 20)

『阿彌陀鼓音聲王多羅尼經』(대정장 12)

『阿閦佛國經』(대정장 11)

『念佛鏡』(대정장 47)

『藥師本願經』(대정장 14)

『維摩經略疏垂裕記』(대정장 38)

『維摩詰所說經』(대정장 14)

『六度集經』(대정장 3)

『六祖法寶壇經』(대정장 48)

『雜阿含經』(대정장 2)

『長阿含經』(대정장 1)

『中阿含經』(대정장 1)

『占察善惡業報經』 권상(대정장 17)

『正法華經』(대정장 9)

『正法眼藏』(대정장 82)

『正法念處經』(대정장 17)

『淨土往生傳』(대정장 51)

『淨土宗全書續』(16)

『增一阿含經』(대정장 2)

『地藏菩薩本願經』(대정장 13)

『隨求陀羅尼經』(대정장 20)

『千手千眼觀世音菩薩廣大圓滿無礙大悲心陀羅尼經』(대정장 20)

『出三藏記集傳』(대정장 55)

『華嚴經』80권본(대정장 10)

『華嚴經』60권본(대정장 9)

『華嚴經內章門等雜孔目章』(대정장 45)

『賢愚經』(대정장 4)

『弘明集』(대정장 52)

나. 논저

迦才撰, 『淨土論』(대정장 47)

憬興撰, 『無量壽經連義述文贊』(대정장 37)

窺基撰, 『大乘法苑義林章』(대정장 45)

_____, 『妙法蓮華經玄義』(대정장 33)

吉藏撰, 『大乘玄論』(대정장 45)

_____, 『法華玄論』(대정장 34)

曇鸞撰, 『無量壽經優波提舍願生偈』(대정장 40)

_____, 『略論安樂淨土義』(대정장 47)

道綽撰, 『安樂集』(대정47)

馬鳴造, 『大乘起信論』(대정장 32)

無着撰, 『攝大乘論』(대정장 31)

_____, 『大乘莊嚴經論』(대정장 31)

彌勒菩薩說, 『瑜伽師地論』(대정장 30)

婆藪槃豆造, 『無量壽經優波提舍願生偈』(대정장 26)

法然撰, 『選擇本願念佛集』(대정장 83)

法藏撰, 『華嚴經探玄記』(대정장 35)

普光述, 『俱舍論記』(대정장 41)

不空譯, 『菩提心論』(대정장 32)

世友造, 『異部宗輪論』(대정장 49)

世親造, 『阿毘達磨俱舍論』(대정장 29)

善導集記, 『觀無量壽佛經疏』(대정장 37)

_____, 『往生禮讚』(대정장 47)

_____, 『法事讚』(대정장 47)

_____, 『觀念法門』(대정장 47)

_____, 『般舟讚』(대정장 47)

善道・道鏡共集, 『念佛鏡』(대정장 47)

勝肇作, 『肇論』(대정장 45)

阿闍梨記, 『大毘盧遮那成佛經疏』(대정장 39)

延壽撰, 『萬善同歸集』(대정장 48)

_____, 『宗鏡錄』(대정장 48)

龍樹造, 『大智度論』(대정장 25)

_____, 『中論』(대정장 30)

_____, 『十住毘婆沙論』(대정장 26)

元曉撰, 『彌勒上生經宗要』(대정장 37)

_____, 『佛說阿彌陀經疏』(대정장 37)

_____, 『兩卷無量壽經宗要』(대정장 37)

_____, 『金剛三昧經論』(대정장 34)

_____, 『發心修行章』(한불전1)

_____, 『遊心安樂道』(대정장 47)

王日休讚, 『龍舒增廣淨土門』(대정장 47)

惟淨譯, 『施設論』(대정장 26)

一然撰, 『三國遺事』(대정장 49)

宗曉編, 『樂邦文類』「盧山白蓮社誓文」(대정장 47)

智者說, 『觀音義疏』(대정장 34)

_____, 『淨土十疑論』(대정장 47)

_____, 『佛說觀無量壽佛經疏』(대정장 37)

_____, 『妙法蓮華經玄義』(대정장 33)

眞諦釋, 『攝大乘論釋』(대정장 31)

諦觀錄, 『天台四敎儀』(대정장 46)

_____, 『華嚴經疏』(대정장 35)

天因撰, 『萬德山白蓮社第二代靜明國師後集』「彌陀讚偈」(한불6)

玄奘譯, 『成唯識論』(대정장 31)

_____, 『俱舍論』(대정장 29)

_____, 『阿毘達磨大毘婆沙論』(대정장 27)

_____, 『阿毘達磨法蘊足論』(대정장 26)

_____, 『大唐西域記』(대정장 51)

惠思撰, 『南嶽思大禪師立誓願文』(대정장 46)

慧遠撰, 『觀無量壽經義疏(末)』(대정장 37)

_____, 『念佛三昧詩集序』(대정장 52)

_____, 『大乘義章』(대정장 44)

護法造, 『成唯識論』 권제10(대정장 31)

懷感撰, 『釋淨土群疑論』(대정장 47)

404

다. 저서

강동균, 『安心과 平安으로 가는 길』(석효경, 강동균 화갑기념논문집, 2007)

姜仁求 外 4인, 『譯註 三國遺事』 전5권(以會文化社, 2003)

鎌田茂雄 著, 鄭舜日 譯, 『中國佛教史』(경서원, 1996)

高淳豪 著, 『佛教學槪論』(宣文出版社, 1980)

김만권, 『아미타경 강의』(三榮出版社, 1990)

김상현, 『元曉研究』(민족사, 2000)

金英培 외, 『阿彌陀經諺解의 國語學的 研究』(法寶新聞社, 1979)

金煐泰, 『삼국시대 불교신앙 연구』(불광출판부, 1990)

다마키코시로·카마타시게오 外, 정순일 옮김, 『중국불교의 사상』(민족사, 1989)

望月信亨 著, 李太元 譯, 『中國淨土教理史』(운주사, 1997)

望月信亨 著, 『支那淨土教理史』(東京: 法藏館, 1942)

柏本弘雄, 『대승기신론의 연구』(東京: 春秋社, 1981)

불광교학부, 『經典의 世界』(불광출판부. 1990)

佛教文化研究院 編, 『韓國淨土思想研究』(동국대학교출판부, 불기 2545)

불교신문사 편, 『佛教經典의 理解』(불교시대사, 1997)

안계현, 『韓國佛教思想史研究』(동국대학교출판부, 1983)

安震湖, 『석문의범』(法輪社, 1984)

元曉全書國譯刊行會 編, 『元曉聖師全書』 全6卷(寶蓮閣, 第一文化社, 1988)

李智冠, 『한국불교계율전통』(가산불교문화연구원, 2005)

李太元, 『念佛의 源流와 展開史』(운주사, 1998)

_____, 『왕생론주 강설』(운주사, 2003)

_____, 『淨土의 本質과 教學發展』(운주사, 2006)

장휘옥, 『정토불교의 세계』(불교시대사, 1996)

鄭承碩, 『佛典解說事典』(民族社, 1989)

中村元, 『정토삼부경』(岩波書店, 1964)

최종남 감수, 『아미타경』역주해(중앙승가대학교 불전국역연구원, 2007)

坪井俊映 著, 李太元 譯, 『淨土三部經槪說』(寶國寺, 1988)

坪井俊映 著, 韓普光 譯, 『淨土教概論』(如來藏, 2000)

동국대학교 편, 『한국불교찬술문헌총록』(동국대학교출판부, 1976)

라. 논문

고익진, 「遊心安樂道의 成立과 그 背景」(『불교학보』 10, 1973)

南東信, 「元曉의 敎判論과 그 佛敎史的 位置」(『한국사론』 20, 서울대학교, 1988)

홍윤식, 「新羅法相系思想의 歷史的 位置」(『佛敎學報』 24)

찾아보기

408

412

414

424

432

현송(南泰淳)

1957년 강원도 화천에서 태어났다. 중앙승가대학교를 졸업하고, 동대
학에서 석사 및 박사학위를 취득하였다.

현재 한국정토학회 이사, 현대불교문인협회 이사, 중앙승가대학교 외
래교수로 있다.

주요 저서 및 논문으로『한국 고대 정토신앙 연구』,「선도의 염불관에
대한 연구」,「향가에 나타난 미륵신앙 연구」,「정토경전의 왕생사상과
향가에 나타난 미타신앙 연구」 등이 있다.

정토불교의 역사와 사상

초판 1쇄 인쇄 2014년 2월 18일 | **초판 1쇄 발행** 2014년 2월 25일
현송 편저 | 펴낸이 김시열
펴낸곳 도서출판 운주사

(02832) 서울시 성북구 동소문로 67-1 성심빌딩 3층

전화 (02) 926-8361 | 팩스 0505-115-8361

ISBN 978-89-5746-370-3 93220   값 23,000원

http://cafe.daum.net/unjubooks 〈다음카페: 도서출판 운주사〉